经师济世

教研开来

贺教方印

重大攻关项目

开题志贺

季羡林
两千有八

教育部哲学社会科学研究重大课题攻关项目
"十三五"国家重点出版物出版规划项目

科学研究与高等教育深度融合的知识创新体系建设研究

STUDY ON BUILDING KNOWLEDGE INNOVATION SYSTEM WITH DEEP INTEGRATION OF SCIENTIFIC RESEARCH AND HIGHER EDUCATION

杜德斌
等著

中国财经出版传媒集团
经济科学出版社
Economic Science Press

图书在版编目（CIP）数据

科学研究与高等教育深度融合的知识创新体系建设研究/杜德斌等著 .—北京：经济科学出版社，2019.5
教育部哲学社会科学研究重大课题攻关项目 "十三五"国家重点出版物出版规划项目
ISBN 978 - 7 - 5218 - 0585 - 7

Ⅰ.①科⋯　Ⅱ.①杜⋯　Ⅲ.①国家创新系统 - 体系建设 - 研究 - 中国　Ⅳ.①F204②G322.0

中国版本图书馆 CIP 数据核字（2019）第 117706 号

责任编辑：胡蔚婷　刘来喜
责任校对：杨　海
责任印制：李　鹏　范　艳

科学研究与高等教育深度融合的知识创新体系建设研究

杜德斌　等著

经济科学出版社出版、发行　新华书店经销
社址：北京市海淀区阜成路甲 28 号　邮编：100142
总编部电话：010 - 88191217　发行部电话：010 - 88191522
网址：www.esp.com.cn
电子邮箱：esp@ esp.com.cn
天猫网店：经济科学出版社旗舰店
网址：http://jjkxcbs.tmall.com
北京季蜂印刷有限公司印装
787×1092　16 开　21.5 印张　410000 字
2019 年 12 月第 1 版　2019 年 12 月第 1 次印刷
ISBN 978 - 7 - 5218 - 0585 - 7　定价：82.00 元
(图书出现印装问题，本社负责调换。电话：010 - 88191510)
(版权所有　侵权必究　打击盗版　举报热线：010 - 88191661
QQ：2242791300　营销中心电话：010 - 88191537
电子邮箱：dbts@ esp.com.cn)

课题组主要成员

首席专家　杜德斌
课题组成员　阎光才　滕堂伟　孔　翔　王俊松
　　　　　　　龚　利　翟庆华　王承云　张仁开
　　　　　　　马亚华　李鹏飞　张东海　游小珺
　　　　　　　李　恒　范　斐　胡小立　张斌丰
　　　　　　　林　宇　王倩倩　肖　刚　王馨竹
　　　　　　　赵光龙　于良全　陈俊彦　陈　丹
　　　　　　　龙丁江　卓方勇　赵　培

编审委员会成员

主　任　吕　萍
委　员　李洪波　柳　敏　陈迈利　刘来喜
　　　　　　樊曙华　孙怡虹　孙丽丽

总　序

哲学社会科学是人们认识世界、改造世界的重要工具，是推动历史发展和社会进步的重要力量，其发展水平反映了一个民族的思维能力、精神品格、文明素质，体现了一个国家的综合国力和国际竞争力。一个国家的发展水平，既取决于自然科学发展水平，也取决于哲学社会科学发展水平。

党和国家高度重视哲学社会科学。党的十八大提出要建设哲学社会科学创新体系，推进马克思主义中国化、时代化、大众化，坚持不懈用中国特色社会主义理论体系武装全党、教育人民。2016年5月17日，习近平总书记亲自主持召开哲学社会科学工作座谈会并发表重要讲话。讲话从坚持和发展中国特色社会主义事业全局的高度，深刻阐释了哲学社会科学的战略地位，全面分析了哲学社会科学面临的新形势，明确了加快构建中国特色哲学社会科学的新目标，对哲学社会科学工作者提出了新期待，体现了我们党对哲学社会科学发展规律的认识达到了一个新高度，是一篇新形势下繁荣发展我国哲学社会科学事业的纲领性文献，为哲学社会科学事业提供了强大精神动力，指明了前进方向。

高校是我国哲学社会科学事业的主力军。贯彻落实习近平总书记哲学社会科学座谈会重要讲话精神，加快构建中国特色哲学社会科学，高校应发挥重要作用：要坚持和巩固马克思主义的指导地位，用中国化的马克思主义指导哲学社会科学；要实施以育人育才为中心的哲学社会科学整体发展战略，构筑学生、学术、学科一体的综合发展体系；要以人为本，从人抓起，积极实施人才工程，构建种类齐全、梯队衔接的高校哲学社会科学人才体系；要深化科研管理体制改革，发挥高校人才、智力和学科优势，提升学术原创能力，激发创新创造活力，建设中国特色新型高校智库；要加强组织领导、做好统筹规划、营造良好学术生态，形成统筹推进高校哲学社会科学发展新格局。

哲学社会科学研究重大课题攻关项目计划是教育部贯彻落实党中央决策部署的一项重大举措，是实施"高校哲学社会科学繁荣计划"的重要内容。重大攻关项目采取招投标的组织方式，按照"公平竞争，择优立项，严格管理，铸造精品"的要求进行，每年评审立项约40个项目。项目研究实行首席专家负责制，鼓励跨学科、跨学校、跨地区的联合研究，协同创新。重大攻关项目以解决国家现代化建设过程中重大理论和实际问题为主攻方向，以提升为党和政府咨询决策服务能力和推动哲学社会科学发展为战略目标，集合优秀研究团队和顶尖人才联合攻关。自2003年以来，项目开展取得了丰硕成果，形成了特色品牌。一大批标志性成果纷纷涌现，一大批科研名家脱颖而出，高校哲学社会科学整体实力和社会影响力快速提升。国务院副总理刘延东同志做出重要批示，指出重大攻关项目有效调动各方面的积极性，产生了一批重要成果，影响广泛，成效显著；要总结经验，再接再厉，紧密服务国家需求，更好地优化资源，突出重点，多出精品，多出人才，为经济社会发展做出新的贡献。

作为教育部社科研究项目中的拳头产品，我们始终秉持以管理创新服务学术创新的理念，坚持科学管理、民主管理、依法管理，切实增强服务意识，不断创新管理模式，健全管理制度，加强对重大攻关项目的选题遴选、评审立项、组织开题、中期检查到最终成果鉴定的全过程管理，逐渐探索并形成一套成熟有效、符合学术研究规律的管理办法，努力将重大攻关项目打造成学术精品工程。我们将项目最终成果汇编成"教育部哲学社会科学研究重大课题攻关项目成果文库"统一组织出版。经济科学出版社倾全社之力，精心组织编辑力量，努力铸造出版精品。国学大师季羡林先生为本文库题词："经时济世　继往开来——贺教育部重大攻关项目成果出版"；欧阳中石先生题写了"教育部哲学社会科学研究重大课题攻关项目"的书名，充分体现了他们对繁荣发展高校哲学社会科学的深切勉励和由衷期望。

伟大的时代呼唤伟大的理论，伟大的理论推动伟大的实践。高校哲学社会科学将不忘初心，继续前进。深入贯彻落实习近平总书记系列重要讲话精神，坚持道路自信、理论自信、制度自信、文化自信，立足中国、借鉴国外，挖掘历史、把握当代，关怀人类、面向未来，立时代之潮头、发思想之先声，为加快构建中国特色哲学社会科学，实现中华民族伟大复兴的中国梦做出新的更大贡献！

教育部社会科学司

摘　要

建设创新型国家和世界科技强国，国家创新体系建设是关键，知识创新体系是源头。知识创新体系是以科学研究为核心，以大学和科研院所为执行主体，以知识生产、知识传播和知识转移为功能的具有基础性和战略性的综合体系，是科学研究与高等教育相结合的有机体。本书是教育部哲学社会科学研究重大课题攻关项目《科学研究与高等教育深度融合的知识创新体系建设研究》课题成果。全书共分八章。第一章界定了科学研究与高等教育深度融合的知识创新体系的基本内涵及核心价值。第二章以美国、德国、英国和日本等典型创新型国家为案例，考察分析了这些国家知识创新体系建设的具体做法及成功经验。第三章分析了我国知识创新体系建设的现状，同时指出了我国知识创新体系建设中存在的问题，包括结构性失调、功能性失调和效率性不足等问题。第四章分析知识创新体系建设中科学研究与高等教育深度融合的内在机理，将科教融合的过程划分为四个螺旋上升的阶段，即从隐性知识到隐性知识的社会化过程、从隐性知识到显性知识的外部化过程、从显性知识到显性知识的组合化过程和从显性知识到隐性知识的内部化过程。第五章总结了知识创新体系建设中科学研究与高等教育深度融合的运行模式，包括以知识传播为主导目标的模式、以知识创造为主导目标的模式和以知识应用为主导目标的模式。第六章探讨了如何进一步促进高等学校在我国知识创新体系中功能优化与战略地位提升，指出高校需要通过增强科学研究能力、提高创新型人才培养能力和促进高校内部科教融合来提升高校在知识创新体系中的地位。第七章探讨如何构建科学研究与高等教育深度融合的人才培养体系，指出构建科教融合的人才培养体系，需要优化相应的宏观制度环境，改革高校内部制度，引导教师平衡好教学与科研的关系。第八章从知识创新体系的制度建设和体制改革、知识创新主体的分工与定位、知识创新资源的科学配置三个方面提出了若干促进我国科学研究与高等教育深度融合的知识创新体系建设的战略举措与政策建议。

Abstract

In the building of an innovative nation and a world power in science and technology, the key is to build a national innovation system, of which the source is a knowledge innovation system. Knowledge innovation system is a basic and strategic comprehensive system with knowledge production, knowledge transmission and transfer as functions that takes scientific research as the core and takes universities and research institutes as the executive body. This book embodies the results of the major research project of philosophy and social sciences of the Ministry of education, *Study on Building Knowledge Innovation System with Deep Integration of Scientific Research and Higher Education*. The whole book is divided into 8 chapters. Chapter 1 defines basic concepts and core values of knowledge innovation system with the integration of scientific research and higher education. Chapter 2 analyzes specific practices and successful experiences of building knowledge innovation systems in typical innovative countries, such as the United States, Germany, Britain and Japan. Chapter 3 analyzes the status quo of the construction of knowledge innovation system in China and points out problems during the building process, such as the structural imbalance, the functional imbalance, the lack of efficiency, etc. Chapter 4 analyzes the internal mechanism of the deep integration of scientific research and higher education in the building of knowledge innovation system. It divides the integration process of science and education into four stages of an upward spiral, i. e. , from tacit knowledge to the socialization of tacit knowledge, from tacit knowledge to the externalization of explicit knowledge, from explicit knowledge to the combination of explicit knowledge, and from explicit knowledge to the internalization of tacit knowledge. Chapter 5 summarizes basic patterns of scientific research and higher education's deep integration in the building of knowledge innovation system, including the pattern with knowledge communication as the leading goal, the pattern with knowledge creation as the leading goal, and the one with knowledge application as the leading goal. Chapter 6 discusses how to further promote the functional optimization and strategic position of higher education in our country's knowledge innovation system. It points out that universities need to upgrade their position in the knowledge innovation system by enhancing scientific research ability, improving the training ability of innovative talents and promoting the internal integration of science and education. Chapter 7 discusses how to build a talent training system with deep integration of scientific research and higher education. It points out the building of talent training system for the integration of science and education requires the optimization of the corresponding macro-institutional environment, the reform of the internal system of colleges and universities, and guiding teachers to balance the relationship between teaching and scientific research. Chapter 8 proposes strategic measures and policy suggestions for promoting the building of knowledge innovation system with the deep integration of scientific research and higher education in China from three aspects—the construction and reform of knowledge innovation system, the division and orientation of the main body of knowledge innovation, and the scientific allocation of knowledge innovation resources.

前　言

建设创新型国家和世界科技强国，国家创新体系建设是关键，知识创新体系是源头。知识创新是指通过科学研究，包括基础研究和应用研究，获得新的基础科学和技术科学知识的过程，其目的在于追求新发现、探索新规律、创立新学说、创造新方法、积累新知识，从而为技术创新、制度创新与管理创新提供强有力的支撑与保障。作为知识生产、扩散和应用耦合系统的知识创新体系，是国家创新体系的重要组成部分，是一国科技创新的源头和基础。高等学校特别是研究型大学在知识创新及知识创新体系建设中具有举足轻重的作用。当今世界，国家的经济发展比任何时候都更依赖于知识和技术的生产、扩散和应用，知识创新已经成为推动国家创新能力和可持续发展的基本动力和关键因素，拥有知识支撑的创新将会成为未来国家经济增长和社会进步的不竭动力。知识创新体系是以科学研究为核心，以大学和科研院所为执行主体，以知识生产、知识传播和转移为功能的具有基础性和战略性的综合体系，是科学研究与高等教育相结合的有机体。建设知识创新体系，关键在于促进高校与研究院所在形成良性互动格局中提升各自的知识创造和传播能力，核心在于促进科学研究和高等教育的深度融合。

高等学校是从事科学研究和高等教育有机结合的天然载体，在国家创新体系建设中发挥着核心作用。以大学为主体的高等教育承担着教学、科研和社会服务三项核心功能，并成功地将传播知识（通过人才培养）、生产知识（通过科学研究）和应用知识（通过技术扩散并服务社会）等功能有机地结合在一起，在学科研究中和创新人才培养中起到了无法代替的重要作用。从世界范围来看，以奖励基础研究成果著称的诺贝尔奖有 3/4 的获奖者来自各类高等教育机构；在权威的《自然》（Nature）和《科学》（Science）杂志发表论文的作者有 2/3 也同样来自高等教育机构。正因为如此，各国都将高等教育系统作为国家创新体系和知识创新体系建设的核心组成部分。从中国的情况来看，高等学校（特别是研究型大学）已经成为国家各类知识创新成果（特别是原始性和基础性创新成果）的主阵地和国家创新体系的核心组成部分之一。例如，在每年的国家自然科学奖、技术发明奖和科技进步奖三大奖项中，高校获奖比例均超 70%，这充分反映了高校对国家知识创新和科技进步的核心作用。

科学研究与高等教育之间的紧密关系和融合程度决定了一国知识创新体系核心竞争力的强弱，促进科学研究和高等教育有机融合成为世界许多国家创新体系建设的重要战略举措。近年来，各国政府已意识到科学研究与高等教育的紧密关系在建设知识创新体系与国家创新体系中的重要地位和作用。一些国家也制定了多项战略政策来提升高等教育（特别是大学）在科学研究中的地位，并明确了高等教育在知识创新体系中的重要作用。OECD 在《以知识为基础的经济》年度报告中指出，知识经济依赖于知识创造和技术研发，更依赖于基础性的科学研究，而高等学校则是基础性科学研究的主阵地，其承担基础研究约占全部基础研究的 2/3。《美国创新战略：确保经济增长和繁荣》（2011）报告中，特别强调了先进的高等教育系统对国家知识创新体系和未来竞争力的作用，并制定了一系列政策来提升高等教育在知识创新体系中的功能和作用，旨在促进高等学校（特别是研究型大学）创新教育的发展和提高突破性技术的研究水平。同时，美国政府还通过增加助学贷款、税收抵补、降低学习费用、扩大高等教育入学规模、重点培养 STEM（科学、技术、工程和数学）高校教师等来进一步发挥高等教育在基础教育和基础研究中的重要功能。可见，美国等发达国家在推动科学研究与高等教育相互融合上，制定了许多切实可行的对策和建议，为知识创新体系的升级和长足发展打下了良好的基础。

近年来，我国高等学校在科学研究、知识创新中发挥了重要作用，但与发达国家和地区相比，目前对高等学校在国家知识创新体系中的重要地位在思想认识和体制机制以及资源配置上还存在比较大的差距，高校在国家创新体系中的定位和功能还比较模糊，高校的知识创新潜力和优势尚未充分发挥出来。长期以来，我国高校科研经费基本上都是竞争性项目经费，一定程度上导致高校科研缺少特色、方向趋同、原始性创新不足。此外，高校与科研机构之间的合作创新仍受到诸多瓶颈制约，科技创新和人才培养的衔接有待进一步加强，科学研究和高等教育存在较为明显的界面割裂现象。这些问题严重制约了我国知识创新能力的提升和高层次人才的培养，使国家创新体系发展缺乏持续进步的原动力。妥善解决和处理好这些问题，加快建设科学研究与高等教育深度融合的知识创新体系正日益成为我国创新型国家建设中的重大理论和实践课题，迫切需要理论界和学术界加以认真研究和深入思考。

  基于上述认识，本书试图达到以下三大目标：第一，深化对基于科学研究与高等教育深度融合的知识创新体系内涵与特征的认识，揭示知识创新体系建设的内在规律。在系统分析、比较国内外已有研究成果的基础上，科学界定和准确把握知识创新、知识创新体系、科学研究和高等教育深度融合的内涵及本质，从理论上深刻揭示知识创新体系及其构成要素运行的内在规律和知识创新体系的结构原理。在此基础上，结合我国知识创新体系建设的实际和外部环境，遵循科学研究、高等教育和知识创新发展的客观规律，构建符合时代要求和具有中国特色的知识创新体系理论框架，为建设基于科学研究与高等教育深度融合的知识创新体系提供科学的理论依据。第二，揭示知识创新过程中科学研究与高等教育深度融合的内在机理，设计基于高等学校为主体的科学研究与高等教育深度融合的知识创新体系建设模式。通过对美国、英国、德国、日本等发达国家知识创新体系建设经验的考察和深入研究，从理论和实践两个层面深入剖析知识创新体系建设过程中科学研究与高等教育深度融合的作用机理；通过对我国高校和科研院所的案例研究，深入剖析制约我国知识创新体系建设的关键问题和突出矛盾，科学辨析高等学校尤其是研究型大学在国家知识创新体系中的战略地位，系统设计基于高等学校为主体、以研究院所等创新机构为支撑且彼此间相互作用、相互联系、有利于科学研究与高等教育深度融合的知识创新体系建设模式。第三，基于上述理论层面的研究和实践层面的考察，设计促进科学研究与高等教育深度融合的知识创新体系建设的战略举措和政策措施。从国家和高校两个层面设计促进科学研究与高等教育深度融合的知识创新体系建设的战略举措和政策措施。在国家层面，从知识创新资源配置、知识创新主体定位、知识创新体制改革等三个维度，设计我国知识创新体系建设的制度安排和战略措施。在高校层面，从科技创新能力建设、创新文化建设、创新人才培养和科研体制改革等方面研究设计深化高校内部科教融合、促进高校知识创新能力提高的政策措施。

本书共包含八章内容。第一章为科学研究与高等教育深度融合的知识创新体系的内涵与价值，界定了我国科教融合知识创新体系的基本内涵及核心价值。知识创新体系具有创造知识、培养和聚集创新人才、塑造创新文化三大功能。科教融合是知识创新体系建设的内在要求，它主要体现在三个层面：微观的过程融合（即研究过程与教育过程的融合）、中观的机构联合（即高等学校与科研院所的合作）、宏观的功能耦合（科学研究与人才培养功能的融合）。

第二章为典型创新型国家知识创新体系建设中科教融合的实践及经验。促进科教融合是创新型国家创新体系建设的关键。本章重点以美国、德国、英国和日本为例，考察分析了这些国家知识创新体系建设的具体做法及成功经验。美国建立以大学为核心主体的基础研究体系、德国研究型大学的发展经验、英国设置完善的科技教育评价体系、日本在宏观层面设立文部科学省等做法，为我国加快建设科教融合的知识创新体系提供了重要启示。

第三章为我国知识创新体系建设的现状分析。近年来我国知识创新体系建设取得了积极进展，与此同时，也存在结构性失调、功能性失调和效率性不足等问题，特别是科教融合还存在"四对矛盾"：良好高等教育的社会需求与优质高等教育资源严重不足的矛盾、高校内部科学研究与高等教育之间的矛盾、高校与科研院所之间的分工与协作矛盾、高校与企业研究机构之间的合作矛盾。

第四章为知识创新体系建设中科学研究与高等教育深度融合的内在机理。科教融合的过程可以分为四个螺旋上升的阶段：（1）从隐性知识到隐性知识的社会化过程；（2）从隐性知识到显性知识的外部化过程；（3）从显性知识到显性知识的组合化过程；（4）从显性知识到隐性知识的内部化过程。科教融合在两个方面促进了知识创新体系：第一，螺旋结构完备性。科教融合丰富了外部化和内部化过程，使得知识创新体系得以形成完备的知识创新螺旋。第二，螺旋创新加速性。

第五章为知识创新体系建设中科学研究与高等教育深度融合的运行模式。一是以知识传播为主导目标的模式，其目标是优化育人功能，培养更多的"知识人"，高校是关键性主体。二是以知识创造为主导目标的模式，其目标是基础研究和知识发现，研究型大学和科研机构是关键性主体。三是以知识应用为主导目标的模式，其目标是将知识成果转化为现实生产力，关键在于产学研结合，企业（产）、高校（学）、科研机构（研）成为关键性主体。

第六章为高等学校在我国知识创新体系中的功能优化与战略地位提升。高校是我国知识创新体系中知识创造的主导者、人才培养的主阵地、知识应用的主渠道。目前，高校尚未成为我国知识创新体系建设的核心主体，国家知识创新体系建设必须进一步提升高校的战略地位。主要途径是增强高校的科学研究能力，提高教学质量和创新型人才培养能力，促进高校内部科教融合。

第七章为科学研究与高等教育融合的人才培养体系构建。科教融合的人才培养体系受到国家宏观政策环境、高校内部制度以及教师个体等三层因素的影响。在国家宏观政策环境方面，政府针对高校人才培养和科学研究职能制定的一系列政策中，明显为高校科学研究赋予了更高的地位和要求。在高校内部制度方面，教师评价制度在一定程度上导致了教学与科研投入的失衡。在教师个体层面，科研学术的不断加码，为教师合理协调教学与科研关系造成了困境。因此，构建科教融合的人才培养体系，需要优化相应的宏观制度环境，改革高校内部制度，引导教师平衡好教学与科研的关系。

第八章为促进我国科学研究与高等教育深度融合的知识创新体系建设的战略举措与政策建议。基于创新型国家建设目标，从知识创新体系的制度建设和体制改革、知识创新主体的分工与定位、知识创新资源的科学配置三个方面，提出以下建议，包括：切实提升高校在国家知识创新体系中的战略地位、建立科教结合的机构内部管理体制、建立竞争与稳定支持二元统一的科教资源配置制度、完善科教融合的长期收益项目评审评价机制、推动人才培养基地建设、增强教师承担科教结合的责任和意识等。

本书是教育部哲学社会科学研究重大课题攻关项目《科学研究与高等教育深度融合的知识创新体系建设研究》的最终研究报告。本项目在研究过程中，已发表论文20篇，向中央有关部门提交了5份研究专报，其中"以基础研究为牵引，增强高校原始创新能力"（中共中央宣传部《舆情专报》2016年第49期）和"对高校科技成果转化问题的认识及建议"（教育部科技委《专家建议》2015年第10期）获得党和国家领导人的批示。杜德斌作为本项目的首席专家，负责项目的总体设计和调研以及书稿的修改和统稿。书稿的具体分工如下：第一章由滕堂伟、杜德斌完成；第二章由杜德斌、王俊松、翟庆华、王承云、李鹏飞完成；第三章由杜德斌、滕堂伟、王俊松完成；第四章、第六章由杜德斌、龚利完成；第五章由孔翔完成；第七章由阎光才、李永刚完成；第八章由翟庆华、杜德斌完成。此外，张仁开、张东海、游小珺、李恒、范斐、胡小立、张斌丰、林宇、王倩倩、肖刚、胡晓辉、王馨竹、赵光龙、于良全、陈俊彦、陈丹、龙丁江、卓方勇、赵培等参加了本项目的研究。

本书的出版得到教育部哲学社会科学研究重大课题攻关项目成果出版计划的资助，十分感谢教育部社科司和华东师范大学社科处在项目研究中给予的大力支持，感谢课题组全体成员为本项目和书稿的完成所做出的巨大贡献，感谢经济科学出版社吕萍同志为本书的编辑出版所付出的辛劳。

由于我们水平有限，书中纰漏在所难免，热忱欢迎各位专家、学者和社会各界人士批评指正！

杜德斌

2017年6月30日

目 录

第一章 ▶ 科学研究与高等教育深度融合的知识创新体系的内涵与价值　1

　　第一节　知识创新　2
　　第二节　知识创新体系　11
　　第三节　科学研究与高等教育深度融合的内涵与价值　15
　　第四节　科教融合的政策文本定量分析　22

第二章 ▶ 典型创新型国家知识创新体系建设中科教融合的实践及经验　33

　　第一节　美国：科教融合的典范　33
　　第二节　德国：科教融合的源头　66
　　第三节　英国：以制度和资金保障促进科教深度融合　81
　　第四节　日本：通过顶层设计促进科教融合　103

第三章 ▶ 中国知识创新体系建设的现状分析　117

　　第一节　中国科教融合知识创新体系的构成与绩效　117
　　第二节　中国科教结合的知识创新绩效评价　125

第四章 ▶ 知识创新体系建设中科学研究与高等教育深度融合的内在机理　144

　　第一节　科学研究与高等教育深度融合的基石、特征与要素　144
　　第二节　科学研究与高等教育深度融合的内在动力　152
　　第三节　科学研究与高等教育深度融合的外部条件　154

第四节　科学研究与高等教育深度融合的运行机理　　156

　　第五节　不同情境下教学与科研的互动机制　　161

第五章 ▶ 科学研究与高等教育深度融合的运行模式　　165

　　第一节　科教深度融合的知识创新体系构建模式　　166

　　第二节　以知识传播为主导目标的高校科教融合模式　　170

　　第三节　以知识创造为主导目标的高校科教融合模式　　177

　　第四节　以知识应用为主导目标的高校科教融合模式　　188

第六章 ▶ 高等学校在我国知识创新体系中的功能优化与战略地位提升　　198

　　第一节　高等学校对我国知识创新体系建设的贡献　　198

　　第二节　高等学校在国家知识创新体系中的功能定位　　207

　　第三节　提升高等学校在国家知识创新体系中的战略地位　　216

第七章 ▶ 科学研究与高等教育融合的人才培养体系构建　　220

　　第一节　科学研究与高等教育结合的宏观制度环境分析　　221

　　第二节　科学研究与高等教育结合的大学内部制度分析　　246

　　第三节　教师教学与科研微观结合的制约与可能　　261

第八章 ▶ 促进科教深度融合的知识创新体系建设的战略举措与政策建议　　273

　　第一节　我国知识创新体系的制度建设和体制改革　　273

　　第二节　我国知识创新主体的分工与定位　　278

　　第三节　我国知识创新资源的科学配置　　284

　　第四节　相关配套措施与政策建议　　289

参考文献　　297

Contents

Chapter 1 Connotation and Value of Knowledge Innovation System with the Integration of Scientific Research and Higher Education 1

1.1 Knowledge Innovation 2

1.2 Knowledge Innovation System 11

1.3 Connotation and Value of Deep Integration of Scientific Research and Higher Education 15

1.4 Quantitative Analysis of Policy Text for Integrating Science and Education 22

Chapter 2 Practices and Experiences of Building Knowledge Innovation System in Typical Innovative Countries 33

2.1 The United States: A Model of the Integration of Science and Education 33

2.2 Germany: the Source of the Integration of Science and Education 66

2.3 The UK: Promoting the Integration of Science and Education with the Guarantee of System and Capital 81

2.4 Japan: Promoting the Integration of Science and Education Through the Top-level Design 103

Chapter 3   Current Situation Analysis in Building Chinese Knowledge Innovation System   117

3.1   Components and Performance of China's Knowledge Innovation System with the Integration of Science and Education   117

3.2   Performance Evaluation of China's Knowledge Innovation System with the Integration of Science and Education   125

Chapter 4   The Internal Mechanism of the Deep Integration of Scientific Research and Higher Education in the Building of Knowledge Innovation System   144

4.1   Basis, Features and Elements of the Deep Integration of Scientific Research and Higher Education   144

4.2   Internal Motivations of the Deep Integration of Scientific Research and Higher Education   152

4.3   External Conditions of the Deep Integration of Scientific Research and Higher Education   154

4.4   The Operational Mechanism of the Deep Integration of Scientific Research and Higher Education   156

4.5   The Interactive Mechanism of Teaching and Scientific Research in Different Situations   161

Chapter 5   Operational Patterns of the Deep Integration of Scientific Research and Higher Education   165

5.1   Patterns of Building Knowledge Innovation System with the Deep Integration of Scientific Research and Higher Education   166

5.2   Patterns of Science and Education's Integration in Universities with Knowledge Dissemination as the Leading Goal   170

5.3   Patterns of Science and Education's Integration in Universities with Knowledge Creation as the Leading Goal   177

5.4   Patterns of Science and Education's Integration in Universities with Knowledge Application as the Leading Goal   188

Chapter 6   Promoting Functional Optimization and Strategic Position of Higher Education in China's Knowledge Innovation System   198

    6.1   Contributions of Higher Education Institutes to the Building of China's Knowledge Innovation System   198

    6.2   The Functional Orientation of Higher Education Institutes in National Knowledge Innovation System   207

    6.3   Promoting the Strategic Position of Higher Education Institutes in National Knowledge Innovation System   216

Chapter 7   Building the Talent Training System with the Integration of Scientific Research and Higher Education   220

    7.1   Macro Institutional Environmental Analysis in Combination of Scientific Research and Higher Education   221

    7.2   Universities' Internal System Analysis in Combination of Scientific Research and Higher Education   246

    7.3   Restrictions and Possibilities at the Micro Level Combination of Teaching and Scientific Research   261

Chapter 8   Strategic Measures and Policy Suggestions for Promoting the Building of Knowledge Innovation System with the Integration of Science and Education   273

    8.1   Construction and Reform of China's Knowledge Innovation System   273

    8.2   The Division and Orientation of the Main Body of Knowledge Innovation in China   278

    8.3   Scientific Allocations of Knowledge Innovation Resources in China   284

    8.4   Relevant Supporting Measures and Policy Suggestions   289

References   297

第一章

科学研究与高等教育深度融合的知识创新体系的内涵与价值

当今世界，经济发展比任何时候都更依赖于知识和技术的生产、扩散和应用，知识创新已经成为推动国家创新和可持续发展的基本动力和关键因素，拥有知识支撑的创新将会成为未来国家经济增长和社会进步的不竭动力[①]。作为知识生产、扩散和应用耦合系统的知识创新体系，是国家创新体系的重要组成部分和关键载体，是一国科技创新的源头和基础。科学研究与高等教育深度融合是国家知识创新体系的本质属性和内在要求。高校（特别是研究型大学）、高水平科研机构是知识创新体系的核心主体，是进行科学研究和技术开发的基地和主战场，同时也是实现技术成果转移的生力军，大量的原始性和基础性创新成果均诞生于高校和科研院所。建设科学研究与高等教育深度融合的知识创新体系是我国创新型国家建设的重要战略任务，其关键在于促进高校与研究院所在良性互动格局中提升各自的知识创造和传播能力，核心在于促进科学研究和高等教育的深度融合。近年来，我国高等院校在科学研究、知识创新中发挥了重要作用，但科学研究和高等教育还存在较为明显的界面隔离现象，高校在国家创新体系中的定位和功能还比较模糊，高校与科研机构之间的合作创新仍受到诸多制约，科技创新和人才培养的衔接有待进一步加强。妥善解决和处理好这些问题，加快建设科学研究与高等教育深度融合的知识创新体系正日益成为我国创新型国家建设中的重大理论和实践课题，迫切需要理论界和学术界加以认真研究和深入思考。

---

① 国家创新体系建设战略研究组：《国家创新体系发展报告》，知识产权出版社2008年版。

第一节 知识创新

一、知识创新的内涵界定

（一）知识与知识经济

经济合作与发展组织（以下简称 OECD）在 1996 年科学技术和产业发展展望报告《以知识为基础的经济》中系统地提出了知识经济的概念，并迅速成为全球共识。1998 年世界银行出版了题为《知识促进发展》的世界发展报告，标志着人类社会进入到知识经济时代。知识经济直接依赖于知识和信息的生产、分配和使用，在研发、教育与训练方面的投资和新型治理结构成为经济发展和竞争优势的关键。

知识是知识经济赖以存在和发展的基础。按照 OECD（1996）的划分，知识分为：

- 关于事实的知识（know-what）；
- 自然原理和规律方面的知识（know-why）；
- 对某些事物的技能和能力的知识（know-how）；
- 涉及到谁知道和谁知道如何做某些事情的信息的知识（know-who）。

前两者又被称为显性知识或可编码知识（codified knowledge），可以通过阅读、听讲、查看数据库等方式来获得，可以进行远距离的传播与扩散。后两者又被称为默会知识（tacit knowledge）或不可编码知识、隐性知识，主要通过面对面交流、人际交流而获得、传播，尤其是需要师傅带徒弟式的传授并把师傅当作权威，需要通过特殊的教育环境去学习，不易从正式的渠道获得与转移。数字革命与信息化虽然大幅度地扩大了显性知识在知识总量中的份额，但尚未能根本上改变两类知识并存的基本格局。由此，基于科学研究与高等教育功能于一体的高等学校，在知识创新中具有其他机构所不可比拟的天然优势，承担着无可替代的知识创新重任，是知识创新的第一主体。

现有研究指出，知识的生产及其应用要求显性知识与默会知识两者之间的动态互动与相互转化，也要求高校、研发机构等创新主体内部及相关人群间的强烈互动[①]。

---

① Ikujiro Nonaka, Hirotaka Takeuchi. The Knowledge-creating Company：How Japanese Companies Create the Dynamics of Innovation ［M］. Oxford University Press，1995.

但是，越来越多的学者（Asheim B. T., Boschma R. and Cooke P., 2011）① 质疑，以上关于知识的两分法在解释知识、学习和创新上偏于狭窄。有必要超越原先简单的知识二分法，由此根据经济运行所依赖的知识性质将知识创新过程中的知识分为三种类型：

分析性知识（analytical knowledge）。即以科学为基础的编码知识为主，如生物技术、纳米技术等，在分析性知识的创新过程中，大学—产业间的联系以及各自内部的网络化比其他类型的知识更为重要。之所以以编码知识为主，其原因在于：知识投入往往是基于对现有研究的评述，知识创新是基于科学原理与方法的应用，知识的生产过程多基于正式的组织（如大学实验室、科研机构等），知识产出多以论文、报告、电子文件、专利说明书等形式表达出来。参与这些知识创新活动的人们需要具备特定的资质和能力。相对于其他类型的知识，其创新过程往往更需要分析技能、科学抽象、理论建构和测试。相应地，相关从业者需要更多的大学教育和科研训练。与其他类型的知识相比，其知识创新的形式更重要的是以科学发现和技术发明（通用）的形式呈现出来。这些科学发现更有可能导致发明专利和许可等活动。其知识的应用多以新产品或新工艺的形式呈现，与其他类型的知识相比，创新更具有激进式。

合成性知识（synthetic knowledge）。即知识创新主要是通过现有知识的新应用或新组合，以现有知识的应用开发（development）为主，即应用研究。在创新过程中，默会知识的比重显著增加，大学—产业间的关系也很重要，但大学以专科性、理工学校为主，在职培训很重要。知识的创新则以渐进式创新为主。

象征性知识（symbolic knowledge）。即与意念创新、审美、产品设计、文艺等创新相关的知识，与文化创意产业息息相关②（Scott, 2007）。象征性知识的创新，需要在符号的理解和创造力方面具有特别的能力而非单纯的信息处理能力。这种知识，要求对特定社会群体的日常文化、价值观念、日常习惯、行为方式等拥有深刻的理解，从而具有高度的默会性和情景依赖性。关键的、创造性的、想象性的、理解性的技能与正规文凭、大学学位等相对而言不具备高度相关性。社会化过程（know who）而非正规性教育（训练 know how）相对更重要，即专业性群体内人际间面对面的非正式交流尤为重要（Ashenim and Hansen, 2009③；

---

① Bjørn T. Asheim, Ron Boschma & Philip Cooke. Constructing Regional Advantage: Platform Policies Based on Related Variety and Differentiated Knowledge Bases [J]. *Regional Studies*, 2011, 45 (7): 893 – 904.

② Allen J. Scott. Capitalism and Urbanization in a New Key? The Cognitive-cultural Dimension [J]. *Social Forces*, 2007, 85 (4): 1465 – 1482.

③ Asheim B., Hansen H. K. Knowledge Bases, Talents, and Contexts: On the Usefulness of the Creative Class Approach in Sweden [J]. *Economic Geography*, 2009, 85 (4): 425 – 442.

Christopherson, 2002①; Coenen, 2006②)。

(二) 知识创新

知识经济虽然以信息化的出现和高科技产业的发展为重要特征, 但支撑其发展的却是不断涌现的创新意识和各种创新活动。从这个意义上看, 知识经济的实质就是知识创新。

知识创新是指由好奇心以及潜在需求的推动而做出的知识更新和突破。知识创新建立在基础研究和应用研究的基础上, 以获得和创造新的基础科学和技术科学知识以及实现隐性知识向显性知识的转化为目的。具体表现为: 技术诀窍的积累与传播、经验的开发、生产过程中技术的改进和合理化建议的提出等。从此界定看, 相对于技术创新来说, 知识创新外延宽泛且较为抽象; 并且知识创新是技术创新的基础, 是新技术和新发明的源泉。总之, 知识创新为人类认识世界、改造世界提供了新理论和新方法, 为人类文明的进步和社会发展提供了不竭动力。

知识创新的目的在于追求新发现、探索新规律、创立新学说、创造新方法、积累新知识。在获取和创造新知识的过程中, 知识创新呈现出以下特征: (1) 独创性。知识创新是新观念、新设想、新方案及新工艺等的采用, 改变甚至破坏着原有的秩序。知识创新活动将各种相关因素进行整合, 实践过程中常常表现为勇于探索、打破常规。(2) 系统性。知识创新可以说是一个复杂的"知识创新系统", 是多因素、多主体、多环节通过适宜的机制系统性作用的结果。(3) 风险性。知识创新是一种高收益与高风险并存的活动, 没有现成的方法、程序可以套用, 投入和收获未必成正比, 风险不可避免。(4) 科学性。知识创新是以科学理论为指导, 以市场为导向的实践活动, 具有一定的科学性。

完整意义上的知识创新包括知识的生产、传播和转让。高等教育与公共研究机构在知识创新过程中发挥着关键的作用。

二、知识创新相关概念辨析

(一) 国家创新体系

19 世纪著名经济学家李斯特 (Georg Friedrich List, 1789～1846) 1841 年在

---

① Christopherson S. Project Work in Context: Regulatory Change and the New Geography of Media [J]. *Environment and Planning A*, 2002, 34 (11): 2003 – 2015.

② Asheim B. T., Coenen L. Contextualising Regional Innovation Systems in a Globalising Learning Economy: On Knowledge Bases and Institutional Frameworks [J]. *The Journal of Technology Transfer*, 2006, 31 (1): 163 – 173.

其《政治经济学的国家体系》一书中提出了国家创新体系概念的雏形，书中分析了"国家专有因素"对一国经济发展的影响及追赶型国家的科技政策选择问题，构建了国家创新体系研究的理论框架；1912 年，熊彼特（Joseph Alois Schumpeter, 1883 ~ 1950）最先提出创新概念，认为创新是建立一种新的生产函数，把一种关于生产要素和生产条件的新组合引入生产体系；20 世纪 50 年代以后，熊彼特的创新理论与国家学说相结合，为国家创新体系的研究提供了坚实的理论基础；20 世纪 80 年代以来，为了分析国家特征要素对科学技术创新能力的作用，一批学者提出了"国家创新体系"的概念，并发展成理论体系。1987 年，英国著名经济学家弗里曼（Christopher Freeman, 1921 ~ 2010）在其著作《技术政策与经济绩效：日本国家创新系统的经验》中，首次提出国家创新体系（National Innovation System，NIS）的概念，并用于解释战后日本经济迅速恢复的原因。他认为，国家创新体系是在国家内部系统组织及其子系统间的相互作用下，在公、私领域内形成的一种机构网络，其活动目标是启发、引进、改造和扩散新的技术。弗里曼又将国家创新体系的概念分为广义和狭义两种：广义的国家创新体系包括国民经济体系中涉及引入、扩散新产品的所有机构；狭义的国家创新体系涵盖与科技活动直接相关的机构及支撑这些机构的教育系统、技术培育系统等[①]。从中可以看出，弗里曼的国家创新体系理论侧重于分析技术创新与国家经济发展之间的关系。在此基础上，丹麦学者伦德华尔（Bengt - Ake Lundvall, 1988）进一步指出：创新体系是由生产、扩散和使用新的、经济上有用的知识主体之间相互联系作用构成的复合体，因此，国家创新体系即为整个国家内部相关要素和关系构成的系统[②]。之后，一些学者从不同角度对国家创新体系进行研究，代表性的有：纳尔逊（Richard R. Nelson, 1993）从行业角色的角度出发，认为国家创新体系是一系列通过相互作用影响整个国家企业创新绩效的机制或机构的总和[③]。帕特尔与帕维特（Parimal Patel & Keith Pavitt, 1994）对国家创新体系的功能进行了深入研究[④]。他们认为，国家之间技术投资政策的不同使得国家间技术差距扩大，国家创新体系理论有助于一国确定如何进行技术投资，并从技术投资的效果去理解不同国家在科技投资上的差异。于是，他们将国家创新体系定义为"决定一个国家内技术学习方向与速度的国家制度、激励机构和竞争力"。经济合作与发展

---

① 斯托夫、弗里曼：《技术和经济运行——来自日本的经验》，经济科学出版社 1992 年版。
② Bengt - Åke Lundvall, *Innovation as an Interactive Process* [M].//Technical Change and Economic Theory. 1988.
③ Richard R. Nelson. *National Innovation Systems: a Comparative Analysis* [M]. Oxford University Press, 1993.
④ Parimal Patel & Keith Pavitt. National Innovation Systems: Why They are Important, and How They Might be Measured and Compared [J]. *Economics of Innovation and New Technology*, 1994, 3 (1): 77 - 95.

组织（OECD，1996）①强调在知识经济中，知识的创新不再是传统的线性范式，而是国家创新体系的结果。其在1997年发表的《国家创新体系》研究报告②指出："创新是不同主体和机构间复杂的互相作用的结果。技术变革并不以一个完美的线性方式出现，而是系统内部各要素之间的互相作用和反馈的结果。这一系统的核心是企业，是企业组织生产和创新、获取外部知识的方式。外部知识的主要来源则是别的企业、公共或私有的研究机构、大学和中介组织。"其中，将国家创新体系定义为"共同或单独致力于新技术的开发和扩散的不同机构组成的集合，这些机构之间的相互作用为政府制定及执行影响创新过程的科技政策提供了参考框架"。并且，OECD还将知识流动概念引入国家创新体系，认为知识流动是联系国家创新体系结构各主体的核心要素。巴尔扎特（Markus Balzat，2004）等提出国家创新体系是国家经济发展的子系统，由各种在开展创新活动过程中相互影响、相互作用的组织和机构组成③。

虽然学术界关于国家创新体系还未形成统一的认识，但是随着研究的不断深入，国家创新体系的界限越来越明显。在研究层面上，国家创新体系以国家为对象，从宏观角度来探讨创新问题；从核心内容上看，相对于熊彼特以技术创新为主的创新理论，国家创新体系是以技术创新和知识创造与生产为主导；在结构上，国家创新体系不仅突出了创新过程中各要素之间相互联系作用的关系，还体现了创新过程中宏观与微观层面之间错综复杂的相互影响的关系。

（二）区域创新体系

英国卡迪夫大学的库克（Philip Cooke，1992，2000，2004）提出了区域创新体系的概念，并对其进行了较深入而全面的解释及实证研究④⑤⑥。库克（1996）认为区域创新体系主要是由地理上相互分工与关联的生产企业、研究机构和高等教育机构等构成的区域性组织系统，这种系统支持并产生创新⑦。区域创新体

---

① OECD.《以知识为基础的经济》，机械工业出版社1997年版。
② OECD. *The National Innovation System* [R]. Paris，1997.
③ Markus Balzat & Horst Hanusch. Recent Trends in the Research on National Innovation Systems [J]. *Journal of Evolutionary Economics*，2004，14（2）：197-210.
④ Philip Cooke. Regional Innovation Systems：Competitive Regulation in the New Europe [J]. *Geoforum*，1992，23（3）：365-382.
⑤ Philip Cooke，Boekholt P.，Tödtling F. The Governance of Innovation in Europe [J]. Pinter，London，2000.
⑥ Philip Cooke，Martin Heidenreich & Hans-Joachim Braczyk. *Regional Innovation Systems：The Role of Governance in a Globalized World* [M]. Psychology Press，2004.
⑦ Philip Cooke. The New Wave of Regional Innovation Networks：Analysis, Characteristics and Strategy [J]. *Small Business Economics*，1996，8（2）：159-171.

着眼于次国家或超国家水平上的特定区域内的创新活动（Cooke，1992），强调区域或地方行动者及其关系（包括与国家机构、公共或私人跨国机构间的互动）的中心作用，将企业、大学、研发实验室以及区域公共机构视为基本要素①（Cooke，2001），并形成了知识应用和开发（知识应用）子系统、知识产生和扩散（知识创造）子系统，前者主要由企业及其垂直供应链的网络所占据，后者则主要由公共机构组成（Cooke et al.，2000），而高等教育机构、公共研究机构被强调为区域创新体系的核心②（Asheim & Isaksen，2002）。两大子系统有机互动，并与全球、国家及其他区域的新知识转化系统相联结（Cooke，2004），不断实现创新。库克（2004）发现，初始条件及宏观经济制度背景的差异导致了区域创新体系的模式多样化③。从创新业务的维度看，区域创新体系表现为地方式、交互式与全球式；从创新治理的维度看，区域创新体系表现为基层式、网络式和统制式三种类型（见表1-1）。从治理的主体和方式看，这三类区域创新体系的创新治理可以归结为创业、公私伙伴关系和发展型政府④（Cooke et al.，2007），并分别与其各自所处的自由市场经济、调控型经济和政府中心型经济模式密切相关。通过实证研究发现，美国是前者的代表，企业创新的样式和策略更多。而日本则是典型的发展型政府，其治理依赖于一个强大的中央政府，鼓励银行界支持战略产业部门的发展。法国和德国则采用公私合作伙伴关系模式，商业和行业协会是规范和促进商业伙伴之间的合作与竞争的关键中介机构，这种模式在经济稳定和全球贸易格局稳定期间可能优于自由市场模式⑤（Morgan and Cooke，1998）。对于后起的新兴经济体来说，以追赶为己任的发展型政府则更具有优势。同一个国家内，区域创新体系也存在着不同的区域变体，如在英国，北爱尔兰的创新体系更具有创业型性质，重视孵化器、风险投资、溢出效应和企业家精神；在威尔士的创新体系则强调政府的中心性，排除非政府组织，政府部门在治理中发挥关键作用；苏格兰的创新体系则更强调联合性，注重大学科研的合作伙伴关系。

---

① Philip Cooke. Regional Innovation Systems, Clusters, and the Knowledge Economy [J]. *Industrial and Corporate Change*, 2001, 10 (4): 945 - 974.

② Bjorn T. Asheim, & Arne Isaksen. Regional Innovation Systems: the Integration of Local 'Sticky' and Global 'Ubiquitous' Knowledge [J]. *The Journal of Technology Transfer*, 2002, 27 (1): 77 - 86.

③ Philip Cooke. Regional Innovation Systems: an Evolutionary Approach [J]. *Regional Innovation Systems: the Role of Governance in a Globalized World*, 2004: 1 - 20.

④ Philip Cooke. To Construct Regional Advantage from Innovation Systems First Build Policy Platforms [J]. *European Planning Studies*, 2007, 15 (2): 179 - 194.

⑤ Philip Cooke and Kevin Morgan. The Associational Economy: Firms, Regions, and Innovation [J]. *University of Illinois at Urbana - Champaign's Academy for Entrepreneurial Leadership Historical Research Reference in Entrepreneurship*, 1998.

表1-1　　　　　　　各类型区域创新体系及演化趋势

		基于企业/创新支持治理维度		
		基层式 (grassroots)	网络式 (network)	统制式 (dirigisme)
基于商业 创新维度	地方式 (localist)	意大利托斯卡纳	芬兰坦佩雷	日本东北
	交互式 (interactive)	西班牙加泰罗尼亚	德国巴登-符腾堡	韩国京畿道
	全球式 (globalist)	加拿大安大略省	威尔士	新加坡

资料来源：Philip Cooke. Regional System of Innovation: an Evolutionary Perspective [J]. *Environment & Planning*, 1998, 30 (9): 1563-1584.

20世纪90年代末期，国内有些学者引入区域创新体系的相关研究成果，并结合我国国情开展研究及实践，其中主要涉及区域创新体系概念、内涵、结构、功能、创新环境及政府作用、过程等方面。冯之俊（1999）认为区域创新体系是由某一地区内的企业、大学和科研机构、中介服务机构和地方政府构成的创新系统[①]。在构成上，李虹（2004）认为区域创新体系有主体要素、功能要素和环境要素等三部分组成[②]。而国内外对于构成区域创新体系的主体要素已达成共识，包括企业、大学和科研机构、中介服务部门、政府部门。区域创新体系建设对于区域发展具有重要意义，而区域创新体系的绩效评价也成为热点。相关学者也建立指标体系进行了评价和实证研究。如柳御林、胡志坚（2002）在分析我国区域创新能力演化过程的基础上，建立了一套综合的创新能力指标体系，并对我国区域创新能力做出了一个基本判断[③]。之前，国外学者罗逊和罗伦兹（Clive Lawson and Edward Lorenz, 1999）就对明尼阿波利斯和剑桥两个地区进行了实证研究，并针对如何通过优化区域创新组织结构来增强区域创新能力进行了探讨[④]。除此之外，国内学者还从动态角度出发，就其演化过程、运行机制及建设模式等展开研究。涂成林（2005）从动力角度出发，将区域创新体系的建设模式归纳为市场

[①] 冯之俊、罗伟：《国家创新系统的理论与政策文献汇编》，经济科学出版社1999年版。
[②] 李虹：《区域创新体系的构成及其动力机制分析》，载于《科学学与科学技术管理》2004年第2期。
[③] 柳御林、胡志坚：《中国区域创新能力的分布与成因》，载于《科学学研究》2002年第5期。
[④] Clive Lawson and Edward Lorenz. Collective Learning, Tacit Knowledge and Regional Innovative Capacity [J]. *Regional Studies*, 1999, 33 (4): 305-317.

牵引型、政府主导型、研究驱动型和重点扩散型四类①。

(三) 中国国家创新体系

弗里曼（1987）率先提出"国家创新体系"概念之后，国内外学者对其进行了广泛的研究。而我国作为发展中国家，在国家创新体系理论研究和实践建设方面起步较晚。1997年12月，中国科学院（以下简称"中科院"）提交了《迎接知识经济时代，建设国家创新体系》的报告。该报告提出了面向知识经济时代的国家创新体系，具体包括知识创新系统、技术创新系统、知识传播系统和知识应用系统。报告受到了国家领导人的高度重视。1998年6月，国务院通过了中国科学院关于开展知识创新工程试点工作的汇报提纲，决定由中国科学院先行启动《知识创新工程》，作为国家创新体系试点。"十五"计划《纲要》首次提出"建设国家创新体系"，实施"跨越式发展"的战略。其中指出，建立企业技术创新体系，鼓励并引导企业建立研究开发机构，推动企业成为技术进步和创新的主体；建立国家知识创新体系，推进知识创新工程，促进大学与科研机构联合，形成一批具有国际影响的科研机构；加强中介服务体系建设，建立社会化的科技中介服务体系。这些都为国家创新体系建设奠定了基础。2005年底，国务院发布《国家中长期科学和技术发展规划纲要（2006～2020）》（以下简称《科技规划纲要》），确定了"自主创新，重点跨越，支撑发展，引领未来"的指导方针，并提出要全面推进中国特色国家创新体系建设。当前，推进国家创新体系建设已经成为中国的核心战略。

《科技规划纲要》中指出，国家创新体系是以政府为主导、充分发挥市场配置资源的基础性作用、各类科技创新主体紧密联系和有效互动的社会系统。国家创新体系包括五大子系统（见图1-1），即现阶段中国特色国家创新体系建设的重点：

- 建设以企业为主体、产学研结合的技术创新体系，并将其作为全面推进国家创新体系建设的突破口；
- 建设科学研究与高等教育有机结合的知识创新体系；
- 建设军民结合、寓军于民的国防科技创新体系；
- 建设各具特色和优势的区域创新体系；
- 建设社会化、网络化的科技中介服务体系。

2011年7月，我国为全面落实科教兴国战略和人才强国战略，深入实施《科技规划纲要》，充分发挥科技进步和创新对加快转变经济发展方式的重要支撑作用，

---

① 涂成林：《国外区域创新体系不同模式的比较与借鉴》，载于《科技管理研究》2005年第11期。

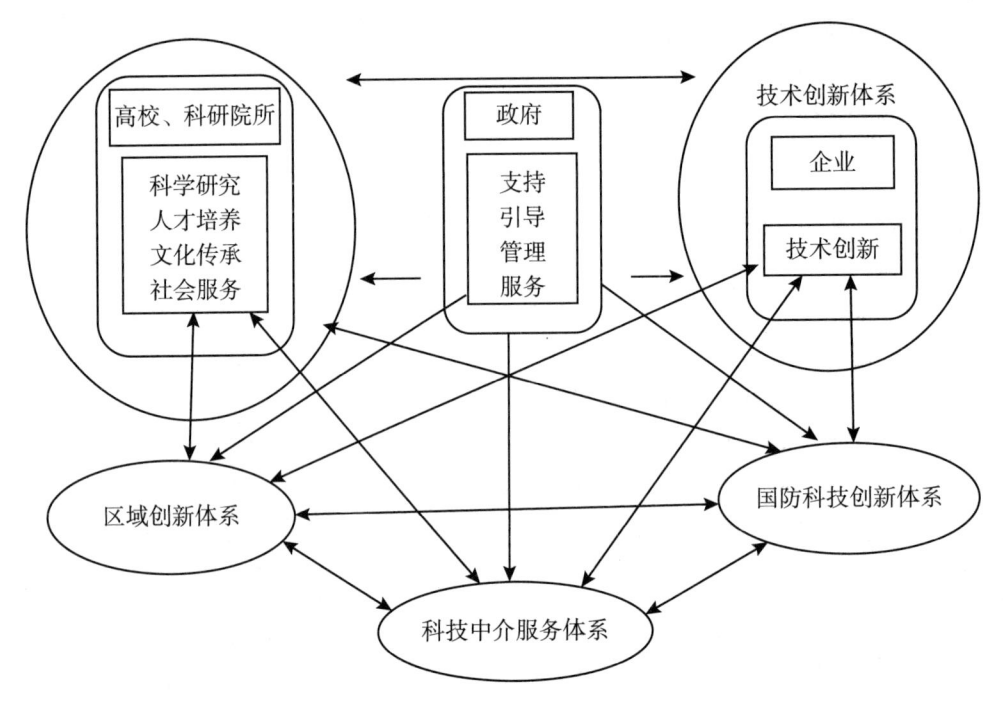

图 1-1　国家创新体系结构

制定了《国家"十二五"科学和技术发展规划》。明确指出全面推进国家创新体系建设，进一步加强各类创新主体的紧密联系和有效互动，努力建设符合社会主义市场经济要求和科技发展规律的国家创新体系。同时，又进一步明确了国家创新体系建设的重点：

- 深入实施国家技术创新工程，加快以企业为主体、市场为导向、产学研相结合的技术创新体系建设；
- 强化高水平科研院所和研究型大学建设，加快建立科学研究与高等教育有机结合的知识创新体系；
- 引导和构建军民结合、寓军于民的国防科技体系；
- 推进各具特色、优势互补的区域创新体系建设；
- 构建社会化、网络化的科技中介服务体系。

国家创新体系的实质就是将各类创新、创新主体及其他创新要素整合成一个系统。创新体系中的各个主体之间紧密关联、相互作用，通过主体间的相互作用构成了国家创新体系的结构。因此，我们可以通过改变和调整它们之间的关系，使它们之间互相协调，从而达到系统在整体上实现最优。根据这一思路，在新时期，我国国家创新体系建设主要体现为组织与制度安排，从而在国家层面上实现持续创新，提高国家的整体创新能力和自主创新能力，为提升国际竞争力提供强大支撑。

2016年5月，中共中央、国务院发布的《国家创新驱动发展战略纲要》提出了分三步走实现建设世界科技强国的战略目标：第一步，到2020年进入创新型国家行列，基本建成中国特色国家创新体系，有力支撑全面建成小康社会目标的实现；第二步，到2030年跻身创新型国家前列，发展驱动力实现根本转换，经济社会发展水平和国际竞争力大幅提升，为建成经济强国和共同富裕社会奠定坚实基础；第三步，到2050年建成世界科技创新强国，成为世界主要科学中心和创新高地，为我国建成富强民主文明和谐的社会主义现代化国家、实现中华民族伟大复兴的中国梦提供强大支撑。

第二节 知识创新体系

一、知识创新体系的概念界定

知识创新是国家创新体系的重要组成部分，随着全球化、信息化的深化，知识创新的过程也在日益嵌入到不同形式、不同空间尺度的网络与创新系统之中，如区域的、国家的和全球尺度上的。

一般意义上，知识创新体系是由政府、企业、高校和科研机构以及教育培训和中介机构之间相互作用而形成的推动知识创新的网络系统。知识创新体系的执行主体主要是知识的生产者即大学和研究院所，包括国家研究机构及企业研究所、高新技术企业的一部分。知识创新体系内部关系错综复杂，包含着一个国家或地区知识的生产、扩散与转化应用等知识创新的各个流程。对知识创新体系的研究，需要考察知识创新主体、传播扩散主体、转化应用主体在该流程中的地位和作用，探究各相关主体的相互作用机制，把握知识创新体系有效运转的内在规律。

和其他创新体系一样，知识创新体系具有系统性、开放性和层次性等特点。根据知识创新体系实施空间尺度的大小，可以把知识创新体系划分为三个层次，即地方知识创新体系（微观）、区域知识创新体系（中观）和国家知识创新体系（宏观）。但相关研究和实践主要集中于国家知识创新体系。从理论上讲，国外一般将国家创新体系等同于知识创新体系，或者说不存在相对独立于国家创新体系之外的国家知识创新体系。

知识创新体系具备三个基本功能：知识的生产（研究）——开发和提供新的知识；知识的传递（教育和培训）——教育和开发人力资源；知识的转让——传播知识和提供解决问题的措施。在知识的生产中，基础研究和应用研究之间的区别以及科学和技术之间的区别在当今社会变得日渐模糊，但高等学校仍然是全球范围内基础研究的主体力量，政府仍然是科学研究的主要投入者。

高等学校在知识的传播特别是科学家和工程师教育培训方面起着决定性作用，高等学校尤其是教育和培训知识经济中研究力量的中心。在这个方面，高等学校的时代使命体现为：为公民提供宽基础教育；通过研究生研究工作进行高水平的培训；吸引年轻人对科学的兴趣。在知识的转让方面，高等学校处于官产学研一体化关系的核心节点。知识创新体系的三大功能耦合特性，决定了科学研究（知识的生产）与高等教育（知识的传递/人才培养）有机深度融合的高等学校作为知识创新体系核心节点和关键主体地位。

二、西方以大学为核心的知识创新体系

西方高等教育现代化始于19世纪初的德国大学改革。这场改革建构了科学研究必然与高等教育紧密联系的信念。德国最初是高等教育发展比较落后的国家，14世纪末才创办第一所大学，并且是照搬法国巴黎大学的模式。19世纪初，洪堡对高等教育进行改革，并创建了集教学和科研于一体的柏林大学。洪堡这一办学理念不仅改变了德国的教育状况，还对世界各国大学产生了广泛而深刻的影响。19世纪中期以后，美国、法国、英国等发达国家纷纷确立了大学的科学研究及其应用的职能。如20世纪初，美国的查尔斯·范希斯（Charles R. Vanhise, 1957~1918）在主持威斯康星大学时确立大学高等教育、科学研究、社会服务三位一体的新职能。虽然各国的大学现代化不是统一的连贯模式，但科教融合成为西方各国建立现代大学制度的共同选择。从德国的"研究所型大学"到美国的"研究生院型大学"，从法国的"研究院型大学"到英国的"学院型大学"，科教结合的大学模式无疑成为西方大学现代化的共同趋势。

随着21世纪知识经济时代的到来，发达国家对大学功能和定位进行了再调整。美国伯顿·克拉克（Buton R. Clark, 1998）提出了"自主创新型大学"的新理念，强调新形势下大学要以创新为办学理念，实施创新教育，注重知识创新，培养创新人才①。基于以上发展路径，发达国家的知识创新体系基本上耦合

---

① Clark B. R. The Entrepreneurial University: Demand and Response 1 [J]. *Tertiary Education & Management*, 1998, 4 (1): 5 – 16.

在科学研究与高等教育内生融合型的大学之中，大学尤其是世界一流的大学成为其知识创新的核心。

三、中国知识创新体系

（一）中国知识创新体系的提出

中国对知识创新体系建设的重视源于中国科学院 1998 年提交的《迎接知识经济时代，建设国家创新体系》报告。报告中指出，面向知识经济时代的国家创新体系包括知识创新系统、技术创新系统、知识传播系统和知识应用系统。之后，国家"十一五"规划纲要提出"建立国家知识创新体系，促进知识创新工程"，具体要求：建立国家知识创新体系，推进知识创新工程（以中科院知识创新工程为核心），促进大学与科研机构联合，形成一批具有国际影响力的科研机构。加强科研基地和科研设施的联合共建，新建并重组部分国家重点实验室，建设重大科学工程，提高科研手段的现代化水平。虽然"十一五"规划没有明确提出"知识创新体系"，但强调科教兴国战略和人才强国战略，确立了建设创新型国家、人力资本强国的目标，并注重构建哲学社会科学创新体系，促进自然科学与哲学社会科学的结合。《国家中长期科学和技术发展规划纲要（2006～2020年）》也提出了建设科学研究与高等教育有机结合的知识创新体系，要求以建立开放、流动、竞争、协作的运行机制为中心，促进科研院所之间、科研院所与高等院校之间的结合和资源集成；加强社会公益科研体系建设。发展研究型大学，努力形成一批高水平的、资源共享的基础科学和前沿技术研究基地。2011 年，《国家"十二五"科学和技术发展规划》指出，强化高水平科研院所和研究型大学建设，加快建立科学研究与高等教育有机结合的知识创新体系。深入开展知识创新工程，实施"创新 2020"，推进高校创新，推动高水平研究机构和研究型大学建设，培育一批世界一流学科。稳定支持从事基础研究、前沿技术研究、产业关键共性技术研究和社会公益研究的科研机构。深化科研机构改革，扩大科研机构自主权，加快建立现代科研院所制度；增强高等学校创新活力，充分发挥高等学校在知识创新中的重要作用；在高等学校中开展探索科技与教育相结合、强化基础研究的改革试点，充分发挥高等学校的基础和生力军作用；落实和扩大高等学校办学自主权。2012 年发布的《中共中央国务院关于深化科技体制改革加快国家创新体系建设的意见》强调指出，根据经济社会发展需要和学科专业优势，明确各类高等学校定位，突出办学特色，建立以服务需求和提升创新能力为导向的科技评价和科技服务体系；要求高等学校对学科专业实行动态调整，大力推动与产业需求相结合的人才培养，促进交叉学科发展，全面提高人才培养质量；发挥高等学校学科人才优势，在基础研究和前沿技术领域取得原创性突破。2015年3月发布的《中共中央国务院关于深化体制机制改革加快实施创新驱动发展战略的若干意见》中对知识创新体系建设中的一些重大问题予以高度重视，强调优化对基础研究的支持方式，扩大高等学校、科研院所学术自主权和个人科研选题选择权；高度重视创新型人才培养模式的构建，提出以人才培养为中心，着力提高本科教育质量，加快部分普通本科高等学校向应用技术型高等学校转型，开展校企联合招生、联合培养试点，拓展校企合作育人的途径与方式；探索科教结合的学术学位研究生培养新模式，扩大专业学位研究生招生比例，增进教学与实践的融合。

综上可知，国家对知识创新体系的建设越来越重视，中国的知识创新体系是在探索中不断前进与发展的。

（二）中国知识创新体系的内涵

在科技日新月异的时代，赢得竞争的关键在于人才，特别是高素质的人才。中国要在激烈的竞争中自立于世界民族之林，必须拥有一批高水平的人才。人才培养和科学研究是大学的两项重要职能，除输出知识产品外，人才也是高等院校知识创新的主要产品。在建设知识创新体系、发展知识经济的今天，中国要提高高等院校人才培养的质量，必须通过高水平的科学研究来实现。虽然目前部分研究院所开展研究的同时也有教育的职能，但科学研究与高等教育的有机结合既是大学的突出特点和独特优势，又是其培养人才的有效手段。因此，建设科学研究与高等教育深度融合的知识创新体系是以大学尤其是研究型大学为核心，紧密联合科研院所，在相关政策和制度的支持下实现知识开发、扩散和转化应用的有机统一。

从世界主要创新型国家的发展经验来看，促进科教结合是目前很多国家创新体系建设，发展知识经济的核心与关键。科教结合不仅是中国培养高水平人才的需要，也是建设世界一流大学的新动力。对正处于高等教育改革的中国，建设世界一流大学成为提升高等教育质量的根本途径，也是提高知识创新水平的有效方法。根据世界著名大学的发展经验，世界一流大学一般来说都是研究型大学。因此，中国高校应把科学研究放在突出地位，强调科研与教学的结合，做出重大研究成果的同时培养高水平人才，推进我国知识创新体系建设。一方面，建立稳定、持续的科学研究制度，形成一支专业的科研队伍，实现教学与研究的合理分工；另一方面，根据教学与科研的特点，建立公正合理的教学与科研的评价机制，特别是将人才培养作为重要指标。

鉴于中国国家创新体系的五个子系统划分法（技术创新、知识创新、国防科技创新、区域创新和科技中介服务体系），中国的知识创新体系具有不同于西方发达国家的独特内涵，即在内涵上更聚焦于分析性知识（基础研究、科学）的生产，聚焦于科学研究与人才培养；而合成性知识（应用开发研究）生产任务主要赋予技术创新体系；高等院校尤其是研究型大学是知识创新的核心主体，承担有限的战略性、公益性应用研究开发任务的高水平公共研究机构是中国知识创新体系的第二创新主体，而一些行业性、工科性院校本质上则应属于技术创新体系。

第三节 科学研究与高等教育深度融合的内涵与价值

知识创新体系是建设创新型国家的重要源头，科学研究与高等教育深度融合是国家知识创新体系的本质属性和内在要求。近几年来，建设符合国际发展趋势、具有中国特色的科学研究与高等教育有机融合的知识创新体系，成为党和政府关注的重点。早在2006年提出的《科技规划纲要》中就明确提出：我国要建设科学研究与高等教育有机结合的知识创新体系。之后，《国家"十一五"科学和技术发展规划》又重申：建设科学研究与高等教育有机结合的知识创新体系。2011年《国家"十二五"科学和技术发展规划》进一步强调：强化高水平科研院所和研究型大学建设，加快建立科学研究与高等教育有机结合的知识创新体系。2015年国务院发布的《统筹推进世界一流大学和一流学科建设总体方案》提出了推动一批高水平大学和学科进入世界一流行列或前列的目标。世界一流大学和一流学科的建设任务包括建设一流师资队伍、培养拔尖创新人才、提升科学研究水平、传承创新优秀文化和着力推进成果转化五个方面。2016年《国家创新驱动发展战略纲要》进一步明确提出：引导大学加强基础研究和追求学术卓越，组建跨学科、综合交叉的科研团队，形成一批优势学科集群和高水平科技创新基地，建立创新能力评估基础上的绩效拨款制度，系统提升人才培养、学科建设、科技研发三位一体创新水平。增强原始创新能力和服务经济社会发展能力，推动一批高水平大学和学科进入世界一流行列或前列。

一、科学研究与高等教育深度融合的内涵

加快建立科学研究与高等教育有机结合的知识创新体系，需要切实掌握科学研究和高等教育深度融合的内涵，为中国知识创新体系建设指明正确的方向。在

充分借鉴发达国家知识创新体系建设经验的基础上，结合我国的特殊国情，形成具有中国特色的科学研究与高等教育有机融合的知识创新体系。科学研究与高等教育深度融合主要包含三方面的含义：

第一，国家层面上，国家的创新投入向基础研究倾斜，破除部门间尤其是教育部门与科研部门之间的各自为政，提升国家知识创新能力；技术创新投入的主渠道切实依靠市场，形成知识创新体系与技术创新体系合理的分工。其中，知识创新以高等院校为核心。

第二，中观层面上，按照创新链的上下游关系处理好高校与科研机构（中科院）之间的关系，着力加强高校与科研机构在若干重大应用开发研究领域、人才供求领域的互动合作，实现二者合理分工、主次有序、优势互补。

第三，微观层面上，以科教融合建设世界一流大学。高等学校在知识创新体系中的核心任务在于创新型人才培养和高水平基础研究。2014年5月，习近平在同北京大学师生代表座谈时，重申大学的根本任务在于"研究学问、探索真理"，在于"立德树人"。OECD《科技创新报告2012》指出，中美之间创新差距的根源之一在于中国缺乏一流的大学，在知识创新周期日益缩短的时代背景下，高校必须积极主动地投入到知识创新过程之中，以高水平科研支撑高质量教学，培养高素质的创新型人才，推动世界一流大学建设。

在我国知识创新体系建设过程中，科学研究与高等教育深度融合主要表现在高等学校与科研院所的机构联合、科学研究与高等教育的过程融合及科学研究与高等教育的功能耦合三个方面。

（一）创新机构联合——知识创新网络

研究型大学和高水平科研院所是国家知识创新体系中的两大主体，同时都是原始性创新与科学技术创新的主要来源。但两者在功能上存在一定差别，在知识创新体系中的分工也有不同。前者具有科学研究和高等教育的突出优势，是推动科教融合的核心，承担着建设世界一流大学与培养创新型人才的任务；后者更多地肩负着战略性研究的责任。为更好发挥知识创新体系的作用，实现科教深度融合，大学与科研院所应基于信任增加彼此间的合作互动，实现两机构间的联合。大学应更多地在政府公共资源的资助下，进行更多自主探索的基础研究，提高自身的研究水平，朝着研究型大学迈进。而科研院所应密切联系高校，重点开展技术开发和转移的任务，以弥补基础研究与产业所需技术之间的差距。科研院所与高校可以通过各种方式（如共建研究机构和平台）增强彼此间的合作，实现联合互动、优势互补，推动我国科研、教育事业的发展。

（二）创新过程整合——知识创新链

大学和科研院所内部也应加强科研与教育相结合，寓研于教，寓教于研，实现创新的过程融合。科研与教育一直是高校的两大主要职能，如何处理好两者间的关系是建立科学研究与高等教育深度融合的知识创新体系的关键。大学成立之初，主要承担教学任务，注重把已有知识教授于学生。19世纪初，德国教育家洪堡（Wilhelm von Humboldt，1767~1835）对高等教育进行改革，确立了大学教学与科研相结合的功能。大学作为科教融合知识创新体系的核心，应充分发挥大学的科研资源与教育资源，力争建设世界一流大学，培养创新型人才。高校应合理处理科研与教育之间的关系，改变科研和教育从属两条线的管理模式，实现教学与科研管理的有机结合。在课程设置上，减少纯粹教学的课程时间，加大研究型课程的设置。同时，大学可以以学科建设为载体，在学科内部实现科研与教学的交叉融合。相对于大学，独立的科研机构主要从事重大的研究任务，其教育环节较为薄弱，且主要是针对研究所的内部人员。因此，科研院所一方面应根据自身的研究特色，充分结合实际发展需要来开展高等教育，以使人才培养更好地服务于科研事业；另一方面，和大学相比，其拥有独特和丰厚的研究资源，处在科研事业发展的前沿，应鼓励研究人员重视人才培养，到高校进行兼职、任教，将人才培养纳入研究机构的考评体系中，使科教结合推动科研工作和人才培养工作。总之，大力推进高等教育和科技创新紧密结合，形成人才培养和科学研究密切结合的机制，实现两者协同创新。把科学研究作为创新人才培养的关键环节和增强创新能力的有效途径，充分发挥高等学校及科研院所巨大的人才优势和创新潜力。以高水平的研究推动科研工作及高质量的教育，以高质量的教育保证创新能力的持续提高。

（三）创新功能耦合——国家创新体系

系统论认为，任何系统都是一个有机的整体，它不是各个部分的机械组合或简单相加，系统的整体功能具有各要素在孤立状态下所没有的性质，即"整体大于部分之和"。知识创新体系作为一个系统，各创新主体及其之间的科教结合，优化了整体的功能，实现了知识创新体系的功能耦合。科学研究与高等教育深度融合是知识创新体系的本质属性和内在要求。科研院所与高校之间的机构融合及其内部科学研究与高等教育的过程融合，有效地整合了彼此的科研与教育资源，推动了各主体间协同创新，以不断实现知识的创造、传播与扩散。在这样的作用下，知识创新体系内部不断整合，各主体功能不断耦合，系统的创新绩效不断提高。

二、科学研究与高等教育深度融合的知识创新价值

2006年发布的《国家中长期科技发展纲要》明确提出：我国要建设科学研究与高等教育有机结合的知识创新体系。《国家"十一五"科学和技术发展规划》重申：建设科学研究与高等教育有机结合的知识创新体系。《国家"十二五"科学和技术发展规划》进一步强调：强化高水平科研院所和研究型大学建设，加快建立科学研究与高等教育有机结合的知识创新体系。科教结合是知识创新体系的核心，对知识创新体系建设有着重要意义。

（一）回归知识创新的内在规律

美国学者 D. M. 阿米登（1997）[①] 认为，知识创新是指科学家和工程师进行跨学科、跨专业、跨国家合作，研究共同感兴趣的问题，其研究结果加速了新思想的创造、流动和应用，加速了这些新思想应用于产品和服务来造福人类社会的过程。他将知识创新分为狭义和广义两种，前者是通过学习研究获得和创造新知识的过程，发生在知识生产、传播和应用的全过程中；后者是为了经济和社会利益创造、传播和利用新知识，使其转变为市场化的产品和服务，包括科研获得的新知识及其传播、应用、商业化等。

知识创新就是在知识发展与经济发展密切联系的条件下，尊重科学发展的内在逻辑和外在需求进行的知识创造、传播和应用的系统过程。其中，知识生产、知识传播和知识应用并不是一个简单的线性过程，而是一个彼此间不断交互和反馈的网络系统，即知识创新体系。科学研究和高等教育深度融合是知识创新体系的核心，而科学研究与高等教育本身就是知识创新的双翼，在知识创新的过程中两者紧密联系，缺一不可。当代竞争归根到底是科技的竞争，而科技发展的根本是人才，人才归根于教育。教育尤其是高等教育是知识创新、传播和应用的主要阵地，也是培养创新人才和创新精神的摇篮。高等教育在传播现有知识过程中，培养了学生的创新精神与将知识应用到社会经济发展中的能力。同时，科学研究激发了学生学习与研究的兴趣，提升了学生发现问题、解决问题以及进行批判性思考的能力，这些都是为培养创新型人才服务。高等教育与科学研究的有机结合有利于知识产生、扩散和应用，是知识创新的内在要求和本质属性。

---

① Amidon D. M. *Innovation Strategy in the Knowledge Economy*: the Ken Awakening [M]. Boston: Burrweworth-heinemann, 1997.

(二) 增强自主创新能力的本质要求

2006年1月，胡锦涛在全国科技大会上明确提出未来15年内把我国建设成创新型国家。要实现这一战略目标，推进国家创新体系建设成为我国的核心战略。目前，中国国家创新体系建设的重点包括以企业为主、产学研结合的技术创新体系、科教结合的知识创新体系、国防科技体系、区域创新体系和科技中介服务体系。其中，技术创新体系和知识创新体系是建设国家创新体系的核心。以企业为主、产学研相结合的技术创新体系是全面推进国家创新体系建设的突破口。技术创新是指企业应用创新的知识和新技术、新工艺，采用新的生产方式和经营管理模式、提高产品质量、开发生产新的产品，提供新的服务，占据市场并实现市场价值。企业是技术创新的主体，新技术、新产品、新工艺的研究开发及应用有助于企业开拓新的市场，成为企业发展中的新增长点。但是相比于知识这种源头性的创新，技术创新只能获取短期的经济竞争力，不能够为社会经济发展提供持续动力。而科教结合的知识创新体系强调基础研究突破、重大应用研究革新、前沿共性技术突破及公益性技术突破等，其作用就是把人类在对自然界进行基础研究和应用基础研究时获得的新现象、新规律、新原理扩散与传播到需要它的技术创新体系中去，从而启发并产生新产品、新工艺、新产业领域。这种基础研究与创新最终带动了其他领域的发展，从而形成整个国家的竞争优势。因此，科学研究与高等教育深度融合的知识创新体系在建设创新型国家过程中发挥着重要作用。

(三) 从人口红利迈向人才红利的必由之路

21世纪是人才经济的时代，人才资源是知识经济时代经济发展的第一资源，有着不可替代的作用。作为世界人口大国，廉价、吃苦耐劳而又受过一定教育的庞大的劳动力大军，是改革开放以来中国最大的比较优势，也是中国得以成为"世界工厂"的基础性资源。从某种意义上讲，"人口红利"与改革开放30多年的发展成就息息相关。但是，随着人口结构的变化，中国的"人口红利"在逐渐消退（见图1-2）。国家统计局最近公布的数据显示，2015年末中国16~59岁劳动年龄人口为9.11亿人，比2014年末净减少487万人，这也是劳动年龄人口连续第4年出现下降。前3年劳动年龄人口的净减少幅度分别为345万、244万、371万。此前大多数专家和机构对"人口红利"拐点出现时间的估算是2015年，而人口红利拐点2012年就出现，这比预期提前了3年。有学者认为，中国"人口红利"消失的拐点已在2012年出现，这将对经济增长产生显著影响（蔡昉，2013）。对劳动密集型产业来说，这是一个严峻的挑战。中国发展研究基金会发布的报告（2012）认为，从 2010 年至 2020 年劳动年龄人口将减少 2 900 多万人，未来将对经济增长产生显著影响。

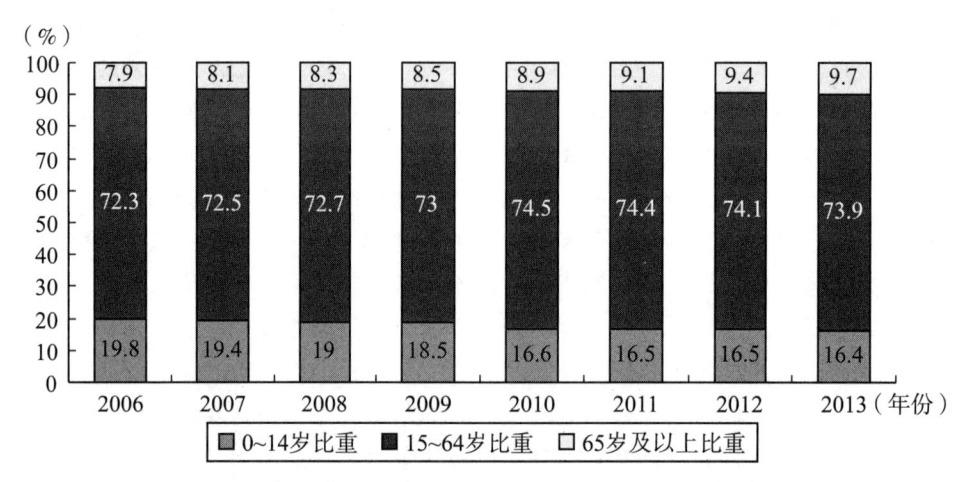

（%）	2006	2007	2008	2009	2010	2011	2012	2013（年份）
65 岁及以上比重	7.9	8.1	8.3	8.5	8.9	9.1	9.4	9.7
15~64 岁比重	72.3	72.5	72.7	73	74.5	74.4	74.1	73.9
0~14 岁比重	19.8	19.4	19	18.5	16.6	16.5	16.5	16.4

图 1-2　中国劳动适龄人口占比从 2011 年开始首次下降

资料来源：2007~2014 年历年《中国统计年鉴》。

"人口红利"的消失，一方面对劳动密集型产业的转型升级提出了迫切的需求、带来了现实压力；同时也迫切需要从"人口红利"向"人才红利"转型，从人口大国向人力资源大国转型。为此需要加大教育投入，培养创新型人才。2012 年，国家财政用于教育方面的支出超过 2 万亿元，这意味着 1/6 的财政收入用到了教育方面，使教育投入占 GDP 比重在 2012 年首次实现了 4% 目标。

科学研究与高等教育深度融合的知识创新体系，在产出无形的知识创新产品的同时，更重要的是源源不断地培养富有国际竞争力的创新型人才。大批创新型人才的涌现，为国民经济和社会发展创造了全球最大的"人才红利"，实现了中国经济发展由依赖"人口红利"向"人才红利"转变（见表 1-2）。除此之外，整体国民素质的提高，将有助于中国人力资本强国的建设，从而推动发展方式的转型与国家的和平崛起。

表 1-2　　　　2010~2015 年我国大学生与研究生毕业人数　　　　单位：万人

	2010 年	2011 年	2012 年	2013 年	2014 年	2015 年
普通本专科生	575.42	608.16	624.73	638.72	659.37	680.89
硕士生	33.46	37.97	43.47	46.05	48.22	49.77
博士生	4.90	5.03	5.17	5.31	5.37	5.38

资料来源：根据教育部教育统计年报整理。

（四）开放式创新时代人才培养的内在需求

当前，全球进入开放式创新时代。20 世纪 80 年代和 90 年代的主导性研发创新是高度结构化的阶段门径管理流程①（Cooper，1994），90 年代末则出现了一个朝着更加反复和互动的探讨和学习的过程的新趋势②（Lynn et al.，1996）。研发合作伙伴关系和创新联盟发展趋势强劲③（Hagedoorn and Duyster，2002）。沙特尼耶等（Chatenier et al.，2010）考察了开放创新人才在这样的团队中工作，并应付他们所面临的挑战所需要的能力④。他们的研究表明，协调协作能力、社交能力似乎对于开放式创新人才尤为重要。

科学研究与高等教育的深度融合，有利于在大学阶段培养锻炼学生参与团队研究的能力和有效参与开放式创新的能力。从各国的经验来看，以大学为主体而进行的、以基础研究为主导的知识创新的一个重要作用是建立集聚高水平研究人员的平台，维持一支有志于从事研究事业的人才队伍。例如，美国大学的基础研究吸引和集聚了来自全世界最优秀的研究人才，培养了一大批本科生、研究生、博士以及博士后，源源不断地为美国企业提供创新人才，从而保持其在高新技术产业领域的全球竞争优势。

（五）中国高等教育改革与发展新阶段的迫切需求

新世纪的首个教育规划纲要——《国家中长期教育改革和发展规划纲要（2010～2020 年）》明确指出：要把提高教育质量作为教育改革和发展的核心任务。教育规划纲要要求，2020 年国家高等教育总规模为 3 550 万人，高等教育毛入学率达 40%。

2015 年，中国各类高等教育总规模达到 3 647 万人，与 2014 年相比新增 88 万人；高等教育毛入学率达到 40%。按照规划预期，高等教育总规模新增数控制在每年 50 万人左右较为合理。2015 年新增 88 万人与目前实际的高等教育资源相比，增长略快。从高等教育招生情况来看，增幅较往年有所回落。2015 年普

---

① Cooper Robert G. Product Third - Generation New Product Processes [J]. *Journal of Product Innovation Management*，1994，11：3 - 14.

② Lynn，Leonard H.，N. Mohan Reddy，and John D. Aram. Linking Technology and Institutions：The Innovation Community Framework [J]. *Research Policy*，1996，25：91 - 106.

③ Hagedoorn J.，Duysters G. External Sources of Innovative Capabilities：the Preferences for Strategic Alliances or Mergers and Acquisitions [J]. *Journal of Management Studies*，2002，39（2）：167 - 188.

④ Chatenier E.，Verstegen J. A. A. M.，Biemans H. J. A.，et al. Identification of Competencies for Professionals in Open Innovation Teams [J]. *R&D Management*，2010，40（3）：271 - 280.

通高等教育本专科共招生737.85万人，比上年增加16.45万人，增长2.28%；全国招收硕士、博士研究生共计64.51万人，比上年增加2.37万人，增长3.81%。2015年，我国计划招收本专科生699万人，与2014年相比增加50万人，增幅为7.70%。这表明中国普通高校招生规模正进一步调整，将逐步走入正常发展态势。

此前，中国高等教育在1999～2005年间数量急剧扩充，其后逐渐调整，实行降低增长速度、重视提高质量的政策。质量的提升，首先有赖于高等教育资源的充分保障。其中，师资力量尤为重要。《2015年全国教育事业发展统计公报》显示，2015年中国专任教师157.26万人，比2014年增加3.81万人，普通高校生师比为17.73∶1。对比往年，生师比这一反映大学办学条件的基本指标没有太大变化，基本维持在教育部规定的普通高校办学合格线（18∶1）之内。生师比过高会使高等教育质量下降，这将是中国高等教育的一个隐患。与耶鲁大学（生师比为4∶1）、柏林洪堡大学（生师比为9∶1）等世界著名大学相比，我国生师比明显偏高。生师比偏高反映出我国师资相对紧张和教育资源不足，在一定程度上造成了高校教师教学负荷较重，影响了教师学术研究和业务能力的提升。

第四节　科教融合的政策文本定量分析

当今世界，经济的可持续发展比历史上任何时期都更加依赖于知识和技术的生产、扩散与应用，使得知识创新体系成为中国建设创新型国家的重要源头。建设科学研究与高等教育深度融合的知识创新体系是我国创新型国家建设的重要战略任务，其关键在于促进高校与研究院所形成良性互动格局，提升各自的知识创新能力，核心是科学研究和高等教育的深度融合[1]。而如何让科学研究与高等教育有机结合、深度融合，可行路径是通过创新机构联合、创新过程整合、创新功能耦合的"三重融合"促进我国知识创新体系良性运转[2]。我国政府一贯重视科学研究与高等教育工作，并出台了一系列相关政策，以推动科教融合。随着政策数量的持续累加、覆盖领域的不断扩大，政策群的复杂性显著增强，初步形成了具

---

[1] 周光礼、马海泉：《科教融合与大学现代化——西方大学科研体制化的同质性和差异性》，载于《中国高教研究》2013年第1期。

[2] 滕堂伟、赵培：《科学研究与高等教育"三重融合"的国家知识创新体系优化》，载于《科技进步与对策》2015年第9期。

有中国特色的科学研究与高等教育融合政策体系。本节基于政策工具理论的视角，重点探讨的问题如下：一是中国科教融合政策体系采用的政策工具是什么？二是相关政策工具的使用，特别是"三重融合"具有什么样的特点？三是运用基于政策工具理论的政策分析框架，研究已有科教融合政策体系的合理性，并借此为融合政策的完善与优化提供政策建议。

一、我国科学研究与高等教育"三重融合"政策文本的样本选择

本节主要通过以下两个公开来源检索政策样本：教育政策法规检索系统、万方数据知识服务平台的法规数据库。前者集中了历年来以教育部为主颁发的教育政策相关法规全文，后者对于全国性的高等教育与科学研究政策文本积累则更为全面，两者互为补充且可以更好地丰富数据样本。为了聚焦研究问题，本书选取的政策文本内容均要满足"高等教育"和"科学研究"同时出现的基本条件，进一步，按照以下原则对政策文本数据进行了文本整理和遴选：一是发文单位为国家级机关，政策满足全国通行政策条件；二是主要政策内容须与科教主题密切相关；三是政策类型主要选取"法律""法规""规划""意见""办法""通知"等体现国家对高等教育和科学研究进行管理的相关政策文件。利用上述渠道和数据整理原则，共搜集得到发文时间为1955～2017年的有效政策样本346份。在此基础上，设计了分析单元编码表（见表1-3），并对346份有效政策样本进行实证研究。

表1-3 政策样本分析单元编码表

政策编号	政策名称	政策性质	发文单位	政策年份	政策工具编码	政策工具所属类型	政策工具
1	《中国科学院研究生暂行条例》	条例	国务院	1955	1-1 1-5	权威工具 学习工具	要求 信息发布
2	《国务院关于高等学校设置校（院）长助理职位的通知》	通知	国务院	1955	2-1 2-5	权威工具 学习工具	管制 信息发布
…	…	…	…	…	…	…	…

续表

政策编号	政策名称	政策性质	发文单位	政策年份	政策工具编码	政策工具所属类型	政策工具
345	《教育部办公厅关于开展第五届全国教育科学研究优秀成果评选奖励活动的通知》	通知	教育部	2016	345-3 345-5	能力建设工具 学习工具	人才培养 信息发布
346	《统筹推进世界一流大学和一流学科建设实施办法（暂行）》	办法	教育部 财政部 发改委	2017	346-1 346-3 346-4	权威工具 能力建设工具 学习工具	要求 人才培养 改革与优化

资料来源：根据相关政策文件整理。

二、我国科教融合政策文本的统计分析

（一）政策文本主要形式

本书所获得的 346 份有关我国科学研究与高等教育相关的政策文本，主要有"意见""通知""决定""决议""纲要""规定""法律""办法""条例""报告""讲话""方案""指示""规程""规划"等几种形式（见表1-4）。其中"意见"和"通知"形式的政策文本占比最多，分别占总数的 26.30% 和 20.52%，并且前者有 22 条政策文件也是通过"通知"形式发布的。"意见""通知""纲要""决定""办法""规定""计划""规划""决议""法律""方案"等形式出现的政策文本频率较多，占总数的绝大部分为 91.04%，可以说，这些文本形式是中国科学研究与高等教育融合政策文本的主要形式。其他如"备忘录""复函""公告""公示""简则""提纲""文件""细则""协议书"等出现的频率非常低，占总比例不到 5%。可以看出，我国科学研究与高等教育融合政策文本主要是以权威工具和信息发布为主的"意见"和"通知"形式，科学研究与高等教育融合的"法律"文本较少，不到 3%。科学研究与高等教育融合仍然以政府的行政管制为主要方式。

表1-4　　中国科学研究与高等教育融合政策文本统计情况

文本类型	数量	占比(%)	文本类型	数量	占比(%)	文本类型	数量	占比(%)
意见	91	26.30	方案	8	2.31	公告	1	0.29
通知	70	20.23	条例	8	2.31	公示	1	0.29
纲要	22	6.36	报告	7	2.02	纪要	1	0.29
决定	21	6.07	讲话	4	1.16	简则	1	0.29
办法	20	5.78	指示	3	0.87	请示	1	0.29
规定	18	5.20	规程	2	0.58	提纲	1	0.29
计划	18	5.20	制度	2	0.58	文件	1	0.29
规划	17	4.91	法规	1	0.29	细则	1	0.29
决议	12	3.47	备忘录	1	0.29	协议书	1	0.29
法律	10	2.89	复函	1	0.29	要点	1	0.29

资料来源：根据相关文件整理。

（二）政策颁布年度分布情况

本节选取中华人民共和国成立以来所有年份的有关科学研究与高等教育融合的政策文本，有效政策文本的时间跨度是从1955年到2017年，在此区间内，政策文本颁布的总趋势在不断增加（见图1-3）。从发展阶段来看，政策文本颁布大体分为以下三个阶段：第一阶段，1955年到改革开放这段时期，我国对科学研究和高等教育融合的认识及重视程度相对薄弱，所以这一时期，关于科学研究和高等教育融合政策的文本很少，不到总政策文本量的5%；第二阶段，改革开放到20世纪末期，我国对科学研究和高等教育融合的认识逐步加深，对其重视程度不断加大，这一时期，关于科学研究和高等教育融合政策文本逐渐增多，占总文本数略超三成；第三阶段，进入21世纪以来，政策文本的数量迅速增加，占总文本数量超过六成，这说明在进入21世纪之后，国家对科学研究和高等教育融合的重视程度迅速加强。经过统计发现，科学研究与高等教育融合的政策文本在2011年和2015年最多，均达到22个之多，另外，1997年、1999年、2004年、2005年、2006年、2007年、2009年、2012年、2013年、2016年等年份政策文本颁布也相对集中，单年颁布政策文本超过10个。总的来看，政策文本颁布趋势与我国经济增长均具有较为一致的阶段性发展特征。

图 1-3　政策年度发文数量统计

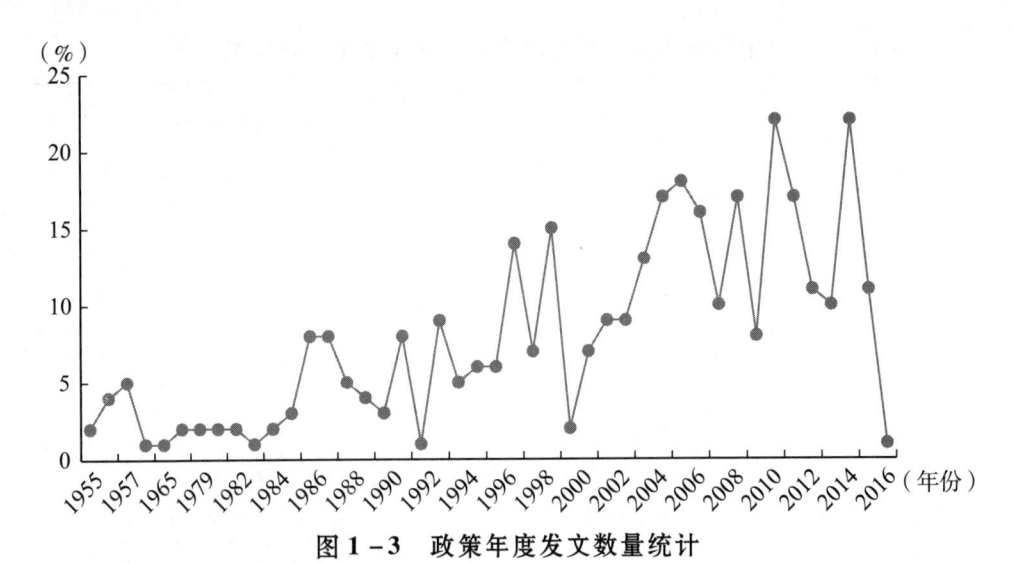

资料来源：根据相关文件整理。

（三）"三重融合"政策主题

透过"三重融合"政策主题，为更加深入地挖掘科学研究与高等教育政策文本信息提供了可能。在知识创新体系中，各创新主体通过密切交流联系，结网互动，形成不断推进的知识创新网络。在我国的知识创新网络中，高等学校与科研院所两大主体以知识为媒介，实现创新机构联合、创新过程整合以及创新功能耦合的三重融合，最终实现科学研究与高等教育的有机结合和深度融合。其中，创新机构联合的特征主要表现为，两大主体分工逐渐明确，培养的人才与知识在两者之间自由流动，从而推动两者进一步合作；过程整合需要高校与科研院所之间建立明确的职能分工、自由的人才流动、研究人员兼职任教与设备共享等，同时也是实现高等教育与科学研究创新过程整合的关键；功能耦合层面，科研院所与高校之间的机构融合及科学研究与高等教育的过程融合，有效地整合了双方的科研与教育资源，推动主体协同创新，不断实现知识的创造、传播与扩散，在这种作用下，知识创新体系内部不断整合，主体功能不断耦合，系统创新绩效不断提高。需要注意的是，"三重融合"并不是一蹴而就的，需要有一定的基础条件或初始阶段，即内部融合，其主要特征是仅在同类或本机构内部进行的科学研究与高等教育的联系互动和融合。因此，为更加有力地促进我国"三重融合"知识创新体系建设，这里将政策文本中政策工具的主题分为如下四大领域：内部融合、机构联合、过程整合以及功能耦合。

(四) 政策工具定义及频度统计

作为政府赖以解决问题的政策工具，不同的学者对于其类型的看法多样，在教育相关领域，有学者将其分为权威工具、激励工具、能力建设工具、象征与劝诫工具、学习工具和系统变革工具等①。本书综合已有对于政策工具分类，根据科教融合的需求特点，采纳的政策工具类型分为：权威工具、激励工具、能力建设工具、象征与劝诫工具、学习工具和自愿性工具（见表1-5）。通过对346份政策文本在内容编码的基础上使用频度分析，可以得到引入主题维度的政策工具使用分析结果（见表1-6）。

表1-5　　　　　　　　政策工具定义及内容

政策工具类型	定义	包含内容
权威工具	政府通过采用法律、行政等形式以达成目标	管制（制度、标准、许可、禁止、监管）、评估、要求
激励工具	通过奖励（或惩罚）带来有形的回报，诱使目标群体采取政策制定者所期望的行动	奖励与惩罚
能力建设工具	向个人、团体或机构提供信息、培训、教育等资源，以提升其决策或行动效力*	基础设施与制度建设、补助与支持、政策优惠
象征与劝诫工具	通过价值诱导来引领目标群体按照政策制定者所标榜的理念和目标行动**	鼓励与号召
学习工具	依靠目标群体为追求自我完善的动力去解决问题	信息发布、沟通、协商、宣传学习、改革与优化
自愿性工具	通过个人、社会力量或市场发挥作用，在自愿的基础上解决问题***	市场、社会力量及自我管理

资料来源：*李津石：《我国高等教育"教育工程"的政策工具分析》，载于《中国高教研究》2014年第7期。

**李科利、梁丽芝：《我国高等教育政策文本定量分析——以政策工具为视角》，载于《中国高教研究》2015年第8期。

***张端鸿、刘虹：《中国高等教育改革与发展的政策工具分析》，载于《复旦教育论坛》2013年第1期。

---

① Anne Larason Schneider, Helen Ingram. Behavioral Assumptions of Policy Tools [J]. *The Journal of Politics*, 1990, 52 (2): 510-529.

表 1-6　　　　　引入主题维度的政策工具频度统计

政策工具		政策主题				
		内部融合	机构联合	过程整合	功能耦合	合计
权威工具	管制	76	35	14	1	126
	评估	0	0	4	0	4
	要求	73	35	36	9	153
激励工具	奖惩	78	41	36	13	168
	支持	2	0	1	0	3
能力建设工具	补助	1	4	2	0	7
	基础建设	0	4	1	0	5
	人才培养	19	21	14	14	68
象征与劝诫工具	号召	5	1	3	0	9
学习工具	信息发布	163	87	57	19	326
	协商	1	0	0	0	1
	改革与优化	1	0	0	0	1
自愿性工具	社会力量	3	0	1	0	4
合计		422	228	169	56	875

资料来源：根据相关文件整理。

从有关科学研究和高等教育政策工具频度统计结果分析（见表1-6），学习工具、权威工具和激励工具是使用最多的三种政策工具，占据使用工具总数的88.69%。可见政府对科学研究和高等教育还通过信息发布等学习工具，来监管和要求高等学校或科研机构，而后者对科学研究和高等教育的政策以被动学习领会和贯彻为主。从其他工具的使用情况来看，能力建设工具使用也相对较少，占9.03%；象征与劝诫工具、自愿性工具在关于科学研究和高等教育的政策文本使用中凤毛麟角，仅占政策工具总数的1.49%。

从高等教育与科学研究的融合主题角度来看，内部融合、机构联合、过程整合、功能耦合使用政策工具数越来越少，从一个侧面显示高等教育与科学研究的融合政策重视程度相对越来越弱，具体而言，内部融合、机构联合、过程整合、功能耦合政策数量分别占比为48.23%、26.06%、19.31%和6.40%。从融合政策内部使用政策工具的分布情况来看，内部融合、机构联合、过程整合与总体工具分布基本一致，即学习工具和权威工具使用频繁，能力建设工具使用相对较少，激励工具、象征与劝诫工具和自愿性工具使用相当少。仅在功能耦合工具方面与总体分布有显著差异，象征与劝诫工具和自愿性工具没有出现，权威工具、学习工具、能力建设工具和激励工具均出现了十多次。

三、研究结论

（一）内部融合政策学习工具和权威工具应用过多，且以教育部政策为主

从政策样本数量统计结果来看，在 346 份政策样本中，内部融合政策有 172 份之多，占政策样本数接近一半，占比为 49.71%，且发文机构主要来自教育部，共有 104 份，占比为 60.47%；从政策工具频度统计分析来看，学习工具和权威工具分别占其比重为 37.79% 和 32.26%[①]，值得注意的是，权威工具经常联合使用管制和要求工具。在我国科教发展历程中，经历过多次机构功能调整，其中大学功能的调整尤为频繁。新中国成立后，我国受到苏联集中型科技体制的影响，单独设置科学院系统承担主要的科学和技术研究，高校调整为以教学为主的学术机构，并未能确立其主体地位于我国的知识创新体系中，而中国科学院则是知识创新的唯一主体。1977 年 7 月，邓小平同志提出："重点大学是办教育、办科研的中心。"自此高校真正开始科教内部融合工作，并在 1985 年发布《中共中央关于科技体制改革的决定》与《中共中央关于教育体制改革的决定》，高等学校初步确认了知识创新主体的地位，从而促进了内部融合更好地开展。为进一步促进高校内部融合，1998 年《中华人民共和国高等教育法》进一步从法律上确立了高校的自主权。经过多次以国家意志为主导的功能定位调整，且由于政策工具主要采用管制和要求工具（此结论对以科研机构为主要政策作用对象的文本也成立），我国高校和科研机构的管理，特别是在科学研究与高等教育内部融合上没有表现出相应的自主意识和主动性，而主要考虑如何学习领会上级主管部门的精神，把管制、要求和规定事项等做好，从而导致我国内部融合缺乏特色。

（二）机构联合政策学习工具和权威工具应用频繁，其中自愿性工具应用相对不足

从政策样本数量统计分析来看，机构联合政策样本数量仅次于内部融合政策，共有 92 份，占政策样本数比例为 26.59%，对比内部融合政策数量占比，机

[①] 根据 1955~2017 年有关科学研究与高等教育融合的 346 份政策文本分析所得。

构联合比例略强于前者的一半,从政策数量上来说,我国科教融合政策对于内部融合重视程度远远大于机构联合政策;从政策工具频度统计分析来看,政策主要采用了学习工具和权威工具,分别占比为 38.16% 和 30.70%,值得注意的是,机构联合的自愿性工具甚至没有使用到,应用相对不足。1997 年,中国科学院提出了《迎接知识经济时代,建设国家创新体系》报告,经国家科教领导小组审议通过,中国科学院先行一步进入国家知识创新工程,而在高校建设方面,中国政府先后进行了"211"工程、"985"工程建设,其目的是通过强有力的能力建设工具促进我国知识创新体系发展,但同时也造成了中国知识创新体系建设在指导思想和实践操作上主要是以"工程"形式来驱动的,使得我国的知识创新具有显著的"工程"化路径特征,且在基础研究领域中的自由探索中"水土不服",其工程化的量化考核指标限制了科学研究与高等教育的有机结合。另外,从实施情况来看,"工程"所涵盖的高校与科研机构均出现不同程度的固化倾向,正是由于"自上而下"针对固定机构的单一化激励,不仅没有充分发挥出各创新主体和机构的联合互动性,甚至在人才培养等方面存在争夺资源的正面竞争,因而使得机构联合的可能性进一步降低。

(三)过程整合政策学习工具、权威工具和激励工具应用较多,缺乏平衡合理的教学与科研的评价政策体系

从政策样本数量统计分析来看,过程整合政策样本数量更少,共有 63 份,占政策样本数比例为 18.21%,对比内部融合政策数量占比,过程整合远低于前者的一半。从政策工具频度统计分析来看,政策主要采用了学习工具、权威工具和激励工具,分别占其比重为 33.73%、31.95% 和 21.30%。评估工具仅出现 4 次,不仅作用层面未完全覆盖知识创新主体且主要对象为普通高等学校,可以说与过程整合的要求相去甚远,也缺乏更高层面的科教评价政策。值得注意的是,我国的过程整合政策还十分注重能力建设工具,如通过添置设备、经费支持、基础建设等提高政策执行主体或机构的能力,同时也是高校和科研院所获取资源尤其是经济利益的渠道,且主要目的还是追求科学研究绩效的大力提升,如《关于充分发挥高等学校科技创新作用的若干意见》《关于进一步发展繁荣高校哲学社会科学的若干意见》等,而在高等教育领域则相对薄弱。如果在科研领域过多使用这类能力建设工具,其结果将是国家对高校与科研院所的评估主要通过科研硬指标,而教学方面的要求则相对偏低,如高校执行的"211"工程、"985"工程,中科院所执行的国家知识创新工程,无论从权重还是与其他非科研指标的关系来看,科研指标均起着至关重要的作用。目前,在我国无论高校还是科研机构在过程融合中均存在"重科研、轻教学"的现象,正是这种失衡导向,影响了国

家知识创新体系中高等教育与科学研究的过程整合。

（四）功能耦合政策占比权重过少，缺乏自愿性工具、沟通和监管工具

从政策文本数量统计分析来看，功能耦合政策文本数量最少，仅有19份，占政策样本数比例仅为5.49%，政策文本主要形式为"意见"和"纲要"，且大部分颁布时间在2010年以后，可见我国在知识创新体系建设中对于功能耦合政策的权重过少而且关注相对较晚。从政策工具频度统计分析来看，主要采用了权威工具、信息发布工具、能力建设工具和激励工具，且出现的次数较为平均，但未出现沟通工具、自愿性工具和象征与劝诫工具。在我国，建设科教深度融合的知识创新体系受到了党和政府的高度重视，并在《国家中长期科学和技术发展规划纲要（2006～2020年）》《国家"十一五"科学和技术发展规划》《国家"十二五"科学和技术发展规划》和《国家"十三五"科学和技术发展规划》多次提出要建立科学研究与高等教育有机结合的知识创新体系。这一系列规划政策的出台，一方面表明了以我国高校和科研院所为主体的知识创新体系建设在促进和推动高等教育和科学研究事业发展中的重要作用和地位，另一方面则体现了我国在加强高等教育与科学研究功能耦合中的现实压力与迫切程度。政策文本统计结果还表明在功能耦合层面，还有待更多实际可操作的规范政策系列出台，另外，也需要引入更多自愿性工具以及沟通和监管工具以激励知识创新体系功能耦合水平不断提升。

四、政策建议

（一）加强高等学校和科研院所分类指导政策的制定与实施，丰富机构联合政策工具箱

从政策主题分布来看，我国科研机构和高校以各自内部融合政策为主，辅之以机构联合、过程融合和功能耦合等其他政策。在双方知识创新子系统演化过程中，不可避免地在职能分工中出现明显的交叉现象，科研经费和人才培养等方面存在着明显的竞争，两者的科研经费都是由国家统一发放，两者都培养研究生，招生时存在着竞争挤占的现象，呈现出部门利益驱动下的知识创新条块藩属、功能重叠下的知识创新消解效应以及资源配置不均下的创新资源配置不当。因此，应当明确我国科研机构和高校的职能定位，并加强高等学校和科研院所分类指导政策制定与实施，使得科研机构与高校的主要工作分别围绕应用研究和基础研究

来展开。在此基础上，创新和丰富机构联合政策工具箱，比如在学习工具和权威工具的基础上积极引入自愿性工具，促进我国科研机构和高校的合作交流，充分利用两者丰富的人力资源和科研基础条件，放大机构联合效应。

（二）建立平衡合理的科教评价政策体系，促进知识创新过程整合

竞争性的能力建设工具使用过度，会使得高校与科研机构不仅在面对热点研究问题时频频"一哄而上"，且彼此之间缺乏有效的共享和协作，而且使得科学研究与高等教育比重失衡。这是由于教学效果往往难以短期量化，但科研发表成果更符合量化评价标准，而且会迅速提升社会对其学术能力的认可程度，随之而来的是名誉和待遇的双提升。尤其在研究型大学与科研机构，科研成果是教师或研究人员事业发展的关键指标。因此，要通过丰富和优化评估工具，改革和创新对教学和科研的评价体系，从内部激发教师和研究人员推进科教结合的动力。要破除单纯以数量为导向的科研评价机制，大力弘扬创新文化，使科研评价真正促进知识创新体系建设，将人才培养作为重要的中、长期评价指标，并提升其权重。要根据科教不同特点，有针对性地建立平衡合理的科教评价政策体系。在评价教学质量水平的指标体系中引入学术活动要素，在评价科研活动中引入教学要素，在教育与科研评价的同时充分考虑科教融合水平的提升。从促进知识创新过程整合问题入手，考虑在现有科研项目和科技平台建设中纳入对人才培养等中长期因素的评价政策，以促进知识创新过程整合。

（三）积极引入自愿性工具、沟通和监管工具，提升知识创新功能耦合水平

就目前我国科教融合政策文本的定量分析结果来看，高等教育与科学研究的功能耦合融合度较低，主要原因为缺乏鼓励两大主体间合作的顶层政策设计和相应配套政策的建设。因此，要实现高等教育与科学研究的深度融合，必须改善我国高校与科研机构间的合作关系，政府作为推动科研机构与高校合作的重要影响因素，应积极发挥其引领作用，通过制定财政政策以及课题项目管理优化等，促进两者的有机合作并以"双一流"建设和"知识创新工程"为突破口，促进科教资源在高校和科研机构间开放共享。通过积极引入自愿性工具、沟通和监管工具，以减少对高校与科研机构内部具体运行和管理方式的干预，并在能力建设基础上，进行有效监督和绩效控制，促使政府对大学的管理由"过程控制"和"工程化"运作模式转向"结果管理"，以优化功能耦合水平，实现科教深度融合。

第二章

典型创新型国家知识创新体系建设中科教融合的实践及经验

发达国家在科学研究和高等教育融合方面已经有很多先行经验,例如美国联邦政府对大学的科研资助和国家实验室布局,日本文部科学省的成立,英国完善的教育评价体系和科技园建设等。这些都为我国现在进行的科教融合实践提供了鲜活的事例,便于对比和改进,更有利于科学研究与高等教育深度融合的知识创新体系建设工作。

第一节 美国:科教融合的典范

美国是世界上科学研究与高等教育深度融合的典范。美国政府通过制定多项战略政策来促进大学科学研究与人才培养的紧密结合。早期,联邦政府通过对大学的科研资助和国家实验室的布局,极大地提高了大学的科研能力,一大批世界一流的研究型大学迅速崛起。20世纪90年代末博耶报告开启了美国大学科教融合新的改革。在新的知识经济背景下,美国研究型大学以麻省理工学院(MIT)和斯坦福大学为代表逐步转型为创业型大学,科教结合由原来简单的科研与教学,转变为科研、教学和产业的网络型结合,实现了真正的科学研究与高等教育的深度融合。美国从制度设计和经费激励方面来促进科教融合的做法为我国提供了有益的借鉴。

一、大学是美国知识创新的核心主体

美国是当今世界头号科技强国,其科技投入和产出均居世界首位。特别是研究型大学在美国科技创新发展中扮演着十分重要的角色,大学是美国科技创新的源头、科技人才培养的重镇、创新创业的圣地和全球优秀人才集聚的高地。无论从创新投入或产出来看,大学都是美国知识创新的核心主体。

(一)大学是基础研究的最大执行主体

美国是世界研发支出最大的国家。2013年,美国研发支出总额为4 561亿美元。从研发经费的投入情况来看,企业是最大的投入者,其次是政府。2013年,企业研发投入2 972.8亿美元,占美国研发投入总量的65.2%;联邦政府投入1 218.1亿美元,占26.7%;非营利组织投入176.6亿美元,占3.9%;大学投入152.4亿美元,占3.3%;非联邦政府投入41.1亿美元,占0.9%(见图2-1)。

从研发经费的执行情况来看,企业也一直是美国研发经费的最大执行者。2013年,美国企业研发支出3 225.3亿美元,占美国全部研发支出的70.7%。大学是仅次于企业的第二大执行主体。2013年,大学的研发经费支出为646.8亿美元,占美国全部研发支出的14.2%。再次是联邦政府,当年研究支出为498.6亿美元,占10.9%。其他非营利组织支出186.5亿美元,占4.1%。非联邦政府支出4.7亿美元,占0.1%(见图2-1)。

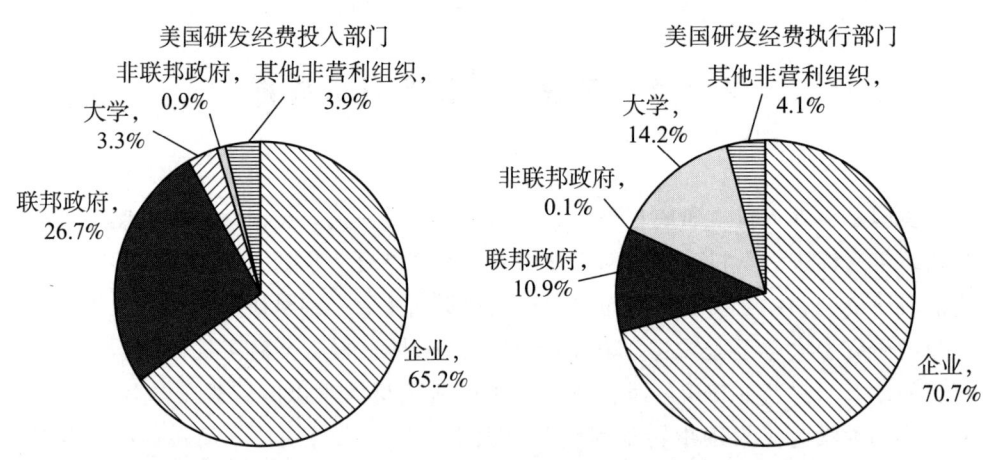

图2-1 美国研发经费的来源与执行部门构成(2013年)

资料来源:NSF. Science and Engineering Indicators 2016.

美国研发活动按性质分为基础研究、应用研究和开发活动。2013年用于基础研究的经费为804.6亿美元，占当年全部研发经费支出的17.6%；用于应用研究的经费为906.3亿美元，占全部研发经费的19.9%；用于开发活动的经费为2 850.1亿美元，占全部研发经费62.5%（见表2-1）。从发展趋势来看，基础研究经费的占比在持续提高。20世纪50年代，基础研究经费的占比不足10%，80年代末上升到15%，21世纪初曾超过19%，近几年略有回落，但基本保持在17%左右。

联邦政府是美国基础研究的最大投入部门。20世纪60～70年代，联邦政府的基础研究投入占全部基础研究经费的比例曾超过70%，20世纪90年代下降到60%以内，21世纪初虽有所回落，但2006年进入危机以来，出现明显下降的趋势。2013年联邦政府投入基础研究的经费为378.3亿美元，占全部基础研究经费投入的47.0%，占联邦政府全部研发经费投入的22.6%。同年企业投入基础研究的经费为212.1亿美元，占全部基础研究经费的26.4%，投入规模和占比仅次于联邦政府。其他非营利组织投入基础研究的经费为97.2亿美元，占全部基础研究经费的12.1%。大学投入基础研究的经费为93.8亿美元，占全部基础研究经费的11.7%。2013年大学投入的152.4亿美元的研究经费中，有61.6%用于基础研究（见表2-1）。

从研发经费的执行部门来看，大学是美国基础研究的最大执行主体。从20世纪70年代以来，大学的基础研究经费占美国基础研究经费总额的比重一直维持在50%左右，80年代虽有所下降，但基本在45%以上。进入21世纪，这一比例又回升到50%以上，2006年达到59%的最高水平。2013年，大学承担的基础研究经费为412.8亿美元，占美国全部基础研究经费的51.3%。大学的基础研究经费58.5%来自联邦政府，22.7%来自大学本身，8.2%来自其他非营利组织，5.4%来自地方政府，5.2%来自企业。企业是基础研究的第二大部门。2013年，企业承担的基础研究经费为195.1亿美元，占全部基础研究经费的24.2%。企业承担基础研究经费有93.3%来自企业本身，6.1%来自联邦政府。联邦政府（包括联邦政府部门内部和联邦政府资助的研发中心）是从事基础研究的第三大部门。2013年联邦政府承担的基础研究经费为95.3亿美元，占全部基础研究经费的11.8%，其中98.8%来自联邦政府本身。[①]

从科研活动性质来看，美国大学的科研活动主要集中在基础研究。20世纪60年代以来，美国大学基础研究的经费占其科研经费总额的比重一直在60%以上，一些年份甚至接近80%。从1998年到2009年，大学基础研究经费的占比一直维持在75%左右，近些年这一比例略有下降，但仍然在65%左右。

---

① NSF. Science and Engineering Indicators 2016.

表 2-1 美国 R&D 经费支出的执行和来源部门构成及研发活动类型

执行部门和研发类型	合计（百万美元）	研发投入来源					执行构成（%）
		企业（百万美元）	联邦政府（百万美元）	非联邦政府（百万美元）	大学（百万美元）	非营利组织（百万美元）	
R&D 经费	456 095	297 279	121 808	4 113	15 240	17 655	100.0
企业	322 528	292 153	29 362	194	*	819	70.7
联邦政府	49 859	180	49 448	50	*	181	10.9
联邦政府部门内部	33 026	0	33 026	0	0	0	7.2
联邦政府资助 R&D 中心	16 833	180	16 422	50	*	181	3.7
非联邦政府	467	*	193	274	*	*	0.1
大学	64 680	3 502	36 867	3 594	15 240	5 477	14.2
非营利组织	18 561	1 444	5 939	*	*	11 178	4.1
来源构成（%）	100.0	65.2	26.7	0.9	3.3	3.9	—
基础研究	80 460	21 213	37 826	2 317	9 384	9 720	100.0
企业	19 508	18 203	1 196	21	*	88	24.2
联邦政府	9 531	52	9 413	14	*	52	11.8
联邦政府部门内部	5 355	0	5 355	0	0	0	6.7
联邦政府资助 R&D 中心	4 176	52	4 058	14	*	52	5.2

续表

执行部门和研发类型	合计（百万美元）	企业（百万美元）	研发投入来源 联邦政府（百万美元）	非联邦政府（百万美元）	大学（百万美元）	非营利组织（百万美元）	执行构成（%）
非联邦政府	—	*	—	—	*	*	—
大学	41 275	2 156	24 148	2 213	9 384	3 373	51.3
非营利组织	10 029	802	3 021	*	*	6 207	12.5
来源构成（%）	100.0	26.4	47.0	2.9	11.7	12.1	—
应用研究	90 629	46 290	33 357	1 340	4 801	4 841	100.0
企业	51 013	44 738	6 028	47	*	200	56.3
联邦政府	15 103	82	14 915	23	*	83	16.7
联邦政府部门内部	8 337	*	8 337	*	0	*	9.2
联邦政府资助 R&D 中心	6 766	82	6 578	23	*	83	7.5
非联邦政府	—	*	—	—	*	*	—
大学	18 608	1 103	9 845	1 132	4 801	1 726	20.5
非营利组织	5 671	366	2 472	*	*	2 833	6.3
来源构成（%）	100.0	51.1	36.8	1.5	5.3	5.3	—

续表

执行部门和研发类型	合计（百万美元）	研发投入来源					执行构成（%）
		企业（百万美元）	联邦政府（百万美元）	非联邦政府（百万美元）	大学（百万美元）	非营利组织（百万美元）	
开发活动	285 007	229 776	50 625	456	1 054	3 096	100.0
企业	252 007	229 212	22 137	126	*	532	88.4
联邦政府	25 225	46	25 120	13	*	46	8.9
联邦政府部门内部	19 334	*	19 334	*	0	*	6.8
联邦政府资助 R&D 中心	5 890	46	5 786	13	*	46	2.1
非联邦政府	—	*	—	—	*	*	—
大学	4 797	242	2 874	249	1 054	379	1.7
非营利组织	2 861	276	446	*	*	2 139	1.0
来源构成（%）	100.0	80.6	17.8	0.2	0.4	1.1	—

注：* 数据过小；— 缺失数据。

资料来源：NSF. Science and Engineering Indicators 2016.

(二) 大学是基础研究的最大产出者

科技论文是基础研究产出的主要形式,大学是美国科技论文产出的主体部门。近 10 年来,大学产出科技论文占美国科技论文总数的 70% 左右,且总量和占比均呈不断上升之势 (见图 2-2)。2013 年,美国大学在科学和工程领域共发表论文 308 650 篇,占美国科学和工程论文总数的 74.8%。其中,大学在数学领域发表的论文更占美国论文总数的 91.1%,心理学占 88.1%,社会科学占 87.1%,计算机科学占 78.8%,化学占 76.2%,生物科学占 75.8%。

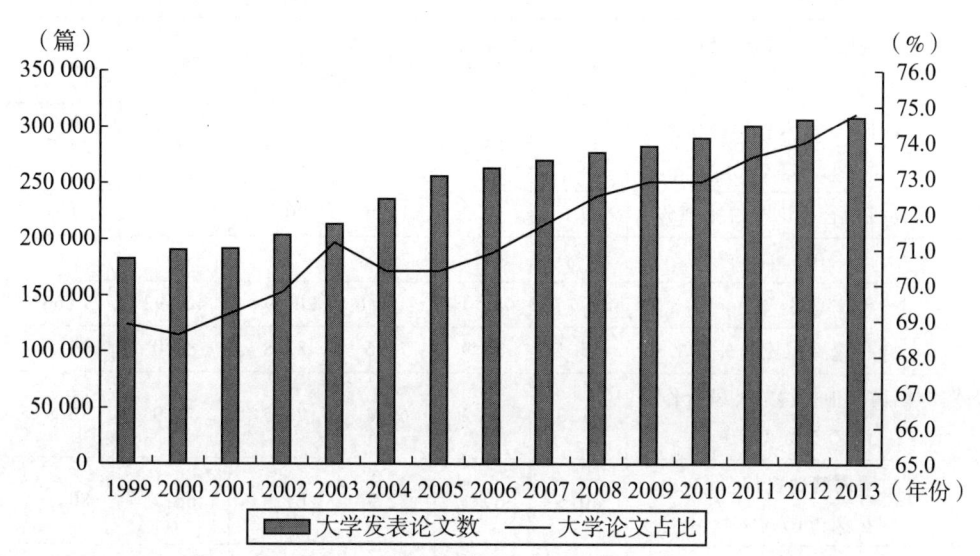

图 2-2 美国大学发表论文数 (科学和工程领域) 及占比情况

资料来源:NSF. Science and Engineering Indicators 2016.

大学还是美国协同创新的主体。大学产出的论文 60% 以上属于合作研究成果,且合作成果特别是国际合作和与国内非学术单位的合作成果占比不断增长。其中,国际合作论文占比由 2000 年的 19.3% 上升到 2013 年 32.5%;同期,与国内非学术单位合作论文占比由 32.3% 上升到 42.5% (见表 2-2)。

表 2-2 美国各部门合作论文数及占比 (2000 年,2013 年)

年份	论文发表部门					
	大学	联邦政府	企业	联邦资助研发中心	私人非营利机构	州/地方政府
2000 年						
论文总数 (篇)	264 295	30 741	38 745	11 717	28 565	2 723

续表

年份	论文发表部门					
	大学	联邦政府	企业	联邦资助研发中心	私人非营利机构	州/地方政府
合作论文占比（％）	61.8	70.2	60.1	69.2	71.2	74.6
与国内其他机构或外国合作论文占比（％）	45.0	59.4	50.8	64.5	58.5	67.4
与国内其他机构合作论文占比（％）	32.3	49.7	40.2	50.0	50.8	63.9
与国内其他大学合作论文占比（％）	—	42.3	33.9	42.3	46.3	53.9
与国内非学术机构合作论文占比（％）	32.3	17.1	13.8	16.3	13.4	28.7
与国外机构合作论文占比（％）	19.3	19.3	18.0	30.1	16.4	11.3
2013 年						
论文总数（篇）	496 276	48 504	51 146	20 998	46 192	5 566
合作论文占比（％）	75.4	86.9	78.6	82.8	85.0	90.2
与国内其他机构或外国合作论文占比（％）	61.0	80.2	69.4	78.5	76.9	85.8
与国内其他机构合作论文占比（％）	40.5	69.1	52.8	62.8	66.7	80.1
与国内其他大学合作论文占比（％）	—	61.6	46.2	56.5	62.7	69.5
与国内非学术机构合作论文占比（％）	42.5	23.5	17.8	18.3	17.7	36.0
与国外机构合作论文占比（％）	32.5	30.9	30.7	40.8	29.5	20.0

资料来源：NSF. Science and Engineering Indicators 2016.

大学也是美国重大原始科技创新成果产出的源头。以诺贝尔奖为例，从1907年芝加哥大学迈克尔逊（Albert A. Michelson）教授获得第一个诺贝尔物理学奖开始，截至2016年，美国共获得365个诺贝尔奖（不包括和平奖），其中有293项是由大学教授获得，占总数的80.3％。其中，哈佛大学、斯坦福大学、麻省理工学院、加州伯克利大学、芝加哥大学、洛克菲勒大学、加州理工大学、哥伦比亚大学和普林斯顿大学这九所大学获得诺贝尔奖数量接近全美国的一半（见表2-3）。如果算上诺贝尔获奖者教育经历，大学所起的作用将更高。

表 2-3　　美国大学诺贝尔奖数量（按获奖时所在单位统计）
（1901~2016 年）

大学	获奖数	大学	获奖数
哈佛大学	35	普渡大学	2
斯坦福大学	22	莱斯大学	2
麻省理工学院	19	范德堡大学	2
加州大学伯克利分校	19	布朗大学	2
芝加哥大学	19	杜克大学医学中心	2
洛克菲勒大学	17	北卡罗来纳大学	2
加州理工学院	16	南加州大学	2
哥伦比亚大学	16	亚利桑那州立大学	1
普林斯顿大学	14	波士顿大学	1
康奈尔大学	8	卡内基工学院	1
耶鲁大学	8	纽约市立大学	1
加州大学洛杉矶分校	8	乔治梅森大学	1
得克萨斯大学	7	罗格斯大学	1
加州大学圣塔芭芭拉分校	6	圣路易斯大学	1
约翰霍普金斯大学	6	纽约州立大学	1
科罗拉多大学	5	塔夫茨大学	1
伊利诺伊大学	4	加州大学旧金山分校	1
宾夕法尼亚大学	4	特拉华大学	1
华盛顿大学（圣路易斯）	4	马萨诸塞大学	1
华盛顿大学（西雅图）	4	明尼苏达大学	1
加州大学欧文分校	3	罗切斯特大学	1
威斯康星大学麦迪逊分校	3	犹他大学	1
纽约大学	3	凯斯西储大学	1
西北大学	3	马里兰大学	1
加州大学圣地亚哥分校	3	弗吉尼亚联邦大学	1
卡内基梅隆大学	2	德鲁大学	1
印第安纳大学	2	总计	293

资料来源：http://www.nobelprize.org/nobel_prizes/lists/universities.html.

二、科教融合的驱动力：联邦资助推动大学科研发展

美国大学成为知识创新的主体是在第二次世界大战以后形成的。建国初期的美国大学继承了殖民地学院的传统，以教学为主要任务，大学活动的重点是本科教育，很少涉及科研活动。1900年以后，随着一批研究型大学的成长，美国大学的科研活动开始发展壮大起来。此时，大学的科研经费主要来源于捐助，包括慈善捐助和社会捐助。直到第二次世界大战前，政府对大学的科研资助都十分有限。1940年，联邦政府为大学提供的科研资助、科研合同经费总计只有1 500万美元①。这一时期的大学科研体制被称为"私人捐助的大学科研体制"，大学的科研活动致力于慈善事业和满足人类求知欲望的活动。

（一）第二次世界大战促成联邦政府与大学在科研方面的全面合作

第二次世界大战的爆发，使美国的科研组织体系发生了根本性的变化。战争期间，美国联邦政府组织实施了无数大大小小的军事研究项目，其中规模最大的项目是研制原子弹的曼哈顿工程和雷达研制项目。这两个项目代表了战时和战后大学参与联邦政府科研项目的两种不同模式。

原子弹的研制工作主要分散在多个大学的实验室进行，如芝加哥大学的冶金实验室进行链式反应研究，加州大学伯克利分校的劳伦斯实验室则集中精力利用它的回旋加速器提炼高纯度的U－235同位素，1943年中期以后整个研制工作则集中在洛斯阿拉莫斯的特别武器实验室。该实验室由联邦政府与加州大学签订合同进行管理，几个主要的研究小组由加州大学伯克利分校的劳伦斯（Ernest O. Lawrence）、哥伦比亚大学的尤里（Harold Urey）、芝加哥大学的康普顿（Arthur H. Compton）以及加州大学伯克利分校的奥本海默（J. Robert Oppenheimer）等领导。曼哈顿工程共耗资20亿美元，参与的科学家和技术人员多达1 400人。

雷达研制则集中在麻省理工学院的辐射实验室完成。雷达系统是个庞大的工程，许多大学的杰出科学家都被征调到该实验室参与这项巨大的研究工程，如罗切斯特大学校长杜布里奇（Lee DuBridge）、伊利诺伊大学物理系主任卢米斯（F. Wheeler Loomis）、哥伦比亚大学的拉比（Isidor I. Rabi）等。由于麻省理工学

---

① The American Assembly & Columbia University（1960）. *The Federal Government and Higher Education* [M]. England Cliffs. N. J. : Prentice－Hall, Inc. , P. 71.

院自身在这个领域的科学家大都被调往华盛顿从事另一项研究，因此只有一位科学家参与了这项研究。整个工程耗资 15 亿美元，共有 1 200 名科学家和技术人员参与，这些人员和资金基本上全部集中在该实验室。这种集中的科研组织模式也成为战后大学实验室组织模式的先导①。

与麻省理工学院辐射实验室模式类似的大型科研项目还有约翰霍普金斯大学的应用物理实验室和加州理工大学的喷气实验室。与辐射实验室一样，这两个实验室也集中了大量其他大学和研究机构的科研人员，耗资巨大，在较短时间内研究出了战争需要的成果。此外，还有大量中小型科研项目被分散到各个大学的实验室进行，其组织模式与辐射实验室类似，只是人员规模和资金投入规模相对较小。例如，哈佛大学承担了声呐和反雷达系统的研究项目，并分别建立了独立的实验室；普里斯顿大学、加州大学伯克利分校和哥伦比亚大学则先后承担了"空战分析"的数学研究项目；宾夕法尼亚大学的摩尔工学院研制了泪微分分析器；密歇根大学、康奈尔大学和宾夕法尼亚大学共同参与了旋风炸药的研究和改进项目。

第二次世界大战期间的美国科研体制和科研组织模式不仅极大地提高了美国整体的科研实力，也极大地提高了美国大学尤其是研究大学的科研能力，使一批世界一流的研究型大学迅速崛起，战后世界科技中心也很快从欧洲转移到美国。

（二）布什报告确立了大学在美国科学研究中的中心地位

美国在第二次世界大战期间的科研体制和组织模式对战后的科技政策产生了重要影响。在组织战时大型科研项目中发挥关键作用的布什在制定战后科技政策中再次扮演了重要角色。1945 年，布什向美国总统罗斯福提交了《科学——无尽的边疆》。报告指出，基础研究是一切进步的源泉，而基础研究需要投入大量资金，这不仅是因为现代的基础研究需要昂贵的仪器设备，还因为基础研究的成果一般不能直接转化为产品，自身缺乏造血功能，必须对它进行输血。根据此报告提供的数据，1930 年，联邦政府和企业的研究经费仅为 1.4 亿美元，其中用于大学基础研究的经费只有 2 000 万美元；截至 1940 年，前者为 3.09 亿美元，后者为 3 100 万美元，占比进一步缩小②。布什认为，在第二次世界大战前乃至更远的历史上，大学的基础研究没有取得与应用研究相应的进展，没有为应用研究提供足够的支持。直到第二次世界大战前，美国还依赖于欧洲的基础研究成果，

---

① 张东海：《美国联邦科学政策与世界一流大学发展》，上海教育出版社 2010 年版。
② Bush，Vannevar（1945）. Science：The Endless Frontier. United States Government Printing Office.

例如，第二次世界大战期间的两大工程——曼哈顿工程和雷达研制，最初的基础研究成果都是来自欧洲。鉴于科学进步对健康、福利和国家安全的极端重要性，联邦政府必须承担起鼓励和资助大学基础研究的责任。

布什报告强调了基础研究对于美国科学技术发展的重要性，明确了联邦政府作为全国基础研究主要支持者的职责，强调了大学应该成为美国科学研究的中心，以及科学研究对于人才培养的重要性，主张联邦政府应该对大学的科学研究特别是基础研究予以资助。布什的主张和建议成为战后美国科技政策的基础，并在实践中不断得到发展和丰富。正是由于战后美国的科技政策始终把支持大学科学研究和科学家与工程师的培养作为重要内容，并把两者结合起来予以大力支持，才使得美国大学不仅成为国家科学研究系统的至关重要的中心和基础研究的核心主体，而且为保持美国在科技、经济和国防等方面的领先地位提供了充足的人力资源保障。

（三）联邦政府的科研资助成为大学科技创新发展的持续动力

第二次世界大战以来，联邦政府一直是美国大学科研经费的主要来源。20世纪50年代，联邦政府资助的科研经费占美国大学科研经费的比例在50%以上，60年代这一比例超过70%，20世纪70年代以后略有下降，但直到目前为止，仍然保持在60%左右（见图2-3）。联邦政府对大学科研活动的稳定资助，使大学的科研经费一直保持较高的增长水平。从1953年到2013年，美国大学的R&D经费的增长速度高于其他R&D执行部门，大学科研R&D经费占全部R&D的比重也不断上升，由5%左右上升到14%以上，而其他部门的占比却持续下降和基本维持不变，如联邦政府执行的R&D经费占比由22%下降到10%左右，企业执行的R&D经费占比则基本维持在70%左右。①

美国联邦政府对大学科研经费的资助主要集中在基础研究领域。第二次世界大战以来，联邦政府对大学基础研究的资助经费占其资助总额的70%左右，在20世纪70年代和21世纪初的10年，这一比例更接近80%（见表2-4）。联邦政府对大学基础研究的强力资助，使大学成为美国基础研究的主力军。从大学自身来看，其科研经费的构成中，基础研究经费的占比从20世纪60年代以来一直维持在70%左右，有些年份身份甚至接近80%（见表2-4）。从全国来看，大学承担的基础研究经费一直占美国基础研究经费的50%以上。

---

① NSF. Science and Engineering Indicators 2016.

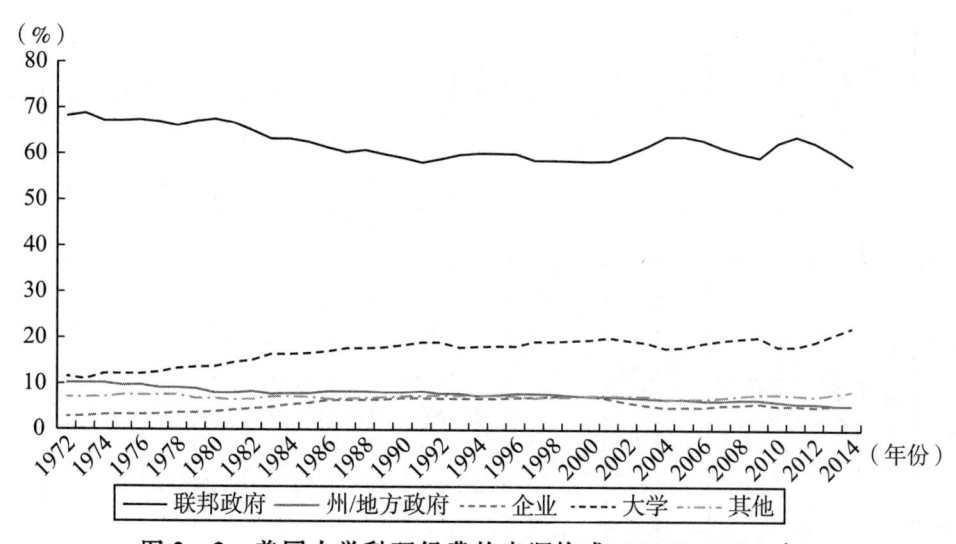

图 2-3　美国大学科研经费的来源构成（1972~2014 年）

资料来源：NSF. Science and Engineering Indicators 2016.

联邦政府主要通过 6 个机构对大学的科研活动进行资助。其中，卫生与人力资源服务部（Department of Health and Human Services）占 55%，国家科学基金会（National Science Foundation，NSF）占 13% 左右，国防部占 13% 左右，能源部占 5% 左右，航空航天局（NASA）占 4%，农业部占 3%[①]。

联邦政府的资助方式主要是通过大学的竞争申请，以合同的方式进行的，这样使得联邦政府资助的科研经费主要集中在少数大学。目前，美国共有 3 600 多所大学，但受联邦政府科研资助的高校只有 600 多所，其中 80% 的科研资助经费集中在 100 所大学。相当长时期以来，约翰·霍普金斯大学一直是获得联邦政府科研经费最多的大学。2015 年，其获得的联邦政府科研经费近 20 亿美元，约占其全部科研经费的 86.4%。其次是华盛顿大学（西雅图），获得 9 亿多美元，占其当年科研经费的 76.8%。排在第三位是密歇根大学安娜堡分校，7.35 亿美元，占其全部科研经费的 53.7%（见表 2-5）。

---

① NSF. Science and Engineering Indicators 2016.

表2-4 美国大学科研经费的结构及来源构成的变化

年份	经费总额(百万美元)	大学全部发经费					联邦政府资助经费				
		基础研究		应用研究		占全部经费的比例(%)	基础研究		应用研究		
		经费(百万美元)	占比(%)	经费(百万美元)	占比(%)	经费(百万美元)	经费(百万美元)	占比(%)	经费(百万美元)	占比(%)	
1953	255	110	43.1	145	56.9	138	54.1	—	—	—	—
1960	646	433	67.0	213	33.0	405	62.7	—	—	—	—
1965	1 474	1 138	77.2	336	22.8	1 073	72.8	—	—	—	—
1970	2 335	1 796	76.9	539	23.1	1 647	70.5	—	—	—	—
1975	3 409	2 410	70.7	999	29.3	2 288	67.1	1 695	74.1	593	25.9
1980	6 063	4 036	66.6	2 026	33.4	4 098	67.6	2 861	69.8	1 237	30.2
1985	9 687	6 556	67.7	3 131	32.3	6 064	62.6	4 343	71.6	1 722	28.4
1990	16 290	10 645	65.3	5 645	34.7	9 640	59.2	6 649	69.0	2 991	31.0
1995	22 179	14 812	66.8	7 367	33.2	13 337	60.1	9 399	70.5	3 938	29.5
2000	30 084	22 547	74.9	7 537	25.1	17 548	58.3	13 936	79.4	3 611	20.6
2005	45 774	34 353	75.0	11 421	25.0	29 187	63.8	22 885	78.4	6 302	21.6
2010	61 254	40 282	65.8	20 972	34.2	37 475	61.2	25 433	67.9	12 043	32.1
2014	67 155	42 952	64.0	24 202	36.0	37 922	56.5	24 813	65.4	13 109	34.6

资料来源：NSF. Science and Engineering Indicators 2016.

表2-5 2015年获得美国联邦政府科研资助最多的20所大学

大学	科研经费总额（万美元）	联邦政府资助 经费（万美元）	占比（%）
约翰·霍普金斯大学	230 568	199 284	86.4
华盛顿大学（西雅图）	118 056	90 677	76.8
密歇根大学安娜堡分校	136 928	73 545	53.7
斯坦福大学	102 255	67 593	66.1
宾夕法尼亚大学	86 407	61 162	70.8
加州大学圣迭戈分校	110 147	60 334	54.8
哥伦比亚大学	86 816	59 255	68.3
北卡罗来纳大学教堂山分校	96 678	58 576	60.6
匹兹堡大学（匹兹堡）	86 121	56 121	65.2
杜克大学	103 670	55 922	53.9
佐治亚理工学院	76 537	55 108	72.0
哈佛大学	101 375	54 520	53.8
加州大学旧金山分校	112 662	53 546	47.5
威斯康星大学麦迪逊分校	106 908	53 329	49.9
宾州州立大学帕克校区和赫尔歇医疗中心	79 103	51 341	64.9
加州大学洛杉矶分校	102 123	48 940	47.9
麻省理工学院	93 072	48 842	52.5
耶鲁大学	80 300	47 714	59.4
明尼苏达大学双城分校	88 062	47 603	54.1
康奈尔大学	95 441	44 636	46.8
20所大学小计	2 093 228	1 288 047	61.5
美国所有大学总计	6 866 780	3 787 688	55.2

资料来源：National Science Foundation, National Center for Science and Engineering Statistics, Higher Education Research and Development Survey, FY 2015.

联邦政府对大学科研活动的持续高强度的资助，使美国大学的科研实力和人才培养能力迅速提升，很快一批世界一流的研究型大学崛起。按照著名观察家、美国哈佛大学艺术与科学学院前院长罗所维斯基的观点，截至20世纪80年代，世界一流大学的2/3～3/4集中在美国①②。据上海交通大学发布的《世界大学学术排名2016》显示，世界排名前100所大学中，美国独占50所，其中前10名中美国占8所，前20强中美国占15所，足见美国大学科研实力之强大。

三、科教融合的制度设计：国家实验室在大学中的战略布局

（一）国家实验室是美国科技创新体系的重要组成部分

广义的美国国家实验室，是指联邦资助研发中心（Federally Funded Research and Development Centers，FFRDCs）。它源于第二次世界大战时的大规模科研活动，曾是美国举国科研体制的重要部分，经过多年发展，现今在美国国家创新体系中仍然扮演重要角色。截至2015年，美国共有43个联邦资助研发中心。这43个研发中心分属能源部（16个）、国防部（11个）、国家科学基金会（NSF，5个）、国土安全部（4个）、卫生与人力资源服务部（2个）、航空航天局（NASA，1个）、财政部（1个）、运输部（1个）、核能管理委员会（1个）和联邦法院（1个）。其中，能源部的16个中心一般都称为国家实验室，这也是通常所说的狭义的美国国家实验室。国防部、能源部、国家航空航天局、卫生和人力资源服务部所属的一些国家实验室，大多为一些巨型研究中心。这些国家实验室聚焦于一些战略性关键领域，主要从事具有长远性质、所需设备和投资昂贵的研究，如高能物理等；或具有重大意义，但同时具有较大风险、单独的私人工业企业难以承担的研究，如核聚变研究等；或对整个国家的经济和社会发展极为重要，但其他部门又不能直接获得经济利益的研究，如工业计量标准、公共卫生和保健、社会和职业安全等。2015年，联邦资助研发中心的研发经费支出为184.6亿美元，仅占美国研发经费支出的3.7%，其中联邦政府资助的经费占98%。20世纪60年代初，联邦资助研发中心的经费曾占到全国研发经费的7.5%，进入21世纪以来，这一比例基本维持在4%左右。从研发性质来看，基础研究经费的比例在不断下降，目前约占22%，应用研究和开发活动均接近占40%。从单个研发中心来看，2015

---

① Henty Rosovsky. 1990. The University：An Owner's Manual. New York：W. W. Norton.
② 肖广岭：《国家科技政策与一流大学建设——美国的经验及其对我们的启示》，载于《科学与科学技术管理》2002年第2期。

年研发年支出超过 10 亿美元的研发中心有 5 家,全部属于能源部所属的国家实验室,包括桑迪亚国家实验室(26.2 亿美元)、洛斯阿拉莫斯国家实验室(18.7 亿美元)、喷气推进实验室(17.5 亿美元)、橡树岭国家实验室(13.3 亿美元)和劳伦斯利物莫国家实验室(12.7 亿美元);研发经费在 1 亿~10 亿美元之间的研发中心有 20 家;研发经费在 1 亿美元以下的有 17 家,研发经费最少的是隶属联邦法院的司法工程与现代化研究中心,2015 年的经费支出为 431.8 万美元[①]。

(二)大学是国家实验室的主要代管机构

在管理方式上,美国国家实验室包含"国有国营"(Government Owned-government Operated,GOGO)和"国有民营"(Government Owned-contractor Operated,GOCO)两种制度。目前,国家实验室基本全部采取"GOCO"制度,即政府将国家实验室通过管理合同的方式,委托给大学或非营利机构来运行和管理。

美国早期的国家实验室主要设在大学。1940 年 6 月,罗斯福总统批准成立国防研究委员会,并任命原麻省理工学院副校长布什(Vannevar Bush)为委员会主任,负责组织美国的科研力量进行武器研究。布什为国防委员会确定的工作原则是把研究项目以研究合同的方式交给有能力的大学承担,让大学来具体操作和管理实验室,而不是建立政府自己的实验室,政府不直接参与研究。在这种制度中,实验室的运营方由熟悉科学研究的科学家组成,由其与政府进行沟通,了解政府的需求,在此基础上提出能够满足政府需求同时在科学上可行的方案。这种制度,逐渐发展形成美国国家实验室的"GOCO"制度。美国早期的国家实验室采用的都是这种管理模式,如加州大学伯克利分校的劳伦斯实验室、麻省理工学院的辐射实验室(后来的林肯实验室)、芝加哥大学的冶金实验室、约翰霍普金斯大学的应用物理实验室等。直到 1995 年,美国仍然有将近一半的国家实验室设在大学。近 20 年来,国家实验室的管理逐步由以大学为主向以大学与非营利机构和企业等多元主体深度融合的战略转型,越来越多的非营利机构成为国家实验室的管理机构。截至 2015 年,由大学或大学联盟管理的实验室为 14 家,由非营利机构管理的实验室有 21 家,由企业管理的实验室 7 家。14 家由大学和大学联盟管理的实验室有 7 家隶属能源部,4 家隶属国家科学基金会,2 家隶属国防部,1 家隶属航空航天局(NASA)[②]。

在研发经费支出上,20 世纪 90 年代初,大学管理的国家实验室占到了国家

---

① SOURCE:National Science Foundation,National Center for Science and Engineering Statistics,FFRDC *Research and Development Survey*.

② http://www.nsf.gov/;各实验室网站。

实验室总经费的 2/3，而近几十年，企业以及非营利性机构代管的国家实验室的经费则越来越多。目前，大学代管实验室的经费已不足 30%，而企业和非营利机构代管国家实验室的经费都超过 30%，其中企业代管的国家实验室经费略多（见表 2-6）。2015 年，这 14 家由大学或大学联盟代管的实验室获得的研发经费为 54.8 亿美元，其中研发经费最多的是加州理工大学代管的喷气推进实验室，为 17.5 亿美元；最少的大学天文研究协会代管的是国家太阳天文台，为 1 175 万美元（见表 2-7）。

表 2-6　　　　　1992 年和 2015 年美国国家实验室经费结构

实验室分类	1992 年		2015 年	
	经费（亿美元）	百分比（%）	经费（亿美元）	百分比（%）
企业代管的国家实验室	13.2	22.3	68.6	37.2
大学代管的国家实验室	38.5	65.1	54.8	33.1
非营利机构代管的国家实验室	7.5	12.6	61.2	29.7
国家实验室总计	59.2	100.0	184.6	100.0

资料来源：http：//www.nsf.gov/.

表 2-7　　　　　　大学管理的美国国家实验室概况

实验室	成立时间	人数	每年经费（百万美元）	隶属部门	所在大学	目前研究方向
艾姆斯实验室	1947 年	745	44.9	能源部	艾奥瓦州立大学	空间科学、仿真技术、信息技术、生命科学
阿贡国家实验室	1946 年	3 520	689.2	能源部	芝加哥大学	医学、生物学、物理学、反应堆分析、应用数学和核能工程
费米国家加速器实验室	1967 年	1 750	318.8	能源部	芝加哥大学等	粒子加速器，量子物理
喷气推进实验室	1944 年	5 180	1 749.7	美国航空航天局	加州理工学院	星际探索、地球科学、天体物理、通讯工程等

续表

实验室	成立时间	人数	每年经费（百万美元）	隶属部门	所在大学	目前研究方向
劳伦斯伯克利实验室	1931年	3 230	741.2	能源部	伯克利加州大学	高级材料、生命科学、能源效率及加速器
林肯实验室	1951年	2 245	908.8	国防部	麻省理工学院	国防、通讯、民航交通
国家大气研究中心	1956年	—	148.6	国家科学基金会	大学大气研究公司	大气科学，地球科学
国家光学天文台	1982年	—	20.9	国家科学基金会	大学天文研究协会	新型望远镜及其他相关设备和软件
国家射电天文台	1956年	—	87.8	国家科学基金会	大学联合公司	射电望远镜
国家太阳天文台	1952年	150	11.75	国家科学基金会	大学天文研究协会	太阳研究即相关设备研发
等离子体物理实验室	1951年	480	80.8	能源部	普林斯顿大学	等离子体物理和聚变科学
SLAC国家加速器实验室	1962年	1 320	301.6	能源部	斯坦福大学	高能物理、粒子物理
软件工程研究所	1984年	320	130.7	国防部	卡内基梅隆大学	软件工程
托马斯杰斐逊国家加速器装置实验室	1984年	675	125.0	能源部	东南大学研究会	核物质研究；为工业界提供前沿的科学设施

资料来源：http：//www.nsf.gov/；各实验室网站。

由不同机构代管的国家实验室在功能定位上存在显著的错位。在基础研究领域，以大学为主的国家实验室仍然是主体，企业管理的国家实验室则是应用研究的主体。而在开发领域，由于国家实验室是由政府资助的，不应与企业存在竞争，所以可以营利的开发研究主要集中在非营利性机构管理的国家实验室中（见表2-8）。由于不同定位的国家实验室彼此相互合作，资源共享，所以国家实验室成为大学、企业和非营利机构之间的重要桥梁，大学里的科研和教学与产业和社会通过国家实验室实现了充分和及时的信息交流、人员流动和资源分享,促进了国家科教体系的深度融合。

表2-8　　　　　　　　2015年美国国家实验室的经费性质

研发类型	实验室类别	经费(百万美元)	百分比(%)
基础研究	大学管理的实验室	2 119.6	38.7
	非营利机构管理的实验室	1 424.1	23.3
	企业管理的实验室	575.2	8.4
应用研究	大学管理的实验室	1 489.9	27.2
	非营利机构管理的实验室	1 638.0	26.8
	企业管理的实验室	4 139.2	60.4
开发	大学管理的实验室	1 873.9	34.2
	非营利机构管理的实验室	3 055.1	49.9
	企业管理的实验室	2 143.3	31.3

资料来源:http://www.nsf.gov/.

(三) 国家实验室带动大学科研发展

由大学代管的国家实验室大多成立于第二次世界大战前后和冷战期间,目标是服务国家的安全战略,它们为美国赢得战争和抢占军备竞赛的有利地位立下了汗马功劳。例如,作为国家三大核武器实验室之一的洛斯阿拉莫斯实验室,其当时的实验室主任奥本海默领导了著名的"曼哈顿计划",使美国在1945年成功研制出世界上第一颗原子弹;在苏联1957年10月发射了世界上第一颗人造地球卫星之后的四个月,由喷气推进实验室制造和监控的美国第一颗人造地球卫星探险家1号也发射升空;林肯实验室的雷达研究和通讯技术研究为美国建立赛奇防空系统和发展洲际弹道导弹做出了重要贡献,大大提高了美国的空中作战能力。

国家实验室的设立也极大地带动了大学的科研发展。美国一批顶尖一流大学的崛起与国家实验室的建立和发展相辅相成、息息相关,如麻省理工学院(以下简称MIT)与林肯实验室、加州大学伯克利分校与劳伦斯实验室、加州理工学院与喷气推进实验室等。加州大学伯克利分校的劳伦斯实验室为提升学校整体学术水平做出了巨大贡献。第二次世界大战期间其雇员就超过2 000人,主要从事铀同位素的分离和纯化,实验室首次发现了人造元素锫和锎。由于实验室的卓越贡献和一流的研究水平,伯克利在战后成为美国乃至世界核物理学的圣地。劳伦斯实验室对学校整体研究水平的提高起到了带动作用，利用回旋加速器，发展了医学物理、理论物理、辐射检测技术等新兴科学技术领域，同时，促进了生命科学、高温化学、生物有机化学等相关学科的快速成长。伯克利分校的诺贝尔奖获得者主要集中于化学和物理学领域，劳伦斯实验室功不可没。

MIT 从一个以本科生教育为主的二流技术学院崛起成为一流的综合大学，得益于第二次世界大战期间军方的巨额投入，尤其是国家实验室出色的科学研究，被称为赢得了第二次世界大战的雷达就出自该校辐射实验室（即林肯实验室的前身）。辐射实验室在第二次世界大战期间获得了巨额的研究经费，截至 1942 年底，最高峰时员工达 3 800 人，是美国大学第一个大规模、跨学科、多功能的技术研究开发实验室。目前每年经费达 3.4 亿美元，80% 的经费来自国防部。在林肯实验室的带动下，MIT 的通讯、电子、计算机、神经生理学、生物物理学等学科水平与日俱增，成为世界一流学科。

加州理工学院与该校的喷气推进实验室交相辉映。喷气推进实验室在美国导弹和航天发展史上起到了空前重要的作用，尤其是 1958 年"探险者 1 号"进入轨道，确立了学校作为"太空开发计划之母"的地位。第二次世界大战结束不久，美国军方认为导弹的作用仅次于核武器，并充分认识到国家实验室由一流大学管理的重要性。同时，加州理工学院也意识到代管实验室的好处，如可以共享先进的实验设备、一流的科学家和工程师，可以巩固和发展学校在航天领域的地位，并且还可以获得可观的管理费。如今，加州理工学院有教职员工 2 000 人左右，却管理着 5 700 人的巨型实验室。

（四）制度设计实现了国家实验室与大学的有机融合

1. 灵活的人才聘用机制

在学术关系上，美国国家实验室的存在增强了依托单位的学术实力和学术声誉；而依托单位（如大学）在学术自由、多学科交叉上的突出优势促进了国家实验室学术领先地位和一流学术环境的形成。在人员聘用上，普遍实行聘用合同制和竞争上岗。国家实验室鼓励研究人员在大学兼职，大学教授也可在国家实验室兼职开展研究。实验室常因开展大型研究任务的需要，组建研究团队，实现学科之间、项目之间的交叉融合。项目结束后，团队解散，研究人员各回原岗位。在一个大型研发项目平台下，各研究团队很容易形成资源共享和区域内人员的合理流动，有利于科学家和工程师之间建立密切的合作关系，信息共享，激发创新思想。

2. 仪器设备的开放共享

大学通过代管的国家实验室得到了大批的国家重大研究项目，从而实现他们为国家战略目标服务、提升学术水平和促进科教结合的目标。在设备管理上，美国联邦政府以法律法规形式，强调国家实验室中大型先进仪器设备资源进行对外开放共享的必要性。在大学代管的国家实验室中，其先进仪器设备资源不仅对本校的研发人员开放，也对别的研发机构甚至国外的相关研发机构开放共享，吸引了大批来自全球一流的科学家和工程师，有的实验室里自有科学家与访问学者的比例已达到1:10。这些来自全球各学科领域的研究人员在使用先进仪器设备资源的同时，不断带来新思想、新研究方向，加强了研发成员之间的交流和沟通，促进了学科间的交叉融合，从而不断开辟出新的研究领域。

3. 学科交叉促进科教融合

在美国大学代管的国家实验室里，延续着跨学科研究解决复杂问题的传统，学科领域蓬勃发展。由于学科门类比较齐全、综合性强、智力资源丰富，能够根据美国国家科技战略发展需要开展大规模研究，科学研究变成了一种社会化的集体活动。每个实验室都拥有巨大的人力和物质资源，在完成国家紧迫的战略任务和大规模的项目工程时，汇聚了不同学科领域的科学家和工程师，学科交叉点越来越多，各学科之间不断渗透与融合，从而培育了新型学科发展。实验室里的科学家和工程师为了共同解决问题的目标而集合在一起，会就某一个难题进行研讨和思想碰撞，在资源共享中共同研究解决具体问题，进行跨学科研究。在国家实验室中，大学内的科研人员因科研项目而集合在一起协同攻关，有利于资源的灵活配置，更有力地促进了大学内的跨学科研究合作，使教育和科研很好地结合在一起，促进国家实验室学术领先地位和一流学术环境的形成。一方面，大学代管的国家实验室能为大学培养出更多的研发精英人才；另一方面，对广泛多样的国家和社会需求能够做出快速响应，许多科研成果在世界上都处于领先地位，如高级光源、核聚变及人类基因组的相关研究成果，同时增强了大学的学术实力和学术声誉，也保持了美国在世界上的科技竞争力。

四、博士后教育：高等教育与科学研究的深度融合

博士后教育制度最先出现于美国，它是高等教育与科学研究深度融合的重要表现，已成为美国培养科学人才和提高科学研究水平的一个重要的途径和手段。博士后制度所取得的瞩目成就获得了社会的广泛认可，其形成的比较成熟和规范的做法，也被其他许多国家建立和发展博士后教育时广泛地模仿和借鉴。

（一）博士后制度的发展及人员规模

1876年，霍普金斯大学在校长吉尔曼的鼓励下，设立了一项研究基金，提供经费资助20位来该校从事基础研究以进一步提高其科研能力的优秀青年学者，

这 20 人中已有 4 人获得了博士学位，故人们称之为"博士后"（postdocs），这被普遍认为是美国博士后教育的开始。1915 年，哈佛大学每年选拔两名已经获得博士学位的教师，为他们提供必要的设备和资金从事研究，这是哈佛大学博士后教育的开始。此后，其他一些大学，如加州理工学院、哥伦比亚大学也开始设立博士后基金推进博士后教育。

20 世纪 70 年代至 90 年代是美国博士后教育发展的一个飞跃阶段，博士后制度趋向成熟。主要表现在：博士后教育资金的来源多样化和资助主体的多元化，并形成了三种博士后教育经费资助模式；博士后人数显著增加，博士后招聘主体范围扩大，逐渐形成了三类招聘主体，即大学、政府和企业；微观的博士后教育管理机构出现，逐渐出现了一些相应的博士后教育政策等等。

从在站博士后（Postdoctoral Appointees，PA）的人员规模来看，直到 20 世纪 70 年代末、80 年代初，各学科领域的在站博士后人数总计不足 2 万人。但最近几十年来，美国的博士后人数呈迅速增长之势，20 世纪 80 年代以来，其年均增长速度超过 10%（见图 2-4）。据美国科学基金会（NSF）的调查数据，2015 年美国在科学、工程和卫生领域的在站博士后总人数已接近 64 000 人，其中在科学领域的博士后人数为 37 000 多人，约占 60%；工程技术领域 7 600 多人，约占 12%；卫生领域 18 000 多人，约占 29%。从具体的学科领域来看，生物科学领域的博士后人数最多，接近 20 000 人，占全部博士后人数的 30% 以上；其次是临床医学，博士后人数接近 16 000 人，约占博士后总人数的 25%；再次是物理科学，博士后人数超过 7 000 人，约占博士后总人数的 12%（见表 2-9）。

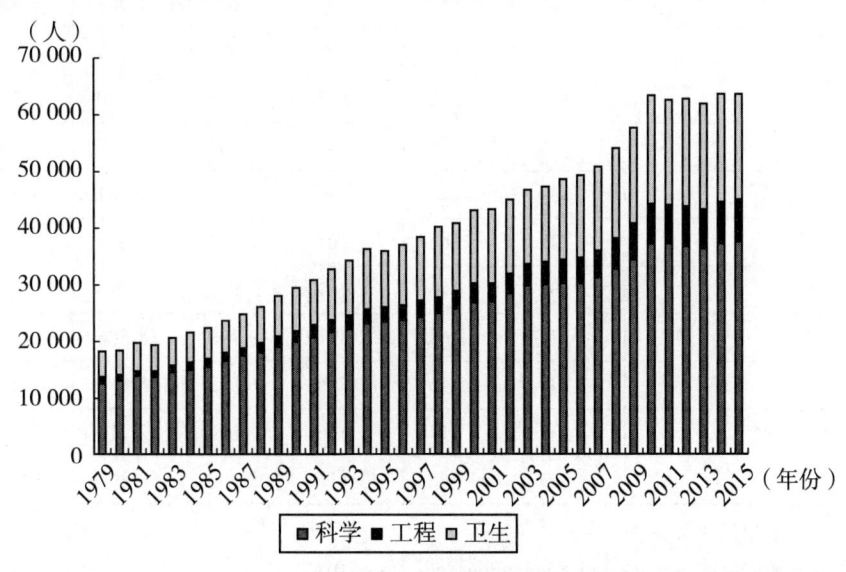

图 2-4　美国科学、工程和卫生领域在站博士后人数增长情况

表 2-9　　美国在站博士后人数的变化及学科构成

年份	1980 年	1990 年	2000 年	2010 年	2015 年 人数	2015 年 占比（%）
科学领域	13 042	19 853	26 911	37 351	37 639	59.0
农业科学	259	536	822	1 190	1 525	2.4
生物科学	7 083	11 909	16 734	21 726	19 304	30.2
计算机科学	43	71	344	763	888	1.4
地球、大气和海洋科学	312	594	1 155	1 740	2 129	3.3
数学和统计科学	162	249	385	791	1 011	1.6
多学科和跨学科研究	—	—	—	785	972	1.5
神经科学	—	—	—	838	1 957	3.1
物理科学	4 279	5 592	6 270	7 583	7 358	11.5
心理学	475	464	730	1 132	1 130	1.8
社会科学	429	438	471	711	1 179	1.8
其他科学	—	—	—	92	186	0.3
工程领域	981	1 950	3 313	6 969	7 656	12.0
航空航天工程	20	67	111	212	217	0.3
生物医学工程	25	71	220	1 023	1 201	1.9
化学工程	185	557	703	1 077	1 283	2.0
土木工程	122	168	295	571	670	1.0
电机工程	123	242	525	1 095	1 160	1.8
工业与制造工程	16	6	48	151	142	0.2
机械工程	137	222	480	1 021	1 161	1.8
冶金/材料工程	172	363	507	841	911	1.4
其他工程	102	178	261	978	911	1.4
卫生领域	4 376	7 762	12 891	19 119	18 566	29.1
临床医学	3 899	6 945	11 555	16 515	15 850	24.8
其他卫生领域	477	817	1 336	2 604	2 716	4.3
总计	18 399	29 565	43 115	63 439	63 861	100.0

注：—表示缺失数据。
资料来源：NSF. Science and Engineering Indicators 2016.

（二）博士后的身份特征及主要类型

美国博士后制度的形成和发展具有自发性、宽松性、多样化的特点。自博士后制度形成以来，只是国家科学基金委员会（NSF）根据问卷调查结果给予一些指导建议，并没有统一的评价标准，也没有国家层面统一的文件要求和相应政府职能部门的监督。各个招收单位，根据自身对博士后的不同需求，制定相应的录取条件和管理制度：有些工程领域的博士后是全职研究人员，从事某一专门的项目课题；一些社会科学领域的博士后往往还要肩负一些教学任务；一些医药卫生系统的博士后则要进行专门的职业训练。

同本科生和研究生教育相比，博士后的身份定义包含着以下4个共同特征。一是临时性和过渡性。根据北美大学联盟（Association of American Universities）研究生和博士后教育委员会的定义，博士后是针对已经获得博士学位并且在学术界工作之前，在导师指导下开展研究工作的临时性岗位。博士后为取得博士学位的学者，通过博士后期间科研经历的历练成为一名合格的研究者，因此其身份具有过渡性。从事博士后研究的时间通常为1~3年，最长不超过7年。二是研究的学术性与创造性。博士后的研究学术性与创造性主要体现在三个方面：研究内容方面，博士后从事的是高层次的科研活动，工作内容具有很强的研究性和学术性。博士后是研究人员继博士阶段之后所进行的更为深入的科学研究。在研究环境方面，研究人员在本国或外国学术水平较高的大学或科研机构进行研究。在研究成果方面，博士后经过博士期间的学术训练具备良好的科研能力，依靠优良的科研条件产出具有研究学术性和创造性的研究成果。此外，博士后所进行的研究多为各个专业领域急于解决的前沿问题，因此所产出的研究成果具有很强的创造性。三是指导监督性。博士后在研究期间受到学术人员的指导监督也是各个国家博士后身份定义中包含的共同点。博士后是在学术人员的指导下进行全日制的研究，为今后学术生涯做准备。学术导师一般为该研究领域的权威人士或资深学者。此外，学术导师和博士后所在的大学院系或科研机构还对博士后的研究工作起着监督作用，对博士后的研究过程进行指导。四是受聘资助性。美国博士后身份定义中明确表示，博士后在工作期间享受各种工作人员的福利待遇并能得到各种基金会的研究资助。博士后与所在大学或科研机构是一种聘用与被聘用的关系。大学或科研机构应该对博士后发放工资以及提供诸如医疗保险等各种福利保障。

由于美国的博士后接受的资助经费来源不同，所以博士后的类型也不同。根据博士后的性质和管理方式，可以把博士后分为4种类型。（1）人才选拔型。博士后通过获得资金资助和奖学金从事科学研究，但是资金资助和奖学金必须遵循规范的程序并通过激烈的竞争脱颖而出才能获得。这类博士后首先需要递交自己详细的研究计划和经费申请书，通过专家组成的专业委员会答辩，最后委员会根据他们的计划书和答辩情况，确定获得奖学金的最后名单。由于这类选拔是在全国范围内进行的，所以竞争相当激烈。成为人才选拔型的博士后获得的权利也比较多，他们有更多的空间选择自己的研究课题和导师。人才选拔型的博士后数量不多，不超过所有博士后总数的15%。（2）项目招聘型。这是美国博士后最多的一种类型。导师或者是课题主持人获得研究项目的拨款，由于研究项目的需要而聘用博士后参与课题研究。此类博士后获得的薪水报酬主要是由项目经费支付。项目招聘型博士后的研究领域局限在课题中，自由度较小。（3）岗位设置型。由高等学校、科研机构依托政府和各方面的资助而设立，此类博士后由招收单位选拔并决定其研究课题，招收单位根据本单位的人才结构和学科特点选拔博士后来提升科研单位的整体科研水平。岗位设置型的研究自由度也不是很大。（4）自助型。具有博士学位或具有同等博士水平的人员，为了得到进一步的教育和获得科研经验以面对未来的职业需求，他们愿意没有政府或任何机构的资助，在没有薪酬的条件下申请博士后职位。

（三）博士后已成为美国大学的一支重要科研力量

在美国，大学或其他研究机构里的教授或者科学家只要申请到了研究经费，都可以招聘博士后。对申请博士后人员的资格要求也比较宽松，即申请者具有博士学位或者具有相近于博士后学位的人员都可以申请。早期，博士后岗位只设置在研究型大学，但随着博士后教育的成效凸显，越来越多的大学开始招收博士后，但博士后仍然高度集中在少数世界一流的研究型大学。2013年，美国共有319所大学招收博士后，在站博士后人数为61 942人，其中，哈佛大学的在站博士后人数高达5 809人，约占当年美国全国在站博士后人数的10%；斯坦福大学排名第二，在站博士后人员1 976人；约翰·霍普金斯大学排名第三，有1 693名在站博士后。另有10所大学的在站博士后人员在1 000~1 500人之间，23所大学的在站博士后人员在500~1 000人之间。以上36所大学的在站博士后人数占美国大学在站博士后人数的60%（见表2-10）。

表2-10 2013年在站博士后人员在排名500名以上的美国大学

序号	大学	总计	科学	工程	卫生	占比（%）
1	哈佛大学	5 809	2 318	103	3 388	9.4
2	斯坦福大学	1 976	885	256	835	3.2

续表

序号	大学	总计	科学	工程	卫生	占比（%）
3	约翰·霍普金斯大学	1 693	539	94	1 060	2.7
4	麻省理工学院	1 406	709	697	0	2.3
5	加州大学圣迭戈分校	1 275	743	108	424	2.1
6	加州大学伯克利分校	1 255	878	313	64	2.0
7	密歇根大学	1 255	664	213	378	2.0
8	哥伦比亚大学	1 232	633	70	529	2.0
9	耶鲁大学	1 214	768	64	382	2.0
10	华盛顿大学	1 187	590	123	474	1.9
11	科罗拉多大学	1 121	830	111	180	1.8
12	加州大学洛杉矶分校	1 084	672	119	293	1.8
13	加州大学旧金山分校	1 047	311	50	686	1.7
14	宾夕法尼亚大学	947	512	82	353	1.5
15	加州大学戴维斯分校	779	509	124	146	1.3
16	北卡罗来纳大学教堂山分校	778	443	6	329	1.3
17	康奈尔大学	771	456	105	210	1.2
18	匹兹堡大学	741	290	55	396	1.2
19	威斯康星大学麦迪逊分校	738	460	86	192	1.2
20	杜克大学	732	351	89	292	1.2
21	西北大学	716	396	148	172	1.2
22	埃默里大学	712	405	18	289	1.1
23	范德堡大学	678	385	18	275	1.1
24	佛罗里达大学	677	417	67	193	1.1
25	明尼苏达大学	665	390	112	163	1.1
26	俄亥俄州立大学	625	298	100	227	1.0
27	西乃山伊坎医学院	621	621	0	0	1.0

续表

序号	大学	总计	科学	工程	卫生	占比（%）
28	得克萨斯大学安德森癌症中心	604	220	0	384	1.0
29	芝加哥大学	598	431	22	145	1.0
30	贝勒医学院	596	409	0	187	1.0
31	纽约大学	593	593	0	0	1.0
32	加州理工学院	579	474	105	0	0.9
33	伊利诺斯大学香槟分校	562	414	128	20	0.9
34	得克萨斯大学达拉斯西南医疗中心	552	350	0	202	0.9
35	普林斯顿大学	527	402	125	0	0.9
36	梅奥研究生院	506	176	0	330	0.8
	以上大学总计	36 851	19 942	3 711	13 198	59.5
	其他大学总计	25 091	16 347	3 395	5 349	40.5
	美国大学总计	61 942	36 289	7 106	18 547	100.0

资料来源：https：//www.nsf.gov/.

从资助单位来看，美国联邦政府是博士后的主要资助单位，约占50%以上，非联邦政府占1/3，其他机构资助和自费的占10%左右。联邦政府资助机构中，国家卫生与人力资源服务部是最主要的资助单位，其资助的人员约占美国全部在站博士后的1/3，这其中国家卫生研究院（NIH）占95%以上。其他联邦政府资助单位包括国家科学基金会（NSF）、国防部、能源部、航空航天局、农业部等机构（见表2-11）。从资助类型来看，科研项目资助约占2/3，奖学金资助占10%，人员培训占6%，其他类型的资助占20%左右。

表2-11 美国在站博士后的资助单位与资助类型（2013年）

资助单位	总计		资助类型（人）			
	人数	占比（%）	奖学金	研究项目	人员培训	其他类型
联邦政府资助	33 382	53.9	6 483	39 635	3 683	12 141
国防部	2 393	3.9	2 254	27 408	2 987	733

续表

资助单位	总计		资助类型（人）			
	人数	占比（%）	奖学金	研究项目	人员培训	其他类型
能源部	1 845	3.0	111	2 227	31	24
卫生与人力资源服务部	20 697	33.4	45	1 746	9	45
国家卫生研究院	19 784	31.9	1 565	16 193	2 681	258
其他机构	913	1.5	1 503	15 430	2 614	237
航空航天局	598	1.0	62	763	67	21
国家科学基金会	4 153	6.7	57	526	4	11
农业部	693	1.1	188	3 718	46	201
其他部门	3 003	4.8	28	628	14	23
非联邦政府	22 712	36.7	260	2 370	202	171
机构	12 254	19.8	3 599	10 221	624	8 268
国内	8 713	14.1	1 501	4 736	443	5 574
外国政府	1 745	2.8	1 448	4 884	159	2 222
自费	588	0.9	650	601	22	472
不详	5 260	8.5				588
总计	61 942	100.0	6 483	39 635	3 683	12 141

资料来源：https://www.nsf.gov/.

博士后制度是吸引国际人才的重要途径。美国的博士后研究人员中有很大一部分是来自美国以外的国家和地区，而且来自国外的博士后人员的比例呈不断上升之势。在20世纪70年代末~80年代初，美国各大学中持临时签证的在站博士后人数占到在站博士后总人数的1/3，到90年代下半期这一比例上升到50%以上，2003年曾达到58%的比例，其中工程领域里持临时签证的在站博士后人员比例一直维持在60%~70%的水平。2013年，持临时签证的在站博士后人数为32 396人，占同年全部在站博士后人数的52.3%，其中科学领域持临时签证的博士后人数为18 738人，占科学领域全部在站博士后人数的51.6%；工程领域持临时签证的在站博士后人数为4 400人，占该领域在站博士后人数的61.9%；卫生领域持临时签证的在站博士后人数为9 258人，占该领域在站博士后人数的 49.9%（见表 2-12）。

表 2-12 美国持临时护照的在站博士后人数占全部在站博士后人数的比例

年份	临时签证博士后		科学领域		工程领域		卫生领域	
	人数（人）	占比（%）	人数（人）	占比（%）	人数（人）	占比（%）	人数（人）	占比（%）
1980	6 506	35.4	4 735	36.3	678	69.1	1 093	25.0
1985	8 859	39.6	6 276	40.3	913	67.3	1 670	30.6
1990	14 450	48.9	9 797	49.3	1 337	68.6	3 316	42.7
1995	17 784	49.5	11 688	49.7	1 649	62.3	4 447	45.5
2000	23 663	54.9	15 353	57.1	2 244	67.7	6 066	47.1
2005	27 048	55.7	17 625	58.2	2 753	66.1	6 670	47.3
2010	33 284	52.5	19 558	52.4	4 332	62.2	9 394	49.1
2013	32 396	52.3	18 738	51.6	4 400	61.9	9 258	49.9

资料来源：https://www.nsf.gov/.

五、科教结合的时代创新：知识经济促进科研教学深度融合

20 世纪 80 年代，随着日本和西欧国家在经济上的迅速崛起，美国国内民众信心受到了严重的挑战，由于过去强调国防、空间研究的科技政策，整个国家的科技几乎都全部投入到美苏争霸的外层空间轨道，忽视了科技与经济的结合。所以从 20 世纪 80 年代，美国开始反思其战后的科技政策，并在 1980~2000 年这 20 年间，出台了一系列科技法规政策。在保持强大基础科学的同时，摒弃过于注重纯科学研究的传统，调整基础研究的方向，要求基础研究对国家技术进步做出积极的响应；与此同时，评估与竞争性相关的法律和规定，检讨其工业研究政策并放松经济规制，积极促使公司之间、公司与政府实验室和大学建立各种各样的协作关系，即通过大学与产业的紧密结合实现在知识经济时代的科教深度融合。

（一）制度改革促进"产学研教"融合

20 世纪 80 年代以前，研究型大学的科学研究主要由联邦政府资助。冷战结

束后由于军事研究重要性的下降,联邦政府在这方面的投入也开始下降。20世纪80年代以来,知识经济的发展和全球化竞争的日趋激烈使得美国产业界把大学研究视为赢得全球竞争的利器,于是大学开始和产业界结合,来自产业界的资助变得越来越重要。然而,大学和产业结合的一系列制度障碍成为美国研究型大学在知识经济时代实现科教深度融合所面临的重要挑战。政府通过一系列的法律体系构建了大学与产业结合的激励机制。

以立法形式制定产学融合的制度框架。1980年,美国联邦政府通过了《大学和小企业专利程序法》,允许多数联邦实验室将专利技术以排他性方式授予企业和大学,以鼓励私营企业进一步投入资源,实现联邦成果的商业化,促进产业科技创新。以前,政府拥有其资助项目成果的专利权,大学想获得专利权并授权给企业,程序非常复杂。由于没有排他性的许可证安排,竞争对手也可以得到相同的技术,美国私营企业一般不愿意将大量的时间和资源投入到联邦技术的产业化上来。因此,这部法律以及随后通过的《联邦技术转移法》(1986)等一系列法规消除了产业技术创新的一大障碍,有力地推动了大学与企业的合作,以及科教的深度融合。1980年《技术创新法》明确指出,要制定强有力的国家政策以支持国内的技术转移,促进联邦政府科学技术资源的开发利用,并赋予联邦政府在促进商业创新方面以首要职责。1982年《小企业创新发展法》出台,使《小企业创新研究项目计划》应运而生,此计划虽未新增拨款,但是通过立法规定每个对外委托研究经费预算超过1亿美元的政府机构和联邦研究实验室,都要从这笔经费中拨出一定比例的资金(2.5%),按照竞争方式资助小企业,其目的在于鼓励大学与中小企业更紧密的结合。各机构邀请合格的小企业提出符合政府特定研究和开发需要的创新性思路,然后由相应各联邦机构通过小企业之间的竞争,选择确定资助的对象。1984年出台的《国家合作研究法》,改变了以往反托拉斯法限制企业间合作的传统规定,转而允许企业之间进行合作研究开发、合作生产,以增强企业研究开发能力,消除了工业研究合作的反托拉斯障碍。

这一系列的法律框架形成了美国大学与产业紧密结合的激励机制,也为知识经济时代的科教深度融合提供了基础。1980年,全美大约只有25~30所大学有技术转让办公室类等机构,1980年以后的10余年间,设立技术转让办公室的大学数量大约翻了十番,达到200多所。美国大学技术管理者协会(Association of University Technology Managers)成员由1980年前的113个猛增到1999年的20 178个。技术转让办公室的组成人员大都具有博士学位,通晓科技、法律、商业、企业运作等专业知识,具备良好的科学素养和与工业界进行沟通的能力,堪称高素质的技术转让职业行家。

（二）创业型大学的发展促进科教实现深度融合

科教结合的大学改革，也是大学在知识经济时代的转型问题，即在新的时代大学如何实施变革内部的科研和教学，以适应外部环境的变化，如何发挥自身在知识创造和人才聚集方面的优势，以直接服务于经济和社会发展。麻省理工学院、斯坦福大学等世界一流研究型大学将自身定位于如何在知识经济时代背景下，将大学科研成果转化为现实生产力，利用大学在知识创造和人才聚集方面的优势，提高国家的竞争力和地区经济实力。在这一时代变革下，创业型大学应运而生。创业型大学在为国家利益服务、具体承担经济发展任务的同时，给大学的传统职能赋予新的内容和形式，在社会经济活动中更大地发挥出大学参与和大学引导的先锋作用。

斯坦福大学和麻省理工学院是美国创业型大学的典范。斯坦福大学服务地方经济发展的技术商品化行为开始于1937年。该校电子系弗雷德·特曼教授鼓励他的两名研究生将其硕士论文中设计的音频振荡器转化为商品，并借给他们538美元去创业，从而诞生了惠普这家后来享誉全球的技术性公司。之后，特曼教授又积极倡导斯坦福大学与企业的科研合作，努力推动了50年代初斯坦福科技园的成立，为后来的硅谷奠定了良好的基础。20世纪60～70年代，硅谷开始快速发展，以IT为代表的高科技产业造就了大量成功的创业者。进入20世纪90年代以来，互联网技术的发展更将硅谷创业推向了新一轮的鼎盛时期。据统计，1996年斯坦福创业企业的收入约占硅谷总收入的60%，达到1 000亿美元。进入21世纪后，推特、脸书等一批社交媒体公司的崛起，带动硅谷和整个世界进入移动互联网时代。2010年以后，斯坦福大学校友埃隆·马斯克创办的特斯拉公司成为新能源汽车领域的先锋，使硅谷再次迎来升级与转型，新一轮的产业变革和新的创新产业集群正在迅速兴起。据2012年斯坦福大学埃斯利（Eesley）教授和米勒（Miller）的统计，1930年以来由该校师生创办的企业多达39 000家，每年产生的收益高达2.7万亿美元，共创造了540万个工作岗位，其中位于硅谷的惠普、思科、谷歌、雅虎、赛门铁克、安捷伦科技等6家著名高技术公司入选2011年《财富500强高技术企业排行榜》。风险投资家比尔·德雷帕（Bill Draper）曾说："硅谷从斯坦福开始真是幸运。我认为，没有斯坦福就不会有硅谷。"自20世纪50年代以来，硅谷虽然历经多次低谷与经济衰退，但每次都能凭借着技术革新重获繁荣，并持续引领了半导体、个人电脑、互联网及绿色科技等革命性技术与新兴产业的交替发展，成为全球新技术、新产品、新工艺最为重要而且经久不衰的创新源地。从早期由斯坦福学生创办的惠普公司、联邦电报公司和立顿工程实验室，到20世纪70年代的太阳微系统（SUN）、硅图（SGI）、思科和

20世纪90年代的谷歌、雅虎、威睿（VMware），再到21世纪的特斯拉、Instagram等，斯坦福大学校友创办的企业一直是硅谷科技产业发展的旗帜（见表2-13）。

表2-13 斯坦福大学校友在硅谷创办的部分企业（1939～2012年）

公司	成立年份	起源地	公司	成立年份	起源地
惠普/HP	1939	帕洛阿图	思科	1984	圣何塞
瓦里安	1948	帕洛阿图	贝宝	1988	圣何塞
乔氏商店	1958	蒙罗维亚	IDEO	1991	帕洛阿图
杜比实验室	1965	旧金山	英伟达	1993	圣塔克拉拉
盖璞	1969	旧金山	雅虎	1994	桑尼维尔
嘉信理财	1971	旧金山	网飞	1997	洛斯阿尔托斯
太阳微系统	1981	圣塔克拉拉	谷歌	1998	山景城
JLAB、信条软件	1981	山景城	安捷伦科技	1999	帕洛阿图
硅图	1981	山景城	潘多拉电台	2000	加州奥克兰
美国艺电公司	1982	红木城	领英	2002	山景城
赛普拉斯半导体	1982	圣何塞	特斯拉汽车	2003	帕洛阿图
赛门铁克	1982	库比提诺	Instagram	2012	旧金山
T/Maker	1983	山景城			

资料来源：Eesley, C. E., and Miller, W. F. 2012, Stanford University's Economic Impact Via Innovation and Entrepreneurship, California: Stanford University Press.

麻省理工学院的创业活动主要包括五个方面：教授咨询活动、与企业和政府签订研究合同、专利的许可与转让、创建新技术公司、创立风险投资公司等。实际上，大学创造的知识成果一直都在以各种形式被转移到产业界去[①]。学校设立的产业联络项目（The Industrial Liaison Program, ILP）服务平台和技术许可办公室（Technology Licensing Organization, TLO），对促进科技成果产业化起到了重要作用。TLO是全美开展大学专利使用转让最活跃的机构之一，与产业界、风险投资市场和企业家保持着长期的合作，在20世纪80～90年代，共有167家生物技术公司相继诞生于此，其中包括Biogen、Genetics研究所和Genzyme等当今的生

---

① ［美］亨利·埃茨科威兹著，周春彦译：《国家创新模式——大学、产业、政府"三螺旋"创新战略》，东方出版社2013年版。

物技术产业巨头①。麻省理工学院马丁信托服务中心 2009 年发布的报告《创业意向：MIT 的角色》显示，截至 2006 年底，该校校友创办的公司存活 25 800 家，雇佣员工约 330 万人，年度收入近 2 万亿美元。强大的技术转让和企业孵化能力使麻省理工学院成为推动波士顿地区产业升级和经济发展的重要动力②。大波士顿地区现已成为仅次于圣地亚哥的美国第二大生物科研基地，建有著名的医药和创新技术综合中心（CIMIT），以鼓励高校与企业合作加速新制药技术的开发。肯德尔生物技术区（Kendall Square Area）已经成为生物工程的"硅谷"，波士顿地区 95% 的生物技术公司入驻其中，跨国制药巨头辉瑞、默克等公司在此设点，著名的 LeukoSite、Transkaryotic、Therapies、Alphagene 等一批美国和全球领先的生物高科技公司也落户此地。MIT 已累计为波士顿地区"生产"了 300 多家高新技术企业公司，占 128 号公路地区 1 200 家高新技术公司的 1/4，"大学生产企业"的说法也由此产生。

在传统大学中，科教融合被简单地理解为从知识传授扩展到通过参加研究获得知识，包括学习获取知识的方法、对现存知识的重新解释以及对新知识的探索。在新的时代背景下，创业型大学的教学倡导科学主义与人文主义相互交融，基础研究与应用研究紧密结合，大学与产业界相得益彰，鼓励师生到企业参加实习或参与合作研究，并试图在校园中营造一种自主创业的文化氛围，以影响、改造人们的思想，使他们对自主创业产生认同感，激励他们朝着共同的目标努力，从而实现真正的科教深度融合。

第二节　德国：科教融合的源头

德国是现代大学的发源地。由威廉·冯·洪堡提出的"教学同科学研究相统一"的办学主旨，为德国现代大学的改造提供了方向，形成的"柏林大学模式"对两百多年来德国乃至世界的高等教育影响深远。进入 21 世纪，德国高等教育虽经过一系列的改革，但教学和科研依旧是大学制度的核心。大学是德国国家创新体系的一个重要组成部分，其通过国家的制度设计、大学—研究所合作等形式促进科教融合，使德国在科研成果转化以及全球创新指数排名中名列前茅。

---

① 翁媛媛、饶文军：《生物技术产业集群发展机理研究》，载于《科技进步与对策》2010 年第 27 期。

② 吴伟、吕旭峰、陈艾华：《创业型大学创业文化的文化内涵、效用表达及其意蕴——基于四所世界一流大学的案例分析》，载于《河南大学学报》（社会科学版）2010 年第 4 期。

一、现代大学的发源地

自 15 世纪以来,欧洲先后经历了多次重大的社会改革和社会革命运动。18 世纪英国掀起的工业革命,为欧洲最先爆发工业革命和资产阶级革命奠定了基础,也为现代大学的产生创造了条件。在德国的大学改革运动中,威廉·冯·洪堡(Willian Von Humboldt)的高等教育思想,以及在该思想指引下创办的柏林大学成为现代大学的典范。

(一)洪堡:科教融合思想的创始者

1809 年 2 月,洪堡应普鲁士政府的邀请出任教育厅长,促使其形成了高等教育思想,并为其在实践中加以贯彻提供了一个良好的契机。

洪堡认为哲学的任务在于发现和分析"真理本身"。因而,一切学术研究和科研均为哲学,发现这种哲学的地方就是大学。大学应是"一切科学的总联合体",是将人类的全部精神财富融汇起来的一个重要场所,而这种融汇的目的是为了升华人的存在。按照这样的概念逻辑,洪堡提出了改革大学的理念:使学生和教授把追求"真理本身"作为永恒的目标。这一理想的最初含义是通过科学进行教育,洪堡诠释道:"大学教师不再是教师,学生不再只是学习,而学生自己进行科研,教师只指导和支持他的科研。"大学也应是综合性的,因为科学的进步需要一种学术上的横向联系。他认为现代化大学应强调的是"追求科学、探讨真理"。而科学是与高等院校联系在一起的。优秀人才的培养唯有通过"对学术的研究,并有机会与科学接触、对整体世界反思"才能实现。因此,教学与科研相统一也就成为了大学的办学原则。现代大学应以"追求科学"作为首要任务。大学教学必须与科学研究统一起来,并认为教师只有将教学作为一种创造性的科研活动,才能将知识传授的教学职能发挥到最优价值。

(二)柏林大学:现代大学的典范

现代大学的产生是以 1810 年柏林大学的创建为标志的[①]。柏林大学之所以被誉为"真正近代德意志大学的开始",首先要归功于洪堡以新的高等教育理念对柏林大学的改造。1810 年,洪堡提出大学"教学同科学研究相统一"的办学主张,并且促成了柏林大学的创办。柏林大学成立于 1810 年 10 月,起初名为弗里

---

① 沈国琴:《德国高等教育的新发展》,载于《高等教育研究》2015 年第 8 期。

德里希·威廉大学,因地处柏林市,故又称柏林大学。1949年2月易名为柏林洪堡大学①。

柏林大学的成功创办标志着世界高等教育发展进入了一个新的历史时期,因为将科学研究职能引进大学,不仅提高了大学的教学质量,而且提高了大学的社会地位,也加大了大学对科技进步和社会发展的推进作用②。洪堡所确立的由学院制、教授会制和讲座制等组成的柏林大学模式,为世界近代大学的创办提供了一个参考模式③。柏林大学开办后,在德意志30多个邦国里,引发了一场对旧式大学的改造浪潮,德国现代化大学纷纷建立。从1810年到1870年的60年中,整个德意志区域里,共有80余所新、旧大学按照"柏林大学模式"分别完成了创建与改造过程④。

"柏林大学模式"体现了其对大学赋予的新定义,即大学是基于科学的、具有探究性的教育机构,是从事"纯科学"研究的学术圣殿。科学应该在大学中占有前所未有的核心地位,大学也应该成为国家最重要的科研场所和探究性的教育机构。

洪堡及柏林大学对现代大学的重要影响主要体现在以下两个方面:

1. 科学问题

传统的大学注重传授知识,而现代化大学强调的则是"追求科学、探讨真理"。洪堡对科学问题提出了自己的"科学五原则",来指引后人对科学的追求。

第一,科学是某种尚未完全得出结论、尚未被完全发现和探寻到的东西,它取决于人们对知识和真理永无止境的探索过程,并将在"研究、创造,以及对自我行为准则不断反思"的基础上发展。

第二,科学是一个整体,每一个专业方向都是从不同的专业角度对生活现实和世界、人的行为准则进行反思。唯有通过研究、综合与反思,科学才能与苍白的手工业真正区别开来。而"研究与反思"正是科学家所肩负起的重任。

第三,科学首先有其自我目的,而其实用性及重要意义仅处于第二位。然而,对真理进行的这种"目标自由"式的探求,即让科学按其自身的规律自由发展,往往能形成最为重要的实用性知识,并服务于社会。

第四,科学是与高等院校联系在一起的。优秀人才的培养唯有通过"对学术的研究,并有机会与科学接触、对整体世界反思"才能实现。

---

① 李战杰:《威廉·冯·洪堡:德国现代大学之父》,载于《教育与职业》2014年第31期。
② 兰军瑞:《德国现代大学制度的演进及趋势》,载于《重庆文理学院学报(社会科学版)》2011年第5期。
③ 潘黎、刘元芳、霍尔斯特·赫磊:《德国建设"高等教育强国"之启示——德国高等教育机构的分层与分类》,载于《清华大学教育研究》2008年第4期。
④ 李工真:《德意志道路:现代化进程研究》,武汉大学出版社1997年版。

第五，独立与自由是高校乃至大学的生存条件。国家必须保护科学的自由，在科学中做到"永无权威"。①

2. 大学的办学原则

第一，独立自治、自由与合作相统一的原则。德国现代大学中，教师与学生能够独立地发挥其独创精神。大学独立自治并非完全意义上的独立，而只是要求对待学术问题，政府不应该以权威和命令来干涉；但是对于大学创办和发展所需的外在设备、硬件条件及合理制度则需要国家提供。

第二，教学与科研相统一的原则。现代大学应以"追求科学"作为首要任务。大学教学必须与科学研究统一起来，并认为教师只有将教学作为一种创造性的科研活动，才能将知识传授这一教学职能发挥到最大价值。

第三，科学统一的原则。这里是指哲学与其他科学之间的统一；科学理论与科学研究（实践）的统一。②

（三）研究生教育的发源地

德国企业界需要大量能够直接上岗的层次较高的应用型人才（如工科应基本完成工程师训练），故将大学本科与硕士阶段合二为一，只设两级学位，即文凭学位和博士学位。前者完成大学学业即可获得，被认为相当于美、英等国的硕士。③ 因此德国的研究生教育其实质就是博士生教育。

现代的博士生教育起源于德国。从19世纪初开始，以洪堡为代表的教育改革家在建立柏林大学之时确立了"教学与科研相统一"的原则，科学研究成为大学的核心任务之一。随着科学研究地位的提高，特别是伴随着研究所制度的产生与发展，德国的大学培养出了近代西方第一批现代型博士。

博士生教育在传统上并没有严格规定的培养程序：博士生入学无需参加考试，其基本要求是已取得大学毕业文凭，并向一位教授提出论文研究计划，获得导师同意后即可在其指导下开始研究。这里的毕业文凭即传统学位体系中的文凭学位（Diplom，也被译作理工硕士学位）、文科硕士学位（Magister）和第一次国家考试（Erststaatsexamen），或者在博洛尼亚进程改革之后设立的硕士学位（Master）。攻读博士学位的过程通常被视为博士生独立进行科研而非接受系统教

---

① T. Ellwein. Die Deutsche Universitat: Vom Mittelalter bis zur Gegenwart. Konigstein: Athenaum Verlag, 1985, S, 116

② W. V. Humboldt. Der Konigsberger Schulplan. in A. Flitner (Hrsg.), W. V. Humboldt – Schriften zur Anthropologie.

③ 解茂昭：《从传统走向未来：德国研究生教育的特点、动向和启示》，载于《学位与研究生教育》1996年第6期。

育的过程。最终的博士资格考核和学位授予由各大学在院系层面以"博士考试章程"（Promotionsordnung）做出具体规定。

德国的博士教育形成了一个紧密的科研—教学—学习连结体。连结体的保障机制是所长负责制和研究生担任助教。博士生通过担任兼职助教或科研助手，或者由导师的科研合同提供资金，连同一个助学金制度，来进行研究工作①。

博士生培养模式的形成与德国现代大学的发展密切相关。1810年柏林大学建立之后，科研成为德国大学的首要任务，博士学位曾长期是德国大学颁发的唯一学术性学位。德国于1899年首次在普鲁士的技术类大学设立了文凭学位（Diplom），但直到20世纪60年代，联邦德国才全面采用了文凭学位和文科硕士学位（Magister）作为大学的第一级学术学位，博士学位作为第二级学位。第二次世界大战之后，传统的大学体系在联邦德国得以全面恢复，博士生培养继续沿袭着19世纪创立的模式。而20世纪60年代以来，包括德国在内的西方主要国家先后开始经历了高等教育规模的急剧扩张。德国每年大约有25 000人获得博士学位，其数量在所有的OECD国家中仅次于美国。

二、大学是德国知识创新的重要主体

大学在德国国家创新体系中的地位举足轻重。它们主要从事与教学相关和为教学服务的基础研究活动，研究科目设置齐全，研究人员实力雄厚。从研发投入或产出来看，大学是德国知识创新的重要主体。

（一）大学是德国基础研究活动的重要参与者

德国的国家创新体系主要包括经济界、教育与科研界、联邦政府及各州政府、中介组织和大量行使咨询、协调、资助、评估等职能的机构以及社会公众（见图2-5）。这些组织、机构及个人在各司其职的同时，相互之间密切配合，形成了完善的合作治理网络。

德国的科技创新治理体系一方面与环境之间保持着良好的接触和互动关系，另一方面，治理主体之间通过公约、倡议、对话等方式开展平等而有效的沟通，使得整个治理体系在环境适应方面显得颇具"弹性"，内部要素相互间又充满"黏性"，从而呈现出"对内整合，对外聚合"的强劲动力。

---

① 张继平、董泽芳：《德国研究生教育发展探析》，载于《江苏高教》2009年第3期。

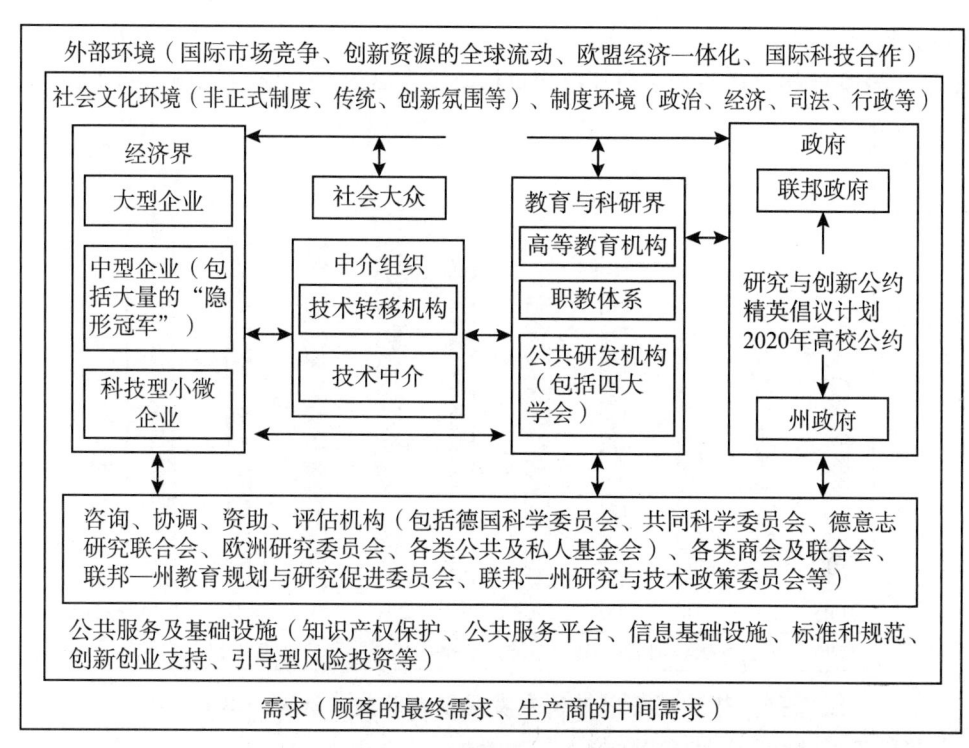

```
┌─────────────────────────────────────────────────────────────────────┐
│ 外部环境（国际市场竞争、创新资源的全球流动、欧盟经济一体化、国际科技合作）│
│ ┌───────────────────────────────────────────────────────────────┐ │
│ │社会文化环境（非正式制度、传统、创新氛围等）、制度环境（政治、经济、司法、行政等）│ │
│ │ ┌─────────┐                    ┌─────────┐   ┌─────────┐ │ │
│ │ │ 经济界  │                    │教育与科研界│   │  政府   │ │ │
│ │ │大型企业 │← →┌────────┐← →  │高等教育机构│← →│联邦政府 │ │ │
│ │ │         │   │社会大众│       │          │   │         │ │ │
│ │ │中型企业 │   └────────┘       │职教体系  │   │研究与创新公约│ │
│ │ │(包括大量│   ┌────────┐       │          │   │精英倡议计划 │ │
│ │ │的"隐形  │← →│中介组织│← →  │公共研发机构│   │2020年高校公约│
│ │ │冠军")   │   │技术转移机构│   │(包括四大 │   │         │ │ │
│ │ │         │   │技术中介│       │学会)     │← →│州政府   │ │ │
│ │ │科技型小微│                    │          │   │         │ │ │
│ │ │企业     │                    │          │   │         │ │ │
│ │ └─────────┘                    └─────────┘   └─────────┘ │ │
│ │ 咨询、协调、资助、评估机构（包括德国科学委员会、共同科学委员会、德意志│ │
│ │ 研究联合会、欧洲研究委员会、各类公共及私人基金会）、各类商会及联合会、│ │
│ │ 联邦—州教育规划与研究促进委员会、联邦—州研究与技术政策委员会等） │ │
│ │ 公共服务及基础设施（知识产权保护、公共服务平台、信息基础设施、标准和规范、│
│ │ 创新创业支持、引导型风险投资等）                                │ │
│ └───────────────────────────────────────────────────────────────┘ │
│ 需求（顾客的最终需求、生产商的中间需求）                           │
└─────────────────────────────────────────────────────────────────────┘
```

图 2-5　德国国家创新体系

资料来源：德国科技创新态势分析报告课题组，《德国科技创新态势分析报告》，科学出版社 2014 年版。

德国高校在国家科研与创新体系中的地位举足轻重。大学是德国基础研究活动的重要参与者。它们主要从事与教学相关的和为教学服务的基础研究活动，研究科目设置齐全，研究人员实力雄厚。除了所在州政府提供的高校经费外，重大科研项目所需的资金主要来自德国研究联合会转拨的国家经费。德国高校既承担德国大部分的认知性和公益性基础研究任务，也从事一定数量的应用性研发活动，并由此获得一些委托研究经费和成果转让收益。

（二）大学是德国研发支出的第二大执行主体

根据《2016 联邦研究与创新报告》显示，2013 年，德国联邦政府、企业、科技界的研发总投入达 797 亿欧元。2014 年，这一数字升至 839 亿欧元，接近占国内生产总值 3% 的目标。2014 年的研发投入中，企业投入 570 亿欧元，占研发总投入的 2/3。大学是德国研发支出的第二大执行主体，大学的执行研发费用约占全国研发总支出的 20% 左右。

德国高校的研发经费支出在逐年增长。2014 年，高等教育机构研发经费为

149亿欧元，较上年增长了4.4%。第三方经费占高等教育机构研发支出的比重上升，2013年比重达到整个高等教育机构研发支出的50.6%（见图2-6）。

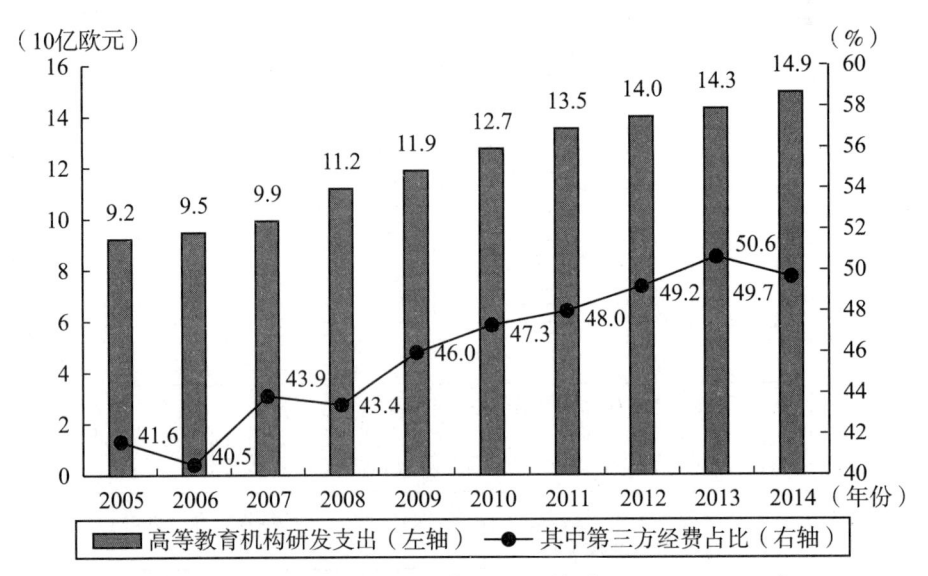

图2-6　德国高等院校研发费用增长趋势（2005~2014年）

资料来源：EFI Gutachten 2017.

据2013年OECD的统计信息，就高等教育机构而言，德国在每位高校学生身上的教育核心服务年投入为9 085美元，辅助服务（如交通、食宿等）年投入为795美元，R&D年投入为7 015美元。对比欧盟22国在每位高校学生身上的教育核心服务年投入均值为9 890美元，辅助服务（如交通、食宿等）年投入均值为669美元，R&D年投入均值为5 104美元。德国高等教育对教育教学的投入基本与欧盟22国均值持平，科学研究的投入远高于欧盟22国均值[①]。

德国高校3/4的人员为科研人员。2010年，在德国高等院校就业的研发人员为32.44万人（其中专职人员为21.06万人，兼职人员为11.38万人），与2000年相比共增加了10.5万人，增长率为84%。实际上，从2003年到2005年，德国高校的研发总支出和研发人员总数出现了双双下滑，直到2006年以后才再次出现了向上攀升的发展趋势，并在2008~2009年实现了加速增长。截止到2016年，德国高等教育机构的教职工人数达到242 170位，其中占比最高的是科学与创意工作人员，高达75.2%，教授占比约1/5（见表2-14），这反映了德国的高等教育机构对教授职位的严格把关。德国高校的教职员工，实现了人力资源的

---

① OECD. Education at a Glance 2016 – OECD Indicators. 2016.

科学与教学相融合，为人才的培养搭建了更灵活的平台。①

表 2-14　　　　　2016 年德国高等教育机构教职员工比例

职工类型	总数	比例（%）
教授	46 722	19.3
讲师和助理	3 437	1.4
科学与创意人员	182 008	75.2
特别项目专员	10 003	4.1
总数	242 170	100

资料来源：德意志联邦统计局。https：//www.destatis.de/EN/FactsFigures/SocietyState/Education Research Culture/Institutions Higher Education/Tables/Full Time Academic Creative ArtsStaff.html.

在培养高水平的后备研发人员方面，德国极为重视博士生的培养及相应的学位授予工作。而实际上，授予博士学位的数量及其比例，通常也被视为新增研发岗位的指标。从传统意义上来说，德国只设立了一种学位——博士；自 20 世纪 90 年代起开始引进国际上通行的学士学位与硕士学位。但是，在科学及教育方面的统计工作中，获得学士学位及硕士学位的人数，通常是不被统计的。因此，在德国现行政策文件中，除非特别注明是"学士"或"硕士"的，一般所谓"授予学位"都只涉及"博士"学位。2005 年德国有 2.6 万名研究生取得了博士学位，而 2015 年取得博士学位的研究生却下降到了 2.5 万人（见图 2-7）。有学者认为，这一变化表明随着"精英计划""2020 年高校公约""研究与创新公约"的实施，尽管在读博士生的数量在持续增长，但是授予学位的条件却更加严格了。

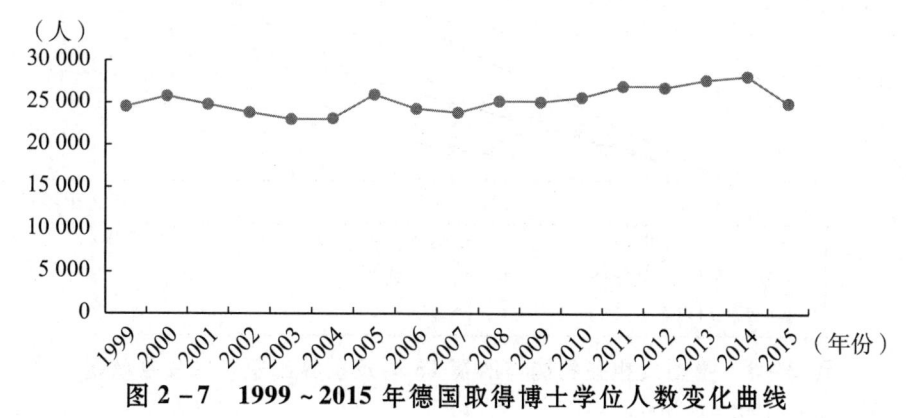

图 2-7　1999~2015 年德国取得博士学位人数变化曲线

资料来源：德意志联邦统计局 http：//www.datenportal.bmbf.de/portal/en/2.5.45.

---

① 德意志联邦统计局。https：//www.destatis.de/EN/FactsFigures/SocietyState/Education Research Culture/Institutions Higher Education/Tables/Full Time Academic Creative ArtsStaff.html.

（三）大学是科研产出的重要贡献者

出版物和专利注册的数量是评判一国科学机构能力的重要指标。出版物反映了科学研究的成果，而专利申请则是科学界技术开发活动取得成功的佐证。对科学界而言，这两项指标在创新体系中的作用是同等重要的。

在德国，为了描述高等院校的科研绩效，通常把综合性大学的出版物及专利数据与德国四大研究机构（亥姆霍兹联合会、马普学会、莱布尼茨联合会和弗朗霍夫协会）的数据进行比较。

从出版物方面看，2006~2010年，国家层面的德国出版物增速相对于欧盟15国和世界水平而言比较落后。德国高等教育机构的出版物增速低于亥姆霍兹联合会、莱布尼茨联合会和弗朗霍夫协会，但高于马普学会。与整个国家的增速相比，德国高等教育机构的增速还有所欠缺。2011~2014年，亥姆霍兹联合会、弗朗霍夫协会出版物增速较高，尤其是弗朗霍夫协会增速超过世界平均水平，成绩格外突出（见图2-8）。德国高等教育机构方面，虽不及弗朗霍夫协会、亥姆霍兹联合会、莱布尼茨联合会的发展速度，但从出版物数量而言，也在稳步增加，相对于2001~2005年，增长了约17%。

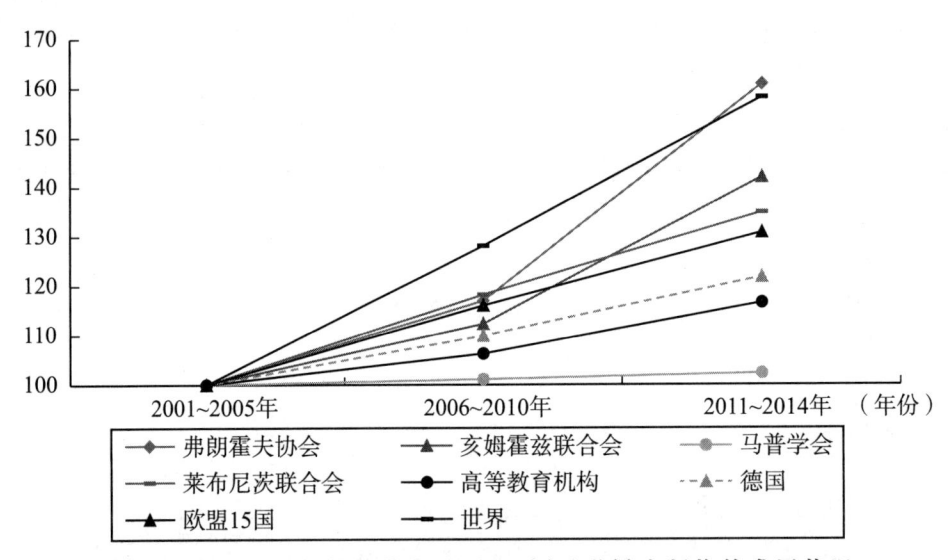

图2-8 德国及相关机构与欧盟15国及世界出版物的发展状况

注：2001~2005年=100
资料来源：EFI Gutachten 2017.

从出版物的优秀率来看，德国高等教育机构的表现尤为突出，优秀率增长幅度高于德国四大研究机构，增长了约2%，从10.8%（2001~2005年）增长到12.9%

(2011～2012年），这主要源于高等教育机构主要致力于应用研究和技术转让（见图2-9）。德国四大研究机构的优秀率增速相对较慢，尤其是弗朗霍夫协会出版物优秀率增速持续走低，专家认为这种下降令人担忧。研究机构应该把科研重点放在应用研究和技术转让工作方面，否则未来将可能不再成为科学出版物评价的标准。

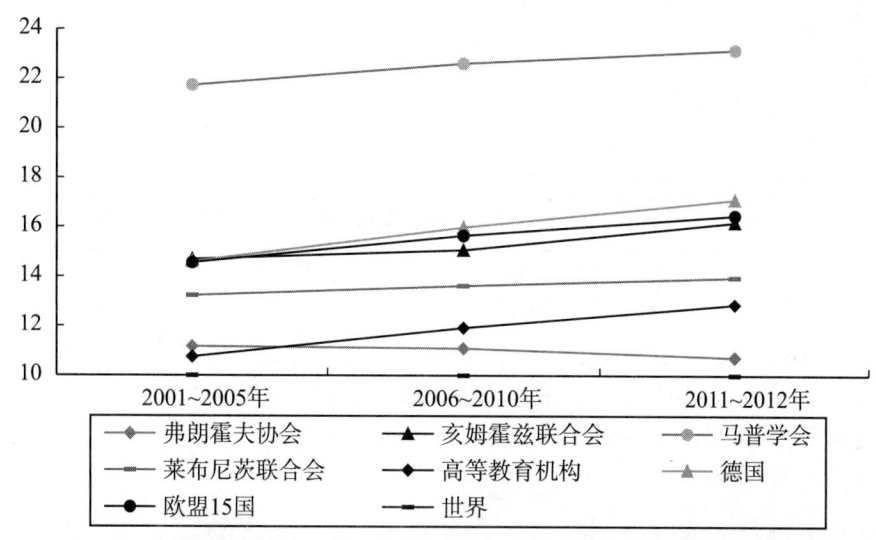

图2-9 德国及相关机构与欧盟15国及世界出版物优秀率的比较

注：出版物优秀率指公开出版物属于在各自领域被引出版物的全球前10%。优秀率是根据引用得出的计算情况。图表基于三年期（含一年引文出版），只能包含当前相应时间间隔的出版物。

资料来源：EFI Gutachten 2017.

近年来，从总体上看，德国高等院校申请的专利在波动中呈下滑趋势。但是，一方面从专利申请的总量来看，整个高校申请的专利数量远高于大学外研究机构申请的数量；另一方面从专利申请群体方面看，源自高等院校的专利申请保持着平稳增长态势，出现下滑的只是源自校办企业和高校教研人员的专利申请（见图2-10）。这与德国高等院校为形成特色而加强知识产权和专利申请的管理注重专利利用和保护有着密切的关系。

从每个研究人员全时当量的科研产出强度来看，大学的研究人员无论是在出版物（SCI论文）还是在专利方面，均处于第二位（见图2-11）。SCI论文出版物的产出强度弱于马普学会，申报专利的产出强度弱于弗朗霍夫协会。这与上述两个研究机构的定位有明显的关系。马普学会的研究所明确定位在基础研究领域，这会导致其出版活动较强，专利活动相对弱些。弗朗霍夫协会主要致力于应用研究和技术转移，因此其专利活动相对强些，而出版活动相对弱些。综合来看，在过去几年里，大学的出版物和申请专利均处于较高水平。

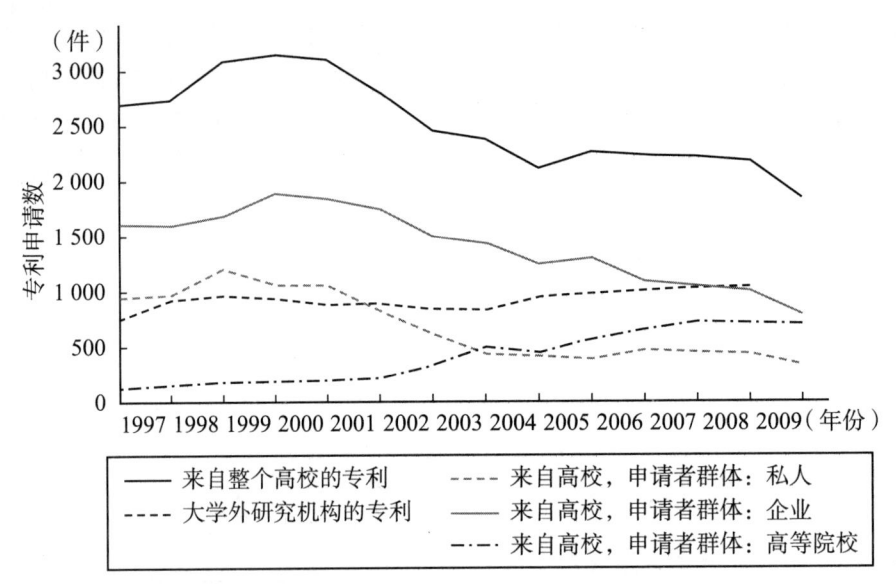

图 2-10　德国高等院校和大学外研究机构的专利申请

资料来源：EFI Gutachten 2012.

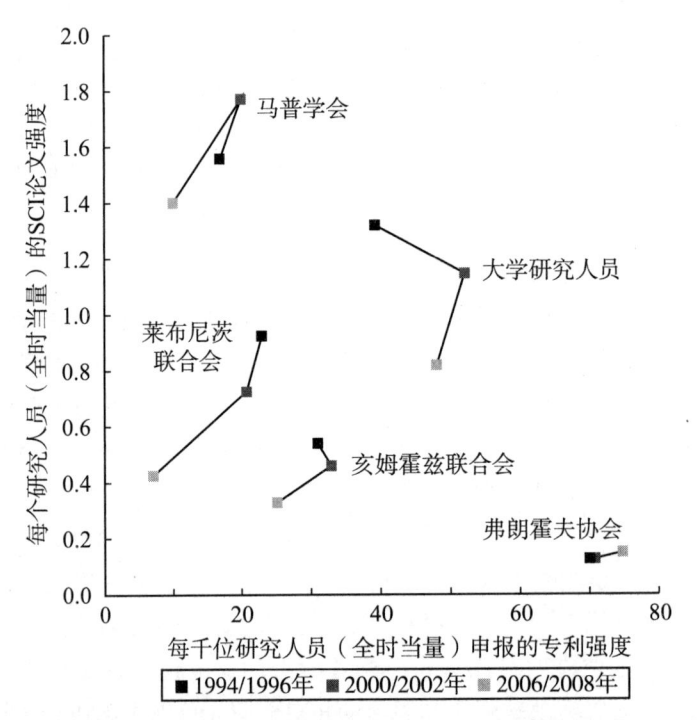

图 2-11　德国高校和研究机构在自然与工程、医学和农业科学领域的论文与专利强度（1994~2008年）

资料来源：EFI Gutachten 2012.

三、制度设计奠定科教融合的基石

（一）从研究政策向创新政策转变

为了保持和发展自身的科技优势，德国早在科尔政府时期就采取措施积极推动科研战略从"研究政策"向"创新政策"转变。同时，联邦教研部主持召开了"知识社会研讨会"，提出了创造知识和发展知识经济的创新战略。其后，议会通过了《高校框架法》使教育体制改革进一步发展，以提高高校的科研创新能力并获得人才竞争的优势。施罗德政府执政后，继续推行加强教育和技术创新的政策，提出了"动员全国的创造力，使德国人充分施展创造力"的口号，并许诺在5年内将教育和科研投资增加1倍，目标是超过日本，赶上美国，以期通过技术创新杠杆使经济、就业走出低迷的阴影。如2010年，默克尔担任新一届联邦总理后，完全承袭了其前任"抓人才、促创新、发展经济、增加就业"的基本方针。

研究政策向创新政策转移的核心问题是科学与经济的结合。德国政府从改革入手推动和发展科技创新：一是改革高校。1999年政府给高校增加了2亿马克（约1.02亿欧元）投资，主要用于建设与提高教学及科研方面的多媒体应用能力，创建与国际接轨的硕士制度及相关课程，在高校内创建企业型管理结构高校成果转化等。二是改革科研体制。推动科研院所开展创新性结构改革；有效利用资金，大力资助生物技术、信息与电子技术、航空与航天技术、环保技术等战略重点科研项目；创建"战略基金"，支持国家级研究中心与非中心之间的科学家合作；建立科研与经济界合作网络，加快科技成果的扩散。三是大力扶持技术创新型中小企业。在1999年的预算中，用于中小企业的创新资助经费就达到了3亿马克（约1.53亿欧元），比上年增加10%。联邦教研部继续在小型高新技术企业参股，以鼓励资金流向这些企业。凡与中小企业科研相关的高校获得的资金也增加两成。为了促进中小企业的创办，联邦教研部还与证券公司及德国复兴信贷银行（KFW）共同开通了"创新市场"服务器，为科研人员与投资合作牵线搭桥。

（二）"精英计划"和"创新型高校"协议提升高校科研水平

为了提高德国大学在尖端科研领域的国际竞争力而实施的"精英计划"于2012年11月进入了第二资助阶段。该项目第二阶段为39所大学的99个科研项目提供总额为 24 亿欧元的资助。精英计划主要有三个资助方向：综合大学的"未来构想"即最受关注的"精英大学"、促进尖端领域科研的"精英簇群"以及培养青年学者的"精英研究生院"。联邦政府承担 75% 的资助经费，受助高校所在州政府承担其余的 25%。

从总体看，精英大学计划有三条资助路线，每条路线中都包含有博士生培养的内容。从经费上看，三条资助路线的总经费中，有 50% 以上的费用用在了博士生身上。所谓研究生院其实就是博士生培养的一种新模式。这种比较新的模式，目的在于加强导师以及导师组与博士生的联系，基于特定的项目，让博士生获得更多地参与科研的机会，让导师的指导更加规范化。总之，精英大学计划的一个核心目标是提高博士生培养的水平①。

2016 年 7 月 29 日"创新型高校"倡议正式启动，至 2017 年 2 月 28 日第一轮申请截止日，各联邦州共收到 118 份单独或联合提交的申请。如今入选的资助名单涵盖了 19 个独立申请项目和 10 个联合申请项目，涉及 35 所应用技术大学、1 所艺术类高校、2 所教育类高校和 10 所综合性大学在内的 48 所高校。"创新型高校"倡议的实施期限为 2017～2027 年，分两轮各资助 5 年，资助总额为 5.5 亿欧元，其中由联邦承担 90%，10% 由获批高校所在的联邦州承担。入选的每所高校将获得每年至多 200 万欧元的资助金额、每个高校联盟将获得每年至多 300 万欧元的资助金额。德国政府希望通过该计划资助研究成果的转化，为高校与企业和社会的既有联系提供支持，打造高校在其第三职能"转化与创新"方面的特色②。

(三) 加强青年人才培养战略

博士和博士后是最主要的青年科研人才。早在 2005 年，为了鼓励高中（及同等学力）毕业生进入高等院校深造，联邦教研部就推出了"青年人才促进"项目，即为高等院校的在读生提供联邦政府奖学金（此前高等院校的奖学金均由州政府提供）。德国学术交流中心（DAAD）对其"博士学位网络计划"作了调整以便使之与正在执行中的、已经取得巨大成功的"德国大学的博士学位授予计划"相适应——该项计划有助于强化德国大学与国外高等院校的合作，并继续推动德国研究与创新地区的国际化。

作为高科技创新型国家，德国高度重视科研后备人才的培养和资助，博士后即包含在内。联邦政府、州政府、高等院校以及基金会等学术组织都是博士后的

---

① 陈洪捷：德国精英大学计划——特点与特色. http://www.sohu.com/a/116601333_498166.
② 郭婧：德国"创新型高校"如何解决科研和经济"两张皮"问题. 澎湃新闻，2017 年 7 月 6 日.

资助机构,从资助形式看,既有面向机构的课题和项目资助,也有面向个人的资助,如提供工作岗位、奖学金、学术奖项等。德国博士后资助体系见表2-15。

表2-15　　　　　　　　德国博士后资助体系

资助机构		资助项目/工具	
联邦政府	联邦教育与科研部	利奥颇狄娜—博士后—奖学金,135万欧元/年,60名/年	
	其他部委	奖学金+工作岗位+奖项	
	联邦部门研究机构	奖学金+短期工作岗位	
州政府	联邦州	奖学金+工作岗位	
	高校	奖学金+工作岗位,2年	
科研机构	马普学会	青年教授岗位	进修奖学金、科研奖学金,3年
	亥姆霍兹联合会	学术带头人岗位	亥姆霍兹——德国学术交流中心奖学金、亥姆霍兹——中国留学基金委奖学金,1~3年
	弗朗霍夫协会	工作岗位	博士后项目奖学金,5年
	莱布尼茨联合会	工作岗位	—
学术资助组织	德国科研协会	工作岗位	科研奖学金,2年
	洪堡基金会	—	博士后科研奖学金,6~24个月
	德意志学术交流基金会	—	奖学金,2年

资料来源:杨芳娟等:《中外博士后资助制度及产出的比较研究》,第十届中国软科学学术年会会议论文,2015年4月10日。

四、大学与科研机构合作深化科教融合

德国高等教育机构是培养各类人才的大本营,但是德国专项人才培养计划的执行机构则主要是科学组织。德国五大科学组织包括德国研究联合会、亥姆霍兹联合会、马普学会、弗朗霍夫协会、莱布尼茨联合会。因此,德国的科教融合在很大程度上是通过高等教育院校与研究机构的合作完成的。在政策和体制的双重作用下,校研机构科教融合也在不断发展,逐步形成了具有国家特色的合作模式。

（一）高校和科研机构合作申报、共建"精英计划"

依托"精英计划"，通过高校和科研机构合作申报、共建"精英计划"中科研和人才领域平台，增强高校的国际竞争力、科研的国际显示度。2010年统计表明四大国立科研机构参与了89%的"精英集群"和87%的大学联合研究生院（中心），而精英大学建设的参与度则接近90%（见表2-16）。

表2-16　　　　　国立研究机构对精英计划的参与度

总数		精英集群		研究生院		精英大学	
		数量	占比（%）	数量	占比（%）	数量	占比（%）
		37	100	39	100	9	100
国立研究机构参与度		33	89	34	87	8	89
其中	马普学会	26	70	20	51	5	56
	亥姆霍兹联合会	11	30	12	31	3	33
	弗朗霍夫协会	10	27	7	18	5	56
	莱布尼茨联合会	8	22	16	41	2	22

资料来源：德国科技创新态势分析报告课题组：《德国科技创新态势分析报告》，科学出版社2014年版。

（二）大学和研究机构开展联合研究

大学和研究机构开展联合研究是德国校研机构协同创新最为普遍的形式。大学和科研机构为一个共同研究目标，通过资源、能力、利益的互补性结合以协同实现共同研究目标。双方通过研究小组、研究联盟、虚拟研究所、科学家小组等，推动跨机构的协同，以快速地整合双方资源以开展某个领域的研究活动并实现资源共享。

虚拟研究所是最具代表性的科教整合模式。虚拟研究所为解决某个尖端的科学问题，国立研究机构通过与一所或多所大学联合共建虚拟的研究组织，将各具竞争优势的校研究机构联结在一起，整合资源以快速协同解决关键科学问题。如亥姆霍兹中心投入近1亿欧元以资助99个虚拟研究所，其成员来自61所德国高校的326名教职人员。通过虚拟研究所的协同攻克尖端科学问题，共同提高校研双方的国际知名度和可见度。

(三) 大学和研究机构联合聘任大学教授

大学和研究机构联合聘任大学教授是强化双方科研协同迈出的重要一步。作为联合聘任的教授既承担指导高校研究生的课程，参与博士人才的培养，又承担研究机构的科研任务。截至2008年，高校与亥姆霍兹联合会、莱布尼茨联合会和弗朗霍夫协会联合聘任的大学教授（W2级和W3级）分别为255名、247名和120名。大学与大学外研究机构联合聘任的教授，2005~2010年间，比重增长了28%。2006年以来，由国立研究机构指导并被授予博士学位的人数增加了50%。联合培养出的博士研究生每年约500多名。该模式为深化科教融合创造了前提。

第三节 英国：以制度和资金保障促进科教深度融合

高等教育在英国的知识创新体系建设中起着重要作用。第二次世界大战以来，政府逐渐强调高等教育在提高国家竞争力中的作用，政府通过对高等教育体系的改革，建立起富有竞争力的高等教育创新体系。英国大学通过本科生和研究生教育促进高等教育的深度融合，科学园区建设也进一步推动了高等教育、科研和服务社会的深度融合和发展。在体制机制上，为保障科学研究与高等教育的融合，英国政府通过多个高等教育机构和中介机构以及监督机构保障高等教育机构的科研和教学质量，并通过各种激励手段，扩大高等教育的资助来源。

一、大学在英国知识创新体系中的作用

英国的大学是国家知识创新体系的主体，高等教育机构的科学研究在世界享有盛名。英国不仅拥有牛津、剑桥这样的世界一流大学，吸引世界各地的留学生，为世界提供大量高素质劳动力，其高等学校还拥有强大的研究能力，高等教育机构具有世界领先的研究基地和实验室，产生了100多位诺贝尔奖获得者。高等教育机构与产业界联系深入，以创新知识为核心，为企业提供创新思想和创新人才。高等教育机构是创造知识、传播思想、激励创新、推动区域经济增长、联系国家和世界的学术基地。

(一) 以国际化的科研和教育促进知识创新

英国大学在世界享有盛誉，是第二大最受留学生欢迎的国家。根据英国著名

高等教育研究机构 QS（Quacquarelli Symonds）的 2015 年世界大学排行榜，英国有 6 所大学进入前 25 名，这 6 所大学是：剑桥大学、牛津大学、伦敦大学帝国学院、伦敦大学学院、伦敦大学国王学院、爱丁堡大学。英国高等教育入学率45%，国际学生产生 33 亿欧元产出，创造 27 800 个工作机会。英国的高等教育是经济的重要组成部门，年收入达 234 亿英镑，估计产出高达 590 亿英镑，产出高于广告、航空和制药产业（见表 2-17）。

表 2-17　　　　　　　　　英国著名大学指标

项目	剑桥大学	伦敦大学学院	伦敦大学帝国学院	牛津大学	爱丁堡大学	伦敦大学国王学院
大学国际教师比例	0.42	0.37	0.44	0.39	0.25	0.34
国际本科生比例	0.15	0.27	0.35	0.13	0.13	0.15
国际研究生比例	0.53	0.44	0.48	0.57	0.44	0.38
本科、研究生比	2.03	4.21	1.85	1.83	3.02	2.34
生师比	4.48	4.31	3.89	4.1	7.14	6.48
本科生考研率（%）	39		20	45	14	24
毕业生就业率（%）	53		56	95	79	70
全职就业导师数	14	9	20	14	17	8
一流学科数	5	5	4	5	5	3

资料来源：郑娜敏：《英国高等教育质量保证体系的变革及其启示》，载于《内蒙古师范大学学报（教育科学版）》2011 年第 5 期。

高等教育机构的研究对创新和增长起到重要作用，为高等教育机构创造了大量收入。例如凭借高质量的研究水平吸引了大量海外留学生，每年为英国创造的价值高达 22 亿英镑，还为劳动力市场提供了大量高素质劳动力。大学研究同时也提供了新思想和技术，提高企业绩效，产生新业务。2003~2010 年，有 37 个大学衍生企业在证券市场首次公开发行募集 17 亿英镑，24 个大学衍生企业被其他企业收购，价值达 24 亿英镑。大学研究也吸引了大量全球投资，例如，2008~2009 年，英国贸易投资署（UKTI）凭借英国大学的研究实力吸引到超过 200 项国外研发投资。

（二）以高水平的研究投入保证高水平的创新产出

高水平的研发投入是保持英国高校创新能力领先的关键。英国高校的研发投入接近 GDP 的 0.5%（见图 2-12），在世界上仅次于芬兰和加拿大，与德国相当。

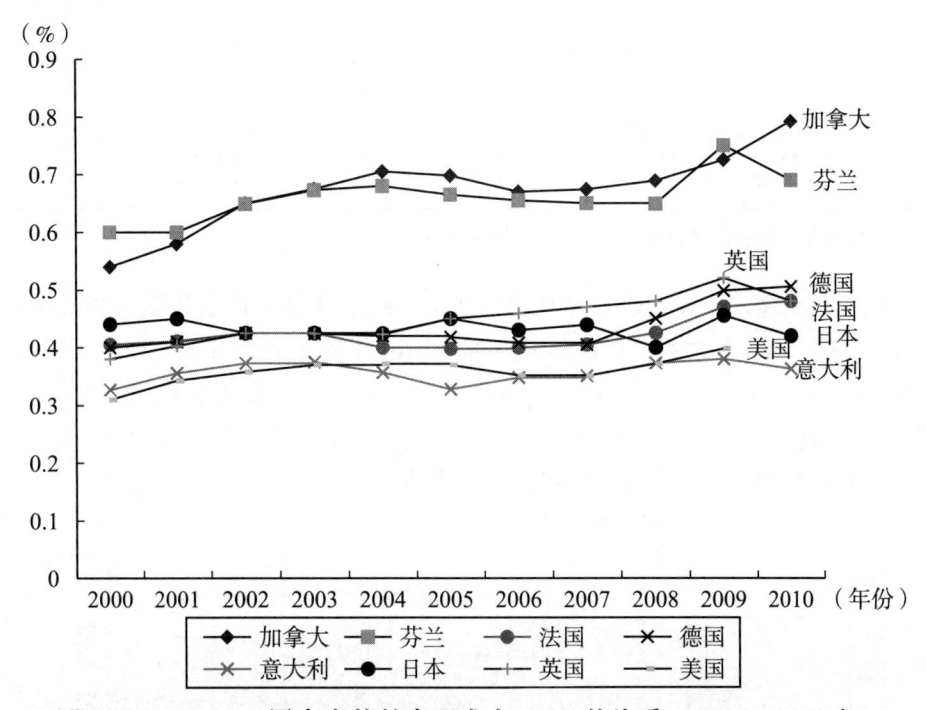

图 2-12　OECD 国家高等教育研发占 GDP 的比重（2000~2010 年）

资料来源：OECD 经济合作与发展组织网站，2012 年 9 月。

英国良好的教育和科研质量也产生了高质量的科研成果。剑桥大学拥有 88 个诺贝尔奖得主，是世界高校中获得诺贝尔奖最多的高校，其中仅三一学院就产生了 32 位诺贝尔奖得主。牛津大学有 57 位诺贝尔奖得主，获奖数量在世界高校排名第七。除了剑桥大学和牛津大学外，包括曼彻斯特大学、伦敦大学学院等 14 所大学均产生了诺贝尔奖获得者（见表 2-18），显示出英国高校超强的创新能力。

表 2-18　英国主要高校的诺贝尔奖获得数

高校名	诺贝尔奖获得者数量
剑桥大学	88
牛津大学	57
曼彻斯特大学	25

续表

高校名	诺贝尔奖获得者数量
伦敦大学学院	21
伦敦政治经济学院	17
伦敦大学国王学院	15
伦敦帝国理工学院	14

资料来源：诺贝尔奖网站，http：//www.nobelprize.org.

英国的论文产出质量也是最高的，是除美国之外论文被引用率最高的国家。据 Elsevier（2011）调查数据，英国 2006～2010 年论文被引用率达 14%，仅次于美国，居世界第二位，高于德国、法国、加拿大、芬兰等发达国家（见图 2-13）。英国高等教育外向度很高，发表论文中，国际合作者比重接近一半，较高的科技外向度使得英国高等教育机构的科学研究产生了较大的正面影响。

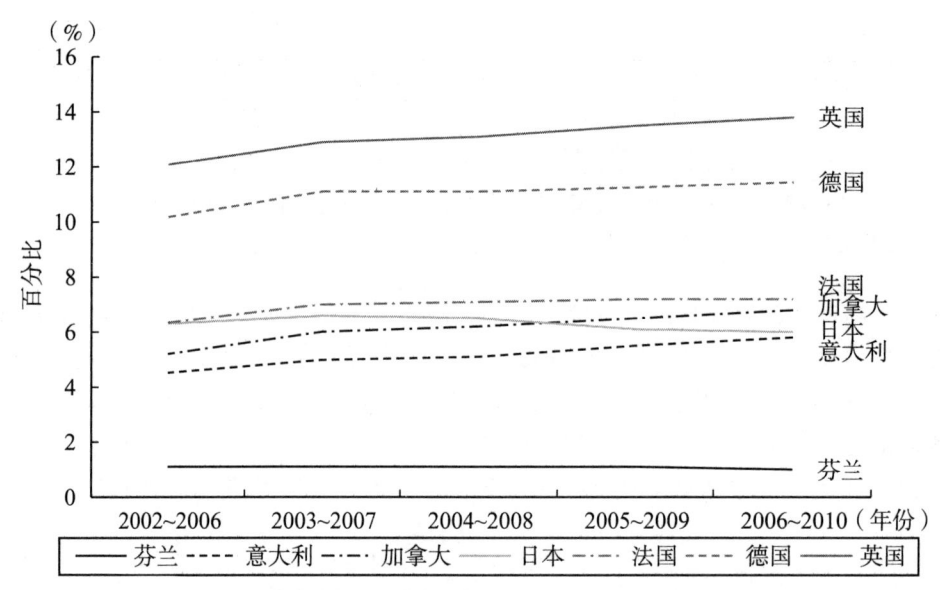

图 2-13 被引用率最高的论文分布（美国除外）

资料来源：Elsevier（2011）International Comparative Performance of the UK Research Base 2011，BIS.

（三）重视科学和工程教育推动创新人才培养

创新能力的重要驱动力是创新人才。毕业生代表未来的科学研究系统及企业科技创新和吸收科技创新能力。高等学校一方面提供高质量的研究，一方面培育创新人才，为劳动力市场提供了高水平的劳动力。良好的高等教育体系为国家培养了众多优秀的科技人才，英国的科学和工程人才比重居于世界前列，每十万人中，科学和工程博士毕业生超过 14 个，不仅远远高于发展中国家，还高于其他发达国家（见图 2-14）。据估计，英国 2000~2007 年高等教育毕业生就业人数的增加可以带来私人部门 6% 的增长或者 42 亿英镑的额外产出①。

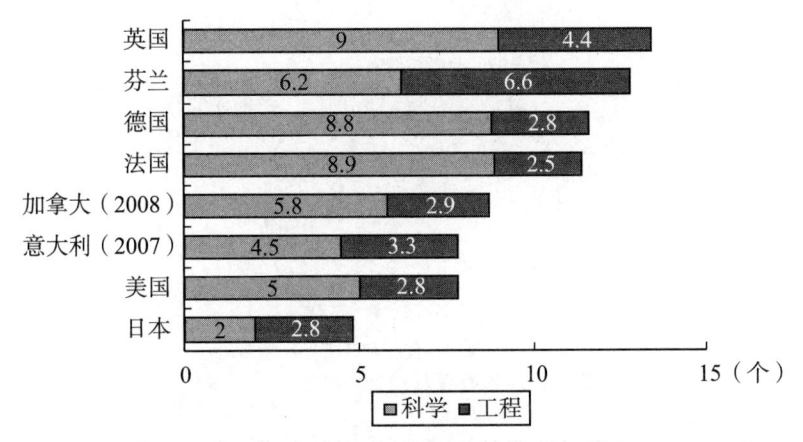

国家	科学	工程
英国	9	4.4
芬兰	6.2	6.6
德国	8.8	2.8
法国	8.9	2.5
加拿大（2008）	5.8	2.9
意大利（2007）	4.5	3.3
美国	5	2.8
日本	2	2.8

图 2-14　每 10 万人口中科学和工程博士数（2009）

资料来源：OECD Science, Technology and Industry Scoreboard 2011 and OECD Population Data 2012.

（四）推动教育、科技与地方经济的融合

英国政府鼓励高校与企业和地方经济合作，深化高等教育在国家创新体系中的作用。英国成立高等教育创新基金，专门资助高校与企业的合作。在政府的鼓励下，高校发挥科学研究和高等教育的优势，积极参与地方经济建设，据 2010~2011 年度高等教育—商业和社区融合（Higher Education - Business and Community Interaction）调查发现，英国高校对经济和社会的贡献率上升了 7%，达到 33 亿英镑②。英国高等教育创新基金（HEF）在推动高等教育为社会服务方面起到了重要作用（见图 2-15）。高校也作为为企业直接解决问题的机构，2015~2016 年度，高校的知识交易收入高达 32 亿英镑③，主要分布于合作研究、合同研究、咨询、仪器使用服务、研究开发、继续教育、知识产权等方面（见表 2-19）。

---

①② UK Department for Business. Innovation and Research Strategy for Growth., Innovation & Skills. Dec, 2011.

③ UK Higher Education Statistics Agency. Higher Educational Statistics for the United Kingdom：Cheltenham：HESA.

以高校为核心,产生了一大批创新衍生企业和初创企业,包括高校教师初创企业和毕业生初创企业(见表 2-20),不仅创造了大量就业机会,还为高等教育机构带来大量经费。研究和创新校园如 Daresbury,Harwell,Babraham,不仅为企业提供高级设施和专家,还为高技术企业的发展提供智力支持和优秀人才,是吸引投资的磁极。

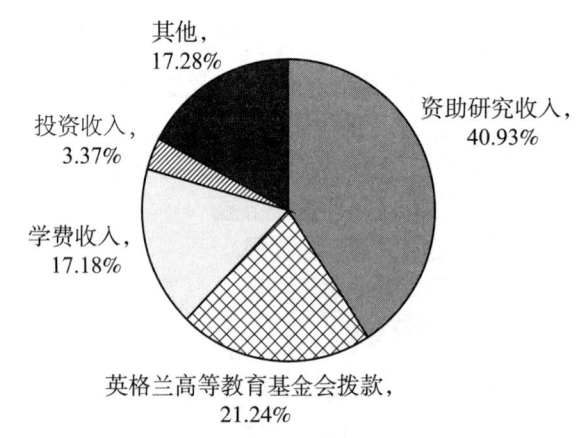

图 2-15　高等教育机构知识交易收入来源(2015~2016 年)

资料来源:HESA:Higher Education - Business and Community Interaction Survey 2015 - 2016。

表 2-19　2015~2016 年度英国高等教育机构企业和社区交流收入

收入类别	收入(千英镑)
包括公共资助的合作研究收入	952
合同研究价值	1 246
咨询服务	667
再创造和开发项目收入	163
知识产权收入	176

资料来源:HESA。

表 2-20　2015~2016 年度英国高校衍生活动

	数量	从业人员	营业额(千英镑)	外部投资(千英镑)
衍生企业(有高校产权)	150	13 397	1 263	869
衍生企业(无高校产权)	18	4 782	413	261

续表

	数量	从业人员	营业额（千英镑）	外部投资（千英镑）
教师初创企业	60	2 279	156	31
毕业生初创企业	3 890	22 592	627	132

资料来源：HESA。

二、以制度和经费为保障提升大学科研水平

英国拥有完善的教育体系以确保高质量的科学研究和高等教育。高等教育基金委员会（Higher Education Funding Council，HEFC）是主要的质量评价和经费分配机构，其他的质量控制机构包括质量保障署（QAA）、公平入学办公室（OFFA）、独立仲裁办公室（OIA）等（见图2-16）[1]。这些机构从不同方面保障英国高等教育机构的科研和教学质量，促进高等教育和科学研究的深度融合，保障各阶层学生受到良好高等教育的权利。

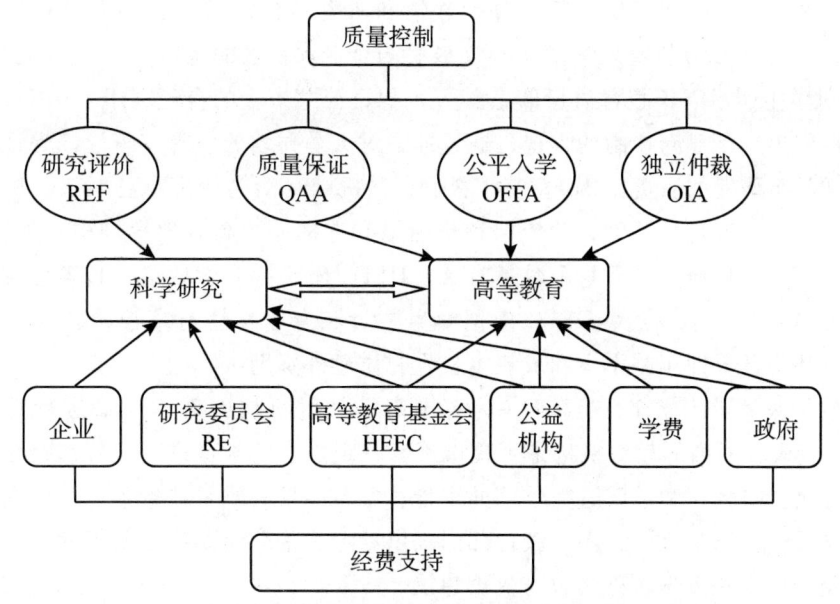

图 2-16　英国高等教育机构的质量控制和经费支持

资料来源：参考 HEFCE，HESA，DIS 等网站，经费比重来源于 HESA，2015 年数据。

---

[1] Higher Education Funding Council for England（HEFCE）. A Guide to UK Higher Education. Sep. 2009. www.hefce.ac.

（一）完善的治理保障体系

英国设有专门负责评价大学研究、监督大学教学治理以及保障大学入学公平和学生权益的相关机构，具有完善的大学治理体系，从而有效保障了大学的科研和教学质量。英国高等教育基金委员会是英国最重要的评价和经费分配机构[①]。20世纪70年代末，英国陷入财政危机中。政府削减公共支出，大学经费也被削减。《1988年教育改革法》废止了大学拨款委员会，建立大学基金委员会（University Funding Council）。还设立了负责高等教育部门多科技术学院与其他学院基金委员会。《1992年高等教育与继续教育法》将大学基金委员会与多科技术学院基金委员会合并，成立高等教育基金委员会。基金委员会是非政府的公共组织，是政府的代理机构。下设四个子机构，分别面向英格兰高等教育基金委员会（HEFCE）、苏格兰高等教育基金委员会（SFC）和威尔士高等教育基金委员会（HEFCW）以及北爱尔兰学习培训部（DELNI）。由于英格兰高等教育机构占全国的80%以上，因此英格兰高等教育基金委员会是英国最重要的高等教育基金委员会。

基金委员会的职责是：（1）分配教学和研究基金；（2）提高教学和研究质量；（3）扩大高等教育入学率；（4）鼓励与企业和社区的合作；（5）沟通政府；（6）对学生明示高等教育质量信息；（7）保证公共资金的合理利用。HEFC治理框架最突出的是对问责制的重视，通过加强对大学财政的监督与审计以保证高等教育教学与研究的质量。HEFC基于科研评估机制（后为研究卓越框架）标准对高等学校的研究进行评价，并依据评价结果有选择地为高等教育机构分配资金，资金与高等学校研究的质量和数量有关。HEFC还支持大学教学，高等学校通过质量保障署的评估以后，HEFC依据学生数量和专业特性对高校的教学进行资助，它还为部分四年制学生和成年本科生提供额外资助。

质量保障署建立于1997年，为英国高等教育机构的教学质量进行独立评价[②]。QAA针对高等教育机构是否提供符合一定水平的教育进行评价和报告。主要任务是：对大学和学院进行外部的审计；发布高校的质量评价报告；就提高教育质量提供专家建议；为高等教育部门提供参考，帮助他们确立明确的标准；就学位授予权力和大学名称为政府提供建议。

为了确保向学生提供高质量的教学内容，按照英国教育部的要求，充分培养学生挖掘自己在学习和工作中的潜能，充分培养学生的学术研究能力，确保学校

[①②] Alan Jenkins. *A Guide to the Research Evidence on Teaching – Research Relations*. The Higher Education Academy – December 2004.

在教学科研方面有崇高的声誉，以实现QAA对于教学质量的要求，英国高校都根据自身的情况制定相应的战略规划和工作流程，以贯彻这些教育理念。QAA的评估标准中有一项是对学生的学习和发展状况进行评估，其评估标准分别是课程设置、教学质量、学生的学习和发展、教学设施以及教学质量管理。各高校可以根据这一标准融入自己个性化的培养标准。

英国1998年以后入学需要缴纳学费，为了保证低收入学生获得公平入学的机会，英国设立了公平入学办公室，主要负责控制高校的学费，保证高等教育收费不会破坏公平，要求学校为低收入家庭学生提供每学期不少于300磅的奖助学金，当高校需要提高学费时，需要通过公平办公室批准。

英国在高等教育收费的情况下，还采取措施提高学生受教育的满意度。设立了独立仲裁办公室（Office of the Independent Adjudicator，OIA），学生可以请求办公室对在高校内不能解决的争端进行仲裁，保障学生在校期间的各种权益。

（二）公平合理的经费分配

公平合理的经费分配是确保高等教育机构教育和科研功能合理发挥、互相协调的关键。英国高等教育机构科研和教学经费来源较为多元，通常来源于高等教育基金会、学生学费、研究委员会、政府、公益机构、企业等。2015~2016年度，英国高等教育收入达342亿英镑①，其中来自各类基金资助（主要是高等教育基金）占比32%，国内外学生的学费占33%，是比重最大的两部分；其次政府、研究委员会、公益机构和私营机构等也是高等教育收入的重要来源，还有少部分收入来自高等教育机构自身的知识产权或服务。

英国高校研究基金的资助体系属于"双轨制"，研究基金主要由两个来源——高等教育基金委员会和各研究委员会。高等教育基金委员会的研究基金主要支持基础研究设施建设、学术人员的工资、图书馆和IT费用等，而研究委员会则提供特定研究项目的研究经费，保证研究的独立性。

高等教育基金委员会负责教育和科研资金的分配，2015~2016年度，高等教育基金分配的经常性项目支出达44.1亿英镑，其中教育经费占49%，研究经费占44%，其余7%为高等教育创新基金，用于高校创新研究成果产业化等其他用途（见图2-17）。

---

① 资料来源：HESA。

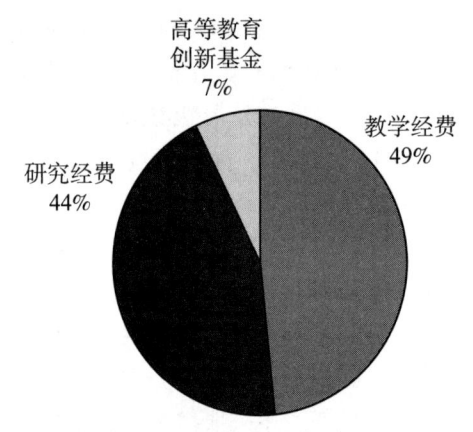

图 2 - 17　英国高等教育基金会基金分配（2012～2013 年）

资料来源：HESA。

研究资金按照"科研评估机制"（Research Assessment Exercise，RAE）、"研究卓越框架"（Research Excellence Framework，REF）评价的结果进行分配，评价结果等级越高的学校拿到的科研经费也越多。在 2015～2016 年经常性研究经费开支中，65% 用于主流研究基金，15% 用于研究学位项目监管基金，13% 是公益研究基金，4% 用于商业研究经费（见图 2 - 18）。

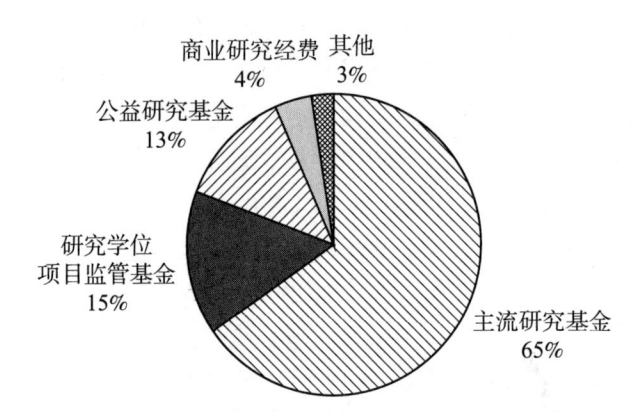

图 2 - 18　高等教育教学和研究基金分配（2012～2013 年）

资料来源：HESA。

在 2015～2016 年经常性教学经费支出项目中，80% 的支出用于学生，4% 的支出属于公平入学范畴，用于扩大教育对象的范围，帮助那些低收入的学生获取平等的高等教育机会，16% 用于其他定向分配，例如用于冷门战略性学科的建设等（见图 2 - 19）。

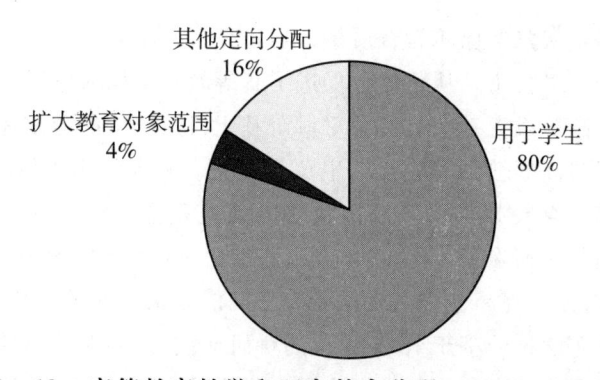

图 2 – 19　高等教育教学和研究基金分配（2012～2013 年）

资料来源：HESA。

高等教育基金委员会教育资金的分配主要依据学生数量以及学科特性分配，高等教育基金委员会将所有学科分成了四组：A 组包括医药、牙科、临床科学和兽医科学；B 组是以实验为基础的学科；C 组是需要实验室、工作室和野外工作的学科；其他学科皆归为 D 组。根据 2010～2011 学年的教学经费分配方案，A 组学科权重为 4，B 组权重为 1.7，C 组权重为 1.3，D 组权重为 1。

除了教学和科研经费外，高等教育基金会还提供高等教育创新基金（Higher Education Innovation Funding，HEIF），主要用于激励加强大学和企业的联系，保证企业受益于一体化的生态系统。HEIF 每年为高校提供 1.5 亿英镑，用于高校与企业的联系。未来四年，英国高校将通过 HEIF 将研究和技术商业化，开发人力资本及技术，培养企业家和知识网络。

研究委员会（Research Councils，RC）是由英国皇家建立的非公共实体。委员会将公共资金投入到有益于经济社会发展的研究中。与高等教育基金委员会的研究经费不同，研究委员会对研究的拨款主要是针对研究项目的拨款。每个研究委员会从事各自领域的研究和培训活动，包括人文科学、社会科学、工程和物理、生物医学等。英国目前共有 7 个研究委员会，分别是人文研究委员会、生物技术和生物科学研究委员会、工程和物理科学研究委员会、经济与社会研究委员会、医学研究委员会、自然环境研究委员会、科学和技术设施委员会。所有这些委员会都是对议会负责的法人，但独立于多数政府。

英国政府下拨经费主要通过直接拨款和间接拨款两种方式，直接将经费拨给高校，间接拨款主要通过学生拨付有关款项，间接拨款的主要形式是学生贷款或者学生奖学金。在此机制下，主动权掌握在学生手里，各高校为了争取足额经费和优质生源必然展开激烈竞争，并重视学生个人的多样化需求，通过提高办学效率而增强高校的竞争实力和知名度。

总体上，英国高等教育基金委员会通过"研究卓越框架"评价保证高校的科研质量，通过质量保障署保障教育质量，通过公平入学办公室和独立仲裁办公室保证高等教育的公平公正。从整体上促进了高等教育机构科学研究和高等教育的高水平发展。但高等教育基金委员会对科研基于科研评价的分配体系也在一定程度上对科学研究与高等教育的融合产生负面影响。有人认为 RAE/REF 造成了教学和科研的分离，高校教师为了获取更多的研究基金，将更多的精力放在科研上，认为同时进行科研和教学会影响科研绩效。但对于高水平的研究生来说，RAE/REF 评价有助于提高他们与导师研究之间的联系，促进了科教融合。另外，据调查，英国高等学校的基于 RAE 评价的科研成绩与 QAA 评价的教学水平是正相关的，研究水平高的学校，其教学质量也相应较高，在一定程度上反映了英国科学研究与高等教育的内在联系。

三、寓研于教促进科学研究与高等教育深度融合

（一）积极开展本科生科研活动，把科学研究融入教学之中

英国的高校一般都非常注重学生对知识的灵活运用，而不是知识的简单积累。有些学者认为，大学如果不是建立在师生的学术科研上，则不能称之为真正意义上的大学，为此英国创造条件让更多的本科学生能直接参与科研工作，并鼓励取得成果的学生在校创业。在教学过程中，教师向学生讲授科研方法和自己的科研课题及成果，吸引学生参加课题研究，激发学生的科研兴趣。

许多大学都为学生提供了一些经过精心设计和挑选的开放式课题，这些课题是具有实际意义的应用型或研究型题目。学生以小组的形式自主选择某个感兴趣的题目，第一周主要用于分析课题要求、从事项目规划、进行任务分工，旨在培养学生自我组织和进行策划的能力；第二周进行集体学习和方案设计，并做进入实验室前的准备，指导学生查阅文献、手册，进行数据处理、建模、计算与分析；第五周讨论结果并准备报告，每个小组形成一份研究报告，阐述其研究的问题、研究方法、实验步骤、结论和参考文献等。每个小组的研究报告需要在全系公开展示，并要求在课程验收报告会上进行汇报答辩。答辩会由学生轮流主持，全体学生参加，同时邀请部分教师参加。这样的课程给学生提供了进行自主式科学研究的机会，使他们体验到了从事研究的真实过程。

英格兰高等教育基金会资助一些本科生科研项目[①]，如在卓越教学激励中心

---

① 林辉、张磊：《创新型大学发展模式研究——以英国沃里克大学为例》，载于《辽宁教育研究》2004 年第 6 期。

资助的项目，包括沃里克大学（Warrick）和牛津布鲁克斯的本科生创新中心，谢菲尔德大学社会科学探究式学习中心，雷丁大学应用本科生研究技能中心等。这些项目中，从事研究的教师主导这些工作，科研是本科生学位项目的重要组成部分。帝国大学、沃里克大学、剑桥大学还为本科生提供 1 000 ~ 2 000 英镑的资助，以鼓励学生在课程外从事科研项目。一些著名的研究中心也为本科生提供科研培训项目，提高本科生参与科研的兴趣。如 2013 年英国约翰英纳斯中心、与塞斯伯里实验室、基因分析中心为英国本科生提供夏季科学研究培训项目，项目规定在校本科生（非一年级和毕业生）均可申请，通过申请者可在世界顶级实验室参加两个月的科研培训，并实地参与科研项目。

沃里克大学、林肯大学还加强研究导向的本科生课程（research-led teaching）。参与研究的教师组织教学和学习活动，联系本科生的科研和学术教育。林肯大学提出的口号是"作为生产者的学生"，他们将学生视作教育体系的核心，不仅仅把学生当作是知识的接受者，还将其看作知识的生产者。他们的项目不仅面向那些最聪明的学生，而且也覆盖全体学生。在活动中，学生和老师共同合作完成课程内外研究项目，因此，大学成为知识的生产中心，他们还将提供 20 万英镑资助该项活动，并在未来全面铺开。

剑桥大学工程系在大学一年级就开始安排学生做课题设计（project work），较早地让学生接触和了解研究工作的方法思路，使他们在完成课题中增长知识，养成严谨的科学作风[①]，提高分析问题和解决问题的能力。三年中教师精心安排若干个由浅入深、由小到大的课题，形成一个完整的训练过程，这种研究训练不仅早，而且系统深入。学生变被动学习为主动钻研，变跟随教师为积极创新。在剑桥大学的机械结构实验室里，有许多由低年级学生设计的作品，结构新奇，构思巧妙，极富创造性。工程系二年级的学生还参加了"自动车"设计、制作竞赛，他们自愿组成团队，互相切磋，共同创作，最后进行现场比赛。显然，这样培养的学生是一种研究型、设计型、实干型、创造型的人才。其他一些大学如英国圣玛丽大学心理系也将本科生科研的时间提前，以使其带着研究问题进行学习。

为提高本科生对科研的兴趣，从 2011 年开始，英国还举行全国性的本科生研究会议（BCUR），每年设定在 1 个高校举行，2011 年在中央兰开夏大学举行，2012 年在华威大学举行，2013 年 4 月在普利茅斯大学举行。本科生可以申请参与本科生学术会议，经费由学生所在的大学提供，学生可以在会上宣读自己所从事或参与的研究，进行思想交流，提高研究能力。

---

① 高义峰：《剑桥现象——英国高等教育双向参与机制的成功范式研究》，东北师范大学 2007 年硕士学位论文。

（二）倡导探究式教学，提升学生科技创新能力

英国高校的教学以培养学生独立自主、善于思考、充满自信为目的，注重培养学生的生存能力和创造性[①]。学者格雷（Gray）认为，传统英国大学有两个功能：一是通过原创性的探索来扩展知识边界；另一个是以课程体系的形式将这些知识传授给在校生，用于一般教育发展和特殊技能的培养。牛津大学墨顿学院院长曾说过："牛津大学就是要培养学生独立思考的能力，鼓励学生向所有的东西提出疑问，包括向自己的导师提出疑问。提问的能力反映了学生的创新能力。所有的教授所要做的也是不断发现新问题、解决新问题。因此，从刚刚入学的本科生、研究生，直到教授，他们的目标是一样的，只是程度上有区别，就是都要发现问题和解决问题。"这种"对知识边界的扩展"的大学文化精髓深远地影响了英国高校的教学活动。学生是学习的主体，教师的角色是助学者，其教学与其说是在传播知识，不如说是培养学生的能力。这些能力包括：自学能力，搜集资料的能力，独立思考能力和分析与解决实际问题的能力。

英国高校在教学模式上采用了探究式学习为主的模式，大大提升了学生的科研创新能力。在探究式教学中教师在整个探究活动中只起一个组织者和指导者的作用，而将学生作为"参与者"与"合作伙伴"，这种模式有助于充分调动学生的积极性与主动性，激发学生学习的兴趣，培养学生主动学习的能力和创造力。课堂授课形式丰富多样，包括讲座（lecture）、讨论（seminar）、辅导（tutorial）等方式，多方面提高学生的独立思考能力。通过开设研讨课程，积极引导学生参与教学过程，提高学生独立思考能力。在研讨课上通常将学生分为几个小组，就某一个问题进行资料搜集、分析、讨论后推举小组代表陈述意见。每个学生几乎都有发言的机会，而学生为了能在课堂上发表自己的见解，需要积极的思考，主动地参与。这样研讨课与传统的授课方式不仅是形式的不同，更重要的是学生在上研讨课时由被动接受知识变为主动去探究学习知识，在陈述自己的见解，相互沟通交流思想的过程中也锻炼了学生"议"的能力。

在课程设置上，英国高等学校普遍注重基础课程教育，反对实行时间过早、范围狭窄的专门化训练。为此，英国的研究型大学设计新的课程，扩大学科范围，开设了新的跨学科的综合性课程。通识教育的课程体系使得学生的知识面更为宽广，避免了学生存在某些学科的知识盲点，使得学生能够得以全面发展。在教学内容上注重课程跟踪最近成果，更新速度快，授课不要求固定的教科书，不

---

① Alan Jenkins. A Guide to the Research Evidence on Teaching – Research Relations. The Higher Education Academy – December 2004.

要求统一教材，而是由教师自主选用。教师常常介绍科技发展的新思想、新成果、新动态，甚至介绍一些尚不成熟的研究成果。让学生通过阅读顶尖学术期刊了解学科最新动态，这样学生既要大量查阅图书和资料，又能了解与课程相关的最新的理论发展和实践应用情况，其知识创造能力获得锻炼和提高①。

（三）以研究生学位教育促进高等教育和科学研究的深度融合

英国高等教育一直沿袭牛津大学和剑桥大学的学院制精英培养模式，直到20世纪90年代，一些英国大学将国内的大学按照教学拨款和研究拨款的相对数量划分为"研究主导型"和"教学主导型"大学。其中，牛津大学、剑桥大学和伦敦大学是英国研究主导型大学的典型代表。研究生课程可以非常灵活，可以是课程学习，也可以通过研究项目或二者结合，可以是全职学习，也可是在职学习。认证包括学位证或资格证，例如教育学研究生证书、科学硕士、哲学博士等。

英国研究生教育在研究型大学中的科学研究与高等教育的深度融合中有着举足轻重的作用。因为研究生教育能直接促进师资队伍水平的提高，因为要培养高质量的研究生，研究生导师以及协助指导研究生的其他教师就必须具有很强的科研能力，熟悉领域中最新研究进展，将学科领域科学研究的最新进展等方面贯穿于研究生课程教学的全过程，推动教师不断提高自己的科研水平和自身素质。而教师素质的提高有利于培养研究生的学术创新能力，并从整体上提高大学的研究质量。

导师在英国高校研究生培养过程中发挥着重要作用。研究生从选定论文题目，到制订科研计划、阅读书刊等，都是在导师的指导下进行的②。要使研究生能创造性地开展研究工作，必须由富有创造精神的导师来指导。因此，英国在选择导师时特别注重导师的科研创造能力，以能否培养出具有高科技能力的研究生作为评判导师教育工作的重要指标。英国研究生的培养工作实行"大、小导师负责制（或称双导师制）"。即研究生培养过程由一位副教授以上的教师和一位具有博士学位的中年讲师共同负责。除了一些课程的教学环节外，英国研究生基本上都要在导师指导下完成学业。导师的指导方式和时间是各不相同的。如牛津大学实行导师个别指导，每周进行一次，每个导师指导1~2名学生，在学习过程中，学生要把导师指定的阅读材料综合写成笔记交给导师，通过导师的指导来培

---

① 徐继宁：《国家创新体系：英国产学研制度创新》，载于《高等工程教育研究》2007年第2期。
② 雷静、贾学卿：《浅析英国大学博士研究生的培养模式及特点》，载于《高等教育研究学报》2012年第3期。

养研究生独立思考、解决问题和开展科学研究的能力。

英国大学十分重视培养研究生的科研能力。硕士和博士需要参加实际研究工作，一般被当作科研工作的主力。如斯脱拉斯库莱大学的船舶和航海技术系开设的一年制硕士学位课程计划分成两个阶段：第一阶段除了修读课程外，还穿插进行专题案例研究，第二阶段主要进行课题研究，并写出论文。计划中的"专题案例研究"是一种理论联系实际的专题讨论，其目的是使研究生在综合应用课程学习中获得知识，结合阅读文献资料，培养分析问题和解决问题的能力。谢菲尔德大学土木系研究生所承担的课题数占总课题数的80%。剑桥大学和牛津大学的课程不多。他们每年的假期长达4~5个月，在每周5天的上课时间中，一般只安排半天的课程。剑桥大学工程系的学生在这半天中，一半时间听课，一半时间做实验。学生有大量时间可以自由安排，可用于自学研究，充分发挥科研创新能力。

英国大学的博士研究项目通常有很强的基础研究的特点，十分注重创新性和前瞻性研究。博士研究生的研究很少是直接来自工业界的应用项目，而大部分是基础理论、建模、实验探索、新型实验技术等方面的课题。这些项目的完成往往需要有很强的创新精神，因此导师通常会让学生全力投入，并且给学生足够多的时间让学生阅读大量文献和尝试多种方法。另外导师还会和相关的其他课题组联合，及时吸收不同课题组的成果，促进博士生的研究工作，同时也帮助学生开阔研究视野和丰富知识储备，发挥博士生的创新潜质。

四、大学科技园促进教育、科研、服务社会的深度融合

英国政府一贯支持高等教育机构与企业界进行合作创新。20世纪80年代后，一方面，自由化浪潮使英国政府缩减了对高等教育的支持，政府发布一系列政策鼓励大学同企业合作寻求科研和教育的经费支持；另一方面，在创新驱动的经济增长面前，高技术企业越来越需要从大学寻求创新资源和人才支持。大学和企业的联系更加紧密，大学科技园是科研、教育、企业深度融合的重要形式。

英国高水平大学普遍参与建立技术创新与企业孵化机构，并大多以科技园的形式存在。科技园由作为智力核心的高等学校及坐落在高校校园内或附近拥有很强研究能力的企业（高技术企业）组成。科技园是促进科技、教育、企业深度融合的重要形式，对于大学来说，首先，科技园可以促进大学教师和研究人员与企业的交流，从而使大学科研人员了解企业需求，调整自己的研究方向，更好地为生产服务；其次，大学科研人员的科研成果通过技术转让或直接用于生产，使教研人员的成果有用武之地，同时可以增加科研人员的收入和大学的经费；大学与企业的紧密互动也可以提高教师的教学质量，使教学内容更接近科研前沿和现实

情况，培养更适合企业发展需要的人才。

1972年，英国第一个大学科技园在赫利奥瓦特大学诞生，但在英国影响力最大的科技园是1975年建成的剑桥大学科技园。此后，英国又相继建立了包括阿斯顿大学科技园、沃里克大学科技园在内的众多大学科技园。据统计，到2008年已经加入英国科技园协会的大学科技园达到了70多个。大学科技园总建筑面积（包括已建并出租、已建未出租和在建）超过200万平方米。

剑桥科技园是高等教育、科学研究与企业融合的典范。剑桥大学的学科优势引领科技园的科技发展。剑桥大学在物理、计算机和生物科学等领域的学科优势，成为推动科技园高技术产业发展的原动力。剑桥科技园内的许多高技术公司都是围绕一项或多项科研成果而诞生，如西普数据公司、分光小系统公司和剑桥系统公司就分别衍生于剑桥大学的计算机实验室、卡文迪什实验室和计算机辅助设计中心。卡文迪什实验室衍生出了80多家高技术公司，计算机辅助设计中心也衍生出40家公司。除了直接从剑桥大学各院系衍生出来的公司外，根据西·昆斯对剑桥现象的调查，其他迁入或在剑桥创办的公司也和剑桥大学有着千丝万缕的联系。它们选择在剑桥创办公司的原因之一就是剑桥大学和当地其他研究机构或高技术机构的存在以及剑桥地区的盛名。

剑桥大学认为要发挥与工业联系的作用就要为外界提供了解剑桥大学的窗口，同时要建立一个能与外界进行联系的机构，因此成立了沃夫森产业联络办公室，对申请专利、进行许可证贸易、制定商业规划、引进所需要的资金或其他与大学环境相适应的办法提出意见。剑桥大学鼓励本校知识产权的转让，对学校应该分成的那部分收入，制订了抓大放小的分配政策，根据所得纯收入数量，在发明者、所在院系和大学三方之间按比例分配（见表2-21）。

表2-21　　　　　　知识产权所得收入分配比例　　　　　　单位：%

金额	发明者	系	大学
1万英镑以下	90	5	5
1万~3万英镑	70	15	15
3万~5万英镑	50	25	25
5万英镑以上	33.3	33.3	33.3

资料来源：高义峰：《剑桥现象——英国高等教育双向参与机制的成功范式研究》，东北师范大学2017年硕士学位论文。

剑桥大学科技园提高了剑桥作为著名科学中心的国际地位，并使剑桥发展成具有广泛产业部门的地区。虽然剑桥大学仍被认为是科学家的王国，但科学家已被认为与实际的商业事务、赚钱和创造就业机会联系在一起。剑桥大学积极进行科技成果转化，教学、科研领域与产业界保持着广泛的联系。目前分布在剑桥及其周围地区的 1 000 多家高技术公司中，50% 以上的企业与剑桥大学保持着联系。与产业的联系促进了剑桥大学科学研究和高等教育深度融合。

这种融合体现在：（1）大学可以将其科研成果应用到企业，转化成现实的生产力，科技园内的所有企业都可以使用大学的数据库。剑桥大学技术服务有限公司代表大学同产业界进行贸易洽谈，以大学的科研成果入股为成果转化筹集更多的资金。（2）与企业的联系提高了大学的教学和科研质量，剑桥大学的教师认为，只有与工业上的实际问题挂钩，他们的教学工作才能提高质量，他们的科研工作才具有现实意义。（3）与企业的联系提高了学生的培养水平和就业率，学生可以通过现场参观、假期劳动更好地了解什么是以新技术为基础的工业。这对于未来的雇主和雇员来说都是非常重要的实习期。据统计，剑桥地区高技术公司23% 的大学生雇员来自剑桥大学。（4）与企业的联系扩展了剑桥大学的研究和教育资金来源。通过与科学园内企业的联系，剑桥大学可以获取科研项目所需的资金，还可以通过直接与外界签订使用发明的许可协议、或提供研究仪器设备资源获得科学研究所需的资金。与企业的合作也增强了教育资金来源，剑桥大学计算机实验室助理讲师的职位已由当地几个高技术公司共同资助；最近又由英国石油公司出资设立了石油及相关科学教授职位。

除剑桥科技园外，英国其他的高校和企业也建立了各种形式的产学研联合体，推进了高校和企业界的融合，提升了创新的水平和质量。在与企业的合作过程中，大学的科研和教学质量得到强化（见图 2-20）。如英国谢菲尔德大学与波音公司建立的先进制造研究中心已经成为全球研究中心的典范。2007 年，北部英格兰 8 所研究型大学与全球性研发企业和中心企业建立起了强大的研究网络，极大地提高了合作创新的机会和效率。

总之，大学在英国的知识创新体系中居于核心位置，英国政府通过各种制度保障和资金支持不断提升大学在国家科技创新中的地位。20 世纪 80 年代末，英国提出完善的科研评价和教学评价体系，推动科学研究与教学同步发展。21 世纪以来，英国强调大学与企业合作，将教育、科研与服务社会融合起来，推动知识的生产、传播和扩散。通过科学研究与高等教育的深度融合，英国的高等学校对英国的知识创新体系建设做出了卓越贡献。从宏观层面来说，英国对高等教育保持高水平投入、推动高等教育科学研究及人才培养的国际化、提升科学和工程教育的地位、推动教育、科技和地方经济发展融合，提高了高等学校的创新效率。从微观层面来说，英国高等学校注重提升科学研究在教学中的重要性，通过本科生科研、探究式教学、研究生学位教育等方式提高人才的科研素养；同时积极兴办大学科技园，促进高等教育机构和企业界的联合创新，以企业为媒介，使

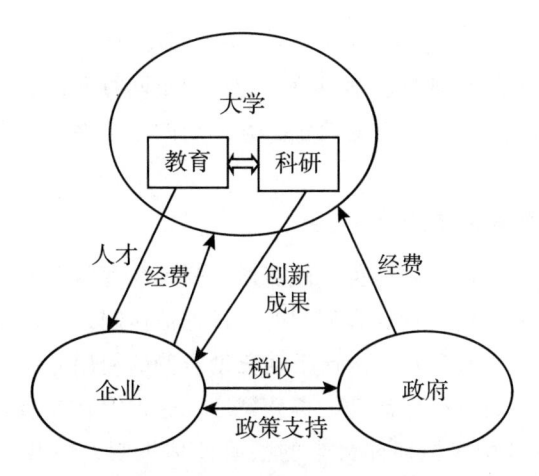

图 2-20　大学科技园中的科教、教育、企业的融合

科学研究成果更有效地服务于社会，并提升了人才培养的质量，扩大了研究和教育资金来源，推动了英国科学研究与高等教育的深度融合。英国建立了完善的评价和分配制度，确保高水平的科研和教学质量，并保证经费足量地发放到科研和教学效率最高的高校。英国政府通过高等教育委员会、质量保障署等机构制定相应的教学科研标准，通过相应的考核评估引导教育理念，确保高等学校高水平的教学和科研质量。通过公平入学办公室和独立仲裁办公室保证高等教育的公平公正。通过独立的、多元化的经费分配确保高校高水准的科研和教学。高等教育委员会根据学生数量和学科特性发放教学经费，依据研究卓越框架科研评价结果发放研究经费，研究委员会的研究基金主要用于项目的发放。规范的教学科研评估和多元化、充足的教学科研基金是保障英国高等学校保持高水平科研和教学的关键，也是支撑英国保持全球领先创新能力的关键。

五、以评价为导向促进大学科学研究能力的提升

英国自 1986 年开始在全国范围内推行大学"科研评估机制"，以作为大学科研拨款及综合排名的依据。此后，RAE 评估体系不断改进完善，极大地促进了英国大学科研水平的提高，使其诸多学术指标跃居世界领先地位。为进一步增强科研评价机制对高水平科学研究的导向作用，并引导大学研究更好地服务于国家社会经济发展，英国政府从 2008 年开始对"科研评估机制"进行全面改革，并于 2014 年正式以"研究卓越框架"取代以往的"科研评估机制"[1]。REF 评估体系

---

[1] Research Excellence Framework. http://www.ref.ac.uk/.

秉承了 RAE 所一贯坚持的公正、平等、透明、多样化、一致、持续、可信和客观等原则，同时更加注重科技产出评价、更加注重同行评议、更加注重创新成果的社会影响，对世界各国的科技评价都具有一定的示范性。

（一）REF 评估体系

英国高校的科研评估机制是英国政府通过高等教育基金委员会对在英国高校中执行的科研活动的质量进行综合评判的一种评估体制，目的是为了保证并提高英国高校科研活动的质量和高校科研活动资助经费的使用效率。评估结果将直接决定英国政府对英国高校科研活动的拨款额度。这种评估制度始于 20 世纪 80 年代。1986 年，英国开始实施面向大学的科研评估机制，由英格兰高等教育拨款委员会、苏格兰高等教育拨款委员会、威尔士高等教育拨款委员会和北爱尔兰学习就业部四家高等教育拨款机构联合组织实施，以便政府能够根据各高等教育机构的实际研究水平拨付科研经费。2008 年，在 RAE 连续开展 6 次后，英国政府又委托英格兰高等教育基金委员会和其他 54 所高等教育资助机构联合提出了一种新的科研评估与经费分配制度——研究卓越框架，以改进和取代实施了近 30 年的 RAE 体系。英国政府推出 REF 体系，主要目的是增强科研经费分配的公平性和简化经费申请过程，使其程序更为简洁，评估更为准确。按照英国高等教育资助委员会公布的评估实施时间表，该体系于 2013 年第一次运行，自 2014 年起，将其评估结果用于分配每年 17.6 亿英镑的英国大学研究资金，并定于每隔 4~6 年开展一次评估。

1. 评价目的

研究卓越框架评估体系通过一个专家小组来执行评估活动，专家小组对各个高等教育机构提交的科学研究项目、活动和成果进行客观、科学、公正的评价，并做出判断，力求使评估活动达到以下四个目的：一是对英国所有高等教育机构提供权威、综合的卓越研究评级；二是向英国拨款机构提供有关研究资助分配方面的建议；三是向公众和学校提供有用的信息以及关于卓越研究的标准；四是解释高等教育领域内有关研究的公共支出等行为。

2. 评估单元

REF 评估按评估单元进行，每个评估单元设立一个专家小组承担评估任务。根据学科内涵以及社会对科研发展领域的新要求，REF 评估体系按照大学学科类别进行分类评估。不同的学科组成不同的评估单元，不同的评估单元由相应的专家委员会具体实施评估。REF 评估单元的划分标准是：先按照医学和生命科学、物理科学、社会科学以及艺术与人文科学等四大学科群成立相应的主评估组；再在每个学科群内的学科设立具体的 36 个评估单元，具体承担评估任务。四大学科群基本涵盖了英国目前科研亟须发展的主要领域，36个评估单元为学科的拓展提供了更大的空间，减轻了评估对科研细化的束缚，更为重要的是可以更好地促进交叉学科、多学科科研项目的发展，从而能够有效满足社会对科研的全方位要求。

3. 指标构成

REF评估体系的具体指标由科研成果、科研环境、科研影响力三个部分构成。其中，科研成果占评估权重的60%，是REF评估的核心要素，但其只关注代表性研究成果，并不是对参评者的全部科研成果进行综合评价；科研环境占评估权重的15%，主要评估科研资源、科研管理和科研业务等三个方面；科研影响力占评估权重的25%，主要集中评价科研单位在某一学科领域所开展的科研活动对经济、社会及文化等各领域所产生的重要影响。

4. 评估方法

在REF评估体系中，各学科组和小组可自行确定评价方法。为了保证评价结果的可信度，评价委员会成员由从事高水平研究的专家组成；尽管这些专家会借助某些定量指标来辅助其专业判断，但同行评议是决定性的。虽然诸如医药、科学和工程等学科的评估小组能够获得大量的关于论文引用率的信息，但在具体评估过程中，往往会引入引用率等文献计量方法（艺术、人文以及许多其他学科小组一般不会这样做）；但REF体系已充分认识到使用引用率的局限性，要求评估小组不仅依据引用信息对研究成果的质量做出判断，同时还会参考专家的判断。使用引用率的评价委员会也主要依靠同行专家评价，来评判研究的原创性、重要性和严谨性。评估小组使用引用信息来明确和补充他们关于研究成果的评估结论。

评价委员会也会考虑研究成果在学术之外领域的影响力。对于所有成果，评价委员会都将在同等的基础上评价，不论是否有引用率。各评价委员会将说明他们在评价中是否使用了引用率，如果使用了也将详细地说明引用率是怎样使用。在使用引用率等指标时，评价委员会将充分认识到其局限性，特别是对于刚发表的成果、不同领域内引用率的差异、伪引用情况和对于非英语成果的限制等。各单位和研究人员在选择提交成果时，应以成果的原创性、重要性和严谨性为标准，而不是引用率的高低。

REF的评价结果决定了在下次评比之前某个大学的相关专业和整个大学从国家获得研究经费的多少。当然，对所有的高等教育机构而言，这种排名不仅决定其获得国家科研经费的多少，更关乎声誉，所以各高校都非常重视。

（二）REF 评估的主要特点

1. 注重创新产出评价

REF 体系非常注重对科技产出和创新成果的评价，重视评价成果本身的原创性、重要性和严谨性。REF 从科研成果、科研影响力和科研环境三个方面对各高等教育机构的科研情况及实力进行评估，并参照国际研究质量标准，将对科研成果的评估分为"原创性""意义"和"精确性"三个方面。同时，在成果形式上，REF 允许科研人员提交多样化的科技成果，不局限于学术论文，也可以是其他的成果，如社会科学专著、艺术展览、音像制品等。

2. 注重成果质量评价

REF 体系重视科研产出和科技成果，但不追求数量，而是把成果本身的原创性、重要性和严谨性作为评估的核心准则，坚持质量和水平第一的原则。REF 评价体系通过加权评分来强化成果的质量导向。各学科评审专家组对各单位提交的科研成果按质量高低分为 5 个星级（0~4 星），并对不同星级赋予不同权重。其中，4 星为"世界领先"，3 星为"国际优秀"，2 星为"国际认可"、1 星为"国内认可""低于国内认可的标准"为 0。不同星级成果的权重分别为：4 星为 3，3 星为 1，其他星级均为 0。这就意味着，对于一所大学或科研人员来说，必须尽力产出"国际领先"的 4 星成果或者至少是"国际先进"的 3 星成果，否则即便产出再多 2 星及以下的成果，也等于是做"无用功"。由于 REF 的最终评估得分不仅直接决定各大学获得国家科研经费的数额，更直接关乎各大学和教师的学术声誉，因此这种加权评分机制对科研人员创造高质量成果具有重要的导向作用。

在评价方法上，REF 对成果的星级评定主要采取定性评价。成果的星级评定是一个由各学科专业评审组进行的同行评议过程。评审小组成员一般由从事高水平研究的专家组成，尽管这些专家可以借助某些定量指标来辅助其专业判断，但评审组的意见是决定性的。如果评价过程中使用了定量指标，REF 会要求评审组对定量指标的使用做出解释，以避免对定量指标的滥用。例如，对学术论文的评价，不考虑论文杂志影响因子的高低和引文的多少，从而排除了采取各种手段增加引用等投机取巧的因素。当然，在影响因子高的杂志上发表的论文往往是高质量的论文。

3. 注重社会效益评价

科技创新和科研活动的价值，最终体现为对人类经济发展和社会进步的贡献。基于此，与之前的 RAE 体系相比，REF 评估体系加大了对研究成果的社会效益和综合影响的评估，这也是最大亮点。为了促进高等教育机构和工商业界的相互合作，REF 在注重科研产出的同时，要求参评的单位提供书面材料、叙述科技成果的社会综合影响，以此集中考察其科研活动对经济、社会及文化产生的影响，以体现高校在国家科研投入中的社会回报。在 REF 评价指标体系中，科研影响力主要是指科研成果对经济、社会、文化、公共政策或服务、医疗卫生以及生活质量等各个方面所带来的变化、效益和影响，其权重占到 25%。

4. 注重体现合作研究

体现科研合作及团队整体发展，是 REF 评价体系的最显著特征之一。一是注重科研团队的共同发展和整体进步。REF 规定，所有在职的科学家都要参与评比，不参加等于是"职业自杀"，当然对于刚入职或因各种原因（如女科学家生育、暂时中止研究去创业等）而没有 4 篇代表作的科学家也会给予一定的豁免。二是注重科研合作与协同创新。REF 鼓励从事合作研究的不同单位共同提交一份评价申请，委员会只对合作研究进行整体评价，不对每个单位的具体贡献进行评价。三是减少评估单元，以促进学科交叉融合。与 RAE 相比，REF 的评估学科单元由 67 个减少到 36 个，主评估小组从 15 个减少到 4 个，其目的就在于鼓励高校积极与世界一流大学合作，通过课题间的相互合作，推进重要领域的跨学科研究，积极从学科交叉中寻找新的学科生长点，提升研究水平和实力。此外，REF 还允许共同署名的研究成果可以在不同大学的申请中分别提交，且不论署名的先后，都视作科研人员的成果，这些举措都非常有利于促进不同高校之间的科研合作与协同创新。

第四节　日本：通过顶层设计促进科教融合

日本大学在国家创新体系中扮演着十分重要的角色。日本政府通过成立文部科学省、设置学术会议特别机构、设立学术振兴会等顶层制度设计极大地促进了高等教育与科学研究的深度融合，同时也极大地提升了大学的科技创新能力。在汤森路透评出的 2016 年亚洲 75 所最具创新力的大学中，日本拥有 22 所，其中排名前 20 位的大学中有 17 所来自日本，足见日本大学创新能力之强大。

一、大学在日本创新体系中的功能定位

在日本，大学作为高等教育机构不但承担着教育和培养研究人才的使命，也是一支重要的科研队伍，在国家创新体系中发挥着十分重要的作用。大学主要承担基础科学的研究，同时也以共同研究等形式参与应用与发展方面的研究，是产业界和科研机构的重要联系纽带。总体上看，大学在日本知识创新体系中的定位和分工体现在以下几个方面。

（一）大学是日本科技研发的重要执行部门

在日本，大学是除企业之外的第二大科研经费的执行主体部门（见图2-21），大学的科研经费占到日本科研经费总额的约20%。2015年，大学的研究费为36 439亿日元，与上年相比减少了1.4%。从组织类别来看，在大学等机构的研究费用中，私立大学的研究费用为19 568亿日元，占53.7%；国立大学的研究费用为14 671亿日元，占40.3%；公立大学研究费用为2 200亿日元，占6.0%。可见，在日本，国立大学和私立大学对科技研发有非常大的贡献。另外，从学科分配来看，日本大学一半以上的研究费用都用于自然科学领域的研究课题，但也会保证一定比例的人文社会科学领域的研究项目（见表2-22）。

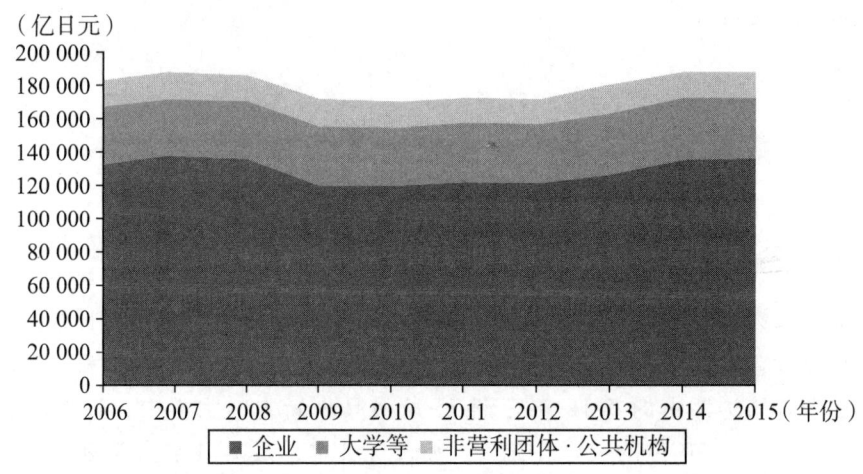

图2-21　日本研发经费的变化与执行部门构成

资料来源：2016年科学技術研究調査結果の概要。

表 2-22　　日本大学研究费用的组织、学科分配

项目	机构和部门	研究费（亿日元）	与前年度比（%）	构成比（%）
组织	国立	14 671	-5.1	40.3
	公立	2 200	-0.7	6.0
	私立	19 568	1.4	53.7
学科	自然科学	23 709	-2.3	65.1
	理学	3 343	-1.7	9.2
	工学	7 333	-3.3	20.1
	农学	1 452	-5.2	4.0
	保健	11 582	-1.5	31.8
	人文、社会科学	8 501	0.3	23.3
	文学	2 166	1.0	5.9
	法学	1 036	0.1	2.8
	经济学	2 479	-0.8	6.8
	其他人文、社会科学	2 820	0.6	7.7
	其他	4 229	0.5	11.6
	家政	741	-4.4	2.0
	教育	1 872	0.0	5.1
	其他	1 617	3.5	4.4
总额		36 439	-1.4	100.0

资料来源：平成 28 年科学技術研究調查结果的概要。

（二）基础研究是日本大学的主要研究类型

从研发活动类型来看，日本大学的研究也主要集中于基础研究（见图 2-22）。就自然科学研究经费而言，近年来大学基础研究费用一直保持在其研究经费总额的 55% 左右。"二战"以后，日本科研定位战略的变化使得大学主要定位于基础研究，与此同时与产业界的合作使得基础研究也引出了各种应用型研究。从 2015 年的自然科学经费使用情况来看，基础研究费用达 12 962 亿日元，相当于大学自然科学研究费用总额的 55.4%；应用型研究费用为 8 414 亿日元（35.9%），开发型研究费用为 2 034 亿日元（8.7%）。可以看出，日本大学在侧重于基础研

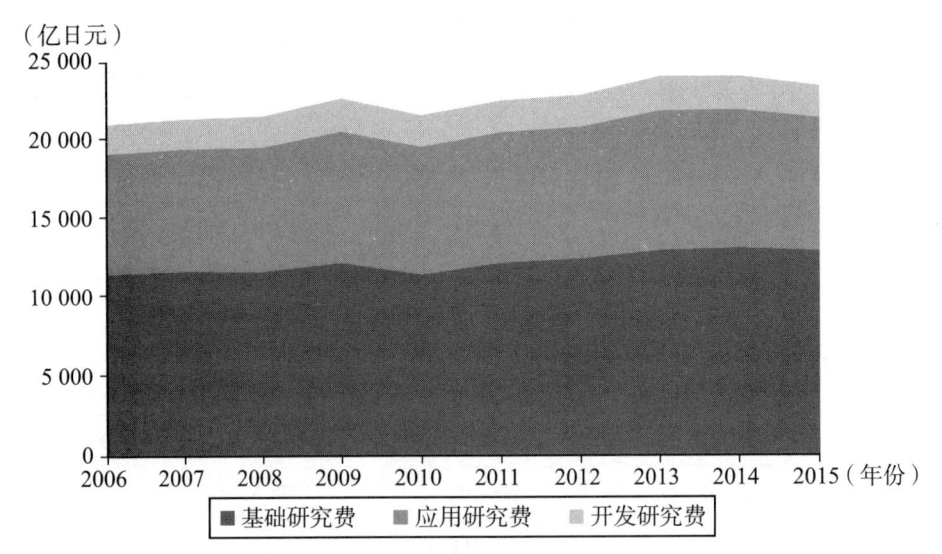

究的同时，也很重视还原研究成果的应用型研究。[①]

图 2-22　日本大学不同类型研究经费变化图（自然科学领域）

资料来源：平成 28 年科学技術研究調査結果の概要。

（三）培养创新型研究人才，推进独创尖端性学术研究

大学承担着人才培养的重要任务，也是重要科技成就的发源地。以诺贝尔奖获奖者为例，截至 2016 年，日本已有 22 位自然科学诺贝尔奖获得者（见表 2-23）。这些获奖者不仅毕业于名牌大学，而且他们的获奖成果也多数是在大学完成的。这些科研成果的获得不仅使得日本的科研实力在国际社会上进一步增强，同时也使得日本社会更加关注科技创新的改革。日本 2016 年发表的《科技白皮书》指出：基础科学可以创造和积累新的知识，是具有持续创新力的社会经济发展的源泉，因此基础科学的振兴极为重要。文中针对目前基础研究领域所存在的三大问题：（1）研究的挑战性、持续性面临的困境（研究经费和时间的欠缺）；（2）新一代研究者培养的困难（年轻研究者的雇佣及研究环境的恶化）；（3）知识集聚地的建设（研究机构和场所的多样化）。可以看出，正是因为日本获得诺贝尔奖的数量的增加，使得日本社会将基础研究的地位提升到了前所未有的高度。

[①] 平成 28 年版科学技術白書：特集ノーベル賞受賞を生み出した背景～これからも我が国からノーベル賞受賞者を輩出するために～

表 2-23　　日本大学培养的自然科学诺贝尔奖获得者

获奖时间	奖项	姓名	毕业学校	获奖时工作或研究机构
1949 年	物理学奖	汤川秀树	京都大学	京都大学理学部教授
1965 年	物理学奖	朝永振一郎	京都大学	东京教育大学教授
1973 年	物理学奖	江崎玲於奈	东京大学	美国 IBM 沃森研究所主任研究员
1981 年	化学奖	福井谦一	京都大学	京都大学工学部教授
1987 年	生理学或医学奖	利根川进	京都大学	美国麻省理工大学教授
2000 年	化学奖	白川英树	东京工业大学	筑波大学名誉教授
2001 年	化学奖	野依良治	京都大学	名古屋大学理学部教授
2002 年	物理学奖	小柴昌俊	东京大学	东京大学名誉教授
2002 年	化学奖	田中耕一	东北大学	株式会社岛津制作所
2008 年	物理学奖	南部阳一郎	东京大学	美国芝加哥大学名誉教授
2008 年	物理学奖	小林诚	名古屋大学	高能源加速器研究机构名誉教授
2008 年	物理学奖	益川敏英	名古屋大学	京都大学名誉教授
2008 年	化学奖	下村修	长崎大学	美国波士顿大学名誉教授
2010 年	化学奖	铃木章	北海道大学	北海道大学名誉教授
2010 年	化学奖	根岸英一	东京大学	美国普渡大学教授
2012 年	生理学或医学奖	山中伸弥	神户大学	京都大学 ips 细胞研究所所长教授
2014 年	物理学奖	赤崎勇	京都大学	名城大学教授
2014 年	物理学奖	天野浩	名古屋大学	名古屋大学教授
2014 年	物理学奖	中村修二	德岛大学	美国加州大学圣塔芭芭拉分校教授（美国籍）
2015 年	物理学奖	梶田隆章	埼玉大学	东京大学教授
2015 年	生理学医学奖	大村智	山梨大学	北里大学特别荣誉教授
2016 年	生理学医学奖	大隅良典	东京大学	东京工业大学特聘教授

资料来源：http://www.kyoto-u.ac.jp/ja/about/history/honor/award_b/nobel.html。

二、科教结合的顶层设计

日本政府在推进科教融合的过程中采取了多项措施,其中有一项极为重大且取得明显成果的举措便是成立文部科学省。日本文部科学省于2001年设立,由原来的文部省、科技厅、文化厅整合而成。作为科学技术的综合振兴和学术咨询机构,文部科学省主管文教、科技、文化、体育等方面的工作。原来分别隶属各部门的研究机构也都统一由文部科学省管理,其中包括宇宙科学研究所(ISAS)、高能加速器研究机构(KEK)、国立极地研究所、国立情报研究所、国立天文台、国立统计数理研究所和冈崎国立共同研究机构等(见图2-23)。

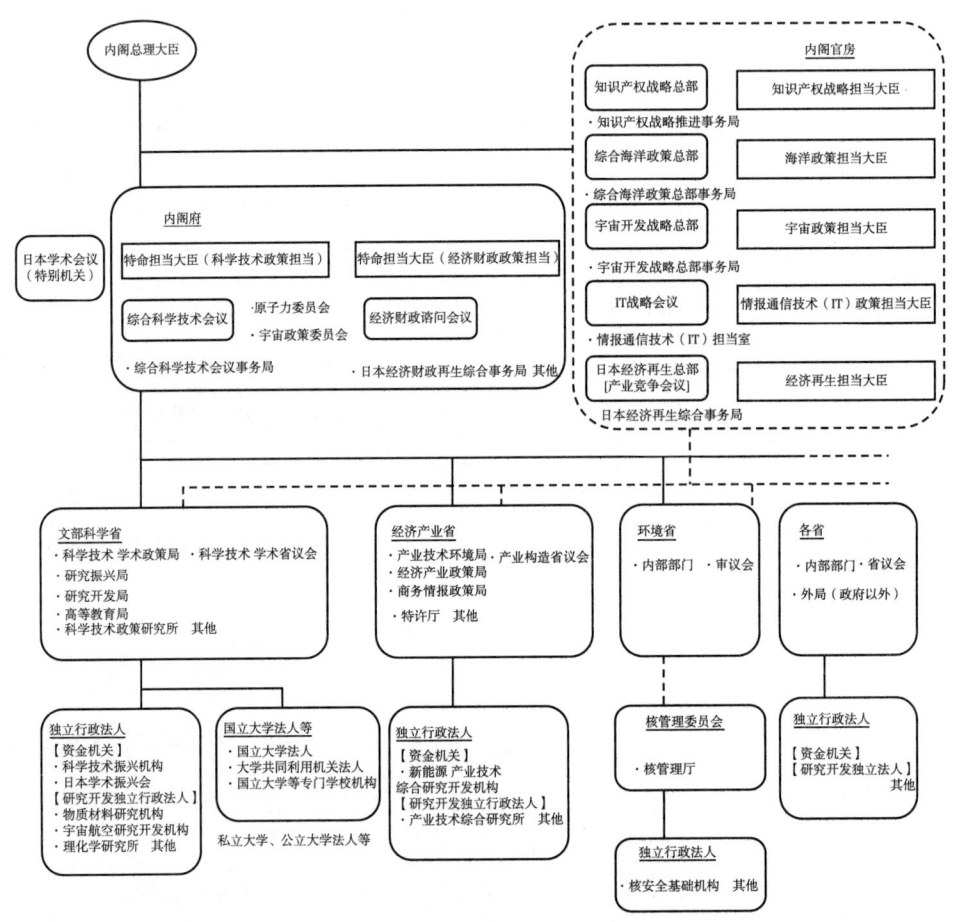

图2-23 日本科学技术组织和科学技术政策立案体制

资料来源:文部科学省科学技术,学术政策研究所调查报告。

文部科学省的成立一改以往日本高等教育和大学学术研究由不同省厅管辖的状况，原来由不同省厅下管辖的教育工作（人才培养），特别是高等教育和大学的学术研究与科研工作变为由一省所管，从而更容易推进科学技术的发展。成立文部科学省这一举措可谓是"减而未简"，一方面，文部科学省的成立将教育与科研合并，减少了机构庞杂带来的办事拖沓、程序复杂等弊端；另一方面，文部科学省下设的各个机关又各司其职，保证了教育科研两方面工作的高效运转。

文部科学省关于科学技术研究的实施工作由下辖的独立行政法人和国立大学法人承担。独立行政法人包括负责分配科研经费及学术管理的科学技术振兴机构和日本学术振兴会（JSPS），还包括作为研究开发法人的物质材料研究机构（NIMS）、宇宙航空研究开发机构（JAXA）、理化学研究所等。此外，文部科学省还设置了科学技术及学术审议会，其下又设研究计划评价分科会、学术分科会等6个分科会和部会、委员会。这些机构设置的主要任务是对研究项目的选定进行评价以及对学术振兴会进行调查审议。

文部科学省的科学技术开发预算占政府全部财政预算的65%（2016年度预算，见表2-24），这些预算涉及生命科学、材料、纳米技术、防灾、宇宙、海洋、原子能等各个尖端科学技术领域，从而有利于研究人员充分发挥其创造性，并使得基础研究得以强化。

表2-24　　　　　　　　2016年日本各省厅科技相关预算

省厅	一般预算（亿日元）	特别预算（亿日元）	合计（亿日元）	占比（%）
国会	11	0	11	0.03
内阁官房	619	0	619	1.79
复兴厅	0	225	225	0.65
内阁府	853	0	853	2.47
警察厅	21	0	21	0.06
总务省	473	0	473	1.37
法务省	18	0	18	0.05
外务省	73	0	73	0.21
财务省	13	0	13	0.04
文部科学省	21 368	1 095	22 463	64.99
厚生劳动省	1 026	30	1 056	3.06

续表

省厅	一般预算 （亿日元）	特别预算 （亿日元）	合计 （亿日元）	占比 （%）
农林水产省	1 022	0	1 022	2.96
经济产业省	1 313	4 083	5 396	15.61
国土交通省	502	5	508	1.47
环境省	315	430	745	2.16
防卫省	1 066	0	1 066	3.08
合计	28 694	5 869	34 563	100.00

资料来源：日本内阁府"2016年度科学技術関係予算（案）の概要について"。

（一）设置学术会议特别机构

日本学术会议是属于日本内阁府的特别机构（见图2-23），直属于内阁总理大臣，其前身是于1920年成立的"学术研究会议"，其后改组为日本学术会议。其成员由学术研究团体推荐产生。作为代表日本科学界的机构，学术会可以促进研究人员之间的国际合作，进行信息传播和收集，并反映科学界对政策的意见。因此日本学术会议特别机构肩负着两大使命：一是审议科学有关重要事项并实行之；二是从事科学研究有关的联络，并提高其效率。这种将由学术研究成员组成的机构作为国家内阁特别机构而设立的做法，直接体现了日本社会对学术界的尊重，也是日本高等教育与科学研究深度融合的顶层制度设计之一。

在日本科技变迁史上，学术会议在科技政策的制定、研究经费的划分和分配、帮助大学教师获取政府的研究支持等方面发挥了重要的领导作用。如在20世纪70年代，石油危机的冲击使得日本与发达国家的技术摩擦不断增加，政府认识到必须加速发展基础性科学，而发展基础性科学的部门主要是研究型大学，其中国立大学是主要据点，所以改革国立大学财政制度、增加科研经费投入成为日本政府的必然选择。日本学术会议在1973年提出的《关于当前学术振兴的基本政策》中指出：为了推进富有独创性、前瞻性的研究，有选择性地、重点扩大研究投资是极为重要的。日本政府随即接受这一建议，于1975年开始正式实施大学科研的重点化战略，在国立大学财政预算中设置"特定教育研究费"。

特别需要指出的是，日本学术会议直接隶属于内阁政府，而不是在文部科学省管辖范围内，这种相互独立的机构组织模式极大地保证了学术研究价值和立场的"中立性",从而有效地保护了大学进行科学研究和教书育人的"纯粹性"。

(二) 设立学术振兴会

上文提到大学科研经费的一个重要来源是通过竞争和选拔而获取的"科研费",因此非常有必要了解"科研费"制度的重要执行机构——日本学术振兴会。1923 年,天皇赐予文部大臣 150 万日元创建了日本学术振兴会,成立之初,组织定位为"财团法人",1967 年转变为"特殊法人",2003 年组织性质转变为"独立行政法人",成为受文部科学省管辖的独立行政法人。目前,学术振兴会主要承担着以下主要职责:(1)创造世界一流水平的、多样化的知识;(2)构筑强有力的国际合作网络;(3)培养新一代人才及提高大学的教育和研究职能;(4)构建基于实证的学术振兴体制并推进其与社会的联系。可见,学术振兴会的职能涵盖了从创造知识到知识服务于社会的各个环节,是日本科教融合的重要实施机构。

首先,创造知识的职能主要体现在为学术研究提供经费支持。近年,科研项目的申请件数一直在增加,2015 年,申请的项目共有 99 500 件,有 26 400 件获得了资助,项目资助率为 26.5%(其他年份资助率分别为:1990 年 24.0%;1995 年 27.6%;2000 年 21.4%;2005 年 21.3%;2011 年 28.6%)[①]。日本《科学技术基本法》和《科学技术基本规划》都将培养创新人才作为一项重要内容,特别是在《科学技术基本规划》中明确了"支援万名博士后计划"的实施工作。通过特别研究员项目、海外特别研究员项目、外国人特别研究员项目、推进开拓未来的学术研究项目等,使接受项目资助的年轻科研人员能在具体的学术研究中得到培养,并在科研工作中发挥他们的独创精神。通过海外特别研究员项目和外国人特别研究员项目的实施,不仅使日本的年轻科研人员能有机会走出去接触世界科研领域的前沿,而且还将其他国家的年轻博士后等科研人员吸引到日本高校来从事独创性研究。

其次,为配合大学的法人化改革,日本从 2002 年开始推出了旨在培育世界水平的研究与教育基地、培养世界顶尖科技人才的"21 世纪 COE PROGRAM(优秀研究教育中心)"项目。该计划在生命科学、医学、化学与材料科学、数理与地球学、信息电子、机械土建等工程学、人文科学、社会科学、交叉学科与新学科等领域分别设立了 10~30 个不同研究专题的研究中心,每个中心的政府年度资助规模约为 1 亿~5 亿日元,连续资助 5 年。

---

① http://101.96.8.165/www.jsps.go.jp/j-outline/data/brochure_2016-2017_j.pdf.

日本是一个特别重视"知识服务于社会"的国家。学术振兴会起初便是为了克服和解决研究成果产业化体制的不完善、研究机构相互之间联系的缺失、以及研究者"各自为据点"等问题而设立的。学术振兴会不仅旨在推动学术研究，而且也担负着将研究成果公布于社会的责任，定期举行一些学术报告向民众开放，不仅让研究人员感受到了自身的价值，而且提高了国民的科学素养。特别是获得资助的大学等研究机构的研究者以通俗易懂的语言向中小学生介绍自己的成果，从而让中小学生更加深刻地理解学术研究的重要意义及其与日常生活的关系。另外，学术振兴学会还帮助组织中小学生参观大学和访问这些研究机构或研究室，以便让他们对前沿的研究成果有更直观的认识。

另外，与学术界以学术研究为主要任务不同，产业界等社会其他部门则对于解决社会各种各样的问题有着更多的诉求。为了解决今后面临的科学技术难题，建立有利于进行信息交换、研究发表等形式的产学合作的组织和场所，学术振兴会在其下设立了由产学指导研究者构成的"产学合作综合研究联络会议"。并且依据主题的不同，又分设了"产学合作研究委员会""研究开发专门委员会""尖端研究开发委员会"。

综上所述可以看出，文部科学省、学术研究会特别机构、学术振兴会可以被视作日本学术政策导向的"三驾马车"，通过制定政策与执行活动来推动高等教育与科学研究的深度融合，极大地提升了日本大学和整个国家的科技创新能力。

三、科教融合的制度与经费保障

（一）大学法人化：由"直接控制"转变为"间接控制"

机构重组后的文部科学省对大学管理的改革首先体现在目标管理制度上。2003年日本国会通过的《国立大学法人法》可谓是日本大学变迁史上具有里程碑意义的一项改革，被日本学界称为日本高等教育史上"130多年的历史发展过程中最大的一场变革"。《国立大学法人法》规定"国家必须考虑国立大学的教育研究之特性"。2005年日本中央教育审议会在《日本高等教育的未来走向》的审议报告中提出，"追求适合各大学校情的主体选择和组织运营模式"是法人化的重要目标。2006年新修订的《教育基本法》针对大学特别新设了一条，"必须尊重大学的自主性和自律性，大学必须尊重其他大学教育和研究的特性"。这些法律条文和规定极大地保证了大学的自主权和自治权。大学法人化后，文部科学省成立了两个新的独立行政法人——"国立大学评价委员会"和"大学评价学位授予机构"，作为实施大学评价的第三者专业性机构对大学进行评价。监管评价机构对大学的财务状况、运行、管理及教育水平、改进的状况等项目进行非常详细的评价，最终形成完整规范的书面评价报告向社会公布。在《科学技术基本法》的基础上，文部科学省制定《科学技术基本计划》来指导大学发展和改革的方向，在充分发挥其监管和评价的重要职能的同时，并不干预大学的发展，体现了自主性与控制性的平衡。

间接控制的另外一个重要方面体现在财政管理上。法人化改革后国立大学运营收入包括"政府拨款"和"外部资金"两大项。政府在对大学进行严格评估基础之上，对大学实行"先借款、再评估、后结算"的财政制度。"政府拨款"中的"标准运营费交付金"按照统一标准向各法人支付，而"特定运营费交付金"则根据法人具体办学的业绩进行差异化拨款，所以"特定运营费交付金"的设定是引导法人之间竞争、提高办学效率的一个重要手段[①]。就收入而言，财政管理模式的"自主性"主要体现在"外部资金"部分，法人的"外部资金"包括"附属医院收入""学费收入""外部受托研究收入"以及"社会捐赠收入"。其中"附属医院收入""学费收入"在核算"运营费交付金"过程中扣除，而"外部委托研究收入"和"社会捐赠收入"并不在核算运营费过程中扣除，因此这两项收入是大学实现增收的重要途径。

（二）"均等性"和"竞争性"共存的科研经费保障制度

政府财政支持的政策基准和目标是推进大学的自主研究，这与"学术自由大学自治"的理念是一脉相承的，被称为"自主性"管理。与此同时，政府也肩负着合理地、有效率地进行财政支出的义务，从财政学角度被称为"效率性"。因此日本政府对大学的经费投入一直秉持着"自主性"与"效率性"兼顾的原则（见表2-25）。

表2-25　　　　　研究费资助的两种理念和对应形态

项目	自主性	效率性
目标	保障研究基础	达成特定目标
方法	均等	选拔
对象	所属组织	个人或目标组织

资料来源：阿曽沼明裕・金子元久．「教官当積算校費」と「科研費」
—戦後学術政策への一視角—教育社会学研究第52集（1993）．

---

① 丁建洋：《日本大学创新能力的历史建构研究》，南京大学博士学位论文，2013年。

在这两种理念的指导下，政府对大学的拨款包括"教官当积算校费"（以下简称"校费"）和"科研费"。其中"校费"是文部科学省直接划拨给各讲座的科研费用，这种拨款方式使得不同大学和科研人员在无需竞争的条件下就可以获得同样多的资助。这种均等获得的经费分配方式有利于科研人员基于"认识论"进行基础性的长线课题研究。而"科研费"是政府按照竞争、选拔的方式对的研究进行资助。从"科研费"的演变历程来看，应用研究和开发研究占据了很大一部分比例。如前文所述，外部资金成为大学提高收入来维持发展的重要资金来源，民间资金的导入成为科学研究发展的一条重要途径。因此，如何将在这个资金链两端的个体研究者和社会联系起来显得极为重要。从这个角度来讲，大学的社会功能和角色应当如何充分发挥值得深入思考。为此，日本出台了一系列相关政策来鼓励和推进产学官协作。

随着日本社会的变迁，经费制度也在不断改革，"校费"和"科研费"的比例在不断变化，但是"校费"的存在为日本大学进行长线的基础性研究提供了极大的经济支持，在日本大学学术研究史上的作用是毋庸置疑的。基础性研究的重要特性之一就是研究结果的未知性和不可预见性，这就要求研究经费的支持不带有功利性和竞争性，能够均等地获得。正如诺贝尔奖获得者白川英树所言，"至少在国立大学里，教员想研究某个课题需要经费，不用特意申请就可以得到'校费'这种资金。校费的用途没有任何限制，怎么用都可以，走遍世界也是找不到的"。白川英树认为，"在研究进展过程中预料之中的事情很少发生，意想不到的事情却很多。聚乙炔薄膜的发现正是这类实例，校费在这种情况下得到非常有效的使用"[①]。

（三）以全球视野推动研究型大学建设

1986年通过的日本临时教育审议会《关于教育改革的第二次咨询报告》中提出，大学应当"培养具有国际视野的、世界中的日本人""培养作为日本人的自觉意识"，这就要求大学不仅要适应国际社会发展，更要努力为国际社会贡献力量，确立日本大学在国际社会中的主体性地位。在这样的理念背景下，日本大学的学术研究和教育开始实施国际化战略。首先是把研究生院或研究机构建设成为国际性的研究基地，如：设立以尖端科学技术和跨学科领域为中心的研究生院（1990年设立北陆尖端科学技术研究生院大学）；设置综合研究生院大学（1988年设立了以高能物理研究所和冈崎国立共同研究机构等11所大学为基础的综合

---

① 节艳丽：《对日本战后基础研究发展与诺贝尔奖获得的历史考察》，清华大学博士学位论文，2004年。

研究生院大学，只开设博士课程，以培养尖端领域的科研人员）；设置联合研究生院和合作研究生院，前者是多所大学联合成立研究生院共同进行研究，后者是相互合作的大学和研究所就研究生的指导、派遣方法等签订合作协议。其次是增加科学研究经费以资助国际普遍关注的重大课题研究，如核科学、航天科学、能源科学、宇宙科学、生命科学等，以期在这些领域取得一流研究成果和培养领军型人才。最后是进行国际学术交流，旨在构建立体化、全方位的交流体系，如接收和派遣留学生；资助大学开展学术交流；通过共同利用研究机构等方式整合国内大学研究力量。

随着国际社会日新月异的发展，学术研究也面临着一些新的发展机遇和挑战。学术研究比以往更加要求专业的深化、细化，与此同时，为了解决社会性问题，跨学科研究的需求也日益增加，这就使得大学的学术研究和人才培养要更加注重国际视野。因此，如何跨越学术、社会、地域和文化的障碍，推动教育研究的合作成为一个重要课题。为了适应新形势的变化，大学必须进一步丰富海外研究活动、推进国际共同研究，促进和深化世界研究型大学之间的交流，以便在培养人才和科学研究方面获得持续的外部刺激，为其注入新鲜活力。

为了适应新的国际形势，2013年日本开始实施"研究型大学的加强和推动事业"，旨在通过建设和发展作为国际知识循环中枢的世界一流水平的研究和教育活动机构、配备和完善高水准的研究体制和环境、推进产学官合作等一系列举措，培育出数量较多、在世界上具有竞争性研究力的大学，并形成相互协商的竞争环境。该事业的资助期限为10年，资助金额为每年2亿~4亿日元，并且在跟进实施效果的基础上改善和丰富活动内容。目前获得该项资助的共有25所大学和机构（见表2-26）。

表2-26　　获得"研究型大学促进事业"支援的机构

项目	4亿日元	3亿日元	2亿日元
国立大学 （17所）	东北大学、东京大学、名古屋大学、京都大学	筑波大学、东京医科齿科大学、东京工业大学、电气通信大学、大阪大学、广岛大学、九州大学、奈良先端科学技术大学院大学	北海道大学、丰桥技术科学大学、神户大学、冈山大学、熊本大学
私立大学 （2所）	—	早稻田大学	庆应义塾大学

续表

项目	4亿日元	3亿日元	2亿日元
大学共同利用机构（3所）	—	自然科学研究机构、高能加速器研究机构、信息系统研究机构	—
合计	4所	12所	6所

资料来源：http://www.mext.go.jp/a_menu/kagaku/sokushinhi/__icsFiles/afieldfile/2016/10/27/1333815_03_7_1.pdf.

通过上述一系列措施和活动，在日本研究型大学的建设中，各个大学机构与其他海外学校实现了跨越国境和文化的沟通和互动，从而间接激发了日本国内大学的研究活力，为国内大学研究开辟了新的课题和领域，也为人才培养提供了新的方向。在这些研究型大学内，聚集了一批有志于从事世界高水准研究的研究人员和学习者，他们很有可能成为引领或改变社会的领军人物。通过高水平研究活动的实施和高质量人才的输出，实现了大学与社会及产业间的衔接和融合，从而通过关联效应带动区域发展、科学创新和人才培养共同发展。

第三章

中国知识创新体系建设的现状分析

21世纪，创新已成为世界各国发展的主旋律，开展知识创新体系建设正是我国提高自主创新能力、提升国际竞争力的关键举措。研究分析我国知识创新体系建设的现状，并辨明存在的主要问题和主要矛盾，对于进一步完善我国知识创新体系的建设十分重要。基于此，本章旨在明确知识创新体系构成与运行机理的基础上，从多方面深入分析与评价我国知识创新体系建设过程中取得的成效以及存在的主要问题。

第一节 中国科教融合知识创新体系的构成与绩效

一、中国知识创新体系的构成主体

从20世纪80年代中期开始，我国的知识创新模式逐步由原来的以政府为主导、产学研相互分割的"计划型"模式，转向以市场为主导、产学研合理分工与良性互动的"市场型"模式。1985年，中共中央发布的《关于教育体制改革的决定》赋予高等学校"培养高级专门人才和发展科学技术文化的重大任务"，提出"高等学校和中国科学院在基础研究和应用研究方面担负着重要任务""基础研究、应用研究应当同人才培养密切结合"。而随着知识创新模式的转变，科研机构、高校、企业在知识创新体系中的作用与角色定位有了新的变化，产学研之间的交流障碍也逐步被打破，科研机构、高校和企业共同组成了新的科研体系。各知识创新主体之间，尤其是企业与科研机构、高校之间通过合作研发、人员培训、人员流动等多种方式进行的良性互动促进了知识创新体系的进一步完善。科学研究与高等教育深度融合的知识创新体系是在相关政策和制度的影响下，以大学尤其是研究型大学为核心，紧密联合研究院所，推动知识创造、传播和应用的网络系统。大学和研究院所是国家知识创新体系的两大主体，其中大学占据核心地位。从主体地位的先后次序看：知识创新体系的第一主体是大批高水平研究型大学，第二主体是承担战略性、公益性的高水平公共研究机构。

二、中国知识创新体系的运行机理

国家创新体系可分为知识创新、技术创新、知识传播和知识应用四大系统。各创新主体以及他们之间的知识流动共同构成了国家的创新体系网络。在国家创新体系中，国家科研机构以知识创新为主，进行知识的传播和转移；企业以技术创新和知识应用为主，进行知识的传播；高等院校以知识传递和高素质人才培养为主，进行知识创新和知识转移。由此来看，知识的创新是国家创新的动力源。

知识创新系统是由与知识的生产、扩散和转移相关的机构和组织构成的网络系统。知识创新体系在国家创新体系中的主要功能是知识的生产、传播和转移，并以知识创造为纽带，通过各种方式加强与其他创新系统的联系，特别是与技术创新系统的联系，促进协同创新，推动知识的流动、传播和应用，真正发挥知识创新系统的效力（见图3-1）。

知识创新体系的重要功能是进行原创性科研成果和行业企业技术的基础理论研究，并产生前沿性、原创性科技成果。知识创新是技术创新的基础和源泉，科学的每一次重大突破，往往都会对技术的创新、高新技术产业的形成和发展产生巨大的作用。知识创新系统通过高等教育和科研机构培养具有较高技能、最新知识和创新能力的人力资源，与知识传播系统形成相互促进的知识传播网络；通过企业与知识应用系统形成技术与知识的应用网络，提高知识转化为现实生产力的能力和效率，促进我国知识密集型制造业和服务业的发展等。

另外，高等学校和科研院所作为知识创新的主体，其能够提供跨学科、综合交叉、自由宽松、竞争合作和兼容并包的创新学术环境。在这样的环境中，易于萌生新的学科或新的学科增长点，其研究成果也更具有创新性和前瞻性，因此也

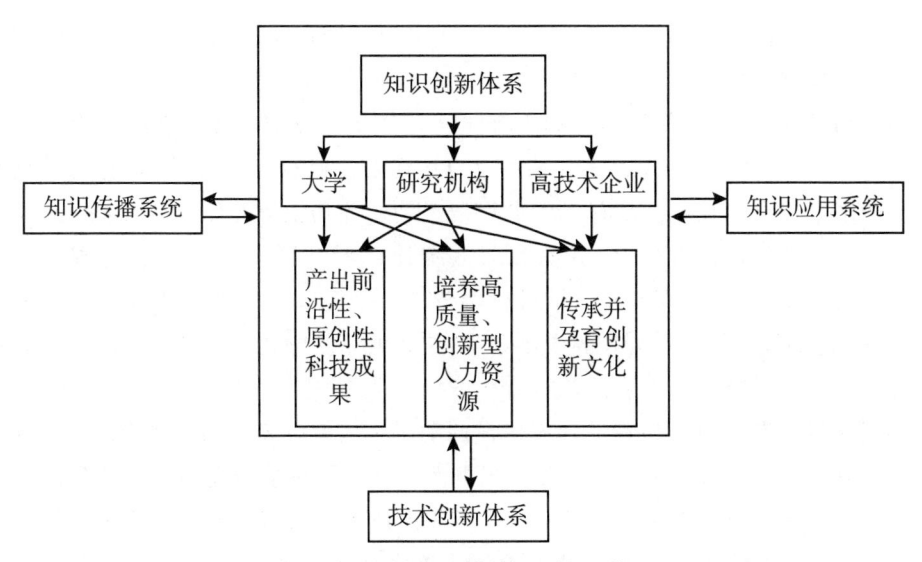

图 3-1 知识创新体系的运作图

更有利于创新人才的培养和创新知识的产生。而文化是创新的灵魂。文化一方面为创新提供知识和智力的基础,另一方面为创新提供思想背景和支撑体系,文化还为创新提供了确定其发展方向和发展趋势的价值观及意识形态。高等学校和科研院所是文化传承和创新的主要场所,因此知识创新体系的这一功能也是其他创新体系无法取代的。此外,知识创新体系可以通过"人才""知识"这两个创新关键要素,有效地将知识创新活动、技术创新活动和经济创新活动联系起来,从而提升我国的整体创新能力。

三、中国知识创新体系建设的基本成效

(一)一批研究型大学在兴起

"211"工程、"985"工程建设显著优化了高校科学研究与高等教育的硬件设施条件。据统计,2015 年普通高等学校校舍总建筑面积为 89 141 万平方米(含非产权独立使用),比上年增加 2 831 万平方米;教育科研仪器设备总值为 4 059 亿元,比上年增加 400 亿元。人均校舍面积等指标满足了教育部规定的办学合格线。两大工程的实施也激发了高校改革发展的积极性和主动性,提升了高校自主创新能力。据《2015 年全国教育事业发展统计公报》统计,2015 年我国共有普通高等学校 2 560 所(含独立学院 275 所)。其中,本科院校 1 219 所,比 2014 年增加 17 所;高职(专科)院校 1 341 所,比 2009 年增加 14 所。其中,

经过国家认定的研究型大学有 38 所。一些未经国家认定的大学也正在向研究型大学的方向努力。

"211 工程"学校在 2001~2010 年的十年中累计培养了本科生 242 万人、硕士生 50 万人、博士生 12 万人，留学生 11 万人，拥有 85% 的国家重点学科和 96% 的国家重点实验室，占有 70% 的科研经费，为加快培养创新型人才作出了应有贡献。按国际可比指标 SCI 论文发表数统计，有 40 多个学科已接近国际先进水平。其中 2005 年，清华大学材料科学学科 SCI 论文发表数排在世界大学第 2 位，SCI 论文被引用次数列世界大学第 14 位，北京大学化学学科 SCI 论文发表数及论文被引用次数也进入了世界前列[①]。

国家级、省（市）级精品课程建设调动了一大批著名、知名教授，学科与专业建设领导人加强教学和人才培养的积极性，促进了科学研究和高等教育的有机结合。从 2003 年到 2010 年期间，教育部共评选出国家级精品课程 3 862 门，共有 746 所高校的课程获评国家精品课程。绝大多数高校启动了精品课程建设工作，形成了数万门的省级、校级精品课程[②]。

2011 年，教育部、财政部决定在"十二五"期间启动实施"高等学校本科教学质量与教学改革工程"（简称"本科教学工程"），组织研究制定约 100 个本科专业类教学质量国家标准，其中，文科类专业约占 40%。"本科教学工程"定位于本科人才培养，突出本科教学改革，解决高校专业结构不尽合理、办学特色不够鲜明、教师队伍建设与培养培训薄弱、大学生实践能力和创新创业能力不强等问题。内容包括质量标准建设、专业综合改革、国家精品开放课程建设与共享、实践创新能力培养、教师教学能力提升等方面。通过"本科教学工程"，将组织高校建设 1 000 门精品视频公开课程，同时对已经建设的国家精品课程进行升级改造，建设 5 000 门资源共享课。视频公开课程采取讲座形式，每门课程投入 15 万~20 万元；资源共享课每门课程投入 10 万元左右进行升级改造。

"本科教学工程"还将重点建设 1 500 个专业点，建成一批服务国家战略性新兴产业和艰苦行业发展需要的专业点；配合"卓越计划"的实施，形成一批培养高素质人才的支撑专业点；在工程、医学等领域开展 560 个专业认证试点，建立与国际实质等效的工程、医学等专业认证体系；建设 100 个实验教学示范中心、1 000 个共用共享的国家大学生校外实践教育基地，并资助大学生开展 5 万个大学生创新创业训练项目。

---

① 姜颖："211 工程"10 年培养本科生 242 万博士生 12 万 [EB/OL]. 2008 年 3 月 25 日. http://old. moe. gov. cn/publicfiles/business/htmlfiles/moe/moe_1977/200803/780. html.

② 高杰英、张琪：《财经院校课程建设的经验与问题分析——以首都经济贸易大学为例》，载于《中国大学教学》2013 年第 6 期。

大学生挑战杯等课外学术活动将大批有志于科学研究的大学生吸引到基于科学好奇与兴趣的研究活动之中，有助于创新型人才的培养。

另外，教育部自 2003 年开始实施研究生教育创新计划，即在 5 年内共举办全国博士生学术论坛 41 个、全国博士生学术会议 3 个，论坛主题涉及各大学科门类，征集博士生学术论文 3 万篇，参加的博士生达 1.1 万余名。并且随着论坛影响的逐步扩大，得到了境外博士生以及专家学者的关注和支持，参加论坛学术交流的境外博士生和专家人数逐年递增，国际影响不断扩大。另外，研究生教育创新计划也开办了全国研究生暑假学校 66 个，开设课程 700 余门，举办学术报告或学术讲座 900 余次，参加学员 1.2 万余人（次），授课教师 1 500 余人（次），其中为暑假学校授课的院士近 200 人（次），境外专家学者近 500 人（次），约占授课教师一半比例。从 2003 年开始，研究生教育创新计划依托已有较好基础的教学科研平台，批准建设了 55 个以开放、共享、自主创新为特点的研究生创新中心，为研究生特别是跨学科研究生提供了学术交流、跨学科合作、实现创新思路的场所[①]。

大学，作为基础研究的主力军、高新技术研究的重要方面军和科技成果转化的生力军，事实上已经成为中国知识创新体系的第一主体。2014 年，全国高校共承担 R&D 项目 76.67 万项，占全国总量的 61.7%，高校基础研究人员全时当量占全国总量的 66.0%，高校应用研究人员全时当量占全国总量的 39.6%，高校发表科技论文数占全国总量的 73.4%，科技著作数占全国总量的 82.8%。2014 年度国家科学技术奖三大奖中，全国共有 138 所高等学校作为第一完成单位或参与完成单位，获得了 2014 年度国家科学技术奖三大奖共 180 项，占通用项目总数 254 项的 70.9%。其中，有 86 所高校作为第一完成单位的获奖项目数为 122 项，占授奖总数的 48%。在 2014 年度国家科学技术奖授奖项目中，全国高等学校获得国家自然科学奖一等奖 1 项、二等奖 26 项，占授奖项目总数的 58.7%；38 个项目获得国家技术发明奖通用项目二等奖，占通用项目授奖总数的 70.4%；技术发明奖一等奖共 3 项，其中两项专用项目一等奖均为高校获得。此外，全国高等学校共有 115 项通用项目获得国家科学技术进步奖，占总数的 74.7%；高校为第一完成单位的获奖项目 57 项，占通用项目授奖总数的 37.0%；共有 14 所高校作为第一完成单位获得了 2014 年度国家科学技术奖国防专用项目 20 项，占授奖总数的 31.3%。其中，国防科学技术大学获得科技进步奖特等奖 1 项，北京航空航天大学、哈尔滨工业大学分别获得技术发明奖一等奖各 1 项。这些成就，充分体现了高

---

① 薛丽华，"211 工程""985 工程"及研究生教育培养机制改革有关情况［EB/OL］.2008 年 10 月 9 日。http://www.moe.gov.cn/jyb_xwfb/xw_fbh/moe_2606/moe_2074/moe_2438/moe_2442/tnull_39607.html.

校的基础研究和重大原始性创新研究在我国占有举足轻重的地位①。

高校是科技创新及应用的辐射源，随着高校的"社会服务"职能和地位日益凸显，高校承担了越来越多地与企业合作的科研项目，包括应用研究、技术开发、技术服务和科技项目产业化等。

（二）知识创新试点工程取得一定成效

自从"十五"计划《纲要》提出"建设国家创新体系""建立国家知识创新体系，促进知识创新工程"以来，我国就制定了一系列的规划来推动知识创新体系的建设。1997年，中国科学院起草了《迎接知识经济时代，建设国家创新体系》；1998年，国家科教领导小组第一次会议审议并原则通过《国家知识创新工程试点方案》，决定由中国科学院率先启动国家知识创新工程试点工作，并为试点启动阶段（1998～2000年）拨款72亿元。2000年12月，国家科教领导小组第八次会议宣布，由中国科学院实施的国家知识创新工程试点工作从2001年起进入新的阶段，国家在"十五"期间投入100余亿元用于支持知识创新工程的发展。从1998年至2010年，中国科学院分三个阶段完成知识创新试点工程。在这些政府政策的支持下，我国在知识创新体系建设上取得了丰硕的成果②。

近年来中科院科技知识产出数量、质量大幅提升。早在2004年，中科院发表的SCI论文较1998年增长了115%，总量已约为德国马普学会的2倍；在国际各领域居前20位的学术刊物上发表的高质量论文数量，已占全国同期总量的一半以上，其中在《自然》（Nature）和《科学》（Science）上发表论文28篇，占全国的50%；发明专利申请与授权量较1998年分别增长3.2倍和18.6倍③。

以中科院为代表的科研院所正在成为任务（使命）导向型的知识创新主体。第一，科研院所有丰富的科研经费，国家对科研院所的资金支持力度一直很大，2007年政府投入R&D经费913.5亿元，其中592.9亿元投入到了科研院所，占科研院所全部R&D经费的86.19%④。第二，科研院所是促进高科技成果转移转化与高技术产业发展的基地，1998～2010年，中科院科技成果转移转化使社会企业新增销售收入和中科院投资企业实现营业收入累计近2万亿元⑤。

---

① 2014年中国高等学校R&D活动分析报告。
② 刘念才、刘莉、程莹等：《名牌大学应是国家知识创新体系的核心》，载于《高等教育研究》2002年第3期。
③ 李斌、路甬祥：2004年中科院经费总收入125.4亿元［EB/OL］. 2005-03-21. http：//news. xinhuanet. com/zhengfu/2005-03/21/content_2722433. htm.
④ 吴知音、倪乃顺：《我国财政科技支出结构分析》，载于《经济研究参考》2012年第42期。
⑤ 吴晶晶：中科院知识创新工程促科技成果转移转化成效显著［N］. http：//www. jyb. cn/china/gnxw/201102/t20110206_412948. html.

(三) 知识创新的产出能力显著提升

如图 3-2、图 3-3 所示,从 2001 年到 2014 年,我国在发明、实用新型专利授权量(项)和总的发明专利授权数(项)上一直处于上升趋势。在发明、实用新型专利授权量(项)上,我国由 2001 年的 70 655 项上升到 2014 年的 862 651 项,平均每年增长约 21.2%,而 2014 年的发明实用新型专利授权量(项)

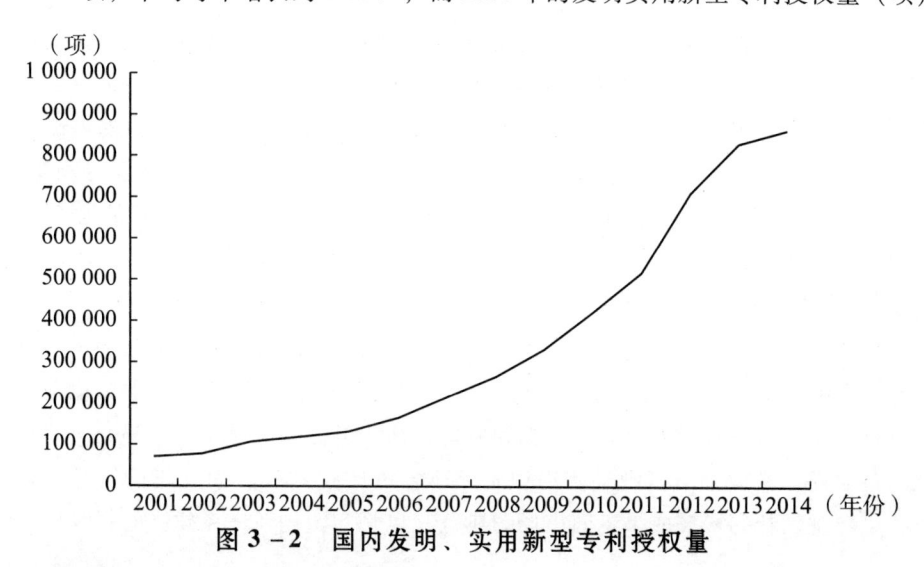

图 3-2 国内发明、实用新型专利授权量

资料来源:《2015 年中国科技统计年鉴》。

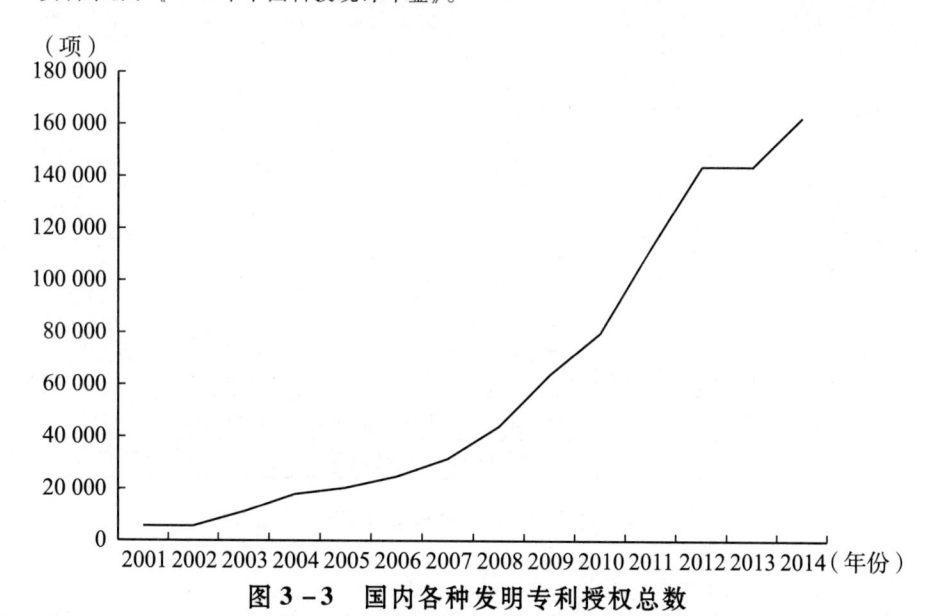

图 3-3 国内各种发明专利授权总数

资料来源:《2015 年中国科技统计年鉴》。

大约是 2001 年的 12 倍。此外，我国总的发明专利授权数（项）上升的趋势更加显著，其总的发明授权专利数（项）由 2001 年的 5 567 项上升到 2014 年的 162 680 项，平均每年增加约 29.6%。由此可知，我国在发明创新上的能力不断增强，我国的知识创新体系正处于快速发展的阶段。

（四）一些高技术企业成为知识创新的重要参与者和推动者

整体来看，高技术大、中型企业的研发能力均呈现不断增强的趋势。而将高技术大、中型企业的研发能力分开来看，从 2004 年开始，高技术产业中的大型企业研发能力逐渐超越中型企业的研发能力，并且两者之间研发能力的差距在呈现不断增大的趋势（见图 3-4）。企业研发能力的提升除了政府政策的刺激外，一个重要的原因就是科研院所和大学开始与企业公司合作共同推进知识创新体系的建设。例如，2003 年中科院物理研究所与联想投资有限公司等联合建立星恒公司，该公司一成立就致力于车用锂离子动力电池的产业化。2004 年，星恒公司架设了国内第一条动力锂离子电池生产线。经过近两年的努力，星恒公司的产能已经达到 2 000 只/天，一次通过率超过 90%。以物理所先进的锂离子动力电池及其关键材料技术为基础，公司进行工艺和装备创新，走过了"手工—机械化—半自动化"的道路。星恒公司将中科院物理研究所先进的技术和联想先进的管理经验结合，是自主创新的科技成果走向市场的典范，也是知识创新体系建立的新路径。

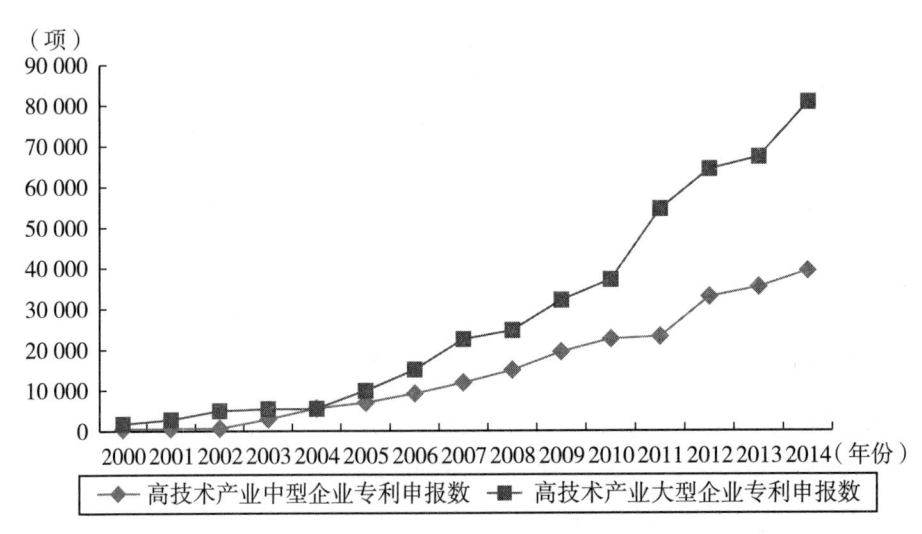

图 3-4　高技术大、中型企业专利申报数

资料来源：2001~2015 年《中国高技术产业统计年鉴》。

总的来说，"十一五"期间我国知识创新体系建设取得的成绩显著。我国的发明专利授权量上升到了世界第 3 位，而国内发明专利申请量年均增长 25.7%，授权量年均增长 33%；国际科学论文总量由世界第 5 位上升到第 2 位，被引用次数由世界第 13 位上升到第 8 位。我国的研发能力、知识创新能力在不断增强。

（五）科研院所与高校间的机构联合取得了一定的进展

一批拥有雄厚实力的研究机构和平台得以建立。例如，国家纳米科学中心是合力共建的典型科研机构，由清华大学、北京大学、中国科学院物理研究所、中国科学院化学研究所等 18 个单位共建。

旨在人才培养方面探索提高研究生培养水平的新途径，对"双培养单位、双导师、双毕业证、交叉教学、共同培养"的新型研究生培养方式进行试点；加强人才交流和项目合作，"十一五"期间，中国科学院吸引了 11 000 余名高等学校和研究机构研究人员担任客座研究员和高级访问学者，在前沿交叉领域与高校共同开设了高级科学研讨班，鼓励研究所科学家到高校授课，与研究型大学联合培养研究生和博士后 15 346 人。

2012 年 4 月底上海科技大学经教育部批准筹建，由上海市人民政府和中国科学院共同举办，学校致力于打造一所小规模、高水准、国际化的研究型大学。上海科技大学（以下简称上科大）将在办学过程中把高校、科研机构与科技园区相融合，将教育、科研与创新创业相融合，将课程学习、科学实践与创新创业实践相结合，从而创新办学理念，创新大学功能，构建创新价值链，服务区域和社会经济发展。上科大学生规模约为 6 000 人，包括研究生 4 000 名、本科生 2 000 名。本科生阶段，将按照"宽口径、厚基础、复合型、交叉型"的原则，把课程学习、科研实践和创新创业时间融合，课内环节和课外环节融合，培养高层次、专业性、复合型的创新创业人才。该校地处张江，毗邻中科院上海高等研究院，有利于将教育、科技、服务社会这三个高校功能融合在一起，推动科技成果的产业化，孕育出一批创新创业人才，提出"我们要打造'中国的硅谷'，将课程学习、科研实践、创新创业三者有机结合，为国家培养未来的创业人才和学术人才"的发展目标。

第二节　中国科教结合的知识创新绩效评价

高水平研究型大学是知识创新体系的核心组成部分；一流大学的基础研究已成为影响发达国家原始性知识创新的核心力量。从世界范围看，高水平的高等教育和人才培养离不开高水平的科研投入。何晋秋等[①]对德国、美国、法国、日本和英国等各国研究型大学进行了研究，发现这些高水平大学的建设方向和发展趋势是相同的，即为提高本国的综合国力，各国都投入了大量资金支持一部分大学发展成为科研、教学、服务紧密结合，产出高水平的科研成果，培养高层次人才的研究型大学；并认为教育科技体制改革的重要环节是在高等院校（主要是研究型大学）与科研机构（主要是基础性的研究机构）中，将教育与科研紧密地结合，既有利于高层次人才的培养，又可推动高水平科研工作的迅速发展。

对高校和科研机构的知识创新投入和产出需要客观的绩效评价。知识创新绩效评价涉及创新主体的资源配置和使用的评价，并影响其创新投入和产出的关系。因此需要充分考虑资源的配置和使用效率，充分关注知识创新投入和产出的效率。对于科研机构和高等学校，知识创新绩效评价是在一定的创新目标的基础上，采用科学的方法对创新活动及投入产出情况进行判断，以对创新活动进行管理、监督和调控，并提供决策参考的方式。随着高校功能的拓展，知识创新绩效评价不仅包括简单的科学研究的范畴，还包括知识传播、人才培养等更广泛的内涵。在有限的公共财政支出下，随着对各种科研教育经费需求的提高，越来越多的经费拨款需要和创新绩效挂钩，因此，有必要对科研和高等教育机构进行全面客观的创新评价。

一些发达国家在高等教育机构创新评价方面都形成了比较系统的评价方法，例如美国从20世纪60年代开始对高等教育机构进行全面评估，旨在确保教育质量和研究水平；英国从20世纪80年代开始进行系统的科研质量评价，并与高等教育基金会的拨款挂钩，提升科研活动的质量；日本在20世纪90年代提出建立开放性的研究评价体制，并对基础研究和应用研究进行分类评价。我国围绕各种创新工程或学科评估也发展出较完善的评估方法，这些评估主要是针对高校系统本身的评价。当前学者围绕科研绩效评价或创新绩效评价虽已开展部分研究，但仍缺少对高校和科研院所知识创新绩效全面的比较分析。刘念才和赵文华从宏观和微观两个维度，从战略思路、人才队伍、科技评价、交叉学科、创新基地及区域发展等七个方面，研究了高校的科技创新能力建设[②]。一些研究从科研团队的角度探讨科研机构的知识创新绩效[③][④]。这些研究利用的方法各异，一些研究运

[①] 何晋秋、苏竣、柏杰等：《提高创新能力 加速建设研究型大学》，载于《清华大学学报（哲学社会科学版）》2002年第2期。

[②] 刘念才、赵文华：《面向创新型国家的高校科技创新能力建设研究》，中国人民大学出版社2006年版。

[③] 蒋日富、霍国庆、谭红军等：《科研团队知识创新绩效影响要素研究——基于我国国立科研机构的调查分析》，载于《科学学研究》2007年第2期。

[④] 刘惠琴、张德：《高校学科团队创新绩效决定因素研究》，载于《科学学与科学技术管理》2005年第11期。

用DEA模型探讨高等学校的科研绩效，这些研究或是以省区为单位的研究①，或者高校的样本量较少②③，且为匿名评估，难以从整体上反映高校知识创新绩效的现状。对国内高校的绩效评价中，由于数据可得性等原因，主要以科研绩效评价为主。如张丽琨基于熵权TOPSIS模型对高校的科研绩效进行了评价④，一些研究从地方高校⑤、科研经费⑥、创新氛围⑦、学科建设⑧的角度探讨了高校知识创新绩效的评价，但仍然缺乏从科学院系统和高校系统知识创新绩效方面的系统研究，对于高校的创新绩效研究也限于有限的样本，缺乏对整个高校样本从知识创造、传播、人才培养等方面全面的分析。

本书在系统分析、比较国内外已有研究成果的基础上，科学理解和准确把握知识创新的内在特征，揭示科学研究和高等教育的融合对知识创新的重要性，从知识创造、知识应用、知识传播和人才培养等方面评价我国高校和科学院的知识创新绩效，着重从定量的角度深入研究科教结合对于知识创新体系建设的重要性，从宏观和中观层面探讨不同的科学研究系统的创新绩效差异的原因，揭示科教融合对于提高科研机构创新效率和人才培养的重要性。

首先，构建知识创新绩效评价体系评价高校和中科院系统的创新绩效，通常条件下，创新绩效与研发投入成正比，本书将结合历年数据，系统比较中科院系统和高校系统在给定科研投入情形下的创新产出。

其次，从高校的角度比较国内外高校的创新投入产出以及国内高校之间的创新绩效，探讨科学研究和高等教育投入相互关系，科教融合对于高校创新产出和人才培养的影响，探讨不同水平高校科学投入对创新绩效的影响，如何优化分配资源保障各类型高校的创新绩效最大化。

本书主要从以下方面论证科研投入与高等教育融合对知识创新的重要性：科学研究是保障教育质量的必要条件。首先，高水平的科学研究有助于教师提高自

---

① 杨宏进、刘立群：《基于三阶段DEA的高校科技创新绩效研究》，载于《科技管理研究》2011年第9期。
② 段永瑞、霍佳震：《基于数据包络分析的高校科研绩效评价》，载于《上海交通大学学报》2007年第7期。
③ 侯启娉：《基于DEA的研究型高校科研绩效评价应用研究》，载于《研究与发展管理》2005年第1期。
④ 张丽琨：《基于熵权TOPSIS模型的高校科研绩效评价》，载于《黑龙江高教研究》2013年第11期。
⑤ 郎永杰、贾锁堂、吴文清：《地方大学科研绩效评价实证研究》，载于《科学技术哲学研究》2009年第6期。
⑥ 王汇、熊富标：《浅论高校科研经费管理的绩效》，载于《教育财会研究》2010年第6期。
⑦ 李志宏、赖文娣：《创新气氛对高校科研团队知识创新绩效的影响研究》，载于《高等教育研究（成都）》2010年第3期。
⑧ 薛玉香、黄文浩：《以投入产出比重新审视高校重点学科建设绩效评估》，载于《中国高教研究》2010年第4期。

身水平,向学生传播更全面系统、前沿的知识,有助于提高学生对求知的兴趣;其次,对于研究生教育和博士教育而言,科研实践本身就是教育的一部分,高水平的科研活动有助于培养更多优秀的研究生,提高国民素质和国家竞争力。

本书认为对高校充分的科学研究投入有助于形成高水平的研究成果,培养出世界一流的高水平人才。从世界范围看,一流大学通常在基础研究和应用研究方面投资巨大,对于我国而言,高水平大学通常需要有必要的科研投入保障高水平的研究。同时,从人才培养的角度,高水平的人才培养也需要有高质量的科研条件的支撑。由于科研经费的有限性,科研经费应该分配到能够高效完成高质量科研产出和高水平人才培养的高校,对于研究型高校和教学型高校来说,本书认为研究型高校的科研产出和人才培养效率更高,科研经费应适当倾斜到研究型高校。本书将基于定量模型探讨不同类型高校科研投入的产出效率。

一、中国高校与国外高校科技投入比较

当前,中国高等教育研发支出有了快速的增长,但与发达国家相比,高等教育机构研发在我国的地位仍然较低。2010 年,全国研发支出 7 062 亿元,高等教育机构研发支出为 475 亿元,占全国的 6.7%。[①] 相比之下,2010 年美国的高等教育研发支出占全国研发支出的 15%,英国高等教育机构的研发支出占全国研发支出的 27%,远高于中国高等教育机构研发支出比重。其中美国高等教育研发支出主要来源于联邦政府和地方政府,占 62%,其余部分来自企业、公益机构等部门(见表 3-1)。

表 3-1　　英国研发支出增长趋势(2000~2010 年)　　单位:百万英镑

项目	2005 年	2006 年	2007 年	2008 年	2009 年	2010 年
全部	22 106	22 993	25 085	25 585	25 880	26 362
政府	1 238	1 252	1 320	1 348	1 406	1 371
研究委员会	1 051	1 061	1 034	1 041	1 097	1 141
企业	13 734	14 144	15 676	15 814	15 497	16 067
高等教育	5 580	6 022	6 507	6 785	7 212	7 130
私营非营利机构	502	513	547	596	667	653

资料来源:英国国家统计局。

---

① 数据来源于高等教育统计资料汇编。

以顶尖级高校为例，中国名牌高校的研发经费有了较快增长，但与世界其他名校相比仍然有一定差距（见表3-2）。清华大学和北京大学研发支出达5.33亿美元和4.31亿美元，基本接近剑桥大学的研发支出水平，与美国哈佛大学、斯坦福大学的研发支出仍然存在一定的差距，人均水平的差距更大，2011年，清华大学和北京大学的人均研发支出分别为94.67万和34.58万美元，低于剑桥大学和牛津大学的平均水平，与美国顶尖大学的人均研发支出相比差距更大，例如北京大学的人均科技研发支出仅相当于哈佛大学的1/4和斯坦福大学的8%。值得注意的是北京大学和清华大学作为中国顶尖的大学研发经费支出在中国高校遥遥领先，中国的其他高校与世界著名高校的差距更大。

表3-2　　　　　国际著名高校研发支出情况（2011年）

高校名称	研发支出（亿美元）	科研人员数	人均研发支出（万美元）
清华大学	5.33	5 639	94.67
北京大学	4.31	12 462	34.58
剑桥大学	5.28	4 640	113.79
牛津大学	6.88	5 630	122.20
哈佛大学	6.50	4 671	139.16
加州大学洛杉矶分校 UCLA	9.82	4 016	244.52
斯坦福大学	9.08	2 118	428.71

资料来源：中国数据来源于高等教育统计资料汇编，英国数据来源于 HESA 网站，美国数据来源于 NSF 网站。

由于缺乏统一的统计数据，较难统计世界主要高校的科研产出情况。以诺贝尔奖获得者数量为例，剑桥大学和牛津大学分别产生了88名和57名诺贝尔奖获得者，斯坦福大学产生了27名，哈佛大学有151人获得诺贝尔奖，中国高校目前尚未有获得诺贝尔奖的科研人员。这种差距有发展历史的因素，中国高校科学研究起步晚，发展时间短，尽管国家日益加大科研投入，中国大学与世界顶尖高校的创新绩效差距目前仍然存在，以2014年诺贝尔科学奖为例，在获奖的9位科学家中，有3位来自美国高校，1位来自英国高校。中国高校的知识创新仍然处于追赶阶段。

二、中国科学院和高等学校结合的知识创新绩效评价

中国科学院和高等学校是我国知识创新的两大主体，中科院和高校均肩负着

实现科技原始创新的重任，是解决国民经济重大科技问题、实现技术转移、成果转化的重要力量。目前中科院在全国有104个研究机构，高等学校在全国有958所，包括649所本科学校。但两者在研究与发展经费上并没有明显的差距，2006年，高等学校的研发经费不到中科院的两倍，近年来高校研发经费增长速度有所提高，但2010年仍然仅相当于中科院的2.12倍（见图3-5）。

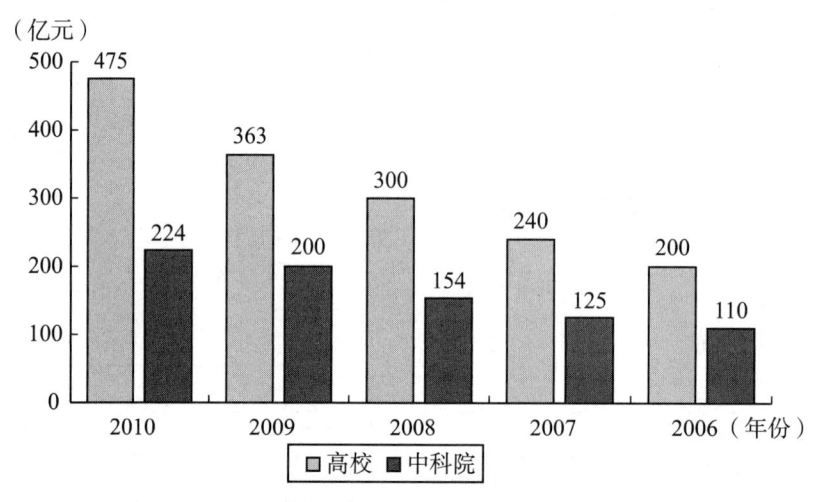

图3-5　2010年中国科学院和高等学校的研究与发展支出对比

资料来源：《高等学校科技统计资料汇编（2011年）》《中科院年度报告（2012年）》，下同。

通常，高等学校是基础研究的主体，但2010年研发经费支出中，中科院基础研究比重为37.7%，高校基础研究比重仅为28.3%（见图3-6），高校基础研究的比例明显低于中科院，表明一些基础性研究资源分配到了中科院系统。

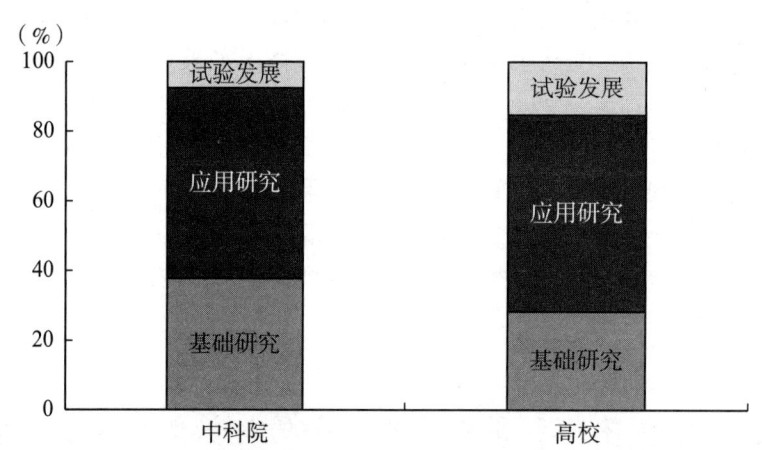

图3-6　中科院和高校研发支出类型比较（2010年）

资料来源：《高等学校科技统计资料汇编（2011年）》《中科院年度报告（2012年）》，下同。

专业技术人员数量上（见图 3-7），全国高校是中科院的 17 倍，而科研经费内部支出仅是中科院的 2.12 倍，人均差距显著；如果以中科院的人均科研经费作为对比，全国高校的人均科研经费仅相当于中科院的 12%，即使是"211"和省部共建高校，人均科研经费仅相当于中科院的 26%，全国非"211"高校人均科研经费仅相当于中科院的 6%。科研经费的人均值差距巨大（见图 3-8）。

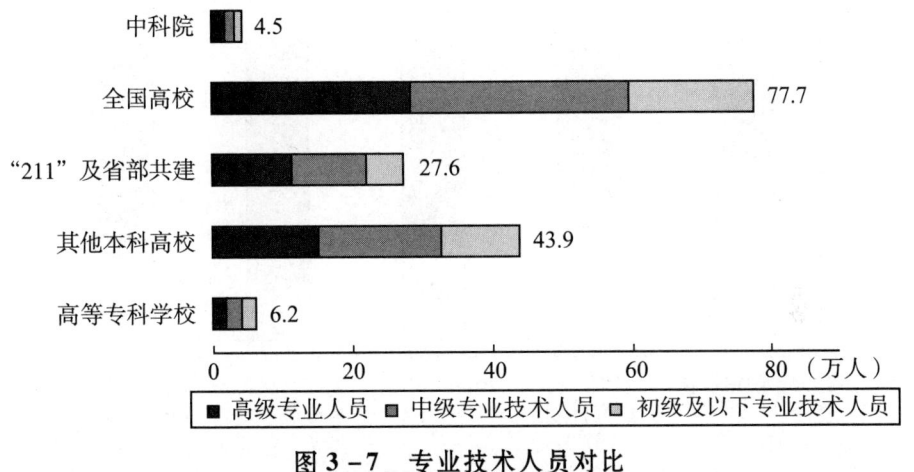

中科院　4.5
全国高校　77.7
"211"及省部共建　27.6
其他本科高校　43.9
高等专科学校　6.2

■ 高级专业人员　■ 中级专业技术人员　■ 初级及以下专业技术人员

图 3-7　专业技术人员对比

资料来源：《高等学校科技统计资料汇编（2011 年）》《中科院年度报告（2012 年）》，下同。

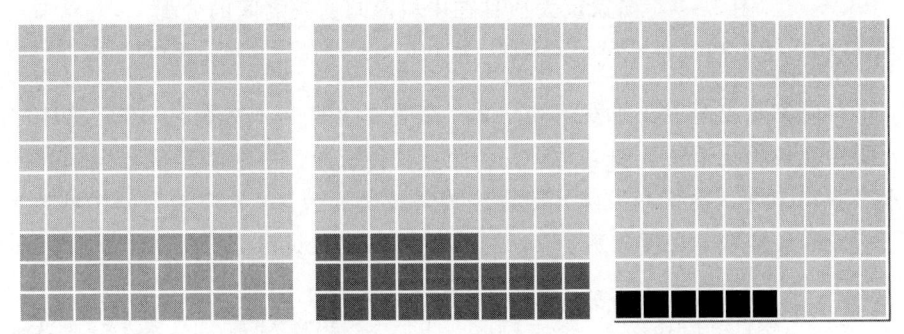

图 3-8　高校和中科院专业技术人员人均科研经费差距显著

注：图中浅色、中浅色、深色部分分别代表全国高校、"211"和省部共建高校、非"211"高校人均科研经费相当于中科院的比例。

资料来源：《高等学校科技统计资料汇编（2011 年）》《中科院年度报告（2012 年）》，下同。

从国家重大项目分配上看，我国的科技重大项目分配显示出明显的偏向中国科学院的分配模式（见图 3-9）。2012 年，有 17 项国家科技基础性工作专项项目分配给了中科院，而只有 10 项分配给高校，中科院获得项目数是高校的 1.7 倍，不仅远高于专业技术人员的相对比重，也远高于研发支出的相对比重。2012 年的国家重大科学研究计划中，中科院占 23 项，高校占 33 项，中科院对高校的相对比重高于其研发经费比重,也远高于其专业技术人员的相对比重。2011~2012年,中科院相对于高校的国家"973"项目立项比重和其研发经费相对比重持平,但高于其研发人员比重。在国家重要的科研项目中,相对于研发支出比重,高校仅在竞争性较强的国家自然科学基金面上项目获得数量上占有优势,即使这样,相对于中科院,高校获得的自然科学基金数也远低于其专业技术人员比重。

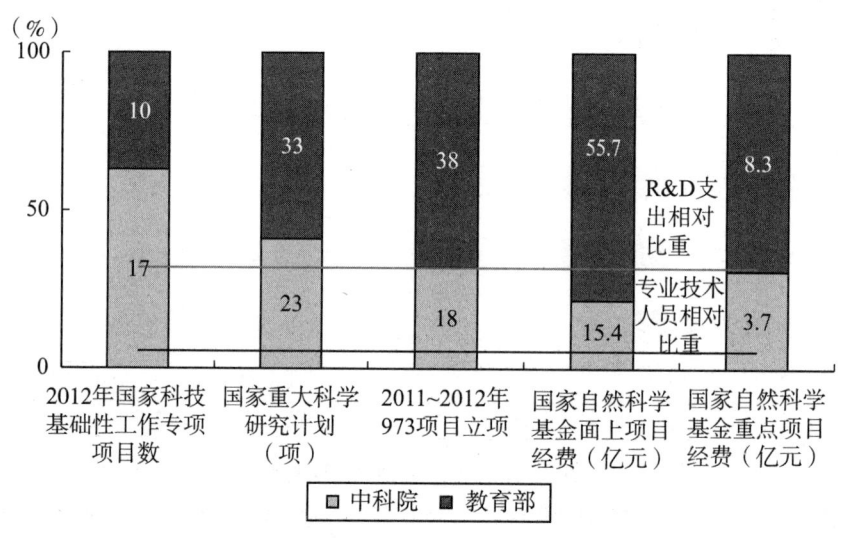

图 3-9 国家重大项目在中科院与高校之间的分配

资料来源:《高等学校科技统计资料汇编(2011年)》《中科院年度报告(2012年)》,下同。

中科院和高校两者在研发绩效方面存在明显的差距(见图3-10)。2010年,亿元研发经费科技论文数和亿元研发经费专利授权数,中科院远低于全国高校平均水平,2010年,全国高校亿元研发经费科技论文数达1 567篇,是中科院的8倍,亿元研发经费专利授权数达74件,是中科院的5倍。

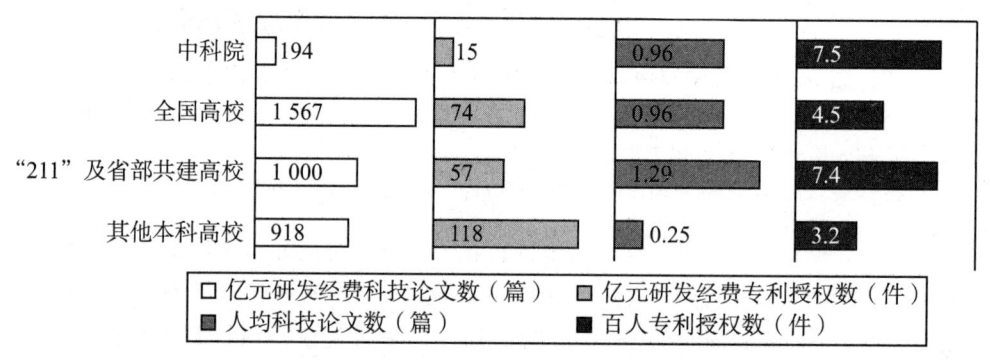

图 3-10 中科院与高校的科技成果产出比较

资料来源:《高等学校科技统计资料汇编(2011年)》《中科院年度报告(2012年)》,下同。

即使在巨大的人均研发经费差距水平下，中科院的人均科技论文和百人专利授权数与全国"211"及省部共建高校相比，仍然没有明显的优势，2010年中科院人均科技论文数为0.96，仅与全国水平相当，低于"211"及省部共建高校。中科院的百人专利授权数为7.5件，仅比"211"及省部共建高校略有优势（见图3-10）。

从2010年国家最高科技奖、自然科学奖、国家发明奖和科技进步奖的归属看（见图3-11），除最高科技奖中科院和高校各取得一个外，在自然科学奖、国家发明奖和国家科技进步奖中，中科院相对于高等学校的获奖比例远低于其研发经费支出的相对比重，而在国家发明奖和国家科技进步奖中中科院相对于高等学校的获奖比例甚至低于专业技术人员的相对比重。表明高等学校具有更好的产出效率，但人均科研经费严重偏低。

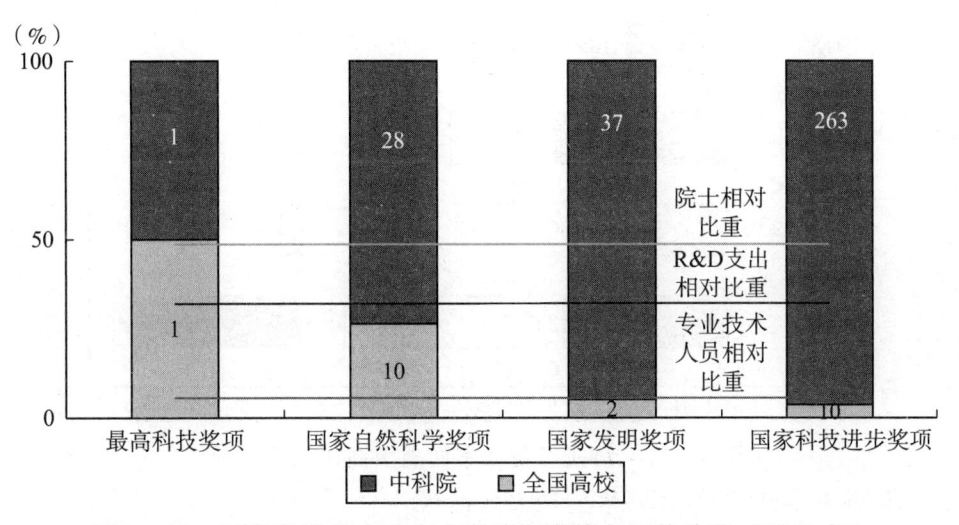

图3-11　国家科学技术奖在中科院和高校之间的分配（2010年）

资料来源：《高等学校科技统计资料汇编（2011年）》《中科院年度报告（2012年）》，下同。

三、高等学校知识创新绩效比较

本节主要探讨创新资源在高校之间的配置情况及产出效率。我们将高校区分成"7+2"高校、国家"985"工程、"211"工程高校和其他本科高校。"7+2"高校指首批进入国家"985"工程的高水平高校，包括北京大学、清华大学、复旦大学、南京大学、浙江大学、中国科技大学、上海交通大学、西安交通大学和哈尔滨工业大学。"985"工程大学指1998年以来，我国政府为建设若干所世界一流大学和一批国际知名的高水平研究型大学而实施的高等教育建设工程。到2011年，共有39所高校进入"985"工程。"211"工程是国家"九五"期间重点建设的高等教育发展工程，目前共有 100 余所高校进入"211"工程。由于"7+2""985""211"涵盖的范围依次增大，为避免重复，本书中，在研究"985"高校时，从中忽略"7+2"高校，在研究"211"高校时，从中忽略"985"高校。

（一）向重点高校倾斜的科研经费分配

我国高校的科研经费基本上是倾向于少数重点高校（见图 3-12）。2010 年，我国高校科研经费内部支出中，30% 左右的科研经费分配给了 39 所"985"工程高校，"985"工程高校数量仅占全国高校数量的不到 7%。而占全国本科高校 83% 的普通本科研发人员占全国高校的 50%，其科研经费支出仅占 29%。总体显示出明显的倾斜分配特点。

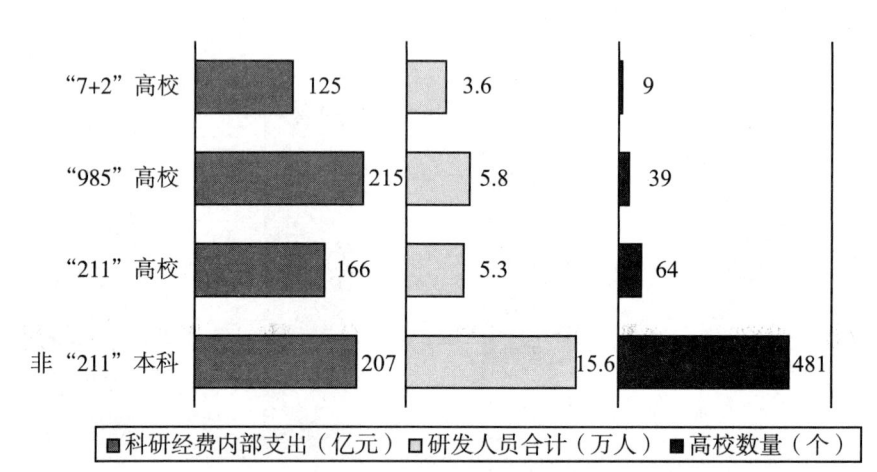

高校类型	科研经费内部支出（亿元）	研发人员合计（万人）	高校数量（个）
"7+2"高校	125	3.6	9
"985"高校	215	5.8	39
"211"高校	166	5.3	64
非"211"本科	207	15.6	481

图 3-12 科研经费在不同类型高校间的分配

资料来源：2011 年《高等学校科技统计资料汇编》。

这种倾斜分配从研发人员的人均经费中也可以体现出来（见图 3-13）。2010 年，"7+2""985"和"211"高校研发人员人均经费差异不大，在 31 万～37 万之间，而非"211"本科高校研发人员人均经费仅为 13.2 万元，远低于三类重点建设高校。倾斜的分配方式可能缘于不同高校产出效率存在显著差异。以 2010 年人均论文数（此处论文数为国外及全国性刊物发表论文）计算，等级越高的高校，人均论文数也越高，"7+2"高校的人均论文数高于其他"985"和"211"高校，是非"211"本科高校人均论文数的 3 倍以上。这种产出差异可能是经费分配差异的原因，也可能是经费不均衡分配的结果。

```
"7+2"高校    34.6        1.07
"985"高校    36.8        0.80
"211"高校    31.3        0.63
非"211"本科  13.2        0.33
```

■ 研发人员人均经费（万元）　■ 人均论文数（篇）

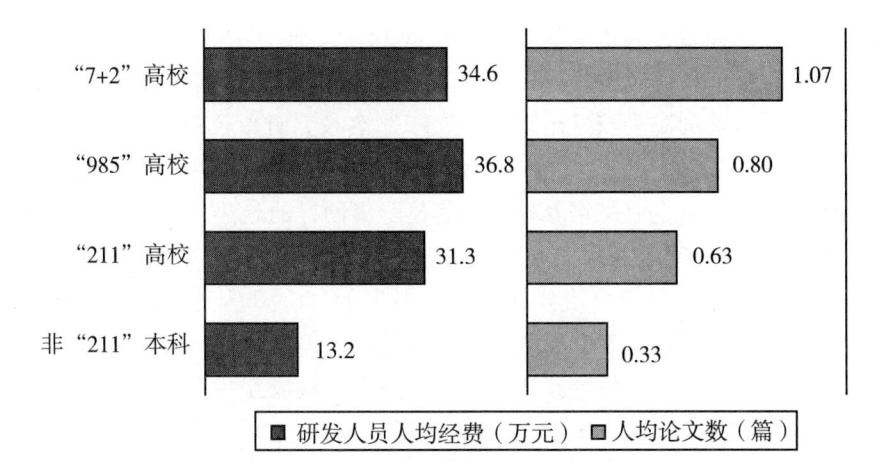

图3-13　不同类型高校的科研经费分配与产出

资料来源：2011年《高等学校科技统计资料汇编》。

（二）经费使用效率比较

科研经费配置是否合理，不同的高校在人才培养、科研产出、创新能力方面是否存在差异？我们将进一步区分"7+2""985""211"和非"211"本科四类高校，探讨年均科研经费投入的产出是否存在差异。

科学研究的一个重要作用是人才培养，大学的一个重要功能就是人才培养职能，我们分析各类大学的单位经费的杰出人才培养情况。将杰出人才区分为杰出政要、杰出院士校友和富豪企业家。其中，"杰出政要"是指国家级正职领导、国家级副职领导、省部级等正职领导，以及第十四届、第十五届、第十六届、第十七届和第十八届中央委员及候补委员等；"院士校友"是衡量学校在培养科技人才方面的能力，本书以1952年（含）以来我国大学毕业生成长为国内院士和国外院士为数据基础统计得出，其中，国内院士是指中国科学院与工程院院士；国外院士是指美国科学院与工程院院士、英国皇家科学院与工程院院士、俄罗斯科学院与工程院院士、法国国家科学院与工程院院士、加拿大皇家科学学院与工程院院士和发展中国家科学院院士等。"富豪企业家"主要是1999~2012年胡润中国百富榜、福布斯中国富豪榜、《南方周末》中国（内地）人物创富榜和新财富500富人榜等上榜的亿万富豪企业家有2700多人，其中因各种原因而"落马"的问题富豪不在调查统计之列。这些上榜的富豪企业家均是改革开放后中国民营企业家的杰出代表，数据来自中国校友网。

以年均亿元科研经费培养的杰出人才为指标比较各类大学人才培养的效率，可以发现高水平大学在杰出人才培养方面具备显著的优势（见图3-14）。"7+2"高校年均亿元科研经费投入的杰出政要为17人，明显高于其他三类高校，"985"

高校的年均亿元经费投入出现的杰出政要达 14 个，低于"7+2"高校。但高于其他类高校。亿元科研经费投入产生的院士校友显示出更加明显的差别，绝大部分科学院和工程院的院士校友出现在"7+2"名校，且单位科研经费培养出的院士校友数量遵循从"7+2"高校、"985"高校、"211"高校和普通本科院校依次递减的趋势。富豪企业家培养效率仍然显示出同样的趋势，年均亿元科研经费培养出的富豪企业家数在"7+2"高校中为 31 人，而在其他"985"高校、"211"高校和普通本科院校培养的数量分别为 14 人、8 人和 8 人。尽管科研投入和富豪企业家之间可能不存在直接的相关关系，但名校的科研环境存在显著的溢出效应，作为优秀人才的聚集地，优秀人才之间形成互相影响、激励和竞争氛围，而出身于同一学校的杰出校友之间也可能形成广泛的人脉关系，进一步促进杰出人才的成功。

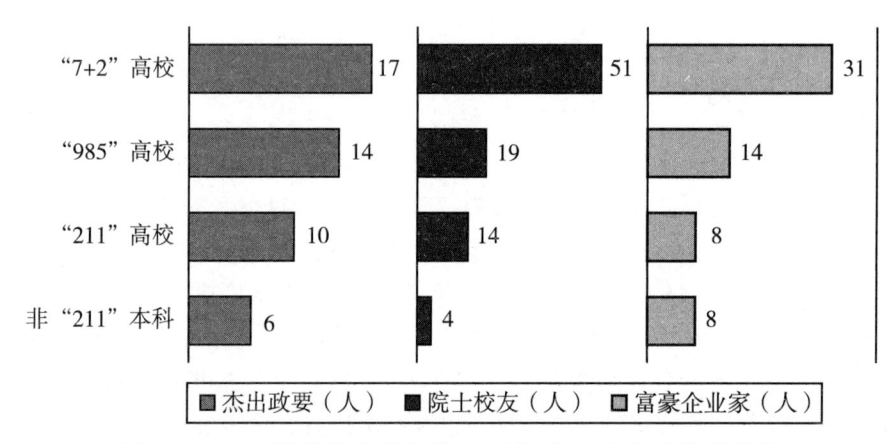

高校类型	杰出政要（人）	院士校友（人）	富豪企业家（人）
"7+2"高校	17	51	31
"985"高校	14	19	14
"211"高校	10	14	8
非"211"本科	6	4	8

图 3-14　不同类型高校年均亿元经费杰出人才培养数量

资料来源：2011 年《高等学校科技统计资料汇编》。

从科研经费投入的直接产出看，2010 年，百万元科研经费投入产出的国际和全国性期刊论文数也基本显示出高水平大学的论文产出量更多，百万科研经费投入中，"7+2"高校论文产出为 3.1 篇，高于"985"高校的 2.2 篇和"211"高校的 2 篇，但非"211"本科的单位科研经费论文产出高于"985"和"211"高校（见图 3-15）。

"单位科研经费投入产出的高水平论文"在几类学校间的差距较为明显。以 1998～2012 年我国高校在《自然》和《科学》杂志上以第一作者单位发表的论文数量和论文被引用率为基础指标，年均亿元经费投入产出的自然和科学论文数在"7+2"高校显著高于其他三类高校，比其他三类高校产出的自然和科学论文总和还多近一倍，自然和科学论文被引用频次更是远远高于其他三类高校。这表明，尽管科研经费分配显著向高水平高校倾斜，但科研成果、特别是高水平成果

"7+2"高校	3.1	8.2	750
"985"高校	2.2	1.5	138
"211"高校	2.0	2.0	119
非"211"本科	2.5	1.0	57

■ 百万经费论文数（篇）　■ 自然和科学论文数（篇）　■ 自然和科学论文被引频次（次）

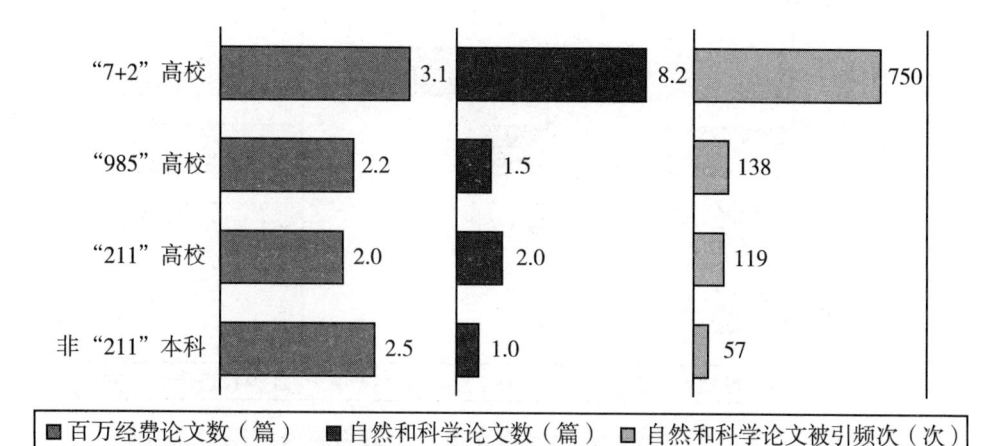

图 3-15　不同类型高校年均单位科研经费论文产出

资料来源：2011 年《高等学校科技统计资料汇编》。

仍然主要集中在高水平高校中。在科研经费不充裕的情形下，科研经费分配的这种适度倾斜对于产出重大科技成果是有必要的。

为探讨单位科技经费投入的科技产出，我们进一步分析几类高校的国家科学技术奖的获奖情况。国家科学技术奖是我国科学技术领域的最高奖，分为国家最高科学技术奖、国家自然科学奖、国家技术发明奖、国家科学技术进步奖和中华人民共和国国际科学技术合作奖五个奖项。其中，国家自然科学奖授予在基础研究和应用基础研究中阐明自然现象、特征和规律，做出重大科学发现的科技工作者，评审成果的形式为著作、论文。国家技术发明奖授予运用科学技术知识做出产品、工艺、材料及其系统等重大技术发明的中国公民。国家科学技术进步奖授予在技术研究、技术开发、技术创新、推广应用先进科学技术成果、促进高新技术产业化，以及完成重大科学技术工程、计划等过程中做出创造性贡献的中国公民和组织。在本书中，自然科学奖基于 2000~2011 年我国高校获得的国家自然科学奖（通用项目）二等奖以上奖励为数据基础统计得出；技术发明奖数据为 2000~2011 年我国高校获得的国家技术发明奖（通用项目）二等奖以上奖励；科技进步奖以 2000~2011 年我国高校作为第一完成单位获得的国家科技进步奖（通用项目）二等奖以上奖励为数据基础统计得出。

从图 3-16 中可以看出，单位科研经费支出产生的科学技术三大奖项分布仍然遵循高水平高校单位科研经费投入获奖更高的规律。其中，这种科研产出向高水平高校偏离的趋势在自然科学奖获奖数量上反映得更加明显，"7+2"高校单位科研经费投入产出的自然科学奖数量是"985"高校的 3 倍。自然科学奖是与科研经费投入直接相关的奖项，表明科研经费投入到高水平院校在重大科研成果方面可以产生更高的效用，尤其是对于自然科学成果。

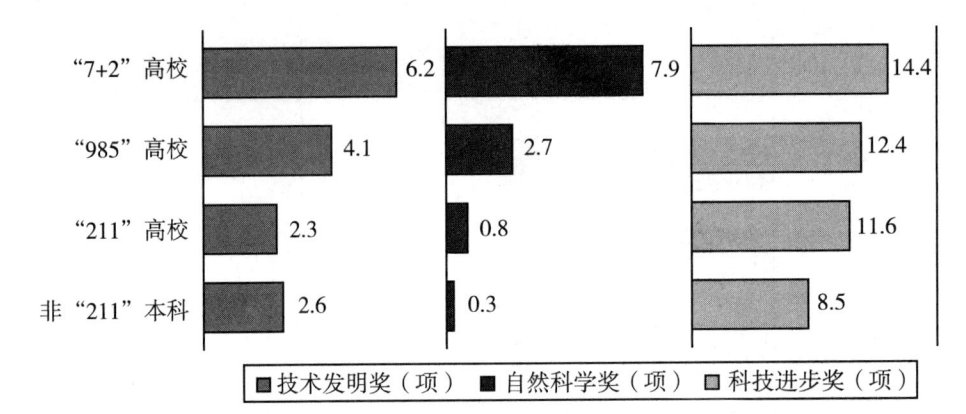

	技术发明奖（项）	自然科学奖（项）	科技进步奖（项）
"7+2"高校	6.2	7.9	14.4
"985"高校	4.1	2.7	12.4
"211"高校	2.3	0.8	11.6
非"211"本科	2.6	0.3	8.5

图 3-16　年均亿元科研经费内部支出产生的国家科学技术三大奖

注：只统计一等奖和二等奖，一等奖权重乘以 3。

资料来源：2011 年《高等学校科技统计资料汇编》。

为进一步探讨科技投入对人才培养、和科研成果的影响，分别作出各类高校的杰出人才、科研成果、科研奖项对科技投入的散点图（见图 3-17 ~ 图 3-21）。在这几类散点图中可以看出，"7+2" "985" "211" 高校、其他本科院校的科研支出依次下降，但随着科研投入的增加，杰出政要、院士校友、富豪企业家数、刊登在《自然》与《科学》论文数和科学技术三大奖的数量迅速增长，且在 "7+2" 高校中的增长幅度远高于在其他三类高校中的增长幅度。显示出科研投入和高等教育的密切融合关系，高水平的人才、高水平的科研成果往往集中于高水平的大学里，在高水平大学里的高水平人才培养和高水平科技产出的效率远高于普通高校，因此需要更大的科研投入。

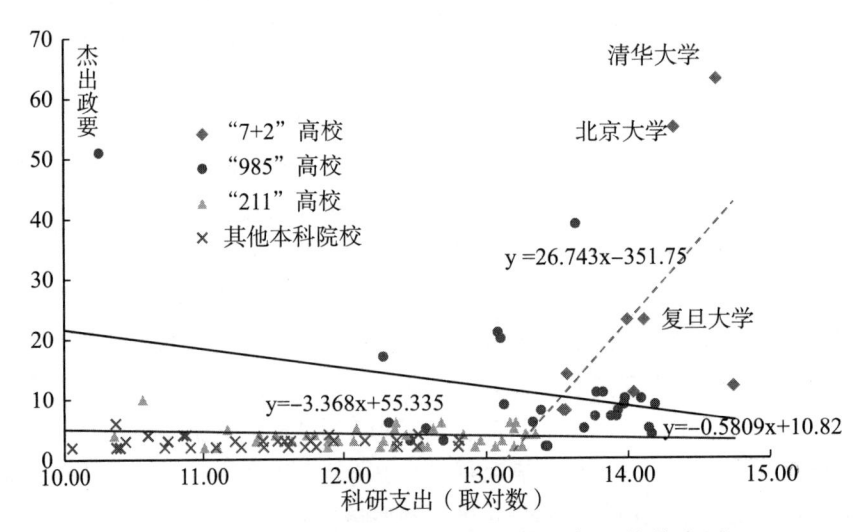

图 3-17　各类高校杰出政要对科研支出的散点图

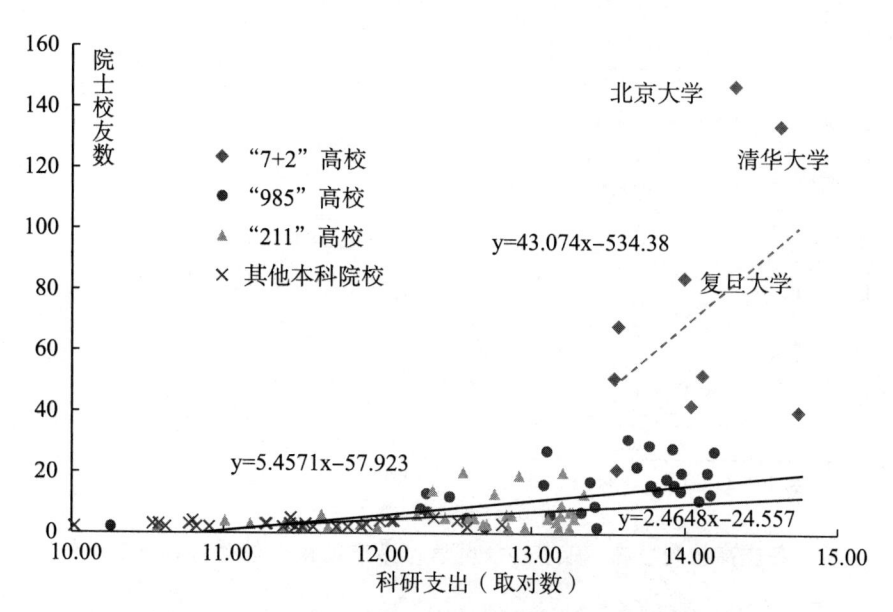

图 3-18　各类高校院士校友对科研支出的散点图

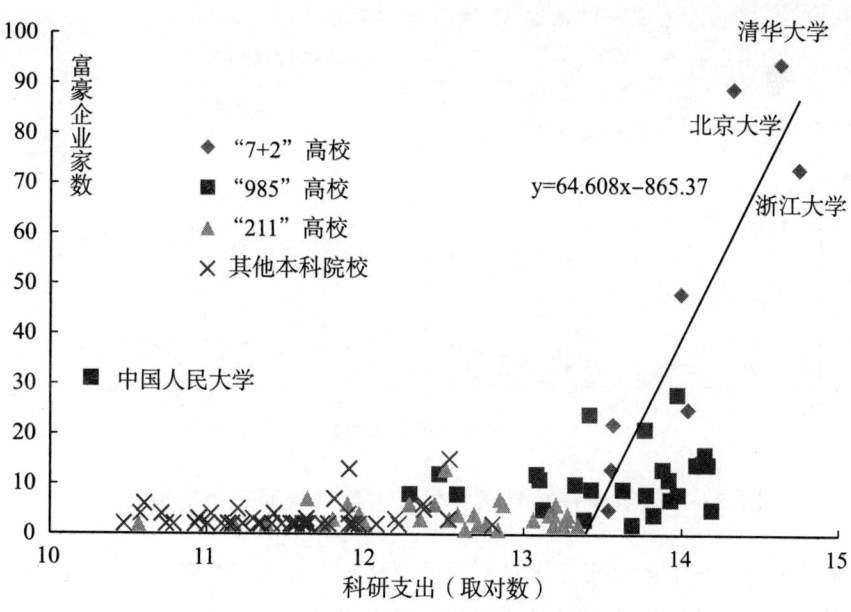

图 3-19　各类高校富豪企业家对科研支出的散点图

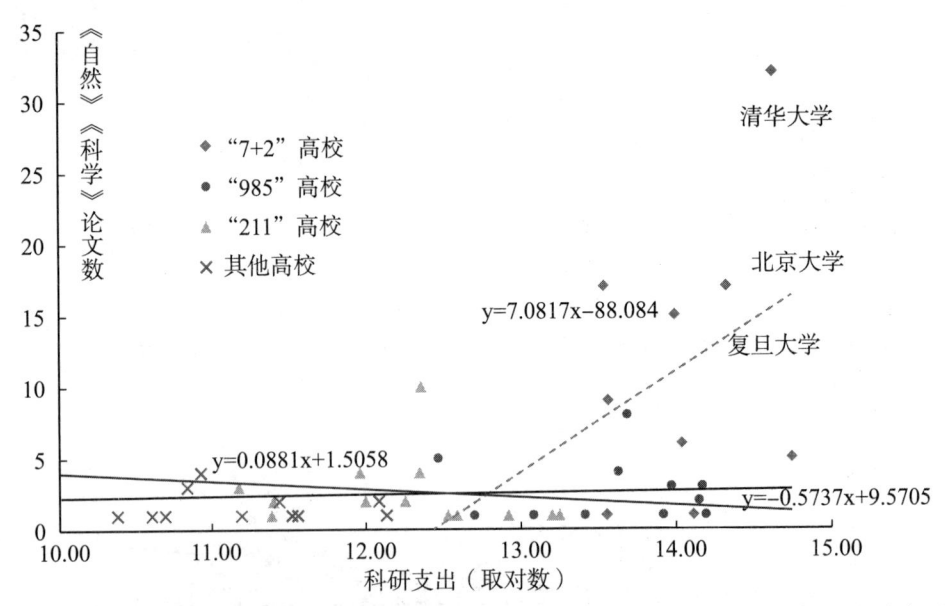

图 3-20　各类高校刊登在《自然》《科学》杂志的论文数量对科研支出的散点图

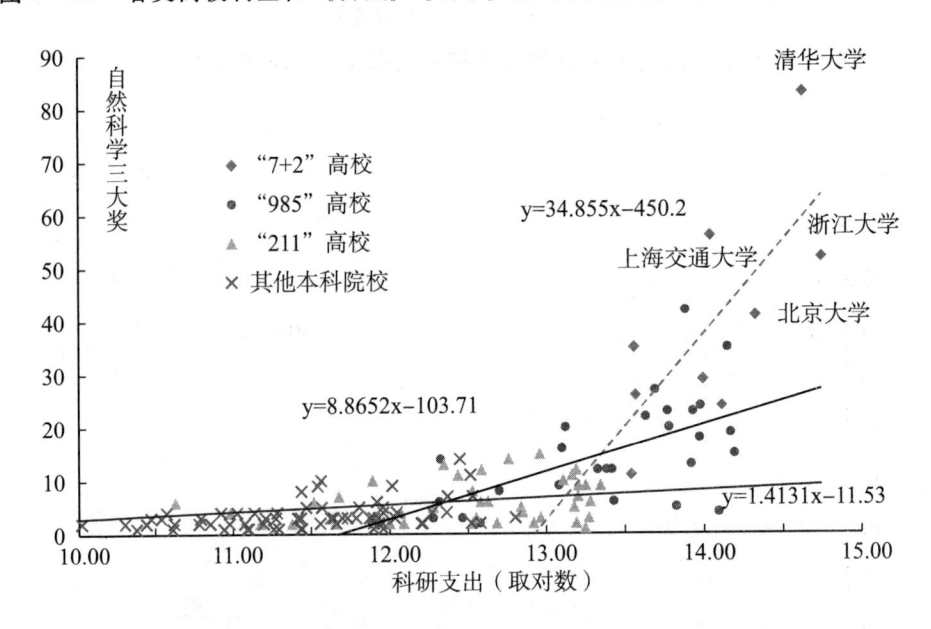

图 3-21　各类高校自然科学三大奖对科研支出的散点图

为了更进一步了解科研支出对不同类型高校人才培养和科技成果的影响，我们将区分不同类型样本进行回归分析。回归方程设定为：

$$Y = \alpha X + \varepsilon$$

其中 X 为年均科研支出自变量，Y 为人才培养和科技成果因变量，ε 为残差，分别选择杰出政要、富豪企业家、院士校友数量，国家科学技术三大奖数量，刊登在《自然》和《科学》论文数量，2010年国家级成果为因变量，以年均科研支出为自变量，以"7+2""985""211"高校和全部本科为样本进行回归分析。探讨科技投入对高校人才培养和科技产出的影响及不同等级学校的差异。

回归结果见表3-3~表3-6，结果基本符合预期。对于所有类型的高校，科研投入越高，杰出人才和高水平科研成果的数量越多，科研投入和科研产出及人才培养呈显著正相关关系。表明高等学校中，科学研究和高等教育是密不可分的整体，高质量的人才需要高水平的科研投入作为支撑。

如果区分不同类型的高校，可以发现，科研支出对于高水平高校的杰出人才培养和科技产出的效用更大，而对低水平高校，科研支出对于其杰出人才培养和科技产出的效用较小。

对于"7+2"高校，科研支出上升1%，杰出人才数量将增加13，"985""211"和非"211"本科高校，杰出人才数量分别上升2、1.8和0.3个。

同样，从表3-4的结果反映了科研投入对于科技产出的显著影响，对于四类高校科研投入对国家科学技术三大奖的获奖数量的影响存在显著的差异。

表3-3　　因变量：杰出政要、富豪企业家、院士校友数量

项目	"7+2"高校	"985"高校	"211"高校	全部本科
变量	excellent	excellent	excellent	excellent
科研支出（对数）	134.4* (59.01)	19.92** (8.892)	17.69*** (3.384)	3.306*** (0.343)
Constant	-1 751* (829.8)	-207.1* (119.3)	-195.1*** (42.75)	-27.90*** (3.476)
Observations	9	38	102	653
R-squared	0.426	0.122	0.215	0.125

注：*** $p<0.01$，** $p<0.05$，* $p<0.1$。括号内为标准误。

表3-4　　因变量：科学技术三大奖数量（2000~2010年）

项目	"7+2"高校	"985"高校	"211"高校	全部本科
变量	threeprize	threeprize	threeprize	threeprize
科研支出（对数）	34.86** (12.26)	8.878*** (2.102)	6.988*** (0.881)	1.306*** (0.103)

续表

项目	"7+2"高校	"985"高校	"211"高校	全部本科
变量	threeprize	threeprize	threeprize	threeprize
Constant	-450.2** (172.5)	-98.42*** (28.20)	-77.92*** (11.13)	-11.02*** (1.050)
Observations	9	38	102	653
R-squared	0.536	0.331	0.386	0.197

注：*** $p<0.01$，** $p<0.05$，* $p<0.1$。括号内为标准误。

表 3-5　　　　　　　　因变量：自然和科学论文数量

项目	"7+2"高校	"985"高校	"211"高校	全部本科
变量	nascipaper	nascipaper	nascipaper	nascipaper
科研支出（对数）	7.082 (7.901)	1.676* (0.943)	1.161*** (0.348)	0.202*** (0.0320)
Constant	-88.08 (111.1)	-18.85 (12.65)	-12.96*** (4.391)	-1.708*** (0.324)
Observations	9	38	102	653
R-squared	0.103	0.081	0.100	0.058

注：*** $p<0.01$，** $p<0.05$，* $p<0.1$。括号内为标准误。

表 3-6　　　　　　　　因变量：2010 年国家级成果

项目	"7+2"高校	"985"高校	"211"高校	全部本科
变量	achivm	achivm	achivm	achivm
科研支出（对数）	9.421*** (2.474)	2.008*** (0.501)	1.682*** (0.208)	0.329*** (0.0251)
Constant	-124.4*** (34.78)	-22.24*** (6.720)	-18.68*** (2.626)	-2.750*** (0.254)
Observations	9	38	102	653
R-squared	0.674	0.309	0.396	0.209

注：*** $p<0.01$，** $p<0.05$，* $p<0.1$。括号内为标准误。

四、评价结论

高等学校是知识创新的重要力量，对高校和科研机构的知识创新投入和产出需要客观的绩效评价。与发达国家相比，中国对高校研发的重视程度不够，研发投入偏低；中国名牌高校与国外顶尖高校相比总体和人均科技投入仍然存在差距。

中国科学院和高校均是国家科技创新的重要力量，但是科研投入分配严重不均。中国科学院占据大量的科技资源，人均科技研发经费远远高于高等学校，2010年，中国高校的人均科技经费支出仅相当于中科院的12%。但中科院的科技产出效率远低于高校，不仅单位科研支出的科技论文数、专利申请数、国家科学技术奖远低于高校，甚至从人均水平上，中科院的科研产出也不占有明显优势。

由于科技资源的有限性，国家对于高校的科研投入存在明显的向高水平高校倾斜的态势。"985"高校的科研支出占全国高校总支出的一半。由于高水平高校的向沿海地区的地域偏向，这种倾斜还体现出明显的沿海指向的空间不平衡性。

中国科研经费向高水平高校倾斜存在一定的合理性。报告利用各种方法探讨了各个高校的科研产出和杰出人才培养相对于科研投入的效率，结果表明，高水平高校在杰出人才培养和高水平科研成果产出方面具备更高的效率和更强的优势。无论是杰出政要、院士校友、富豪企业家数量，还是国家科学技术奖获奖数量、顶尖学术论文数量和被引用率，"7+2"高校单位科技投入经费产生的杰出人才和杰出成果都显著高于普通高校，显示出极强的集聚特点。这表明，高等学校作为国家知识创新体系建设的重要力量，其科学研究和高等教育的功能是密切相关的，特别对于高水平高校而言，杰出人才培养、杰出成果产出需要依赖于高水平的科研投入。人才培养和科学研究是相辅相成的关系，高水平的人才培养需要大量的科研投入，同时高水平的人才，特别是科技人才优势是高水平科研产出的重要源泉。

在科研经费有限的情况下，科技资源有必要适度向高水平院校倾斜。高水平院校的科研产出效率和人才培养效率不仅显著高于其他院校，也远远高于中科院系统。因此，需要适度改变当前大量科技资源向中科院倾斜的状态，将更多的科技资源投入到高校体系中，从而提高建设国家知识创新体系的效率，推动知识创新能力发展。

第四章

知识创新体系建设中科学研究与高等教育深度融合的内在机理

本章通过剖析知识创新、知识创新体系、国家创新体系等不同概念的内涵与外延，对照我国相关规划及政府文件精神，结合不同学者的研究成果及理论观点，界定科学研究与高等教育深度融合的知识创新体系的内涵、外延、主要特征、要素构成（主体要素、环境要素、功能要素）、功能作用及其保障条件等。从科学研究与高等教育的过程融合（寓教于研和寓研于教）、高等学校与科研院所的机构融合以及科学研究与高等教育的功能耦合三个方面来界定知识创新体系建设中科学研究与高等教育深度融合的内涵及其运行规律。

第一节 科学研究与高等教育深度融合的基石、特征与要素

一、教学与科研结合的基石追寻

教学与科研相结合的人才培养，并非教师和学生、教学活动与科研活动的简单拼凑组装。以人才培养为目标的教学与科研结合，对参与主体来说，其实是一种制度化的社会关系，因此作为一种有机的、持续运行的社会活动，首先需要探究的是二者结合的基石或纽带是什么？独立的个体、活动通过什么，最后相互结

合长效运作？也就是社会学中探寻的秩序建立的机制，或是行动的缘由。一种取向采取方法论上的集体观认为，答案的追问往往并不存在于事实或主体本身之中，而是具有超越性的，如迪尔凯姆说的集体意识，帕森斯所讲的价值体系；另外一种观点则认为，社会行动或秩序的建立源于个体的理性、情感和道德等因素，如古典经济学中的理性行动，符号互动学派中的意义符号，以及兰德尔·柯林斯在互动仪式链中强调的情感能量等。那么，在大学活动的场景中，教学与科研的结合是在一定理念主导和规制下的必然显现，还是原子化个体自主行动后的自然结果呢？

但凡提到教学与科研结合，一般都会以柏林大学的创建者们所倡举的"教学与科研相统一"的理念作为合法性源头和实践根基。然而，如果稍对柏林大学创建的背景和思想基础做一考察，就会发现，教学与科研相统一原则或学术实践是植根于当时费希特、施莱尔马赫和洪堡等创建者的核心大学理念中的。费希特依据其哲学思想，认为大学的重要功能是发展理性，大学的任务在于培养学者。而学者的真正使命是"高度注视人类一般的实际发展进程，并经常促进这种发展进程"。这种人类的发展取决于科学的发展，所以一方面，学者都应当使自己从事的学科有所进展或尽力而为发展他的学科；另一方面"传授技能总是学者所必须具备的，因为他掌握知识不是为了自己，而是为了社会"[1]。因此落实到具体大学中，教学与科研相统一的基石在于培养目标（学者）之上。洪堡从新人文主义思想出发，认为修养是大学的主要任务、目标，是个性全面发展的结果，与专门的能力和技艺无关，因此唯有探求纯科学的活动是达到修养的不二门径[2]。然而科学研究并非是实现修养目标的一种手段，而是把科学作为一种并非有目的，但从本身来说却是符合目的而准备好的精神和道德教育材料[3]。也就是说学生修养养成的目标是科学研究自然的效果，修养和科学各自为自身的目的，二者是共线同向的关系。因此教学与科研结合的基点是修养和科学两种活动共同具有的普遍、统一和整体的属性，而最终落脚点则集中在科学探究活动上，如洪堡所言"教师不是为了学生的缘故而存在，教师和学生有理由共同追求知识"[4]。

历史发现，基于费希特和洪堡等人的大学理想所创建的新大学，在1810年柏林大学成立后的早期，发生的实际情况是经验自然科学的衰退，没有任何证据

---

[1] [德] 费希特著，梁志学、沈真译：《论学者的使命人的使命》，商务印书馆1984年版。
[2] 陈洪捷：《德国古典大学观及其对中国的影响》，北京大学出版社2006年版。
[3] [德] 彼得·贝格拉著，袁杰译：《威廉·冯·洪堡传》，商务印书馆1994年版。
[4] Humbolt, W. (1970). On the Spirit and the Organizational Framework of Intellectual Institutions in Berlin. Minerva, 8, 242–267.

可把德国大学的科学生产率归因于改革时期占支配地位的哲学思想①。其实，稍作分析也不难理解，费希特和洪堡等人倡导的科学实质上是唯心主义哲学，德国哲学家文德尔班也认为，德语中科学一词等同于古希腊语的哲学一词。他所主张的真正科学是一种心智活动、思辨的产物，而不是建立在经验世界基础上②，因此经验科学的衰败就在所难免。不过由于新建的柏林大学一直信守科学研究、教学自由的理念，大学自身具有很强的自我调适和容纳能力，因此在19世纪30年代后期引入了现代意义上的经验科学研究，借助于研究所、实验室和"习明纳"等组织形式，自然科学才得以迅速发展。人才培养与科研也在相当长时期内保持了良好的互动，并形成了教学与科研结合的实践模板，得到其他国家、大学的推崇。可是，科学研究的发展导致了多方面的变化：一是知识的分化趋势加剧，专门化和具体的研究知识越来越难以实现自由、全面式的人才培养目标。二是在政府、军事和经济的介入下，科学研究的属性愈来愈多样，原来的纯科学研究蜕变为基础研究，面向实际需求的应用研究逐渐增多。这与原初无涉功用的人才培养目标产生了矛盾与冲突。三是在经历了工业革命化和两次世界大战后，科学研究的重要功能凸显出来，并在大学内部引发了系统性的反应和实际性的改变，如教师学术工作中教学与科研的区分和竞争，院系组织的科研漂移和教学漂移，学校类型的区分以及政府分类性的资助，本·戴维将其归纳为四个方面的变化，即个人方面（教师教学者与研究者地位）、内容方面（教学内容与研究领域）、方法方面（研究专业化与教学）和组织方面（教学与科研在机构和资助上的分离）③。此外，在第二次世界大战后主要国家分别经历了高等教育的大众化和民主化，学生人口特征、需求和兴趣均发生了实质性的改变，因此相应的人才培养目标也发生了变化，实用性、职业型的教育目标取代精英式的自由、修养目的，成为大部分人就读大学的主要诉求。如此，传统意义上教学与科研结合的基础，由于人才培养和科学研究的内涵都发生了显著变化，已经不复存在。新时期教学与科研的结合必须基于现实，寻找新的契合点和根源。

在新的境遇下，可以发现，教学与科研其实已经承担了各自的功能，二者的关系正如本·戴维所言"科研和教学只是在特殊的条件下能够在单独一个框架内

---

① ［美］约瑟夫·本-戴维著，赵佳苓译：《科学家在社会中的角色》，四川人民出版社1988年版，第277页。

② F. Ringer, Die Gelehrten. Der Niedergang der deutschen Mandarine 1890 – 1933（《学者们》，1969），Stuttgart 1983, P. 97. 转引自陈洪捷：《德国古典大学观及其对中国的影响》，北京大学出版社2006年版，第57页。

③ Joseph Ben – David, Science and the University System International Review of Education/Internationale Zeitschrift fürErziehungswissenschaft/Revue Internationale de l'Education, Vol. 78, No. 1, 45 – 50.

组织起来，远远不是一种自然的相配"①。教学和科研内部的分工、专业化，使得二者越来越具有迪尔凯姆意义上的有机团结特征，因此与其说二者是同质性系统，毋宁说是一种功能联合体。正从天然的统一向人为的结合建构转变，这种结合的动因已经不再是洪堡原初的教学与科研统一理念，而是受基于各利益相关主体如教师、学生、政府、社会和市场等的实际需求推动。在我国推动这一结合的主体，是由政府作为各方利益协调者，通过实现其主导下的培养目标来体现。在美国这种结合则更多的是在学生、社会和市场等相关利益方介入下，大学自身的一种自发应变行动。也就是说，教学与科研的结合从一种意识形态式的联结变为功能需求的互补体。这种互补联系更多的是根据实际需求进行的松散、片段的人为嫁接，因而教学与科研的结合不再是个体或单维意义上的，而是教学、科研各自要素原子化后的自由组合。例如融合于教学内容的科研知识，脱离知识生产主体通过组合设计在课堂上呈现；科学研究方法从科研实践中分离出来作为缄默性知识被讲授；研究过程经过转换以研究性教学方法的形式出现；科学研究方法从实验室、"习明纳"教学中分化出来，单独作为高年级学生（研究生）的学术研究训练。

二、教学与科研结合的特征剖解

通过回溯教学与科研结合原型，可以发现，无论是德国古典大学，还是美国研究生院，教学与科研相结合原则在人才培养上都显现出一些相似的特征。

第一，审视德国古典大学和美国大学研究生院的培养目标，可以发现，二者无疑都以培养研究能力和素养为旨归。但在职业培养定位上存在一些差异，例如德国古典大学中倾向于培养学生的研究素养、精神和能力，并没有对学术型和职业型学位作出区分，因此实际的职业指向并不明确，可以是学术职业，也可以是其他职业。施莱尔马赫在《德国特色之大学断想录》中对大学人才培养目标论述时，就曾表明大学的任务在于，"唤起科学的观念，并循此观念进入其选定的知识领域，使其能够本能地运用科学的目光看待一切知识，……学会在思维中运用科学的基本法则，并进而养成独立研究、发现和阐述问题的能力"②。至于未来的职业发展，他指出，只有少数人具备从事探索科学和从事研究的职业能力。大多数人只是通过在大学获得更多高深知识，接受科学精神熏陶，进入公职部门，

---

① ［美］伯顿·克拉克著，王承绪译：《探究的场所——现代大学的科研和研究生教育》，浙江教育出版社2001年版。

② F. D. E. Schleiermacher, Gelegentliche Gedanken uber Universitaten in deutschem Sinn, Nebst einem Anhang uber eine neue zu errichtende《德国特色之大学断想录》Berlin 1808, pp：22－30. 转引自陈洪捷：《德国古典大学观及其对中国的影响》，北京大学出版社2006年版，第37~38页。

把这种观念带入实际工作，进行更富创造性的实践。这种观点实际上暗合了当下本科生培养过程中，教学与科研结合的目标，即通过科学研究的训练，提高职业创新实践能力。而另外一位柏林大学的思想奠基人费希特认为，大学的目标是培养学者，学者要以学术为志业，决不能视科学为追求其他目标的手段，科学本身就是目的。其中学者的培养包括科学素养和道德修养，科学素养不单包括科学知识，更重要的是掌握运用知识和理智艺术的能力①。而美国大学研究生院在人才培养目标上进行了进一步的分工与细化，包括哲学型、专业型和职业型三种学位，其中严格来说，只有第一种哲学型学位是以培养科学研究者为取向，专业型和职业型学位则以培养高级应用人才为目标。但无论是何种取向，都以科学研究训练为重要的教学活动和培养路径。

第二，教学与科研结合面向的学生都具有一定的学识储备和学术探究兴趣。例如在德国大学中，教师主导的专题科研活动多半是在学生学习的课程后半段起作用，参加研讨班的学生通常必须具备若干资格，例如参与过一些低级的研讨班、接受过相关的基础课程学习，已经具备一定的知识储备。都大致进入专业学习阶段（Hauptstudium），修读专业课程，做毕业设计以及撰写毕业论文。因此能进入到教授所主持"习明纳"的学生主要为高年级学生，由于德国大学第一级学位一般持续4~7年，所以高年级学生基本上相当于美国的研究生层次②。另外，并不是所有的学生都参与研讨班和科研实验室，"大多数学生并不攻读学位，甚至并不参加讲授开展高级研究所必需的科研程序的研讨班"③。因此只有那些对学术探究有兴趣，或有志于从事科学研究、争取学术职业的学生才会积极主动参加。然而这一部分人注定是少数，盖勒特在20世纪80年代后期发现，在德国大学中一般学生并不参与科研，在第一级学位专业，只有不到10%的学生和一位教授建立亲密的关系，通过参加实验室或研讨班，很少有学生寻求科研训练和学科知识④。

第三，人才培养过程中，课程教学的开展建立在科学探究活动之上。在具体实施中，就是将科学研究活动设计、转换和开发为一种课程或教学活动，通过科学研究来促进教学和人才培养。以教学与科研结合的经典原型"习明纳"和实验室为例。"习明纳"作为一种教学方法最早出现在18世纪初德国教育家弗兰克创办的师范学校中，格斯纳于1737年在哥根廷大学创办哲学"习明纳"，他是第一

---

① 陈洪捷：《德国古典大学观及其对中国的影响》，北京大学出版社2006年版。
② ［美］伯顿·克拉克著，王承绪译：《研究生教育的科学研究基础》，浙江教育出版社2001年第36期。
③④ ［美］伯顿·克拉克著，王承绪译：《探究的场所——现代大学的科研和研究生教育》，浙江教育出版社2001年版。

个将"习明纳"作为一种教学组织形式引入大学教学的人①。美国历史学家亨利·亚当斯于1870年代将"习明纳"引入哈佛学院,此后得到了广泛传播成为美国研究生院最普遍的一种教学形式。"习明纳"具体的开展的教学过程,通常是由一名研究专家向他的学生提出问题或鼓励学生自己发现这类问题,然后在他的指导下开始进行解决问题的活动②。或是在教授指导下,一些高年级学生开展创建性研究工作③。到19世纪中叶,它主要涉及的学科有哲学、文学、语言、历史、艺术、天文、地理、物理、化学、海洋、数学等,因此主要适合于人文社会科学和基础性学科的研讨式教学。另外一种将教学与科研结合起来的人才培育方式是科研实验室,最早产生于1826年德国化学家李比希在吉森大学创建的化学实验室,学生通过参与教授的科研,刚开始学习关于学科、研究的一些基础知识,等熟悉后参与实质性的科学研究活动,学生以一种类似于学徒的身份和方式接受关于科研的知识和程序训练,培养科学探究的意识和兴趣,提高解决问题和科学研究的能力。

第四,不同类型的教学与科研结合,在组织规模、结构和环境的要求各不相同。对于高年级本科生和研究生,教学与科研结合一般是在规模较小、氛围适宜的组织环境内实现的。例如"习明纳"、科研实验室、科研小组和学术团队,在实施过程中,出于组织效能的考虑,往往会对参与人数、互动结构和人员关系等有相应的要求。柏林大学早期在对语言学研讨班制定的有关规则中,就曾规定"学生人数为8名(最多不超过10名)(第二条)"④。对于低年级学生来说,针对其开设的初级"习明纳"和中级"习明纳"人数一般在20人左右,最多也不超过40名⑤。而组织规模上的控制,在很大程度上目的是为了提供高频、高质的交往互动与指导,以及适宜的团队氛围和成员间的密切关注。卢瑟福领导的曼彻斯特大学物理实验室在1908年创建伊始,只有4名实验员和3名学生,3年后扩展到了25人。卢瑟福运用小组研究、集体协作等方式,创建了协作式扁平结构,确保实验室的高效运行⑥。此外得益于卢瑟福的知人善任和善于引导,形成一个和谐的研究集体,被人称之为"家族"或"部落",卢瑟福被称为这个家族的"爸爸"和部落的"酋长"⑦。这种宽松、友善、积极和健康的科研环境对激发学

---

① 贺国庆:《德国和美国大学发达史》,人民教育出版社1998年版。
② 王凤玉:《"习明纳":高等学校的成功教学组织形式》,载于《辽宁教育研究》2006年第8期。
③ [德]弗·鲍尔生著,腾大春、腾大生译:《德国教育史》,人民教育出版社1986年版。
④ 崔丽丽:《近代德国大学习明纳的产生发展及其影响》,河北大学2007年版。
⑤ 李其龙:《德国教育》,吉林教育出版社2000年版。
⑥ 夏代云、何泌章、李炳昌:《卢瑟福科研团队与高校拔尖创新人才培养》,载于《重庆与世界》2011年第8期。
⑦ 夏代云、何泌章、李炳昌:《高校创新性基础科学研究团队特征研究:以卢瑟福·盖格·马斯顿团队为例》,载于《科技管理研究》2011年第6期。

生和科学研究者起到了重要作用。这种情形在许多著名的科研实验室、科研团队和研究群体中都有显现，如卡文迪什实验室、贝尔实验室等，即使在人文社科领域也不乏其例。

三、知识创新体系及核心要素

知识创新体系的提出源于人们对国家创新体系的关注和研究。随着 OECD 于 1994 年启动"国家创新体系研究项目"（NIS Project），两年后相继发表《以知识为基础的经济》和《国家创新体系》两个报告，标志着对知识经济时代和国家创新系统概念的共识，关于国家创新系统的研究从理论研究进入到各国决策层面。在此基础上，美国著名的战略研究专家罗杰斯（Rogers，1996）最早提出了知识创新这个概念。他认为，知识创新是指通过创造、演讲、交流和应用，将新思想转化为可销售的产品和服务活动，以取得企业经营成功、国家经济振兴和社会全面繁荣。其所界定的知识创新概念既包含"创造新的东西"，也包含"将新思想转化为可销售的产品和服务活动"，以满足个人和社会日益增长的需要。野中郁次郎（Nonaka）和富山（Toyama）等（2000）首次提出了知识创新体系主要包括的 3 个层次：知识创新过程（SECI）、知识创新的平台巴（Ba）和知识资产，他们认为知识创新体系是一个有机的整体，这 3 个层次相互作用才能形成知识创新的螺旋上升运动。国内研究则认为，知识创新体系是以科学研究为核心，以大学和科研院所为执行主体，以知识生产、知识传播和转移为功能的具有基础性和战略性的综合体系，是科学研究与高等教育相结合的有机体，作为知识生产、扩散和应用耦合系统的知识创新体系，是国家创新体系的重要组成部分，是一国科技创新的源头和基础。知识创新的目的是追求新发现、探索新规律、创立新学说、创造新方法、积累新知识；主要功能是知识的生产、传播和转移；知识创新是技术创新的基础，是新技术和新发明的源泉，是促进科技进步和经济增长的革命性力量。当代国家的经济发展比任何时候都更依赖于知识和技术的生产、扩散和应用，知识创新已经成为推动国家创新能力和可持续发展的基本动力和关键因素，拥有知识支撑的创新将会成为未来国家经济增长和社会进步的不竭动力。知识创新体系这一概念提出以后，世界各国在实践及研究领域均对其进行了广泛、深入的探索。建设科学研究与高等教育深度融合的知识创新体系是我国创新型国家建设的重要战略任务，受到了党和政府的高度重视。早在 2006 年的《国家中长期科学和技术发展规划纲要（2006～2020 年）》就提出：要建设科学研究与高等教育有机结合的知识创新体系。

在 20 世纪五六十年代，匈牙利裔的英国哲学家波拉尼（Polanyi）曾从认识论的角度将知识划分为隐性知识和显性知识两大类。根据这样的划分，日本组织学家野中郁次郎博士敏锐地觉察到隐性知识在企业知识创新中的重要性，认为知识创新的关键在于隐性知识的调用和转化。1994 年野中郁次郎提出隐性知识和显性知识透过彼此转换的动态过程，使得新知识不断成长与扩散，且其知识创造过程呈现一种"螺旋状"，即逐步由个人的螺旋成长提升到团队的螺旋成长，进而扩展到组织的螺旋成长。野中郁次郎将知识的特性（即隐性和显性）与知识创新主体相结合，提出了知识创新的具体过程 SECI 模型，并在此基础上提出了知识创新体系是一个有机的整体，它主要包括 3 个层次：知识创新过程（SECI）、知识创新平台巴（Ba）和知识资产。这 3 个层次相互作用才能形成知识创新的螺旋上升运动（见图 4 - 1）。

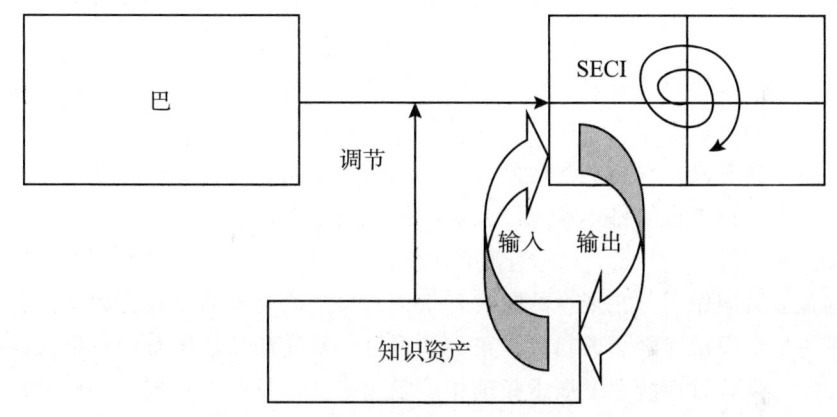

图 4 - 1　野中郁次郎的知识创新体系

本书基于科学研究与高等教育深度融合，所涉及的知识创新体系主要由从知识流动角度来研究知识的创造、传播和应用功能，具体包括创新活动的核心要素、内在动力、外部条件和运行机理。其中，知识创新体系的 4 个核心要素：创新系统结构、创新活动的行为主体、主要功能和主要环境要素，具体见表 4 - 1。

表 4 - 1　　　　知识创新体系的结构、主体、功能和环境要素

系统结构	行为主体要素	主要功能要素	主要环境要素
知识创造	高校、科研机构、企业	新科学知识的创新、扩散和转移	知识创新政策、巴
知识传播	高校、科研机构	人才培养、新知识的传播	教育政策、巴
知识应用	高校、科研机构、企业	新知识的应用、储存和扩散	知识产权政策、市场环境、巴

第二节　科学研究与高等教育深度融合的内在动力

　　科学是人类对自然界的认识，致力于发展概念体系，科学研究的过程就是人们认识自然、探索未知世界的过程，注重求真①。科学研究肩负着为社会经济、人类文明的发展提供硬件支持的重任；而高等教育则承担着为两者的发展提供智力支撑的重担。因此，传统教学与科学技术的传授是现代教育的两项不可或缺的内容，高等教育事业的发展肩负着培养新型人才的重任，只有把高等教学和科学研究有机融合起来，以科学研究促进高等教育的发展，才能更高效地提升整体的教育质量②。现今我们正处于科学技术飞速前进的高科技时代，在科学技术已然成为第一生产力的条件下，国家兴衰的关键是科技的发展程度。科学技术的发展是人们对未知知识的探索，使其与高等教育相融合，也是培养学生创新能力与开阔眼界的重要手段。现有的国内外教学实践都已证明，把科学研究和高等教育协调统一起来，把先进的科学实践经验及时传授给学生，使之能有效地运用所学知识解决实际生活中的问题，培养学生积极创造的能力，对于提高高等教育的整体水平有着显著的作用。在现今的时代背景下，科学研究和高等教育的统一已成为一个新的哲学视角和必然的趋势。正确认识科学研究和高等教育的辩证关系，使科学研究和高等教育能在发展中相辅相成以达成使科技的工具理性和价值理性统一的目的，进而服务于人的自由全面发展这一远大目标，对社会政治、经济以及文化的发展具有极其重大的意义③。

　　科学研究与教学融合经历了"本能融合""本义融合"和"本质融合"三个阶段。"本能融合"指仅具有培养人才单一职能的早期大学，人类知识有限且不成熟，教师须研究文学、历史、宗教、艺术及医学、哲学等问题，这种自发的研究本能地与教学一起，不进行研究就无法开展教学工作。"本义融合"指近代大学出现以后，教师通过科研获得新知识以传授给学生，学生参加科研是为"受到'纯粹科学'的教育"，学会主动、创造地考虑问题，达到"个人道德和思想上的完善"。这两方面构成了西方学者所说的"本义的"科学研究与教学融合。"本质融合"指现代大学兼有的三大职能从根本上都离不开科学研究，科学研究成为高等教育本质得到充分体现的内在逻辑要求。如果抽去科学研究，高校无法

---

① 马陆亭：《多样化地探索科教融合的人才培养模式》，载于《中国高校科技》2012年第Z1期。
② 马海泉、陈礼达：《科教融合　协同发展》，载于《中国高校科技》2012年第Z1期。
③ 汤进：《高科技时代的科教融合研究》，武汉理工大学2012年硕士学位论文。

从事现代意义的教学工作;教学与科研之间形式多样、内容丰富的内在融合,本质上是不可分割的有机统一体①。

从洪堡"科研与教学相融合"的原则到吉尔曼"基于研究生院的科研—教学—学习联结体"的观念,再到博耶的"教学即学术""让本科生参加科研"的理论,绕了一大圈之后似乎又回到了原点。尽管如此,我们仍然可以从他们的理论中概括出一种普遍性的科教融合的理论②。科教融合理论强调大学是一个探究的场所,应以学生发展为中心,应建立"科研—教学—学习"的联结体,以充分发挥科研的育人功能。以学生发展为中心,强调科研和教学的融合,必须树立科研本身就是一种效率很高和非常有力的教学形式的观点。高等教育是建立在高深学问的基础上,自由探究和创造是大学的本质特征,培养学生探究真理的态度和提倡科学的精神是大学教育的主要目标。从长远来看,科学研究对有效的本科生教学是必需的,对教师个人的发展、地位和身份也是必不可少的。因此,在本科教育中,科研与教学也是相容的。从大学一年级开始,学生参与一个科研环境就是一个很合适的教学和学习形式。因为学生的科研活动是一个引起批判思维和开发探究智能的方法。越来越多的研究表明,如果每一位本科生都有机会甚至被要求在有经验的教师指导下参与到原创性的研究或创造性的工作中,将会极大地丰富他们的学习经验,提高他们的学习主动性、积极性。正如1989年诺贝尔化学奖得主切赫所言,"研究型大学给学生最有震撼的教育并非来自课堂上课,而是让本科生进入研究实验室,让他们在那里获得个人体验,并接触最新的设备和尚无答案的问题。这些经验是他们毕业5~10年后也不会忘记的。正是这一点改变了他们的生活"③。

知识创新体系是建设创新型国家的重要源头,科学研究与高等教育深度融合是国家知识创新体系的本质属性和内在要求。当今世界,国家的经济发展比任何时候都更依赖于知识和技术的生产、扩散和应用,知识创新已经成为推动国家创新能力和可持续发展的基本动力和关键因素,拥有知识支撑的创新将会成为未来国家经济增长和社会进步的不竭动力④。知识创新体系是以科学研究为核心,以大学和科研院所为执行主体,以知识生产、知识传播和转移为功能的具有基础性和战略性的综合体系,是科学研究与高等教育相融合的有机体。建设知识创新体系,关键在于促进高校与研究院所在形成良性互动格局中提升各自的知识创造和传播能力,核心在于促进科学研究和高等教育的深度融合。因此,科学研究与高等教

---

① 李忠云:《科教融合 学术育人》,载于《中国高校科技》2012年第Z1期。
② 周光礼、马海泉:《科教融合:高等教育理念的变革与创新》,载于《中国高教研究》2012年第8期。
③ 周光礼:《高校人才培养模式创新的深层次探索》,载于《成才之路》2015年第9期。
④ 国家创新体系建设战略研究组:《国家创新体系发展报告》,知识产权出版社2008年版。

育深度融合的内在动力是由知识创新（知识创造、知识传播和知识应用）的本质属性决定的。科学研究的主要功能是知识创造，高等教育的主要功能则是知识传播和知识应用。因此，一个完整的知识创新和人才培养过程必须是科学研究与高等教育的有机融合，国家知识创新体系的建设必须是科学研究与高等教育的深度融合。

第三节　科学研究与高等教育深度融合的外部条件

科教融合的外部条件中既包含知识创新体系所需要的背景环境巴平台，也需要市场空间、制度空间、机制空间、社会文化空间的支撑。如前所述，巴是知识创新的基础外部条件，是知识分享、创造和使用的背景环境。巴既可以是物质空间（如办公室、商业空间等），又可以是虚拟空间（如电子邮件、电话会议等），还可以是精神空间（如共享的经验、观念和理想等），或是这三类空间和任何组合。巴的创造和再创造是知识创新过程中的关键，也是科教深度融合的重要保障。与 SECI 过程相对应，巴分为 4 种类型：（1）发起性巴，即个人分享情感、经验和精神模型的场所。知识创新的第一个阶段，即隐性知识的分享（社会化）就发生在这种巴中，知识创新过程由此开始。发起性巴是精神和心智模式交流的场所，这里可以产生信任、关爱、信念等，从而形成人与人之间知识转换的基础。（2）对话性巴，即个人的隐性知识转换成大家都能接受的显性知识的场所。在这里，外在化发生，隐性知识通过显性化在个人之间进行精神和心智模式的对话和反思。（3）系统化巴，即显性知识得以传播的场所。在这里，组合化发生，通过显性知识不同成分的组合，新的系统的显性知识得以创造，而新产生的显性知识与已有的显性知识结合，又形成更加系统化的显性知识。（4）演练性巴，即显性知识转换为隐性知识（内在化）的场所。主要通过"干中学"的方式来不断地完善知识。每一种巴支持知识转化的一个特殊类型，并为知识螺旋上升过程的具体阶段提供基础外部条件。不同层面的巴可以相互联系形成更大的巴，不同层面的巴有序地相互作用可以有效地推动科教融合的知识创新进程[①]。

市场空间是科教深度融合的激励保障。创新的最终目的是提升社会福利，市场空间是检验创新的最优环境，也是激励创新的重要保障。虽然知识创新离市场中的产品相距甚远，但市场的需求激励也是知识创新系统通过科教融合提升效率的重要原因。市场空间通过价格信息引导创新成果，一旦知识创新成功，就会形

---

① 张晓凌、周淑景、刘宏珍等：《技术转移联盟导论》，知识产权出版社 2009 年版。

成一定的技术优势，使得其他市场竞争者难以在短期内模仿，从而获得超额利润，反过来激励创新；另一方面，由于市场的激烈竞争，而由知识创新带来的技术优势并不是一劳永逸的，因此，市场空间又会对知识创新产生激励作用。

制度空间是科教深度融合的制度保障。政府虽然不是知识创新系统的直接参与者，但由于知识创新系统的正外部性，政府需要对系统进行规制。政府通过的制度空间进行动态调整，可以直接有效地调控知识创新系统的运行，特别是在"市场失灵"的情况下，政府可以完成知识创新系统中其他创新主体无法实现的系统功能，发挥其他主体难以发挥的作用。政府在制度空间的功能主要表现在：第一，规范制度运行。改革不适应科教融合发展要求的现有制度，发现和确立新型的、高效的制度，规范知识创新系统中的各个行为主体。第二，协调制度运行。政府作为具有特别权力的行为主体，拥有其他创新主体无法比拟的优势，可以从宏观上对个别创新主体的行为进行协调，也可以帮助一些创新主体消除矛盾，达成共识，为科教融合创造机会。具体的制度空间可以通过科教融合创新的经济政策、科技政策、教育政策等来实现。

机制空间是科教深度融合的运行机制保障，包括人事聘用机制、科研组织机制、科研评价机制、组织领导与沟通协调机制等。人事聘用机制以人才队伍建设为根本，改革和完善高等学校的人事聘用机制，全面实行聘用制度和岗位管理制度。打破论资排辈现象，健全同行认可机制，完善科技人才的评价标准和制度，逐步实行杰出人才的全球公开招聘制度，除涉密岗位外，推行关键岗位和科研项目负责人面向国内外公开招聘制度。实行固定岗位与流动岗位相结合，人员使用与项目、课题相结合的制度。允许和支持高校依托重大课题、重点任务，自主设立各级科研创新岗位，通过自主聘用，建立专职的科研队伍。按照事业单位工资改革的要求，改革和规范高校的工资分配制度，建立以岗位工资、绩效工资为主要内容的收入分配制度。促进高校、研究院所和企业之间的人员流动，完善高校科研人员向企业流动的社会保险关系接续办法。科研组织机制通过逐步完善稳定支持和竞争性项目相结合、以稳定支持为主的科研资源配置模式，优化大学内部教育结构和科技组织结构，创新科研运行机制和管理制度，提高人才培养质量和科技创新效率。鼓励高校打破学科壁垒，建立面向国家重大战略需求、以问题为导向的跨学科研究机构和创新团队，支持教师在基础研究和高技术前沿领域开展交叉学科研究和协同攻关。探索在高等学校跨学科领域集成资源、协同攻关、实施有组织科技创新的管理体制和运行机制，重点在项目发现、队伍组织、过程管理、产学研用结合、通过工程实践培养输出高质量技术人才等方面实现突破，形成一套跨学科、跨领域组织实施大项目的管理体制和办法。科研评价机制，遵循科学和人才成长规律，不断健全科研评价制度、完善评价标准、规范评价方法。建立以创新能力、科研质量、人才培养为导向的科研评价机制,积极探索适合基础研究和原始创新的科研评价体系和激励方式。改变重数量、轻质量,重形式、轻效果的单纯量化考核评价方式。简化科研评价环节,适当延长评价周期,改变科研评价中的急功近利倾向。建立符合科技人才规律的多元化考核评价体系,对科学研究、科研管理、技术支持等各类人员实行分类管理,建立不同领域、不同类型人才的评价体系,明确评价的指标和要素。改革和完善国家科技奖励制度,建立政府奖励为导向、社会力量奖励和用人单位奖励为主体的激励自主创新的科技奖励制度,把发现、培养和凝聚科技人才特别是尖子人才作为国家科技奖励的重要内容。组织领导与沟通协调机制方面,进一步加强对高等学校科技创新工作的宏观指导和组织领导,积极探索分工协作、有效协调、高效运作的工作机制。各级科技管理部门和教育管理部门要给予高度重视,各部门、各地方要结合实际情况,尽快制定实施细则和具体落实措施。各高校要结合学校学科建设规划、队伍建设规划和平台建设规划,制定相关计划,出台相应的政策措施,确保组织落实、政策落实、措施落实、经费落实。

社会文化空间是科教深度融合的社会保障,可以更加持久地影响知识创新过程。社会文化空间包括社会的风俗习惯、价值观念、文化水平、心理素质和社会风气等。社会文化空间直接影响社会追求创新的迫切程度,也影响到对科教融合的要求。完善的社会文化空间可以促成社会对于创新的更大动力,提升社会个体间相互信任程度,提高科教融合相互合作的层次,是知识创新体系长久繁荣的灵魂。

第四节 科学研究与高等教育深度融合的运行机理

作为知识创新体系的创新之源,野中郁次郎提出的知识创新体系运行 SECI 模型主要包括4种知识转化的模式(见图4-2)[1]:社会化、外部化、组合化、内部化。(1) 社会化 (socialization),即隐性知识向隐性知识的转化,它是通过分享经验把隐性知识汇聚在一起的过程。(2) 外部化 (externalization),即隐性知识向显性知识的转化,它将隐性知识明确表达为容易理解的形式,从而有利于知识的传递。外部化模式是知识创新的关键,它的实现需要借助隐喻、类比、范例等手段。(3) 组合化 (combination),即显性知识向显性知识的转化,它是将

---

[1] Nonaka I., Toyama R., Konno N. SECI, Ba and Leadership: a Unified Model of Dynamic Knowledge Creation [J]. *Long Range Planning*. 2000, 33 (1): 5-34.

显性知识的孤立成分组合成清晰的显性知识系统的过程。组合化模式需要从组织内外收集并组合显性知识，并将新的显性知识传递给组织成员，然后在组织内加工显性知识从而使之更实用。（4）内部化（internalization），即显性知识向隐性知识的转化，它是个人吸收显性知识并使其个人化为隐性知识的过程。通过内部化，已创造的知识就可由组织分享。个人不断积累的这种隐性知识通过社会化与他人分享，便会引发新一轮的知识创新。

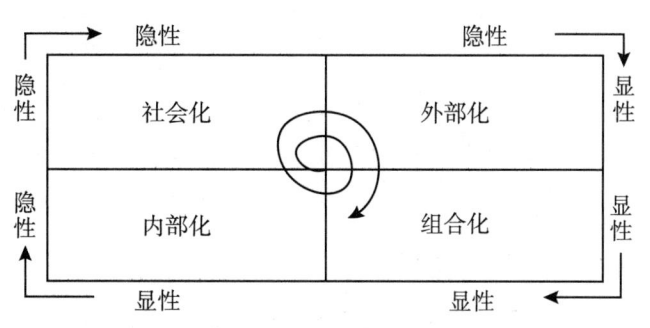

图 4-2　SECI 模型

资料来源：Nonka I，Toyama R，Konno N. SECI，Ba and Leadership：a Unified Model of Dynamic Knowledge Creation. Long Range Planning. 2000，33（1）：5-34。

野中郁次郎的 SECI 模型为认识知识创新体系提供了有意义的借鉴，值得指出的是，经典的 SECI 模型假设创新组织中个体与个体的交互，对于个体的异质性欠缺基本的假设，而在科教融合的知识创新体系中，导师与学生在知识资产掌握程度、知识创新能力和科教行为角色均表现出明显的异质性，因此，需要将经典模型拓展为异质的 SECI 模型，才能更好地解释科教融合条件下的知识创新体系（见图 4-3）。

科教融合的 SECI 模型同样可以分为互相联系螺旋上升过程的四个部分，但每个过程的内涵均与导师与学生的科研和教学（学习）行为相关，具体包括：

（1）从隐性知识到隐性知识的社会化过程。作为科研创新的先行者，导师在日常的科研工作中经历了"干中学"的过程，吸收了以往的经验、见解，并在自己的头脑中形成对问题的认识和看法，并将科研的隐性知识互动转换为学生科研的隐性知识，即导师科研经验的互动共享。可以看出，社会化过程主要涉及科学研究。

（2）从隐性知识到显性知识的外部化过程。当导师引领团队成员聚集在一起，各自发表自己的观点、交流知识（显性知识）时，由于每个成员对问题的认识和看法不同，讨论的过程即是各种观点相互交织、碰撞的过程。即导师通过引导学生将不易呈现的科研隐性知识通过教学来不断明晰化的过程。可以看出，外部化涉及"寓研于教"的过程，需要着重发挥科教融合的关键作用。

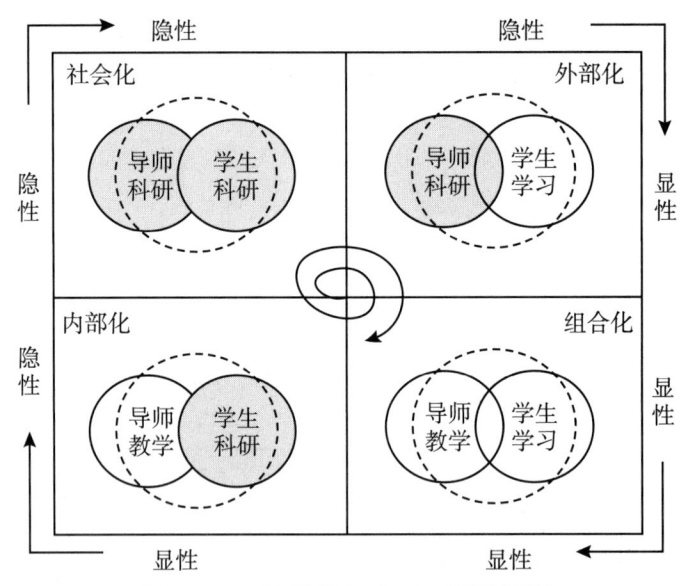

图 4-3 科教融合 SECI 模型框架

注：导师可以指个体也可以为导师团体，学生类同。

（3）从显性知识到显性知识的组合化过程。作为一种典型的"学中学"的转换方式，通过导师的教学引导使得学生的头脑中新旧知识的碰撞、融合很容易促成新知识产生，将新的知识进一步交流，又产生了更新的知识，从中归纳总结出共识（显性知识），完成了对问题的系统认识过程，即导师通过教学从一种显性知识的形态转换成学生学习系统的显性知识形态过程。可以看出，组合化过程主要涉及高等教育。

（4）从显性知识到隐性知识的内部化过程。当导师讲授的显性知识被进行科研的学生共享时，个人透过实践训练且经过激烈的思想交锋之后，每个成员都能从中得到启发，进一步深化对问题的认识（隐性知识），学生开始将这种知识内部化为科研隐性知识，这个过程是本轮知识创新的结束，也是下一轮知识创新的开始。科教融合 SECI 模型中的知识转换是科研与教学（学习）之间螺旋状的转化过程，也是显性知识与隐性知识之间螺旋状的转化、更替与创新，知识在形态上的转化意味着新知识的产生。可以看出，内部化涉及导师"寓教于研"的过程，也需要着重发挥科教融合的关键作用。

从前面的分析可以看出，科教融合的过程与知识创新的过程息息相关，科教融合水平的提升保证了知识创新螺旋不断上升。从 SECI 模型中可以看出，科教融合对于知识流动和知识创新体系具有重要的作用。按其功能不同可以分为两种类型，即外部化科教融合与内部化科教融合。其中，外部化科教融合是指在 SECI 的外部化过程中"寓研于教"成为隐性知识显性化的主要推动力。内部化科教融合是指在 SECI 中的内部化过程中"寓教于研"成为显性知识隐性化的主要推动力。

在科教融合的知识创新体系中，不仅存在组织内部的知识创新过程，而且还存在跨组织层面的知识创新互动，比如，我国的知识体系中就存在着高等学校、科研院所与企业的跨组织层面的科教融合知识创新互动（见图 4-4）。在跨组织层面，SECI 模型中科教融合仍然发挥重要作用，同时具有一些新的特点。(1) 多维演进。跨组织的知识创新过程是一个多维演进的过程，是由许多个体系、团队和组织层面共同实现的。既存在同一层面的知识转移，也存在不同层面甚至是跨组织的科教融合知识创新过程，从整个的角度来看，跨组织科教融合知识创新体现出一个复杂的、多方位、多维度的知识传播、集成、创新、扩散的过程，是多个要素共同发生作用和演进的过程。(2) 互动性。组织间功能相互耦合，各个组织是相互作用又相互联系的，组织中任一科教融合要素与该系统中的其他要素是相互关联又是相互制约的，如果某一要素发生了变化，则对应的与之相关联的要素也要相应地改变和调整。(3) 协同创新。在跨组织知识创新的过程中，只有通过各个主体间科教过程的不断协同，才能使知识不断地循环下去，使得螺旋过程持续下去。如果组织内的主体自我封闭、孤立地进行创新活动，就难以形成思维振荡，也就不能实现跨组织知识创新。

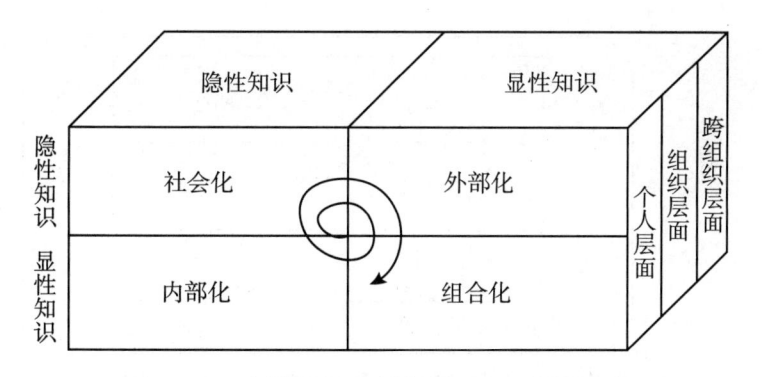

图 4-4 跨组织知识创新的 SECI 模型框架

从不同类型和不同组织层面的分析可以看出，科教融合对于知识创新在两个方面促进了知识创新螺旋：第一，结构完备性。在浅度科教融合中，知识转移基本维持在社会化和组合化部分，而外部化和内部化中几乎不会出现，而在中度和深度科教融合知识创新体系中，SECI 的体系结构完备性得到了初步满足，知识创新螺旋结构更加顺畅。第二，程度提升性。由于 SECI 中科教融合程度越高，外部化和内部化的创新程度提高，会为社会化和组合化环节的创新提出新的知识，而后者的创新又会对前者产生正向激励作用，从而提高了整个知识创新体系的创新水平。因此，融合程度正相关于 SECI 各过程的知识转移程度，融合程度越高的知识创新体系，其知识转移程度越高，可能达到的知识创新绩效就越高（见表4-2）。

表4-2　　　　　　　不同融合程度的 SECI 知识转移程度

科教融合程度	知识转移类型			
	社会化	外部化	组合化	内部化
浅度	弱	无	弱	无
中度	中	弱	中	弱
深度	强	强	强	强

知识转移程度的提高会促进组织知识资产的更新，提升组织知识资产的水平；具有"寓研于教"和"寓教于研"的科教融合过程会使更多创新人才出现；另外，跨组织的科教融合协同创新，提升了整个知识创新系统的知识资产和人才资源（见图4-5）。有效率的知识流动可以最大限度地减少技术创新的不确定性，缩短创新时滞，从而使知识转移效率直接影响一国的经济增长与创新绩效①。

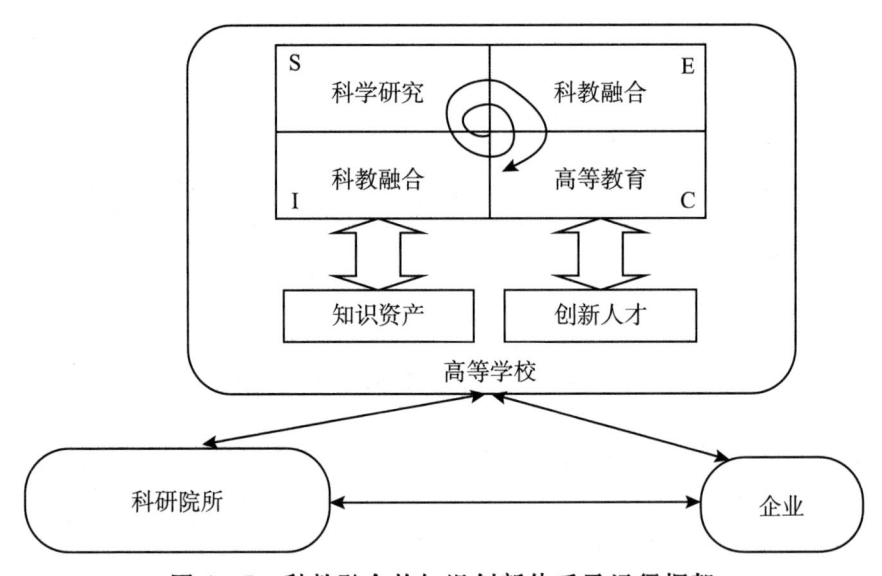

图4-5　科教融合的知识创新体系及运行框架

---

① 世界银行：《1998/1999 年世界发展报告：知识与发展》，中国财政经济出版社 1999 年版。

第五节 不同情境下教学与科研的互动机制

在人才培养的微观实践情境中,教学与科研活动的结合是通过教师的行动来实现的。因此教学与科研的冲突、互补或是统一,实际上都体现在教师的教学实践和科研过程当中。而这种互动虽然说是双向的,但是通常更多地表现为教师在科研方面对教学的影响上。麦克莱在1994年的一项研究中,也指出这种溢出效应与互补关系可能主要是单向的,很难表明出色的教学可以提高研究的质量[1]。然而科研对教学的这种正向作用,在具体实施过程中,也由于教学特征、学生层次、学科属性的差异,具体的表征往往不同。

首先,关于科研对教学的影响上,人们首先想到的是教师科学研究成果对教学内容的正向作用,并将其视作不言自明的事实,同时它也是教学与科研结合的主要内涵。托马斯-李萍指出科研产出可能有助于教师的学科知识发展、知识渊博化、教学准备、组织和安排(课程目标和要求),进而对他们的教学有效性产生积极影响[2]。但是,这种积极互动仅限在研究生层次上,弗里德里希和迈克拉克(Friedrich and Michalak)研究发现"学生并不认为从事研究的教师比不从事研究的教师知识更渊博",研究的深入往往导致知识视阈的狭窄化,而非宽广化,这不是学生(本科生)所喜闻乐见的[3]。因此事实上,教师在实际教学过程中,其科研成果对教学内容的作用是相对有限的,克洛克(1984)研究表示教师很少只传授自己的科研知识,而是依据、借鉴其他人的研究成果[4]。罗纳德·巴尼特也认为,研究通常针对的是小范围的问题,很可能使研究人员视野狭隘,这与高等教育当中力图拓展学生事业的观点是背道而驰的,而且直接把研究成果移入课程(尤其是本科课程)并不适宜,课程的设计是由教学目标而非研究取向来主导[5]。

---

[1] McCaughey, R. A. (1994). Scholars and Teachers: The Faculties of Select Liberal Arts Colleges and Their Place in American Higher Learning. New York: Conceptual Litho Reproductions.

[2] Tang, Thomas Li - Ping; Chamberlain, Mitchell. Attitudes Toward Research and Teaching: Differences between Administrators and Faculty Members. *Journal of Higher Education*, 1997 (5): 212 - 217.

[3] Friedrich, R., & Michalak, S. (1983). Why Doesn't Research Improve Teaching? Some Answers from a Small Liberal Arts College. *Journal of Higher Education*, 54, 145 - 163.

[4] Hattie, John; Marsh, H. W. The Relationship between Research and Teaching: A Meta - Analysis. *Review of Educational Research*, 1996 (4): 518 - 529.

[5] [英]罗纳德·巴尼特著,蓝劲松主译:《高等教育理念》,北京大学出版社2012年版,第169~170页。

其次,在本科教学层次上,虽然教师所从事的科学研究对教学内容作用并不显著,但是研究却表明是否从事科研对教师的教学风格和方法,以及在他们对学生要求上有显著的影响。弗里德里希和迈克拉克(Friedrich & Michalak,1983)基于之前相关研究的无效性,修改研究模型,提出影响教学与科研关系的其他变量,包括中间变量(知识渊博、组织能力、挑战精神、独立与批判性思维等)和外部变量(时间投入、个性、智力水平等)。其中科研对中间变量的影响会直接作用于教学有效性,外部变量则同时对教学与科研产生作用。然而研究显示外部变量的影响是微弱的,相关系数很低以至于无法支持研究对中介变量作用的假设。结果仅表明科研只是在教学的表达清晰性、演讲水平和要求明确性方面具有优势,同时要求学生完成更多的作业、设定较高的标准,通常给学生的分数也较低[1]。此外,哈利和格尔登的研究也显示研究对教学的影响更多地与课程难度和学生学习时间有关[2]。对八个工业发达国家的调查显示,在课程要求上,教学导向(TO)的教师比科研导向(RO)的教师在导论课程上更要求写专业论文(16%比9%),参与课堂讨论(29%比18%);在研究生课程上RO和TO的要求也有差异,分别为:写作专业论文(60%比30%)、发言(35%比26%)和课堂讨论(33%比29%)[3]。学生也表示投入更多时间于科研活动的教师的课程难度更大,阅读任务更重(Hoyt & Spangler,1976),因此从有效教学的价值评判尺度出发,学术活动多的教师比没有学术活动的教师更有可能被认为是有效的教师(McCaughey,1993)[4]。

再次,在研究生层次的科研与教学的关系上,二者关系主要是相互促进的,具有互补作用。一项美国研究生教育的研究显示高产出科学家比低产出者在拥有三个或更多研究生小组方面多两倍。贝雷尔森(Berelson,1960)、哈格斯特龙(Hagstrom,1965)也证明在教授小组中研究生和博士后的数量与产出显著相关。哈金斯(Hargens,1975)与劳德和戈登(Lodahl and Gordon,1972)针对不同学科,研究发现物理和化学比社会学和政治学更适合研究。导师指导的研究生数量与产出呈正相关($r=0.22$),其他研究显示职称级别的不同是影响科研产出的重要变量(Blackburn et al.,1978;Knorr et al.,1979;Kyvik,1991)[5]。在雨果、

---

[1] Hattie, John, Marsh, H. W. The Relationship between Research and Teaching: A Meta-Analysis. *Review of Educational Research*, 1996 (4): 518-529.

[2] Ramsden, Paul, Moses. Associations between Research and Teaching in Australian. *Higher Education*, 1992 (4): 277.

[3] Gottlieb, Esther, Keith, Bruce. The Academic Research-Teaching Nexus in Eight Advanced-Industrialized Countries. *Higher Education*, 1997 (34): 411-412.

[4] Tang, Thomas Li-Ping; Chamberlain, Mitchell. Attitudes Toward Research and Teaching: Differences Between Administrators and Faculty Members. *Journal of Higher Education*, 1997 (5): 212-217.

[5] Kyvik, Sven; Smeby, Jens-Christian. Teaching and Research. *The Relationship between the Supervision of Graduate Students and Faculty Research Performance*. 1994 (9): 227-238.

道特尔和维罗索（Horta, Hugo; Dautel, Vincent; Veloso）2011 年的一项研究中发现，导师指导的研究生数量是各个学系学术成果的重要保障，结果显示不承担研究生学分课程的教师在评论、书章、书和报告方面的产出会下降20%，在同行评议（refereed）期刊上的产量下降18%，非同行评议期刊论文下降16%。这表明，研究生数量是教师研究活动的重要资源。如果学生承担教学助理工作的话，这个结果会得到进一步加强，这主要是由于教学助理的工作能够弥补教师教授学分课程的时间。此外，当学生采用教学与科研活动结合的学习（方式方法）时，二者关系变得更加具有协同作用，学生进行教学和科研活动学习的时间越多，同行评议发表文章就越多，每周多1.07小时，就增加3%。然而这种发现，同样在本科生参与研究活动中得到了证实，不过增加的是非同行评议期刊论文，书章、书评、书和报告。这种产出增长类型的差异，最可能的解释是，研究生更多考虑未来学术职业发展，而不是其他类型科研成果的产出[①]。

最后，在人才培养中，教学与科研结合的程度，往往受限于学科的属性。比彻（Becher, 1989）认为学科范式程度的高低会影响学科内教师间的社会关系和行为期望，范式程度高或硬学科（"hard" discipline）知识具有累积性、普遍性、量化和发现的特性，因此对课程内容、研究协作、认可与资助的竞争、知识边界的定义以及学科边界"守门精英"有广泛的认同（Becher, 1989; Lodahl & Gordon, 1972）。相反，范式一致性低或软学科（"soft" discipline）知识具有循环的特点，学者总是用新的"视镜"（lenses）来探索已被他人划定的知识版图，知识具有具体、定性和理解的特性（Becher, 1989; Biglan, 1973）。故而软学科的课程异质性及弱的边界，对不常用的概念和方法具有较强包容性。所以卡罗·科尔贝克（Carol L. Colbeck, 1998）认为硬学科一般比软学科在知识和社会结构的控制上更严格，因此，也就很少有机会展开教学与科研的结合。例如物理学科范式的一致性和知识结构比英语界定要更为严格，因此物理学教师结合科研与课堂教学要比英语老师少。但是如果将科研训练作为教学的另一种类型，结果则发现课堂导向教学与科研的结合主要适合于学科范式低的课程（英语），研究训练式教学和科研的结合更适合于范式一致性高的学科（通过合作研究进行物理教学）[②]。但是这种划分主要是在本科生教学层面，例如弗雷德里克和戴维（Volkwein, J. Fredericks; Carbone, David A.）研究发现，在本科生层次上自然学科教师普遍

[①] Horta, Hugo; Dautel, Vincent; Veloso, Francisco M. An Output Perspective on the Teaching-research Nexus: an Analysis Focusing on the United States Higher Education System. *Studies in Higher Education*, 2011 (37): 183.

[②] Carol L. Colbeck Merging in a Seamless Blend: How Faculty Integrate Teaching and Research, 1998. (12): 647–71.

认为，在实际中由于课程内容相当稳定、变化性很小，因此二者并无联系，而人文学科教师认为二者有联系。但是在研究生层次上，对自然学科教师的评价很高，而人文学科相对较低[①]。本章通过剖析知识创新、知识创新体系、国家创新体系等不同概念的内涵与外延，对照我国相关规划及政府文件精神，结合不同学者的研究成果及理论观点，界定了科学研究与高等教育深度融合的知识创新体系的内涵、外延、主要特征、要素构成（主体要素、环境要素、功能要素）、功能作用及其保障条件等。从科学研究与高等教育的过程融合（寓教于研和寓研于教）、高等学校与科研院所的机构融合以及科学研究与高等教育的功能耦合三个方面来界定知识创新体系建设中科学研究与高等教育深度融合的内涵及其运行规律。

---

① Volkwein, J. Fredericks; Carbone, David A. The Impact of Departmental Research and Teaching Climates on Undergraduate Growth and Satisfaction. *Journal of Higher Education*，1994：149 - 160.

第五章

科学研究与高等教育深度融合的运行模式

科学研究与高等教育的深度融合需要以许许多多高等学校的教学科研深度融合为基础。从理论和实践看，教学科研的深度融合既可以体现为寓教于研，也可以体现为寓研于教。前者接近于早期对教学科研融合的理解，主要以人才培养为立足点，强调科研为教学提供素材，从而使培养的人才更具前沿性知识和创新性研究的意识、能力与方法，并由此促进了知识有效地传播。后者则凸显了科研的核心地位，以解决科研问题、研发科研成果为主要目标，将教学过程融入科研活动之中，通过科研活动传播科学精神、传授研究方法、促进知识积累。随着知识经济的发展，寓研于教的融合模式受到了更多关注。有的高校以基础研究为重点，强调在发现和解决科学问题的过程中优化人才培养模式，能够促进知识创造；还有高校重点结合应用研究及科技成果转化来促进人才成长，能够推动知识应用。由此，高校科教融合的基础平台可以是人才培养、基础研究或应用研究，相应地，不同平台虽然都会促进知识传播、知识创造和知识应用，但最可能在知识传播、知识创造或知识应用中取得更显著的成就。本章主要结合对牛津大学、哈佛大学和斯坦福大学的案例研究，初步探讨以知识传播、知识创造和知识应用为主导目标的高校科教融合模式的内涵、特点，希望对中国高校结合自身功能定位和学科特点、探索适合的科教融合模式有所裨益。

第一节　科教深度融合的知识创新体系构建模式

一、以知识传播为主导目标的知识创新体系构建模式

知识传播是知识流的重要形式，主要是指存量知识由已经接受的人向未接受但准备接受的人流动的过程，因此不论其媒介是现场教学、音（视）频资料或者图书著作等，但最主要的载体是人。可以说，知识传播的主要目标就是普遍地提高人的素质，从而为知识促进经济福利的改进创造条件。那些投入能力和抗风险能力比较低的经济体，要在知识经济条件下，提升知识对经济发展的促进作用，就应该注重发挥存量知识的潜在价值，重视知识的传播，尤其要重视在知识传播中普遍提高劳动力素质，以知识和劳动力叠加形成的人力资本为基础，促进经济发展方式和质量、效率的优化。有不少人戏称，"21世纪最贵的是人才"；如果能够积极发挥知识传播的价值，构建起以知识传播为主导目标的知识创新体系，就可以以较少的投入和较低的风险获得21世纪最宝贵的资源，这是既经济又便捷的跨越式发展道路。

在以知识传播为主导目标的知识创新体系中，高素质人才的培养具有特殊而重要的价值。该模式最基本的要求就是优化高等教育的育人功能，培养和造就更多"知识人"。所谓"知识人"，是特指那些具有鲜明而有效的知识经济社会意识和理念、掌握适应知识经济社会需要的知识和技能、可以在知识经济的社会环境中从事知识创造、传播以及知识成果向现实生产力转化等活动的人。他们一般从事智力劳动，并能享受较优裕的物质文化生活条件。大量"知识人"的存在其实是一国引领知识创造活动的基础，也是一国在知识经济条件下的竞争中占据有利地位的基础。知识传播是帮助"自然人"转变为"知识人"的重要途径，而"知识人"的大量涌现，又是知识研发和应用的人才储备，对于知识成果的创造、应用和新的传播具有积极价值。这就表明，以知识传播为主导目标并不等于不要知识创造和应用功能，而是将知识创新体系建设的着力点放在知识传播和人才培养上，这对于经济技术水平较低、知识创造能力较弱的经济体而言，是较快分享知识经济建设成果的有效选择。

构建以知识传播为主导目标的知识创新体系，通常是在特定时空条件下的战略选择。一般地说，特定时空条件主要包含以下三方面要求：一是社会对高素质

人才培养具有积极的认同，或者说精英人才教育是整个社会关注的重点，例如古典大学时期，英国等对精英人才就有特殊的重视；二是知识存量和教育资源比较丰富，社会对知识和"知识人"充分尊重，这为知识传播创造了良好环境；三是探索和发现新知识的外部环境或内部力量还有所欠缺，产业发展活动规模还不大，这就限制了知识创造和知识应用活动的开展，从而使知识传播成为整个知识创新体系的关键环节。例如一些发展水平不够高的国家或地区，从事知识创造的资源和动力都比较缺乏，比较现实的选择是以知识传播为重点，激活知识存量的价值，通过培养更多的"知识人"，为未来的知识创造和知识应用奠定基础。可见，以知识传播为主导目标的知识创新体系可以适合发展程度不同的国家或地区，但都强调了人才培养的价值。

由于人才培养是知识传播的重要表现形式，因此，高等学校在以知识传播为主导目标的知识创新体系建设中往往占有更重要的地位，甚至是最重要的主体。一般认为，高校在知识传播方面具有以下优势：一是丰富的教师资源；二是多学科交叉融合的环境；三是丰富的知识积累；四是教学方法或手段等方面研究优势。总的看来，高校作为多学科发展的知识机构，在培养高素质人才方面具有独特的优势，而在人才培养和教师素质提升的过程中，高校还能不断设计、承担新的科研项目，创造新的知识成果，为未来的知识传播奠定基础。英国学者纽曼曾认为，大学为传授知识所设，是一个提供博雅教育（Liberal Education）、培养绅士的地方。纽曼虽并不强调大学的科研功能，但对其"教学功能"特别重视，强调大学应"传授高深学问"。而为了"传授高深学问"，大学不仅要通过研究积累高深学问，也要通过研究帮助学生认识和学会发现高深学问，这就使得大学成为科学研究与人才培养的重地，也成为整个知识创新体系的核心，在促进科学研究与高等教育深度融合中具有特殊重要的价值。

知识经济时代，人力资本作为知识的活的载体，在经济发展中具有重要的价值。通过知识传播普遍地提高人口素质，创造大量人力资本，并为知识的创造和应用奠定人才基础，这些都是该模式的价值所在。以知识传播为主导目标可以适合于不同发展水平的国家和地区，关键要重视激活知识存量的潜在价值，但如何激活仍需考验人类的智慧，如何传播也是重大的命题，因此，构建以知识传播为主导目标的知识创新体系也会有很多困难需要克服。

二、以知识创造为主导目标的知识创新体系构建模式

新知识在改变人类社会和促进地方积极发展中的作用有目共睹，它也正是知识经济概念提出的重要背景，因此，强调以知识创造为主导目标的知识创新体系

建设是许多国家的战略选择。在这一模式中，基础研究和知识发现成为最主要的战略重点，不断克服现有知识缺陷、发现新的客观规律乃是这类知识创新体系最大的期盼。不过，这类创新体系中的知识创造，本质上是以知识存量为基础，依托知识人的创造性劳动完成的，而要使其真正改变人类社会生活，还必须经历知识成果的产业化过程，因此，在这类知识创新体系建设中，同样不是单纯强调知识创造，而是更加突出了对知识创造的关注。

构建以知识创造为主导目标的知识创新体系，一般是同时感受到创造新知识的价值和创造新知识的能力，这就是构建此类创新体系的基本条件。所谓创造新知识的价值，是指新知识的经济和社会效益受到普遍关注，而知识存量的束缚又的确成为当地人改变生活的重要约束，此时，投入大量资本到高风险的知识创造活动才有文化环境的支持。所谓创造新知识的能力，是指具有知识创造活动所需的经济实力、人才储备、知识基础和产业发展条件，通常知识创造如果要成为大规模、有意识的活动，是需要大量资本和人力投入，并需要以知识研发经验和产业化经验为基础，方能转变为现实的生产力和巨大经济附加值。这就要求当地不仅要有丰富的知识存量和产业基础，更要有雄厚的经济实力和人才储备，同时，还要有协同创新以及将知识成果转化为产业化技术的经验。选择这类模式的国家和地区，通常在全球经济技术发展中居于引领地位，至少应在某些知识领域具有明显的优势，这是大规模开展知识创造活动的前提。

由于知识创造成为知识创新体系的主导目标，因此，所有与知识创造直接相关的主体都在知识创新体系中占有重要地位。在科研机构与高等学校同时承担知识研究功能的国家或地区，高校和科研院所之间的关系就变得非常重要。我国就是一个高校和科研院所同时承担科学研究职能的国家。由于我国曾借鉴苏联的集中型科技体制，因此，高等学校一度被定位为纯粹的教学机构，单独设置中国科学院系统承担科学和技术研究，从那时起，科研院所便一直是我国知识创新体系的重要主体。改革开放后，随着科技体制改革的深化，高校在知识创造中的作用逐步提升，但是科研院所的地位仍然重要。数据显示，科研院所得到了政府划拨的大部分科研经费，2013 年政府投入 R&D 经费 3 128.6 亿元，其中 2 033.6 亿元投入到了科研院所，占全部 R&D 经费的 65%；同时，科研院所也是高科技成果转化与高技术产业发展的基地，1998~2000 年，中科院科技成果转移转化使社会企业新增销售收入和中科院投资企业实现的营业收入累计超过 2 万亿元；此外，我国的科研院所承担着大量任务导向型研究活动，在国防科技和重大科技专项中往往占据着最重要的位置。高等学校在知识创造为主导目标的知识创新体系中，仍具有重要的独特价值。首先，高校人力资源优势明显，目前高校占全国全时制基础研究人员的 72.3%，两院院士的 40%，国家创新群体的 54.7%，国家杰出基金获得者的65%，在"973"计划和重大科学研究计划项目中，高校作为首席科学家牵头的项目均占半数以上。其次，高校拥有众多的科研创新基地和平台，依托高校建立的国家重点实验室占全国总量的64%。再次，高校是基础研究的主力军，2012年，高等学校在我国国际论文总数中的比重高达80.73%，其中SSCI收录的论文中，高等院校占66.3%[①]。此外，高校还是科技创新及应用的辐射源，随着高校"社会服务"的职能和地位日益明显，高校承担了越来越多的与企业合作的科研项目，包括应用研究、技术开发、技术服务和科技项目产业化等。

我国一直高度重视知识创造活动，科技部一直是国家重要的政府部门。虽然我国的经济、科技总体实力并不占优，但一直以来，依靠"集中力量办大事"的举国体制，在知识创新体系建设中非常重视知识创造功能，也取得了"两弹一星"等突出的成就。随着我国GDP总量的快速扩张和大国崛起的步伐，未来以知识创造为主导目标的知识创新体系建设很可能成为国家的战略选择，因此，深入分析此类模式的实现条件和基本路径意义重大。值得指出的是，知识创造不仅包括新的自然科学知识，也包括人文社会科学知识，尤其是在创新文化的塑造和社会文明进步方面，人文社会科学的价值不容忽视。人文社会科学不仅会改变认识世界的理念和方法，也会改变创造和应用知识的目标及路径，对于知识创新体系的发展质量和效率而言，具有特殊重要的价值。

三、以知识应用为主导目标的知识创新体系优化模式

严格地说，知识的传播和创造都是知识应用的过程，因为二者都是在应用知识存量的过程中完成的。但在知识经济的背景下，知识应用主要是相对于产业经济活动而言的，强调的是知识成果转化为现实生产力的过程。因此，以知识应用为主导目标的知识创新体系建设更加关注的是知识转化为技术成果并加以产业化的过程和能力，它与技术创新体系存在更密切的联系，更加关注产学研用的结合，其主体结构更为复杂，与一般意义上的创新体系概念更为接近。许多有关产学研结合的研究都是基于此类知识创新体系展开的，也为此类知识创新体系的优化提出了诸多建议。

在知识创新体系建设中突出强调技术类知识及其产业化进程，通常是因为产业发展对技术存在大量需求，而产生这些需求又常常与产业活动的大规模发展有关。因此，那些处在工业化进程中的国家特别有可能选择构建此类创新体系。而此类创新体系的关键则在于产学研相结合的机制。早在1912年，奥地利裔美国

---

① 杨鹏、孙学会、王浩等：《高校承担基础研究重大项目情况分析及管理思考》，载于《中国医学科研管理杂志》2015年第28期。

经济学家熊彼特就将产学研合作与创新联系在一起，并认为产学研合作过程就是创新过程，就是生产要素进行重新组合的过程。在此过程中，企业（产）、高等院校（学）、科研机构（研）开展各种形式的合作，共同致力于技术成果的研发和转化，从而获得任何一方独自行动均无法达到的高效益。

在以知识应用为主导目标的知识创新体系中，技术研发及成果产业化被置于特殊重要的地位，但这同样与知识传播和知识创造存在密切联系。因为知识应用的基础是知识存量与产业活动的结合，这正是知识传播的使命，而知识应用的目标在于研发新的技术成果，这也是一类特殊的知识创造活动。因此，知识应用的主导目标并不与知识传播或知识创造相矛盾，在此类创新体系的建设过程中，同样会有大量的研发活动和技术人才培养任务，同样要求科学研究与高等教育的深度融合，只是此时的人才更多表现为产业发展所需的应用技术型人才，而此时的融合则更多体现为产学研相结合。在此过程中，理工类高校和高职院校应受到更多重视，而高校与企业合作建设实验室也应得到更多支持。

中华人民共和国成立以来，我国由一个贫穷落后的大国转变为经济规模总量居于世界前列的大国，正由普遍的缺人才、缺技术、缺知识的现状不断发展转变。在中西部落后地区，人才资源仍相当匮乏，产业发展基础也很有限，应该着力构建以知识传播为主导目标的知识创新体系；在中东部工业化发展进程中的大多数地区，技术人才和技术知识的匮乏成为工业化进程的重要瓶颈，因此，急需构建以知识应用为主导目标的知识创新体系；而在少数经济发达的大城市或城市群，已经集聚了大量高素质科技人才和高端产业，有条件在基础研究和知识发现方面做出更大贡献，所以很有必要努力构建以知识创造为主导目标的知识创新体系，更好地体现中华民族对人类文明应有的贡献。由此，我国不同地方应选择不同的知识创新体系构建模式，不同类型的高校也因承担着不同的主导功能，可以选择不同的教学科研融合发展模式，这对于我国创新型国家建设具有非常重要的价值。

第二节　以知识传播为主导目标的高校科教融合模式

一、模式总体特点

以知识传播为主导目标的高校科教融合模式，更加关注精英人才的培育，而科研的过程则往往成为精英人才成长的重要平台，在科研中培养的是精英人才自由探索的兴趣和能力，同时，科研的新发现也会很快转化为教学的素材。

高校将精英人才培养作为自己的首要目标，不仅是因为社会对精英人才高度关注，也因为学校在育人方面业已形成传统。以后，随着地方发展对人才的需求增加，也会有一些并不具备育人传统的高校以人才培养作为自己的首要目标。在此过程中，地方发展与高校建设形成了紧密的互动关系。高校为地方培养了大批人才，并且是具备自由探索意识和能力的人才，而地方则为高校提供了办学条件等硬件方面的支持，同时，还常常形成了一种传统。所谓传统，代表了一种积淀，并可能逐渐成为一种优势。地方对精英人才的重视，孕育了像牛津大学、巴黎高等师范学校这样的具有悠久育人传统的大学，它们一直致力于精英、领袖型人才的培养，一直坚守着"最初的使命"；这样的育人传统，更加强调综合素质，因此在学科体系上要求文理兼修，注重人性教育，从而拥有了更多学科，为跨学科的研究发现奠定了基础。在科研活动中，这类高校主要依托跨学科学习研究的优势，在自由、独立的科学探索中发现新知识，因此，其对科学问题的探索不仅是基于兴趣的，更是基于广博知识基础的，而在这样的研究活动中，学生也更有可能在较为全面的知识基础上培养宽阔的学术视野和正确的思维方法，并可能对原始创新形成兴趣和自觉意识；从制度环境看，这类高校非常重视人才的培养，因而在制度设计上为学生成长创设了许多好的教育形式，典型的如导师制的个别辅导等。

实践中，牛津大学和巴黎高等师范学校可以被视为此类模式的代表，它们都拥有悠久的历史，都将传播知识、传承文化和培育精英人才视为自己的使命，都重视以培养学生自由发现兴趣为目标的基础研究活动，都善于将最新的科研成果转化为教学素材，都能使学生在均衡、全面的学科教育环境中成长为视野开阔并具有人文精神的人才。虽然这类人才未必能直接满足世俗的产业发展需求，但对引领地方文明的进步具有更大的潜力。

二、模式典型案例——牛津大学科教融合模式探析

（一）致力于培养领袖型人才

牛津大学重视人才培养，在历史发展的各个阶段都明确提出学校要培养什么样的人才、为谁培养人才等问题。创立初期的牛津大学主要为天主教会服务，培养各种神职人员，后来学校虽经历了文艺复兴、宗教改革、英国内战、工业革命等阶段，人才培养的具体目标也有所改变，但牛津大学培养高层统治人才的目标没有改变。在中世纪，学问主要掌握在天主教会高级神职人员的手里，大学也主

要是为了培养与此相关的人员服务。直到16世纪，为教会培养人才，特别是培养能够出任统治职位的人才，仍然是牛津大学的一个显著特色。从16世纪起，英国的文艺复兴处于鼎盛时期，牛津大学也贵族化了，逐步成为上流社会和有抱负的社会阶层接受教育的场所，学校被英国贵族家庭的子弟所垄断。17~18世纪，牛津大学处于衰败期，但仍是学生特别是那些毕业于公学学生的首选之地，牛津大学在培养社会精英方面仍然发挥重大作用。比起以往，牛津大学内部的社会差别变得更为显著，绅士子弟的数量激增，此阶段牛津大学仍然以政界和教会的统治人才为培养目标。19世纪，学校宗教色彩逐渐减退，除了政治领袖，牛津大学的人才培养目标中又增加了社会其他领域的领袖型人才。在20世纪，面对中产阶级的职业需求，牛津大学增加了许多包括职业技术科目在内的新科目，例如工程及其分支、生物科学和计算科学等，以培养该领域的领袖人才。这体现出牛津大学为适应社会的发展与需要对人才目标进行的调节。但在发展变化的同时，牛津大学又紧紧围绕领袖型人才培养目标不放，成为英国培养高层次人才的场所。除了培养出大批政治领袖人物，牛津大学还培养了更多的文学、物理、经济、医学、化学、数学等各行业学术界的领袖，涌现出27位诺贝尔奖得主、90位皇家学会会员和约130位英国科学院院士等。牛津大学以优质的人文学科为载体。学科在一所大学里占有重要的地位，高水平的学科是教学水平和科研水平处于领先地位的前提和基础，学科对高校培养人才的类型、水平、质量都具有举足轻重的作用。牛津大学800多年来教育的重点历经经院哲学、古典学（希腊罗马文史哲）和现代知识三大阶段，但它一直坚持以优质的人文学科为人才培养的主要载体。其人才培养的类型主要为战略型人才。

（二）以导师制等为代表的素质教育模式

作为牛津大学最具特色的办学传统，导师制是牛津大学人才培养的秘诀之一，导师制是牛津大学本科教学的核心和基础，是其高水平教学质量得以保障的关键因素。牛津大学圣约翰学院院士威尔·摩尔对导师制曾有这样一段精彩的论述："导师制的教学方法归根到底是一种质疑的方法，一种让人去提问、探寻和审视的方法。其最终目的不在于某种权威的声明，而在于批判、理论、分析和比较。它并不为现代的年轻人提供希望得到的肯定回答。一个实行导师制的大学不大可能为社会绘制一个蓝图，或带着权威的口吻去演讲、纠正、决定、宣示、制裁和谴责。相反，一所大学应该是一个可以探究但并不一定追求结果，有理论碰撞和观点相左的辩论的地方。"[①] 而且他认为牛津大学导师制

[①] 王晓宇、周常明：《牛津大学导师制若干问题探析》，载于《教育评论》2011年第3期。

成功的原因在于三个方面,即关注学生的个体、导师与学生之间的合作、对知识的独到见解。

具体而言,牛津大学导师制具有以下几个特点:首先,以关注学生的个体发展为核心。个别辅导是牛津大学传统导师教学的一个主要特征,在相当长的时间里,牛津大学的导师教学都是由导师和学生一对一地进行。导师关注学生个体的智力水平、兴趣爱好,按照学生个人能力来进行教学。学生每周一次的论文就是导师和学生进行直接思想交流的基础。导师在与学生的问答中实现对学生的指导。虽然,今天这种"一对一"的导师教学在牛津大学并不多见,更多的是两个学生一起上课,甚或是 3~4 人,但是关注每个学生的论文,实现对学生有益的个别指导,仍是牛津大学导师关注的核心问题。其次,导师教学以师生双方的合作为基础。一方面,导师鼓励学生在学习中扮演积极的角色,培养他们独立学习、思考、工作和批评的技能。另一方面,导师帮助学生选择研究方法、挖掘资料并进行整理分析。导师教学过程的核心是师生对于学习观念不同理解之间的相互作用。师生双方的协作和互动对于导师教学的成功与否至关重要。在这个过程中,双方共同思考一个问题,这种合作往往使他们获得独自无法获得的成果。最后,导师教学的核心目的是培养学生探究知识、独立思考的能力。牛津大学导师教学的过程重在培养学生看待事物、评价证据、将事实联系起来进行分析的能力。学生能够在导师那里获得思想的独立,以形成自己分析和解决问题的方法,而导师所做的是帮忙判断和改正。①

(三) 科学教育与人文教育相结合的人才培养理念

科学教育与人文教育相融合:牛津大学的传统教育主要体现在古典人文教育上,但是,工业革命后,随着社会发展对人才需求的不断变化,人们对牛津大学的指责和批评,促使其不断适应工业革命的要求而推行科学教育,使人文教育和科学教育相互融合。牛津大学将科学教育与人文教育相融合主要体现在人才培养目标和学科专业设置上。在人才培养目标上,除了培养政治领袖人才,又确立了培养科学人才的目标,包括人文学科人才、自然科学和技术人才、社会科学人才。在学科专业设置方面,牛津大学逐步增设新的学科领域,切实促进科学教育与人文教育相结合。② 牛津大学的学科演变是经历了漫长的历程的,实际上,早在 1850 年,牛津大学成立了自然科学荣誉学院,1868 年建立了克莱伦顿实验室,

---

① 杜智萍:《今日牛津大学本科导师制的特点及启示》,载于《现代大学教育》2006 年第 6 期。
② 别敦荣、蒋馨岚:《牛津大学的发展历程、教育理念及其启示》,载于《复旦教育论坛》2011 年第 9 期。

到 1871 年，科学迅速成为同古典学问同等重要的学科。此后，牛津大学科学技术学科数目不断增加，以至于"范围扩充到认不出的程度"，教学和研究的领域包括了"从分子物理学到大选结果预测学"的广泛知识领域。尽管牛津大学开始了扩大理科、开放实验室的尝试，但进入 20 世纪后，日益增长的对科学和工业效率的需求使牛津大学的学科设置需要做进一步的调整。严格意义上说，牛津大学文理科发生根本变化是在进入 20 世纪以后。1923～1974 年间，牛津大学人文学科教师所占比例从 70% 下降到 38%，社会科学教师的比例从 3% 上升到 19%，自然科学和技术教师的比例从 27% 上升到 43%。1923～1991 年间，牛津大学人文学科的学生比例从 80% 下降到 37.8%，社会科学学生从 0 上升到 22.7%，自然科学和技术学生从 20% 上升到 39.3%。2008 年的数据显示：攻读人文社会科学学位的本科生所占比例为 53%，攻读医学、数学、物理和生命科学的本科生比例为 43%，其余 4% 属于获得证书的继续教育。而在研究生教育层次，攻读人文社会科学学位的研究生所占比例为 56%，攻读医学、数学、物理和生命科学的研究生比例为 37%，其余 7% 属于获得证书的继续教育。可见，本科生教育中的文理科学生比例为 53%：43%，而研究生教育中的文理科比例为 56%：37%。本科生攻读理科学位的比例（43%）要高于研究生攻读理科学位的比例（37%）。正是由于培养目标的多样化，牛津大学不但培养了大批的政治家，而且培养了更多的文学家、物理学家、经济学家、医学家、化学家、数学家等学术界的领袖，也培养了一批有影响的历史学家、律师、语言学家和社会工作者。20 世纪 50 年代末至 60 年代，牛津大学增设了工科系，如冶金和材料科学系、工程科学系等。材料系聘请了不少电镜学者，在世界上占优先地位。其工程科学系与剑桥大学的工程科学系齐名，且各有特色。20 世纪 80 年代，牛津大学在管理学和计算机科学方面努力开创，也取得了显著的成绩①。

牛津大学一直致力于培养精英人才为主导目标，牛津大学人才培养的巨大成功与英国的文化传统有着密切关系。由于英国社会是等级社会，在文化发展上持保守主义传统，因而长期奉行以英才教育为目标的绅士教育，这也使得牛津大学发展的理念和模式长期得到坚持，并发展成英国高等教育的经典范式。从牛津大学与地方的经济联系看，由于牛津城是一座历史文化名城，同时也因为牛津大学坚持人才培养的文化传统，认为周边大规模的产业活动会打破牛津人典雅、传统的生活方式，因此牛津的产业布局相对较少，周边产业对牛津大学直接的应用技术需求也就比较少。

---

① 常文磊：《20 世纪以来牛津大学的学科演变》，载于《大学（研究与评价）》2009 年第 5 期。

（四）以学院制为特色的人才培养制度环境

通常美国式的大学里面设有许多学院，学院下面再设有相关的一些系所，学院主要是按学科划分，但牛津大学的学院却有所不同。牛津大学的学院不是按学科来划分，而是将不同学科的学生融于一个学院之中。它是独立的自治团体而非处于大学和系所之间的一层机构。想进牛津大学就读，不仅需要获得大学的同意，更重要的是需要获得学院的同意。学生入学后，每所学院都要指派一名非教学的专职人员和两名学监负责管理学生事务。以学院制为基本的学生管理方式强调大学和学院分工协作共同培养人才。学校和学院的关系很复杂，就像美国中央政府的关系那样采取联邦制形式，学院好比教师和学生的家，大学的系所或实验室是他们的工作学习"单位"，学生到系里去只是听课、做实验，而其他活动都回"家"去做。大学和学院既有分工，又有协作。虽然大学与学院有着诸如教学、考试、招生、提供住房等方面的功能分工，但他们更多的还是协作，其共同目的都是为了领袖型人才的培养。总之，比较而言，学生和其所属学院的关系比学生与大学的关系更密切。

牛津大学下属学院的创立与牛津大学的创立是截然不同的，所有的学院都是通过特许状许可创立的，而且被赋予了永久分配它们的创立者的资助金的权利，每个单独的学院都有自己的法规、捐款来源以及院级治理机构。

牛津大学治理结构的变革大致经历了3个重要的阶段：第一阶段是12~16世纪，这是牛津大学治理结构的萌芽期，治理结构随着时间和社会变化慢慢形成了；第二阶段是16~19世纪，这是牛津大学治理结构发展期，在这一时期发生了畸变；第三阶段是20世纪至今，这段时间社会发生了变化，牛津大学的治理结构也随之改革以更好地适应社会需要，治理结构也不断被完善。

除了校长这个治理机构，中世纪牛津大学的治理结构中还出现了由三个学者团体构成的学者共同体，它们是学校的最高权力机构，即由住校教师组成的主政教师大会（congregation of the regent masters）、教职员全体大会（congregation）、大学评议会（convocation）。学者们通过努力分别从教会和国王那里争取到了很多权力，扩大了自治权，例如，这三个组织有权选举校长人选，虽然校长是主教任命的并且在大学地位很重要（因为他是国王和教会的联系人），但是其人选必须是住校的神学博士或宗教法博士。此时的校长往往被委以双重使命，既主持大学管理的重任，同时还被教会授以生杀大权、参与地方政教，这使得校长无法亲自主持大学的事务，于是委派一位副校长（Vice-chancellor）来协助主持，到了16世纪协助管理事务的副校长成了掌握实权的最高执行官，校长反而成了形式上的大学最高领导人，这种校长是名誉职务而副校长掌握实权的传统被英国各大学沿用至今。值得关注的是，中世纪的学者拥有很大的治校权以及治学权，这是因为中世纪的学者在经济上是独立的，即学生付给的报酬是学者经济的主要来源。在牛津大学早期治理结构中，教会权力、学者权力、王室权力开始形成一种分权制衡模式。例如：教会通过校长以信托的形式控制大学、学者共同体通过所拥有推选权和决议权维持着学术自治，这也意味着牛津大学治理结构的萌芽。

16~19世纪是牛津大学治理结构的改革和发展时期，牛津大学的治理结构通过改革后发生了一些变化，甚至可以称为畸变，但总而言之由于各利益相关者的博弈，治理结构还是不断向更规范化、更制度化发展。

牛津大学在20世纪以后更多的是进行内部的改革，这是因为世俗政权不再是王权，于是学者的自治权力成为牛津大学决策的主导。但是校外的世俗政权还是与牛津大学保持着紧密的联系，这也是当代牛津大学发展始终能适应社会并为社会服务的原因所在。虽然学者是决策权力的主导，但是牛津大学治理依旧延续着权力共享、集体决策的本质，即内部设有不同的权力机构来分享学校的决策权，校外势力也通过成为其中一些治理机构成员的方式来参与牛津大学的事务决策，共享决策权。2011年牛津大学主要包括4个校级治理机构：教职员全体大会、大学理事会、校长与副校长以及学部。

（五）在倡导自由探索中推进科学研究发展

和中世纪其他大学一样，牛津大学在形成时是一个仿照行会方式组成的、由教师和学生共同构成的学者社团。学者们建立各种社团组织，目的在于共同切磋学问，追求真理，同时保护自身的利益。在与教会和封建世俗政权的斗争以及合作的过程中，大学取得一定的自治权，大学通过这些自治权或特权，为学者探索学问提供了学术自由。时至今日，这种理念仍然影响着今日的牛津大学。泰德·塔玻等学者在《牛津、剑桥与大学理念的变革》中指出："牛桥（Oxbridge）信念体系中最持久、最有影响力的信念是，大学是自我管理的学者社团。"在这一理念的指导下，牛津大学倡导学术自由，使牛津大学成为自由探讨学问、追求真理的地方。正如牛津大学著名教育家纽曼所指出的那样，牛津大学"是众多学派荟萃的场所，各学派的人地位平等，他们的观点仅服从真理的标准，因而他们可以安全地思考和探索问题。大学通过智慧之间、知识之间的碰撞而使探索得以深化，发现得以检验和完善，草率得以校正，错误得以暴露"。也正因为如此，牛津大学才成为"智慧之府，世界之光，信仰的使者，新生文明之母"，成为世界上一流的高等学府。

从牛津大学的经费来源看，不仅学费收入占有一定比重，同时资助研究收入和英格兰高等教育基金会拨款是学校最大的收入来源（见图5-1）。由于存在大量的捐赠收入（大部分来自校友捐赠），所以牛津大学可以有更多的精力致力于精英人才的培养。

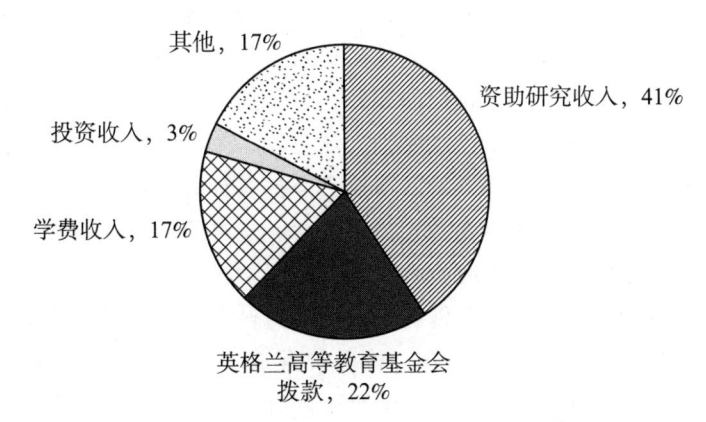

图 5–1　牛津大学 2010~2011 学年经费来源

资料来源：The University of Oxford Annual Review 2010–11。

三、该模式对中国高校的启示意义

牛津大学和巴黎高等师范学校都根据自身的传统，并注重与地方的互动，发挥自身在知识传播中的优势作用，注重创新型人才的培养，在创新型人才的培养过程中通过教学与科研的融合培养人才的能力。我国高校在发挥自身知识传播功能时，与地方文化环境的融合较少，有些地方的高校会形成学术的孤岛，无法发挥高校中的人力资源优势，对地方创新能力的贡献较少。我国高校在创新型人才培养的过程中可借鉴牛津大学的成功经验，充分发挥教学与科研在育人方面的功能。

第三节　以知识创造为主导目标的高校科教融合模式

一、模式总体特点

以知识创造为主导目标的高校科教融合模式，更加重视知识创造活动，会将科研视为比教学本身更重要的活动，因为教学主要服务于科研后备人才的成长，而不断发现新知识本身也要求教学要紧跟科研的步伐，善于将研发成果及时转化为教学内容。这也是一种科研与教学融合的模式，但其立足点是知识创造，教学也因为致力于培养科技研发人才而更具专业性和研发导向。有计划的科技人才培养替代了人本精神和人性教育，专业化也比跨学科显得更为重要。

选择以知识创造作为主导目标的高校，通常拥有追求真理的传统，在它们成长的时代，科学和知识的力量已经受到广泛关注，单纯的知识传播也已经不能完全体现高等教育的竞争力，地方发展不仅已经拥有较为丰富的知识存量，并对新知识和新发现有热切的期盼；在学科体系方面，这类高校一般都拥有明显的优势学科或学科群，他们不仅重视通识教育，更关注学科的专业素养，并且善于帮助学生在交叉领域积累知识、发现创新点，从而为科学研究奠定了跨学科和专业化的基础；为使教学与科研紧密配合，科研常常成为重要的教学手段，参与有计划、有组织的科研活动也会成为教学的重要内容，这虽然在一定程度上不利于学生的自由探索，但对于协作创新和实验技能等的培训却很有意义。而科研活动中所取得的新成果，也会很快转变为教学的素材。这类高校一般更重视研究生教育，因为研究生教育最适合以知识创造为目标的教学活动，而导师在培养研究生的过程中，也能受到更多有益的启发，通过教学相长，促进基础研究的能力提升。这类高校最典型的教学科研平台是跨学科的重点实验室和实验中心等。从这类学校的成果看，新的知识发现能帮助地方克服发展的重要瓶颈，或者帮助地方赢得产业发展的先机。而大量研究型人才的出现，则为地方储备了大量发展的潜能。

哈佛大学和柏林洪堡大学可以被视为这类模式的代表。其中哈佛大学以追求真理为目标，在基础研究方面一直引领世界之先，而柏林洪堡大学继承了"教学与科研融合"的传统，在知识创新方面同样拥有长期的优势。由于知识创造是具有明显正外部性的活动，因此，这类大学通常受到地方政府的许多资金和政策方面的扶持。从人力资源看，这类大学的师资不仅要会授课，更要会做研究，因此，大量一流的学者和一流的研究团队、一流的实验室是知识创造成为高校首要目标的前提和保障。

二、模式典型案例——哈佛大学科教融合模式探析

（一）致力于学术型专业人才的培养

在不同历史时期，由于环境、使命不同，哈佛大学的人员构成也在发生变化。起初，能够进入哈佛学院的学生要有宗教信仰，因为坐落于马萨诸塞的哈佛

学院受到马萨诸塞社会环境的影响，马萨诸塞是美洲早期的殖民地，主要由清教徒建立。而教师中牧师的比例是相当大的，因为哈佛大学建立之初的一个最主要的目的就是培养牧师。20 世纪 30 年代时，一半以上的学生来自私立学校，而来自西部地区的学生与贫穷家庭的学生在哈佛大学难得出现，为此，当时的校长科南特希望通过全美奖学金计划来吸引从未招收过学生的地区以及家庭背景的天才少年。虽然全美奖学金计划因为受益者少，无法改变学生的社会和地域构成，但是这种通过奖学金的方式来吸引优秀生源做法的采用标志着哈佛大学一种转变，至少哈佛大学并非仅仅关注学生的家境。到 1953 年科南特离校时，哈佛大学的学生群体的构成已经比他就任时更接近了精英理念。哈佛大学自建校以来，实际上盎格鲁萨克逊清教徒的后裔一直是哈佛大学的主力。但是，随着越来越多的移民的到来，以及诸如民权运动等活动的爆发，越来越多其他种族的子女要求能够进入到大学学习。并且自《军人权利法案》实施后，美国大学走向了大众化，形势的发展有利于其他种族的后裔进入到大学读书。随着时代的变迁，哈佛大学强调在自由的氛围中培养学生的基础科学研究能力。

尽管哈佛大学是一所综合性大学，但非常重视人文科学教育和人文素质培养。哈佛大学较少为本科生提供职业教育或训练，本科生不能学习法律、医学、商业或技术性很强的工程专业，即使是专业学院，对学习法律、商学、教育、医学、政府管理和其他学科的学生来说，也集中学习学科的基础理论。学校认为，未来社会中有很多人至少要改变一到两次主要职业，如果受到的教育和训练不是过分专门化的或狭窄的，他们就可以成功地调整自我。哈佛大学享誉世界的"通识教育"（general education）的核心课程（core column）中，每个本科生必须修满涵盖 8 大学科领域、分为 7 大类的 32 门核心课程，包括：外国文化、历史研究、文学艺术、道德伦理、数理伦理、科学和社会分析等，其目的是帮助学生提高批判性思维能力和想象力，学会发现和鉴别事实真相，坚持对事物进行严谨的分析，能够从历史角度理性地认识现实问题和道德问题，探求他们对于各种情景的最透彻理解，以培养具有基础研究能力的人才，从而培养学术型专业人才。

（二）以核心课程体系和高水平师资提升学生素质

哈佛大学的人才培养体系是通过本科生院、研究生院、专业学院三类机构组成，本科生院主要通过通识教育培养"有教养的人"，研究生院主要通过向学生传授前沿性、创新性的知识，培养创新型博士人才，专业学院主要开展服务于社会发展的科研和课程，培养实用型人才。承担哈佛本科教育的主要是哈佛学院和拉德克里夫学院，哈佛大学的本科生课程体系经过漫长的演变过程，已经形成了由核心课程、专业课程和任意选修课程三部分组成的课程体系，核心课程主要涉及 8 个领域,包括审美与诠释、文化与信仰、实证与数学推理、伦理推理、生命系统科学、物理宇宙科学、人类多元社会和世界中的美国。所有入学的新生必须进入哈佛学院进行通识教育的学习,并且哈佛大学要求本科学生通过 32 门课程才能毕业,其中要选修 8 门核心课程。另外,所有入学的哈佛大学学生都有三个必修领域:协作、外国语文、数理应用。总体来看,通识课程(包括核心课程、自由选修课程、三门共同必修课程)占到了本科课程设置总数的 54%,目的是帮助学生提高批判、理性推理等能力。

哈佛大学的研究生院更多的是对拔尖型博士生的培养,与本科生院相比,知识传授更具深度、前沿性和创新性,其目标是培养能够在国际高精尖领域做出贡献、服务社会的创新型拔尖人才。博士生的学制除了医学院的研究生要 8 年制,一般为 6 年,比较灵活,学生可以提前毕业。哈佛大学文理研究生院每年招生约六七百人,并且一般不专门培养硕士生,只是针对那些完成了前两年学业之后由于种种原因不能继续攻读博士学位的研究生而提供的一个出口。

专业学院的成立直接反映了大学服务社会的职能,课程是根据科研及社会发展需要而开设的。专业学院培养专业硕士生一般需要 1~2 年,几乎没有 3 年制的硕士生。这主要也是根据社会对不同规格的人才需求而定的。哈佛大学最初根据当时的社会背景只成立了法学、医学和神学三个专业学院,后来逐渐成立了商学院、设计学院、教育学院、口腔医学院、公共卫生学院、肯尼迪政府管理学院、艺术与科学研究学院、工程与运用科学学院。希望培养出来的人才不仅具有专于一门的技术,而且拥有扎实的人文功底[1]。

哈佛大学的教授有终身制与非终身制之分,所谓终身制,实质上是代表一种雇佣关系和合同关系,获得终身教职的教授将一直在学校工作直到退休,除非触犯法律或道德败坏,否则学校不得单方面终止其终身制任期。终身制教授承担教学和科研任务,并以科研为主,但如果无法获得科研经费,终身职位也不能带来工作上的安全感和满足感。哈佛大学在招聘终身制教授时,一般是在世界各地甄选学术上已经获得显著成就的教授,较少采用本校副教授直接晋升的方式,所以哈佛大学的许多教授迫于严格的晋升要求而转投其他学校,任职几年成为教授后,哈佛大学又会出于加强学术交流的考虑,重新将其聘请回来。同样,对于哈佛大学的应届毕业生,学校一般也不将其留校任教,如果毕业生想要留校获得终身教职,也一定要遵从学校的职称晋升规定,从助教开始做起,先去其他学校或部门奋斗数年,符合招聘条件时再与其他应聘者同等应聘[2]。

---

[1] 王超、刘志杰:《哈佛大学人才培养组织模式及对我国的启示》,载于《文教资料》2013 年第 1 期。
[2] 刘敬连:《美国哈佛大学教授招聘制度评析》,载于《世界教育信息》2012 年第 12A 期。

哈佛大学要求任职的终身制教授必须在研究工作中表现出色、教学过硬，具体职务要求为：获得名牌大学博士学位是最基本条件；教学方面需要有 5 年以上工作经验，能够进行生动、个性化的讲解；科研方面需要有显著成果，在专业高水平期刊上发表过一定数量的文章，在本学科领域内具有国内和国际影响力，还必须具有领导研究的能力，并承诺不断进行学术创新。

哈佛大学的教授聘任标准以学术为主，尽管给本科生授课是教授的重要职责和大学的优良传统，但还是把他们的科研、创新能力放在首要位置。哈佛大学原校长科南特就曾明确指出："学术价值是遴选教师最重要的标准，从某种意义上讲，可以说是唯一标准。聘用教师必须看他是否具有学术创造力和学术造诣。"[①]

（三）塑造独立思想的人才培养理念

哈佛大学和与之类似的大学在学校的创立、组织和管理方式有许多相似之处，都是由大量专门和特别的学术单元组成的"有机体"，每个单元都有高度的独立性，每个单元的运转，在很大程度上依赖于学术单元负责人的领导能力、学术天才甚至个人品质。但独立思想、教学与科研紧密结合等是哈佛大学的重要教育理念。

独立思想是哈佛大学的第一教育原则。哈佛大学的环境不只允许而且鼓励人们从自己的特立独行中寻求乐趣。大学的主要努力方向就是使学生成为参与发现、解释和创造新知识或形成新思想的人，相应地，教学也从以知识传授（Transmission）为基础转变为教师指导下的学生自我教育（Self-education）。学生一入校就会被反复教导：你们到这里来，为的是思考并学会思考。哈佛大学教授也自觉地把独立思想原则落实到教学的每一个具体环节，他们创造了平等、轻松和无拘无束的课堂气氛以最大限度地激发学生独立创造和思想探索的积极性，与学生建立起合作伙伴关系而不是等级关系。教师把很多时间花在研讨课、个人或小组辅导、实验室工作和查询档案资料等，对学生的考核不再使用常规的考试方式，而是采用研究论文的形式。学生花在课堂之外的时间更多，他们独立探询未知的事物。这种做法更加强调了大学对学生的重视。

哈佛大学在强调学术和研究工作的重要性的同时，特别重视多样的优秀教学对于大学使命的重要性。陆登廷强调，在每个杰出的大学，教学与研究都是紧密结合在一起的，在最优秀的研究和学术工作中获得的、在最佳的学术期刊和最优秀的专著中发表的重要思想和发现，是教学内容和方法的源泉。这是优秀大学中的教学与其他类型大学的教学相区别的重要方面。他还指出，自 19 世纪创立现

---

① 付八军：《论大学教师的社会职责》，载于《黑龙江高教研究》2011 年第 1 期。

代研究型图书馆和现代科学实验室以来，尤其是20世纪90年代初期以来，现代信息技术开始变成提升研究和教学水平的最强大的新系统和工具。为此，哈佛大学致力于给予学生一种学习的方式和解决问题的方法，把学生看作是处于实习阶段的学者和研究者，和教师一样要主动参与探索未知的事物或者检验现有的假设和解释。教师为学生设计课程，开设讲座，组织研讨，就学生的研究题目提出建议，为学生的实验方案或研究论文提供咨询，引导学生开展正式或非正式的讨论，把教学的重点放在培养学生的独立思考能力和分析问题、解决问题的能力上。

（四）以校董会等制度建设改善人才培养条件

哈佛大学最初是仿照伊曼纽尔学院的设置进行的建设，其更名为剑桥学院更是充分反映出这一特点，其对宗主国文化的传承毫无疑问地保留了下来。但是也并不是完全照搬，他们创立了现在美国高校特别流行的管理机制——双重的校务领导机构。所谓双重的校务领导机构，即将学校的校务管理分为两个机构来处理。一个为校董事会，一个是校务监督委员会。在哈佛大学，校董事会负责大学的财政和校务的管理。有关教育政策和机构设置的重大事务都由校长和各部门主任向董事会提出讨论决定。校务监督会多在学校的毕业生中选举产生，任期为6年。校务监督会的会员定期举行会议，对大学的工作进行调查，就有关大学的教育政策和教育实践提出建议，支持学校的重大活动。校董事会和校务监督会两者是相互制约，相互监督的关系，两个组织共同对学校进行管理；美国建国后，在组织设置上，学院的发展得到了重视，这种学院制的出现，打破了美国高校单调划一的组织模式，有利于大学的现代化发展。同时，为了应对社会的快速进步发展，哈佛大学进行了一些改变。由于专业教育同博雅教育在大学的发展中趋向融合，哈佛大学开始探索发展专业学院的道路，日后享誉世界的哈佛医学院、法学院、神学院都是在这一时期诞生的；在全国性大学时期，建立文理学院，当时哈佛大学的毕业生如果想继续获得更深层次的教育，必须前往欧洲。因此，文理学院的诞生标志着哈佛大学进入了一个新的阶段。因为哈佛大学文理学院和研究生院从一开始就是重合的，它并不像美国其他大学那样将本科生院与研究生院截然分开。在哈佛大学，本科生院和研究生院的教师是同一批，教师既从事本科课程教学，也从事研究生课程教学，无论课程多么高深，都会向那些有能力的本科生开放。

（五）以博士生培养促进关键领域的科技创新

哈佛大学博士研究生的科研训练方式在一定程度上代表了哈佛大学学生从事科研的总体情况。在哈佛大学，文理研究生院是唯一授予博士（PhD）学位的研究生院。文理研究生院一共有 57 个学位授予单位，主要由院系（Departments）授予，还有一些部门（Divisions）和委员会（Committees）也授予学位。大部分学位是由文理研究生院授予，其中许多是与其他学院共同授予的，例如法学院、医学院、商学院、公共卫生学院。目前，这些跨学院的博士学位学习计划共有 16 个。文理学院通过整合不同学院的资源，给学生提供跨学科的学习资源。

哈佛大学哲学博士教育注重博士生的科研实践。在自然科学，尤其是实验性理工学科，科学研究主要在实验室进行，科学研究和博士生教育紧密地联系在一起。由于学科的性质，对哲学博士生最好的科研训练方法是让他们参与到实验室的研究中去。在人文社会科学，哲学博士生进行科学研究，都得从图书馆或档案馆进行原始文献资料研究做起，独立研究的实践多一些。不管是自然科学还是人文社会科学的科研训练，学位论文撰写都是非常重要的部分。在实践中的科研训练主要是通过入学后参加实验室轮转、参与科研项目、撰写学位论文三种方式。

实验室轮转（laboratory rotations）是哈佛大学博士生教育的一个环节，也是博士研究生科研训练的一种方式。在哈佛大学自然科学和生命科学领域的很多系，在选择论文指导老师前，都要求哲学博士生在不同的实验室轮转。学生一般被安排在 2~3 个实验室轮流做实验，在每个实验室停留约 3 个月，同时熟悉 3~4 个分支领域，跟随不同的教授工作。例如，哈佛大学文理研究生院的公共健康生物科学系，要求学生在 3 个不同的实验室轮转，每个实验室停留 10 周[①]。在进行任何一个实验室轮转前，实验室的领导要和学生达成协议，以确定参与哪个项目和停留多长时间。在实验室停留中，实验室的教师和学生共同探究该实验室是否可以成为一个潜在的论文实验室。在每个实验室轮转结束时，要撰写标准的科研报告。学生也要与他们的指导者讨论实验室轮转的实行情况。另外，在特定的时间，所有的学生聚集到一起，要求每人做一个 15 分钟的口头报告，另加 5 分钟的提问和回答。在这一活动中，学生将有关轮转工作的情况报告给同学、同事和感兴趣的教师，指导轮转的老师及与会者根据学生的报告内容、努力程度、口头与书面表达能力和学习态度进行评分。

博士生参与科研项目有两种方式：一是担任实验室研究助理；二是参加科研组。在哈佛大学，研究助理（research assistants）是一种资助研究生的方式之一，也是哲学博士生科研训练的方式之一。一般在第二学年，在哲学博士生实验室轮转结束之后，如果对实验室科研项目感兴趣，与实验室气氛相投，导师承诺给予学生支持，学生可以留在实验室，申请研究助理职位。例如，学生在哈佛大学文理研究生院公共健康生物系，第一年，经过实验室轮转对实验室有所了解后，第

[①] 哈佛大学网站，http：//www.gsas.harvard.edu/

二年开始,大部分研究生将作为研究助理进入所选择的实验室,参与研究项目。[①]研究助理主要和联邦政府资助的科研项目联系在一起,学生在实验室参加科研工作,并从导师科研经费中得到助研津贴。科研组(research groups)是一种集体的科研环境,由一位资深的学术带头人领导,由多名教授、博士后人员以及在读研究生组成。哲学博士生在满足系里有关课程和考试要求后,可以加入该科研组,该组中的老师就成了学生的指导老师。有志于科学研究的学生,在科研组的工作成为日常活动的主要部分,这里是他们的家,在这里进行的科研工作和活动,对他们来说是很好的科研训练,这里也是他们学术生涯开始的地方。聚集在教授所领导的科研组里的学生、教授及其他成员,相处得非常融洽。他们可以每周举行例会,相互交换观点、解决问题和讨论新的研究进展,也可以组织学术报告会或论文发表前的讨论会。同一科研组的教授们的办公室往往相距很近,特别是在自然科学,那里的实验室空间和设备也可以共用。这种科研组内的相互影响,在自然科学领域更加常见。科研组成员同时进行若干科研题目,当一个项目结束时,这些学生写一篇详细的科研报告或一篇论文描述该项目。这些报告是形成科研论文的基础。科研组成员相互合作,并发表许多科研论文。这些都是哲学博士科研训练的重要组成部分。

　　哈佛大学科学研究的特色发展战略主要有以下几个方面,第一是以基础研究为核心,诺贝尔奖、世界著名科学期刊、SCI 论文是衡量基础研究成果的三大标志。到目前为止,哈佛已经有 44 位学者获得诺贝尔奖;根据《泰晤士报高等教育副刊》的权威排名,哈佛大学连续 7 年位于榜首位置,它以 13 项指标进行世界大学排行榜的编制工作,其中包括科研(占 30%)、教学(占 30%)、论文引用率(占 30%)、科研成果转化(占 2.5%)以及国际化水平(占 7.5%)等。第二是以国家的安全与发展为方向。哈佛的研究院以及科研计划项目,大多是以保障国家安全发展、切实服务于人民为己任。如哈佛的贝尔福研究中心主要承担的研究项目就分别是:(1)国际安全项目(ISP),就美国国家利益和面临的国际安全威胁进行分析研究,如核武器的流失危险、国内种族问题等;(2)科学、技术和公共政策项目(STTP),分析科技政策对国际安全、资源、环境和发展的影响,现主要研究军、民用核技术和材料的管理,国家科技政策的动态问题等;(3)强化民主法规的项目(SDI),该项目主要是针对加强国际关系中合并等问题,开展研究工作,如专门为俄小型政党进行政治领域培训、深入研究安全政策问题等。专门的研究中心加强了哈佛大学对国家发展的使命感和责任感,保障在国际化接轨的过程中国家的安全需要。第三是以关注民生的科学研究为支撑。哈佛大学医

---

① 哈佛大学网站,http://www.gsas.harvard.edu/.

学院、卫生公共学院分别致力于基础研究以及社会科学和临床部分、世界健康和心理保健相关方面的研究。主要目的在于提高人民安全保障意识，解决难以突破的心脏病、癌症等相关方面的课题，推动地区内人民自我保障意识。无论是公众健康学院专家开发的预防粒性结膜炎的疫苗，还是回旋加速器实验室中用来治疗脑瘤的质子光束，以及医学和公共健康学院密切关注健康护理所产生的惊人的费用，哈佛大学都在资金上给予全力支持，并通过不断加强病毒学、营养学方面的预防力量，从根本上致力于解决世界性的疑难杂症，以保障人民基本生活健康的需要。

哈佛大学科研经费的来源呈现多样化，既包括美国卫生部、国防部、国家自然科学基金会等联邦政府机构，也包括多种多样的非联邦研究基金。

联邦政府机构是哈佛大学科研经费的最主要来源也是哈佛大学科研经费增长的主要源泉。如图5-2所示，2011年联邦政府资助的研究经费占81.34%，而且联邦政府的资助一直保持稳步增长，2007~2011年，哈佛大学研究总经费增长了2.03亿美元，其中联邦政府资助的研究经费增长了1.66亿美元，约占研究总经费增长的82%。哈佛大学获得的联邦政府科研经费主要来自美国卫生部、国防部、国家自然科学基金、航空航天部和能源部等五大部门，这些部门资助的科研经费占到了哈佛大学所有联邦科研经费总额的77%以上，反映出美国联邦政府对健康科技、生物医药、空间开发利用等的高度重视。在经费资助最多的五大部门中，尤以美国卫生部对哈佛大学科研经费的资助最多。

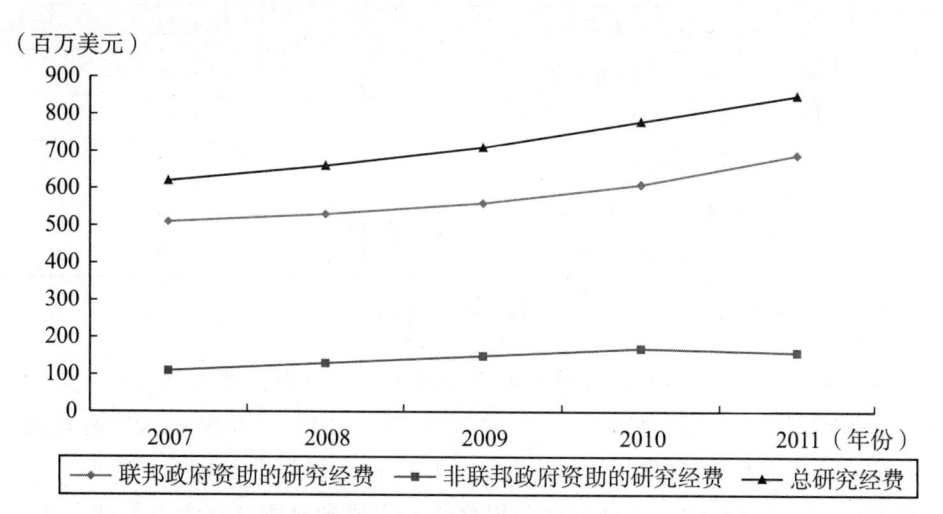

图5-2　哈佛大学科研经费增长：2007~2011年

资料来源：哈佛大学资助项目年度报告。

除了联邦政府提供的资助之外，基金会组织提供的科研资助对于哈佛大学具有特殊重要意义。虽然，在哈佛大学，非联邦科研经费仅占全部科研经费的近20%，远远落后于联邦政府提供的科研资金,但在非联邦科研经费来源中,基金会长期占据半壁江山。在 2008 年,由各类基金会提供的科研经费总额达到了 8 140 百万美元,[①] 在非联邦科研经费中所占比例更是高达近 62%,成为哈佛大学所有科研经费来源中仅次于美国卫生部的第二大"股东"。其次,哈佛大学注重与外国政府或外国公司开展积极的国际合作,使得国外研究经费也成为哈佛大学科研经费不可缺少的组成部分。表 5-1 显示哈佛大学与世界多个国家的政府、社会组织、公司企业、大学机构等开展广泛的科研合作,它们从英国、瑞典、加拿大、澳大利亚等发达国家,到新加坡、韩国等新兴工业化国家,再到塞浦路斯、博茨瓦纳、尼日利亚等发展中国家,遍布世界各大洲,其科研活动国际参与范围之广,合作伙伴之多,科研经费增长之快,足以体现哈佛大学作为世界顶级学府在全球的影响与作用。

表 5-1　　　　　2009 年哈佛大学科研经费外国赞助情况

机构名称	赞助金额(百万美元)
阿拉伯联合酋长国(迪拜政府)	4.79
墨西哥(蒙特雷 ITESM 大学)	4.49
德国(巴斯夫公司)	1.91
英国(盖茨比慈善基金)	1.35
英国(剑桥纳米技术有限公司)	1.33
塞浦路斯(共和国政府)	1.29
中国[安利(中国)日用品公司]	1.10
英国(国际发展部)	1.05
印度(行政服务/人事和培训部)	1.02
瑞典(外交事务部)	0.99

资料来源:哈佛大学基金项目办公室网站。

图 5-3 表明,哈佛大学的经费主要来源于三个方面,即捐赠收入、资助收入、学生收入,三者所占的比例一直在 20% 以上。其中,捐赠收入一直是处于第一位的,稳定在 32% 以上,在美国大学年度社会捐赠排名榜上,哈佛大学总是位居榜首,遥遥领先。哈佛大学的捐赠收入主要来自校友、个人及社会团体。起初,由于政府资助难以满足学院发展需要,哈佛大学各学院纷纷开展意在获得捐款的活动,募捐的对象主要是那些英国的富有之士。不过自美国独立战争结束

[①] 张伟:《哈佛大学科研经费及其管理模式》,载于《现代教育管理》2012 年第 1 期。

后,来自英国的捐款与日递减,战争带来的影响不可忽略,一些殖民地机构未能履行公开出版载有捐款者名字的小册子的承诺,招致英国民众的不满,进而挫伤了他们捐款的积极性。来自殖民地居民的捐赠虽然很少,但一直很稳定,殖民地居民甚至曾采用捐赠谷物、土地的方式支持哈佛大学。影响比较大的还有1994年哈佛大学启动的一次大筹款运动,确定的目标是在5年期间筹款21亿美元,1999年底哈佛大学宣布大筹款运动圆满结束,筹款运动取得26亿美元的成果,超过原定筹款目标的24%,巨额捐赠来自174 378个个人或机构,平均每笔捐款13 000美元,平均年度获得捐赠高达5.2亿美元。捐赠收入之所以能够成为哈佛大学经费来源的主要原因还在于,其拥有一整套完整的捐赠体系,包括捐赠组织机构、捐赠的筹措与管理、捐赠基金的投资与运行。

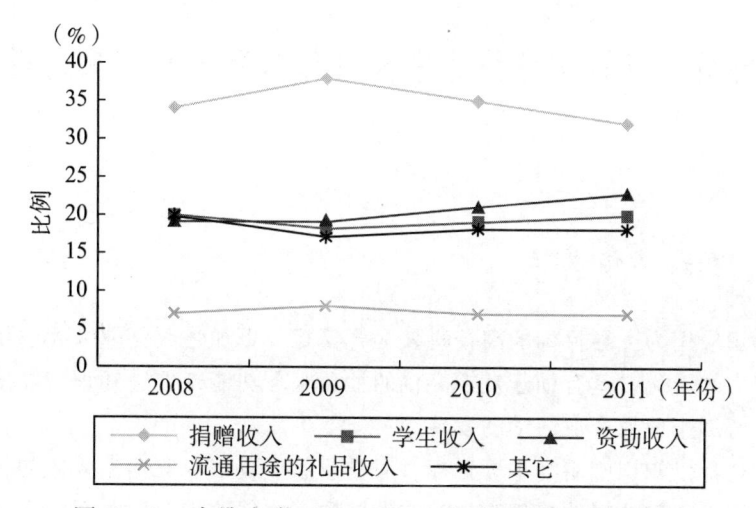

图 5-3 哈佛大学 2008~2011 年各项收入变化情况

资料来源:Harvard University Financial Report Fiscal Year 2011.

从哈佛大学近四年的经费来源来看,资助收入一直稳中有升,在2011年达到了23%,其中政府资助一直占有很大的比重,达到80%以上。政府资助主要是用于科学专项研究,这种情况是有历史渊源的。哈佛大学吸收了德国研究型大学教学与科研相结合的新型教育理念,成功地实现了由传统大学向现代型大学的转变。哈佛大学在第二次世界大战后仍然保持着注重学术的传统,将科学研究置于学校发展的突出位置。科学技术在社会发展中显示出无比巨大的作用。哈佛大学作为科学研究的重要阵地,受到了政府、社会和人们的普遍关注。美国联邦政府与州政府通过与哈佛大学签订合同的方式,来资助其开展科学研究工作。

三、对中国高校的启示意义

哈佛大学和柏林大学充分发挥高校中研究中心或实验室的职能,并将研究中心或实验室作为教学与科研融合的载体,在这样的载体中不同学科背景的学生可以通过与导师的合作提升自身的创造力,导师同样将最新的科研成果运用于教学,为新的知识创造提供知识存量。我国高校在发挥其知识创造功能时,应注重高校中实验室功能的发挥,因为在实验室中,隐性知识的传递更为便利,可以为知识创造提供更多的知识基础。

第四节 以知识应用为主导目标的高校科教融合模式

一、模式总体特点

以知识应用为主导目标的高校科教融合模式,更加强调创业人才的培养和知识向生产力的转化,这有助于发挥高校的社会服务功能,促进知识与经济的紧密结合,也有助于地方产业活动的发展。

高校选择以知识应用为主导目标,通常业已形成培养实用型人才的传统,更加关注知识创造和知识传播与现实产业发展和人才创业就业的关系;在教学内容上,创业教育成为最大特色,同时也会注重与企业合作开展多样化的实践教学活动和特色课程;在科研方面,与工业企业共建的实验室会成为特色科研平台,这不仅有助于高校科研与企业研发需求的无缝对接,也有助于开辟学生进入企业见习、实习的渠道。从高校与地方的互动关系看,这类高校周边通常有大量产业活动,对高校有较多的技术服务需求;同时,地方企业是高校发展的重要经费来源,而地方政府对高校的投入相对较少。由于创业与技术研究、创业人才与技术成果产业化之间存在紧密联系,因此,在知识应用的过程中,可以同时促进技术性研发活动和技术人才的培养,这也是教学科研融合的重要途径。

从斯坦福大学和剑桥大学的发展中,可以瞥见这类模式的影子。它们都建有世界知名的科学园,并以应用研究和创业人才的培养见长,对地方产业发展做出了很大贡献。它们的教学活动非常重视实用教育和创业教育,科研活动也更关注市场需求和产业发展,因此与地方企业建立了密切联系,并带动周边地区成为产业活动（特别是工业发展）比较活跃的地区。

二、模式典型案例——斯坦福大学科教融合模式探析

（一）致力于实用型人才的培养

当时工业经济迅速发展，需要能够创造实际利益的实用人才；美国政府鼓励西进的政策；传统的美国老牌大学继承了英国牛津、剑桥大学的传统，通过传授古典学科知识培养有教养的教士、绅士，难以适应当时对于人才的需求；当时美国政府鼓励兴办的工农学院，重视技术、技能，但缺乏文化修养，无法持续高效地促进美国工业经济的飞速发展；创建者利兰·斯坦福本人是实业家，丰富的社会实践使他认识到教育与实业相结合对人才培养和社会发展的重要意义。

为应对当时的人才需求，斯坦福大学进行了相应的改革，以培养符合社会需求的人才。首先，人文教育与科学教育相结合。作为一所以培养实用型人才为目标的大学，从一开始，创始人斯坦福就强调："为了开阔思路和培养人才，我极其重视一般文学修养。我自信已经注意到这一事实，即受过技术教育的学生不一定成为最出色的企业家。人生道路上的成功有赖于培养和发展想象的能力，一个不善于构思的人是成不了大器的"①。为此，斯坦福大学坚持文科教育和理科教育相结合的人才培养原则，设置了涵盖人文学科、社会学科、理工科、医学等多个学科领域的综合性院校，如人文与科学学院等共同对学生进行通识教育，并要求任何专业的学生都要按照学校的规定选修通识教育课程，从而学习和掌握文理各科的基础知识和理论。这样既通过理科的学习培养学生逻辑思维能力和科学精神，又通过文科的教育培养了学生的人文修养，让学生成为知识广博、通晓文理各学科领域知识的高素质人才，有利于提高学生的综合素质。其次，高等教育与职业教育相结合。斯坦福大学所要培养的人才既要有一技之长，又不能等同于职业技术学校所培养的技工，斯坦福大学所培养的人才是要经受过良好的高等教育的，有文化修养、有道德，又对某个专业领域有较深造诣的高素质综合型人才。这种人才应该是能够在社会中从事一定职业，并能为该职业领域的发展做出贡献的人才，同时这种人才应该具备很强的适应能力和学习能力，能够随着社会的发展变化而不断充实自我，调整自我的人才，还应该是敢于突破传统，勇于创新。最后，科学研究与技术开发相结合。斯坦福大学坚持教学与科研相结合，同时积极开展与工业界的合作，进行技术开发，使产学研实现一体化，并致力于培养实

---

① 张学平：《浅谈当代大学生的素质教育》，载于《社会科学动态》2000年第10期。

用型专业人才。

（二）以创业性质的课程和实践促进学生能力提升

斯坦福大学在课程设置方面充分注重培养学生的创业能力，具体体现在以下两个方面。

第一，将创业教育渗透到课程设置中。首先，在基础课方面，注重拓宽基础性课程，打破专业间人为的壁垒，把基础教育与专业教育紧密结合起来，加强学生的通识教育。斯坦福大学十分重视基础课程的设置，硕士研究生尽管在选课时有较大的自主权，但研究生院特别强调了基础理论课在整个修课计划中的比例要占到全部授课时数的40%～50%。斯坦福大学在整个教学中都是围绕着加强基础课程进行的，要求学生在自然科学、人文科学和技术科学等领域都要获得较深的基础理论知识。斯坦福大学任何专业的学生都必须在9个领域完成必修课，其中包括文化与思想、自然科学、科技与实用科学、文学和艺术、哲学、社会科学和宗教思想等。除此之外，学生们的写作能力和外语能力必须达到一定标准。其次，在综合课程方面，斯坦福大学主张课程设置不仅局限在本专业学科内，而是实行跨学科的综合研究。通过开设新的综合性课程，使课程设置的门类更加齐全，课程内容更加丰富而广泛，适应了社会对复合型人才的需求。学校在课程和专业设置上所做的一切调整都是为了使学生能尽快适应企业的要求。

第二，单独开设创业教育课程。1967年，斯坦福商学院首次开设了一门创业教育课程，随后逐步拓展完善；在20世纪70年代已开设了多门课程，大部分课程在80年代、90年代开设并趋于完善；到了90年代中后期，整个商学院的创业教育课程体系趋于成熟。在20世纪90年代，斯坦福大学其他院系（尤其是工学院）也开始尝试设置创业课程。目前，斯坦福大学的主要院系都开设了创业方面的课程，其中，商学院和工学院的创业教育课程最有特色。斯坦福大学商学院将经济学、组织行为学应用于生产、营销、金融和会计领域，培育了许多新增长领域。例如，随着硅谷成长为风险资本投资的中心，风险资本便成为商学院教学的重要内容和研究的重要方向，1979年商学院开设了风险资本方面的课程。在课程和专业的开发上，斯坦福大学也努力与企业合作开设适应企业需要的专业及课程。比如生物工程、生物医学情报、环境工程、材料科学与工程、管理科学与工程等专业，面向企业培养人才，为企业在职员工提供学位教育与职业教育。企业可以根据自身的情况来选择不同的人才培养教育。

斯坦福大学认为，创业精神不是在课堂上教会的，而是在实践中培养起来的。在斯坦福大学，各种各样的实践活动是课堂教学的有益补充，这不但可以鼓励学生将创业作为自己的职业选择，拓宽就业渠道，更好地应对就业的压力，而且可以发挥研究生的知识优势，创办对社会经济发展有利的企业，为社会提供新的就业机会，促进经济社会的和谐、稳定发展，具体表现在以下四个方面：

第一，注重技能的实践活动。斯坦福大学注重培养学生的科研能力，鼓励学生参加科研活动，允许学生参加校外的协作项目。斯坦福大学还非常注重培养学生的职业技能，比如在教学上很重视实验教学和现场模拟教学。斯坦福大学商学院的高级教务长戴维·克雷普斯曾指出，MBA 课程要越来越注重"体验式"学习，即在实践中学习，而不是坐在课堂里听讲座。

第二，建立许多社会实践的项目。斯坦福大学还建立了许多社会实践的项目，例如社区服务勤工俭学项目（The Community Service Work–Study Program，CSWS）为学生提供了丰富而有意义的工作岗位和学习的机会，通过选择与他们专业相近或他们感兴趣的工作岗位，学生不仅可以获得适当的经济补助，而且在实践中会使得专业技能更加熟练，并且对服务领域会有更深层次的理解。这些实践活动使斯坦福大学的学生在学校期间就能够接触社会，培养了他们较高的责任感和自我激励意识，为今后的创业打下了基础。

第三，各式各样的创业实践活动。斯坦福大学经常组织各式各样的创业实践活动，例如指导研究生成立未来企业家俱乐部、研究生创业协会等各种社团组织，定期举办研究生创业沙龙、开办创业报告会，并邀请业界人士参与。

第四，重视产学研合作教育实践。斯坦福大学把产学研合作教育作为一项制度加以贯彻实施，通过产学研合作建立起来的硅谷为斯坦福大学提供了充足的实训、实验基地和研究、开发基地，为师生创业搭建了一个广阔的平台。在这里，师生的研究成果很容易迅速转化为成果或产品，教授们可自办公司或在各公司兼职，学生们也可在各公司实习、就业甚至自己创办公司。该校很多 MBA 学生在念书的时候，就参加硅谷小公司的商业计划、发展和管理，在没有毕业时就和这些公司建立了密切的联系。硅谷许多著名高科技公司都是由斯坦福毕业生创办的，这种真实的创业环境极大地激发了师生的创业热情，增强了其自信心，提高了其创业技能。

斯坦福大学教职分为终身制教职和非终身制教职两个序列。终身制教职，一般指没有经过终身教职评审直接应聘到各级教师岗位上的教员。据斯坦福大学《聘任和终身教职说明》，终身教职被定义为能够任职到学术生涯退休期的安全任命。终身制教职有一定时间的试用期，试用期内可申请终身教职。若在规定期限内未通过评审，教员则需"另谋出路"，即"非升即走"。斯坦福大学终身教授序列的头衔和等级分为助教、副教授和教授三个等级。终身制序列的任命可以是固定任期制，也可以是"无限期"（通常称为终身制）的方式。非终身制教职，通常为短期聘任，学校根据工作需要、科研经费情况聘任教师，签订有固定期限的合同。非终身制的教员无权申请终身教职，聘任合同期满或资助款用完聘任就结束。斯坦福大学非终身教职序列的头衔和等级分为助理教授、副教授、教授。非终身制教职的任命通常为几年任期或连续的一段聘期。

斯坦福大学在学校层面上规定了关于教师聘任与晋升的基本政策，各院系通常在学校教师聘任与晋升手册的指导下，建立自己的教师聘任与晋升规范，以人文与自然科学学院为例，表5-2是其具体晋升流程。

表5-2　　　　　　　　　斯坦福大学的教师聘任制度

助理教授的聘任	助理教授的续聘	晋升到终身制教职	晋升正教授	终身教职的授予
1. 成立搜寻委员会 2. 招聘广告 3. 形成候选人名单 4. 候选人到学校与师生见面 5. 院系讨论 6. 投票 7. 形成聘任文件 8. 聘任文件提交 9. 审查过程 10. 学院层面否决 11. 书面批示	1. 通知候选人 2. 成立评估委员会 3. 院系讨论 4. 学术审查 5. 教学审查 6. 投票 7. 系层面的否决 8. 续聘文件的提交 9. 审查过程 10. 学院层面否决 11. 续聘过程反馈	1. 通知候选人 2. 成立评估委员会 3. 院系讨论 4. 学术审查 5. 教学审查 6. 投票 7. 系层面的否决 8. 终身制文件提交 9. 审查过程 10. 学院层面否决	1. 通知候选人 2. 成立评估委员会 3. 院系讨论 4. 学术审查 5. 教学审查 6. 投票 7. 系层面的否决 8. 晋升文件提交 9. 审查过程 10. 学院层面否决 11. 院长和教务长的反馈	1. 成立搜寻委员会 2. 招聘广告 3. 形成候选人名单 4. 候选人到学校与师生见面 5. 院系讨论 6. 投票 7. 形成聘任文件 8. 聘任文件提交 9. 审查过程 10. 学院层面否决 11. 书面批示

资料来源：焦磊，《斯坦福大学教师的聘任与晋升》，载于《大学（学术版）》2010年第2期。

斯坦福大学在教师聘任和晋升流程中有几个富有特色的机制，例如设立搜寻委员会，它是为了选择最合适、最优秀的教员，斯坦福大学在聘任教师时会成立相应的搜寻委员会，像"猎头"一样，去发现和选择所学学科精英。搜寻委员会负责收集与候选人有关的学术、教学以及其他方面的信息。搜寻委员会的结构因系而异，通常由至少3名成员组成，并由一名高级教员任主席。委员会中的一员负责监管搜寻的各项事务。学生也会影响教师的聘任，学生的观点对聘任过程来说是非常重要的，尤其是在缺乏相关候选者教学方面资料的情况下。在搜寻过程中，需要学生参与到讨论小组、座谈会以及其他候选人介绍其研究情况的公开场合，以使学生以小组的形式或单独与候选人有接触的机会。各学院需要制定一个系统的程序使得学生们能够积极做出反馈。

（三）践行实用教育、领军教育的人才培养理念

斯坦福大学实用教育理念产生的背景：（1）当时工业经济迅速发展，需要能够创造实际利益的实用人才；（2）美国政府鼓励西进的政策；（3）传统的美国老牌大学继承了英国牛津大学、剑桥大学的传统，通过传授古典学科知识培养有教养的教士、绅士，因此，难以适应当时对于人才的需求；（4）当时美国政府鼓励兴办的工农学院，重视技术、技能，但缺乏文化修养，无法持续高效地促进美国工业经济的飞速发展；（5）创建者利兰·斯坦福本人是实业家，丰富的社会实践使其本人认识到教育与实业相结合对人才培养和社会发展的重要意义，同时他也知道实业需要什么样的高等教育才能符合社会发展的需要。

进入全球化的知识经济时代，斯坦福将新的人才培养目标确定为："培养知识渊博、个性鲜明、富有创造力的，能够引领下个世纪的领军人才"，[①] 这一目标的实质是在知识经济环境中追求"优异与广博相结合"的"实用教育"人才观。相应地，各个学院也有其各自的具体目标。商学院的目标是"创造可以促进和加深我们对管理理解的知识和思想，并用这些知识和思想来培养有创新性、有原则性、富有洞察力和深刻见解的可以改变企业、改变组织、改变世界的领导人"。[②] 工程学院的目标是"培养能够将科学技术转化为劳动生产力，能够将好的想法应用于实践，从而促进世界更好发展的领导人"。[③] 法学院所要培养的是"勤勉的、富有想象力的、受人尊敬的能够为公众和委托人服务的，能够引领律师行业不断发展，能够为国家和世界解决问题的人才"[④] 等。虽然斯坦福大学为顺应时代发展不断适时调整人才培养目标，但其实质是一致的。今天斯坦福大学仍然坚持培养有文化教养、有实用价值的公民，只是在当今时代背景下，最"实用"的"成就"和"公众福祉"就是成为社会各领域的引领和主导者，即具有"优异与广博相结合"素质的新世纪领军人才。

---

① Stanford University. Stanford Facts：Introduction ［DB/OL］. http：//www.stanford.edu/about/facts/, 2008－11－12.

② Stanford Graduate School of Business. About the Stanford Graduate School of Business ［DB/OL］. http：//www.gsb.stanford.edu/about/, 2008－11－15.

③ School of Engineering. Imagine the Future ［DB/OL］. http：//engineering.stanford.edu/about/index.html, 2008－11－16.

④ Stanford Law School. History of Stanford Law School ［DB/OL］. http：//www.law.staford.edu/school/history/, 2008－11－18.

（四）校企合作共同塑造人才培养环境

第二次世界大战结束后，斯坦福大学借鉴麻省理工学院的合作研究模式，把其他院校曾参与战时研究中心的返校教师集中起来，于1945年成立了第一个研究中心——微波实验室，并得到了联邦研究基金的永久资助。在研究中心内部，为了最大限度地发挥教授的研究工作，斯坦福大学为教授配备了全职助手管理研究团队。由于有充足的经费，教授成为学术团队的领导，如同企业中的经理，将下级研究人员组织起来，共同努力，完成团队目标。

斯坦福的技术授权办公室成立于1970年。其主要职责可以分为内外两部分：对内鼓励教师公布研究发明，评价该发明的市场价值，申请专利保护，并对具有较大商业潜力的发明寻求买家；对外在企业间建立联系。发明者将专利权交给技术授权办公室，逐渐形成了由技术专业办公室控制的公共知识库，在相互关联的公司之间共享研究成果，使每个公司都有更为广泛的产品开发基础。而作为提供中介服务的回报，斯坦福大学将获得许可权的收入，用于提高科研水平。

为保持校内各组织间的信息通畅、协调各组织的活动以及开展联合研究，斯坦福大学专门设立了创业任务组。斯坦福技术投资项目为创业任务组提供支持，该项目由考夫曼基金会资助，目的是训练工学院工程师和科学家的创业技巧。创业任务组主要协调大学内各组织间的活动，并且硅谷的各种创业团体积极参与创业任务组的各种活动，因此，任务组为风险资本家、律师和其他与斯坦福的实验室、教师有着广泛接触的专业人士提供了交流的平台。

（五）以专职科研队伍和独立科研机构推动科学研究

斯坦福大学的《科研政策手册》是其科研制度的主要文本，解读它有助于深刻理解斯坦福大学的科研特色。在手册中规定了教师科研时间与教学实践的分配，在斯坦福大学，担任重要教学与科研任务的教师是不允许在外兼任重要管理职位的，在外兼职的教师不能在大学和公司负责相同的事务。学术议会的成员在外部实体工作充当顾问的时间有严格规定，一季度不超过13天，一学年不超过39天，以保证他们将足够的时间投入到教学当中。在政策手册中还规定：研究和教学的任务始终重于专利方面的考虑。大学研究的方向不应建立在专利和个人收入的基础上，也不能受其不利的影响。这样的制度规定约束了教师的利己动机，对保障教学质量是非常有效的。斯坦福大学又是一个创业型大学，对硅谷的形成和发展起了关键作用，许多教师在硅谷的公司里兼职。这个规定并不是要使大学和产业脱离关系，而是要让教师明白，学校的研究是以科学知识探索为目的，而不是以公司的利益为导向，教师享受终身教职和大学的福利，就应当把培养人才作为第一职责，如果抛开这个职责，就只能自己去创业，直接面对市场的风险①。

斯坦福大学专职科研队伍建设：斯坦福大学的专职科研人员分布在各研究机构中，其研究机构由院系实验室、大学与工业合作的研究中心、政府设在大学的研究中心和独立研究机构四种类型组成，四类研究机构总共包括122个研究单位，包括70个中心（center）、16个实验室（lab）、10个研究所（institute），以及各种项目（project）、研究组（group）等其他研究机构。斯坦福大学一直在不断开拓跨越传统学科的研究新领域，但是这种前沿性扩展研究，在传统学院学系的学科规范和其他限制条件下是不可行的，基于此斯坦福大学建立了独立科研机构（Independent Labs，Centers，and Institutes），这类机构是来自多个学院的教师组成的研究和学术常规组织机构，它们直接向教务长领导下的负责研究的副教务长汇报，由学校直接管理，虽与校内其他机构有一定的合作和联系，但不受学院学系的行政和学术文化的控制和束缚。以爱德华兹实验室（Edwards Lab）为例，实验室中从事研究的教师和专职科研人员占到整个实验室总人数的87%，他们普遍拥有博士学位。行政管理人员及辅助人员的数量相对较少。实验室的专职科研人员依据研究兴趣划分为不同的研究团队，每个研究小组都以领衔教授的姓名命名，在教授的领导下，专职科研人员和若干来自不同院系的博士生、硕士生以及少量行政辅助人员一起参与课题研究。实验室不隶属于任何教学院系，学校直接管理，由主管科研和研究生政策的常务副校长负责。实验室的运行资金来源广泛，包括学校拨款、个人、公司和各类基金会的拨款②。

斯坦福大学这些独立研究机构（见表5-3）非常注重培养优秀人才，它们都接收各院系的博士后、研究生甚至是优秀本科生参与科研活动，部分机构还有来自外国的大学或机构的学生，这些独立研究机构会开设一定的特殊跨专业课程，由于不是教学院系，因而不提供学位，学生到该机构来仅仅参与研究工作。这些独立研究机构大多数通过各项奖学金来资助优秀学生。如斯坦福国际问题研究中心（SIIS）面向本科生和研究生设立了不同的奖学金项目，每项奖学金都针对专门研究领域而定，如加拿大研究的Shultz拨款，日本研究学位论文拨款，中国研究学位论文拨款等，这些奖学金的获准对象一般是那些正在做或者准备做关于该领域学位论文、申请毕业论文的学生，奖学金负担学生的学费、研究费用及生活费用，以帮助他们更好地完成学业。斯坦福经济政策研究所（SIEPR）非常

---

① 李剑：《美国大学科研制度对我国的启示——斯坦福大学科研政策手册解读》，载于《科技创业（月刊）》2007年第10期。

② 姚建建、程骄杰：《美国大学专职科研队伍建设研究——以斯坦福大学为例的个案研究》，载于《中国高校科技与产业化》2010年第9期。

强调对研究生和本科生的教育和培训,将预算中很大一部分用作研究生助教奖学金,支持研究生做 SIEPR 学者的研究助理,它也提供学位论文奖学金帮助杰出的学生完成他们的博士学位,据统计,SIEPR 共支持了斯坦福大学约 1/3 的经济学博士学生,这些学生配合教师研究,经常与工业企业合作,通过同公司员工交流、听取并进行讨论演讲等渠道,实现产学研相结合①。

表 5-3　　　　　　斯坦福大学 12 所独立科研机构基本情况

机构	英文简称	成立时间	人员规模	主要研究领域
爱德华兹实验室	—	1951 年	47	量子电子学、半导体激光、皮(可)秒脉冲技术、光学显微镜方法、光纤、超电导材料及其微波应用软件等
海森物理实验室	HEPL	1951 年	28	天体物理学及其相对论、基于人造卫星的工程科学、加速器物理学、释放电子激光等
斯坦福国际问题研究中心	SIIS	—	295	国际问题及挑战、公共政策等交叉学科研究;亚太地区发展、环境、卫生保健、国际安全、欧美研究、跨文化教育等
斯坦福语言和信息研究中心	CSLI	1983 年	93	信息、计算机和认知科学领域的交叉研究;计算机科学、语言学、逻辑学、哲学、心理学、教育学等
杰贝里高级材料研究实验室	GLAM	1999 年	36	高级材料研究;数据记录与存储材料、计算机材料、电子材料、磁性材料、材料物理、合成物、光学物理等
斯坦福社会定量研究所	SIQSS	1998 年	21	使用定量研究方法研究社会学发展领域问题;信息技术对社会的影响、教育及其社会效应、对人口普查结果的分析
斯坦福人文研究中心	SHC	1980 年	35	人文、历史、哲学、人类学等交叉研究中的热点问题

---

① 付瑶瑶:《从斯坦福大学看美国研究型大学中独立科研机构的发展》,载于《清华大学教育研究》2005 年第 26 期。

续表

机构	英文简称	成立时间	人员规模	主要研究领域
斯坦福 Bio-X 研究中心	BIO-X	1998 年	273	生物科学同物理学、化学、工程学、医学等学科的交叉研究；生物计算机、结构生物学、生物物理、生物化学、生物医学工程、脑科学、纳米等
全球气候与能源项目	GCEP	2003 年	25	氢、可再生能源、清洁能源、减少二氧化碳排放的新技术、能源运输系统、高级核能源、地理工程等
斯坦福经济政策研究所	SIEPR	1982 年	54	世界经济政策问题及其影响；企业、政府、财政、货币、劳动市场、能源、环境、科技等问题
卡福里粒子天体物理学与宇宙论研究所	KIPAC	2003 年	34	重力透镜化、银河系星群、盖然性数据分析方法、一般相对论、宇宙 Brane 世界模式、黑洞物理学等
斯坦福教学改革研究中心	SCIL	2002 年	56	促进教学和学习的基础和应用技术研究；提升初学者学习能力、构建有益学习环境、使教学和学习透明化

资料来源：付瑶瑶：《从斯坦福大学看美国研究型大学中独立科研机构的发展》，载于《清华大学教育研究》2005 年第 3 期。

三、该模式对中国高校的启示意义

斯坦福大学和剑桥大学都注重高校知识的转化与应用，以这两所高校为依托，分别建成了"硅谷"和"剑桥科学园"，成为高科技创新园区。这两所高校充分发挥其知识溢出效应，加强与高科技园区之间的互动合作，并形成了共同的合作文化氛围。我国尽管也有许多科技园区，但是高校与邻近性科技园区之间的合作并没有充分发挥地理邻近的效应，校区与园区共同的文化氛围尚未建立，影响着高校科技成果的转化与应用。我国高校在发挥其知识应用功能时，应充分注重与科技园区之间的全面合作，为高校中创新成果的转化提供平台。

第六章

高等学校在我国知识创新体系中的功能优化与战略地位提升

以大学为主体的高等教育承担着教学、科研和社会服务三项核心功能，并成功地将知识创造、知识传播和知识应用等功能有机地结合在一起，在学科研究和创新人才培养中都起到了无法代替的重要作用。近年来，我国高等学校在科学研究、知识创新中发挥了重要作用，但与发达国家和地区相比，目前对高等学校在国家知识创新体系中的重要地位在思想认识、体制机制以及资源配置上都还存在比较大的差距，高校在国家创新体系中的定位和功能还比较模糊，在国家科技体系中"有番号、缺粮饷"的尴尬地位仍然没有根本改变，高校的知识创新潜力和优势尚未充分发挥。这些问题严重制约了我国知识创新能力的提升和高层次人才的培养，使国家创新体系发展缺乏持续进步的源动力。妥善解决和处理好这些问题，加快建设科学研究与高等教育深度融合的知识创新体系正日益成为我国创新型国家建设中的重大理论和实践课题，迫切需要重新认识高校在知识创新体系中的功能定位，提升高校在知识创新体系中的战略地位。

第一节 高等学校对我国知识创新体系建设的贡献

高等学校是从事科学研究和高等教育有机结合的天然载体，在国家创新体系建设中发挥着核心作用。以大学为主体的高等教育承担着教学、科研和社会服务三项核心功能,并成功地将传播知识(通过人才培养)、生产知识(通过科学研究)和应用知识(通过技术扩散并服务社会)等功能有机地结合在一起,在学科研究和创新人才培养中都起到了无法代替的重要作用。从我国的情况来看,高校(特别是研究型大学)已经成为我国各类知识创新成果(特别是原始性和基础性创新成果)的主要贡献者和国家创新体系的核心组成部分之一。例如,2015 年度,在国家自然科学奖、技术发明奖和科技进步奖三大奖项中,高校获奖比例均超 64%,这充分反映了高校对我国知识创新和科技进步的核心作用日益凸显。

一、我国知识创新体系建设中的高等学校

我国知识创新体系源于中科院提交的《迎接知识经济时代,建设国家创新体系》的报告。报告中指出,国家创新体系包含有知识创新系统、技术创新系统、知识传播系统和知识应用系统。之后,"十五"规划纲要提出"建立国家知识创新体系,促进知识创新工程",具体要求为:建立国家知识创新体系,着重指明要促进高校与科研机构联合,加强科研基地和科研设施的联合共建,新建并重组部分国家重点实验室,建设重大科学工程,提高科研手段的现代化水平。随后,《国家"十一五"科学技术发展规划》强调了科教兴国战略和人才强国战略,并确立了建设创新型国家、人力资本强国的目标,其主要承担者就是高校。特别是,《国家中长期科学和技术发展规划纲要(2006~2020)》也提出了建设科学研究与高等教育有机结合的知识创新体系。要求以建立开放、流动、竞争、协作的运行机制为中心,促进高等院校与科研院所之间的结合和资源集成,并发展研究型大学,努力形成一批高水平的、资源共享的基础科学和前沿技术研究基地。2011 年,《国家"十二五"科学和技术发展规划》又强调指出,强化高水平研究型大学建设,加快建立科学研究与高等教育有机结合的知识创新体系。深入实施"创新 2020",推进高校创新,推动高水平研究机构和研究型大学建设,培育一批世界一流学科。稳定支持从事基础研究、前沿技术研究、产业关键共性技术研究和社会公益研究的科研机构。增强高等学校创新活力,充分发挥高等学校在知识创新中的重要作用;在高等学校中开展探索科技与教育相结合、强化基础研究的改革试点。可以看出,随着国家对知识创新体系的不断建设与投入,我国知识创新体系中对高校的要求从创新机构联合、创新过程整合、创新功能耦合等方面不断提升。随着知识创新体系建设的不断发展,我国高校在知识创新、人才培养和知识应用等方面正不断发挥着越来越重要的作用。

二、高校是知识创造的主力军

改革开放以来，高校在我国知识创新中的主力军地位得到持续巩固。据锐科技最新披露，高等学校目前拥有全国规模最大的科学研究人员队伍，具体来看，2015 年高等学校投入基础研究人员 16.4 万人年，应用研究人员 17.2 万人年，试验发展人员 1.9 万人年，全国科学研究（包括基础研究和应用研究）人员中，高等学校占 49.1%，高出研究机构 19.6 个百分点。并且，高等学校 R&D 人员的受教育程度较高，2015 年的高等学校 R&D 人员中博士毕业人员占 27.5%，高出研究机构 10.7 个百分点；硕士毕业人员占 38.7%，高出研究机构约 8.7 个百分点。从高校知识创新产出规模趋势来看，高校在知识创新方面得到了超高速发展：在 1978~1987 年的十年里，高校发表的论文占全国论文总数的比例为 48.0%，主体优势并不明显；1988~1997 年提高到了 63.0%，经过近十多年的发展，进一步提高到了 78.4%，高校明显处于知识创新的主导地位。高校在知识创新方面的贡献不断提高的同时，中国科学院和其他科研机构论文产出占全国的比例显著下降。[①] 近十多年来，中国科学院发表的 SCIE 论文占全国的比例下降到了 16.6%，中国科学院以外的机构所占比例下降到了 4.4%（见表 6-1）。单就 2009 年[②]的产出规模来看，2009 年全国高等院校共发表科技论文 101.6 万篇，出版著作 4.1 万种。而政府所属研究机构[③]（以下简称研究机构）发表论文 138 119 篇（其中国外发表 25 882 篇），仅为高校的 13.6%，高校发表论文是研究机构的 7.36 倍；政府所属研究机构出版科技著作 4 788 种，仅为高校的 11.7%，高校出版著作数量是研究机构的 8.56 倍。在 2000~2016 年间，高校为第一完成单位取得的国家自然科学奖二等奖以上的成果占全部成果的 62%，最高的年份是 2003 年，达到 79%，高校产出了一大批代表国家水平的标志性成果（见表 6-2）。

---

① 作者根据相关数据资料整理。

② 经国务院批准，科技部、国家统计局、财政部、原国家发展计划委员会、原国家经济贸易委员会、教育部和原国防科学技术工业委员会于 2000 年联合在全国开展了第一次全社会 R&D 资源清查工作。为全面掌握我国科学研究与试验发展（R&D）活动情况，更好地适应新形势下宏观管理的需求，经国务院批准，国家统计局、科技部、国家发展改革委、教育部、财政部、国防科工局于 2009 年联合开展了第二次全国 R&D 资源清查。此次清查的标准时点为 2009 年 12 月 31 日，时期资料为 2009 年度。下文中无特别注释的 2009 年度数据均来自此次资源清查。

③ 政府属研究机构包括县以上政府部门属科学研究与技术开发机构、科学技术信息和文献机构，但不包括转制院所。

表6-1　三个阶段不同类型机构基础研究产出占全国比例

项目		1978~1987年	1988~1997年	1998~2009年
总和	数量（篇）	19 412	77 207	590 475
高校	数量（篇）	9 323	48 623	462 940
	占比（%）	48.0	63.0	78.4
中国科学院	数量（篇）	6 582	21 183	97 940
	占比（%）	33.9	27.4	16.6
其他研究机构	数量（篇）	3 507	7 267	25 796
	占比（%）	18.1	9.4	4.4

资料来源：国家统计局网站，http://www.stats.gov.cn/ztjc/zdtjgz/decqgzyqc/

表6-2　高校为第一完成单位的国家自然科学奖统计

年份	高校	全国	高校/全国（%）
2000	9	15	60
2001	7	18	39
2002	11	24	46
2003	15	19	79
2004	18	28	64
2005	20	38	53
2006	17	29	59
2007	25	39	64
2008	16	34	47
2009	16	27	59
2010	21	30	70
2011	23	36	64
2012	26	41	63
2013	36	54	67

续表

年份	高校	全国	高校/全国（%）
2014	27	46	59
2015	34	42	81
2016	29	42	69

资料来源：中华人民共和国科学技术部，http：//www.most.gov.cn/cxfw/kjjlcx/。

从创新产出质量来看，高校明显处于知识创新的主导地位。众所周知，在SCI、SSCI期刊发表论文最能代表重大原创性研究成果和知识创新产出的质量。从中国科学技术信息研究所2013年的统计数据（见表6－3）可以看出，除了小部分发表量来自医疗机构和公司企业外，2015年SCI论文发表量中高校占82.8%，研究机构占11.2%；SSCI论文发表量高校占85.7%，研究机构占6.7%；国家级基金或资助产生的国际论文发表量高校占84.7%，研究机构占13.7%。可见，2015年高校的发表量占全国论文产出达八成以上，而研究机构的份额不到两成。

表6－3　　2015年高校与研究机构论文产出占全国论文产出比例对比

类型	高校占比（%）	研究机构占比（%）
SCI论文	82.8	11.2
SSCI论文	85.7	6.7
国际论文	84.7	11.2

资料来源：中国科学技术信息研究所，https：//wenku.baidu.com/view/e37ebc97ed3a87c24028915f804d2b160b4e86d7.html。

高校人均论文产出显著高于其他研究机构。从科技部的统计数据可知，高校和科研机构从事R&D人员数量大致相当。由此不难推断，单就高质量论文产出量这一项指标来看，高校的人均论文产出量是研究机构的4倍以上。从表6－3中数据还可分类算得具体比例：高校的SCI论文产出是研究机构的7.4倍多；高校的SSCI论文产出是研究机构的12.8倍多；高校发表国际论文数是研究机构的7.4倍多（见表6－3）。由2014年科技部历年的国内论文统计数据也可得出同样的结论（见表6－4），以2006～2014年间国内科技论文发表数量为例，高校始终维持在研究机构的5倍以上。

表6-4　　　　　　　历年国内科技论文发表量　　　　　　　单位：万篇

机构	2006年	2007年	2008年	2009年	2010年	2011年	2012年	2013年	2014年
高校	24.3	30.6	31.8	34.2	34.3	33.6	33.7	33.1	32.1
研究机构	4.2	4.7	5.0	5.6	5.7	5.8	5.6	6.0	5.8
企业	1.3	1.5	1.6	1.8	2.0	2.1	3.3	2.5	2.3
医疗机构	9.1	7.6	7.1	8.7	8.9	9.2	7.9	7.8	7.4
其他	1.4	1.9	1.7	1.8	2.1	2.3	1.9	2.3	2.2
合计	40.5	46.3	47.2	52.1	53.1	53.0	52.4	51.8	49.8

资料来源：科技部网站，http：//www.sts.org.cn/sjkl/kjtjdt/data2014/科技统计数据2014.pdf。

三、高校是人才培养的主阵地

高校为我国各行业发展提供了充足的智力资本，为国家创新系统提供了充实的人才支持，都有赖于高校知识传播功能的充分发挥。新中国成立以来，特别是改革开放以后，我国教育系统进行了一系列的改革，有了很大发展，培养了大批科学技术人才。我国高等教育毛入学率持续上升，已经从1978年的1.55%上升到2016年的42.7%，我国步入高等教育大众化阶段。高校本专科在校生总规模位居世界前列，从扩招前1988年的643万人，增加到2016年的2 695.9万人。研究生招生规模已从1978年的1万人扩展到2016年的198.1万人（见表6-5）。高等教育招生规模的不断扩大，使我国科技人力资源的供应能力大大增强。2013年，我国科技人力资源总量达到7 105万人，科技人力资源总量规模位列世界第一，是1978年的17.6倍①。值得注意的是，在过去30多年里，中国高校在科学与工程人才培养比例方面远高于美国，中国为53%，而美国仅为1/3，在学士学位授予方面，中国达到了1/3，而美国仅为5%②。

高校培养的学生在国际大赛中屡创佳绩，为国家培养了一批高质量、高层次国际认可的优秀人才。例如，清华大学基科班组成的参赛队获2009年美国大学生数学建模竞赛特等奖，上海交通大学学生团队在"美国计算机协会国际大学生程序设计竞赛"荣获第29届全球总冠军等。

---

① 科技部网站，http：//www.sts.org.cn。
② Science and Engineering Indicator，2010。

表6-5　　　　　普通高校在校大学生与全国研究生　　　　　单位：万人

项目	2006年	2007年	2008年	2009年	2010年	2011年	2012年	2013年	2014年	2015年	2016年
大学生	1 738.8	1 884.9	2 021.0	2 144.7	2 231.8	2 308.5	2 391.3	2 468.1	2 547.7	2 625.3	2 695.9
研究生	110.5	119.5	128.3	140.5	153.8	164.6	172.0	179.4	184.8	191.1	198.1
合计	1 849.3	2 004.4	2 149.3	2 285.2	2 385.6	2 473.1	2 563.3	2 647.5	2 732.5	2 816.4	2 894

资料来源：教育部发展规划司：《2007～2017年中国教育统计年鉴》。

高校人才培养队伍不断成长、壮大，已拥有一批高水平的人才队伍服务于创新人才培养。截至2007年底，高校有两院院士562人，占全国的40%；国家杰出青年科学基金获得者902人，占全国的60%；国家自然科学基金委优秀创新群体88个，占全国总数的52%。教育部创新团队245个，教育部新世纪优秀人才3 776名[①]。

联合培养众多市场导向的创新人才。高校与企业合作，现在已扩展到联合培养创新人才，特别是企业急需的创新创业型复合人才的程度。产学研联合培养高层次创新人才，且以企业博士后科研工作站为主。科研工作站通常设在企业，由高校教授和企业高级工程师共同指导。进站的博士后一般需结合企业的技术创新需要进行选题，研究工作有很强的针对性，目前我国已有数百家大企业建立了企业博士后科研工作站。

四、高校是知识应用的主渠道

我国高校的知识应用一方面体现在技术创新，另一方面在于区域创新。在技术创新方面，从时间维度来看，高校专利数量迅猛增长，在技术创新体系中发挥着重要作用。专利是技术创新成果的主要产出形式，从2006～2015年7年间，我国高校专利申请量、发明专利申请量、专利授权量和发明专利授权量都在不断增加，平均环比增长率分别为28.91%、26.65%、35.32%和31.85%，其中专利授权量增速最快（见表6-6）。

---

① 邹晓东：《科学与工程教育创新战略、模式与对策》，科学出版社2010年版。

表 6-6　　　　　　　　　中国 2007~2016 年高校专利数量

项目		2006年	2007年	2008年	2009年	2010年	2011年	2012年	2013年	2014年	2015年	平均值
专利申请	数量（件）	20 094	24 490	29 860	40 610	54 099	68 724	88 957	129 034	144 924	184 423	78 522
	环比增长（%）	34.97	21.88	21.93	36.00	33.22	27.03	29.44	45.05	12.31	27.25	28.91
发明专利申请	数量（件）	14 673	18 059	21 864	29 337	35 697	44 034	54 171	80 977	92 975	109 445	50 123
	环比增长（%）	38.14	23.08	21.07	34.18	21.68	23.35	23.02	49.48	14.82	17.71	26.65
专利授权	数量（件）	8 214	12 043	14 111	17 418	24 708	35 098	49 436	79 926	82 369	121 981	44 530
	环比增长（%）	28.36	46.62	17.17	23.44	41.85	42.05	40.85	61.68	3.06	48.09	35.32
发明专利授权	数量（件）	4 715	6 650	8 251	10 216	14 242	18 008	24 988	35 664	39 294	54 868	21 690
	环比增长（%）	32.37	41.04	24.08	23.82	39.41	26.44	38.76	42.72	10.18	39.63	31.85

资料来源：根据各年《高等学校科技统计资料汇编》整理。

从表 6-6 来看，中国高校专利方面的成就优势明显。据美国专利和商标局（USPTO）的数据显示，2008 年美国高校获得刚刚超过 3 000 项的专利[1]，同年我国高校的专利数量达到 14 111 件，超过其 4 倍之多。

对比科研机构，2015 年高校专利申请数达到 190 351 件，发明专利授权量为 127 329 件（见表 6-7）。然而，R&D 人员数量相当的科研机构同年的专利申请量为 46 559 件，发明专利授权量为 30 104 件，分别是高校的 24.5% 和 23.6%。也就是说，不论是申请量还是授权量，2015 年高校发明专利数都在

---

[1] Science and Engineering Indicator, 2010.

研究机构的 4 倍以上。

表 6-7　　　　国内职务发明专利情况（2012~2015 年）　　　　单位：件

机构	申请量				授权量			
	2012 年	2013 年	2014 年	2015 年	2012 年	2013 年	2014 年	2015 年
大专院校	113 430	133 865	149 961	190 351	74 550	84 930	85 006	127 329
科研机构	30 418	37 040	41 966	46 559	16 551	20 095	24 870	30 104

资料来源：《2016 年中国科技统计年鉴》。

高校科研成果获得重大科技奖项成果丰硕。2015 年，高校获得国家自然科学奖一等奖 1 项、二等奖 33 项，占授奖项目总数 42 项的 81.0%；获得 2015 年国家技术发明奖通用项目一等奖 1 项、二等奖 31 项，占通用项目授奖总数 50 项的 64%；获得 2015 年国家科学技术进步奖通用项目 108 项（特等奖 1 项，一等奖 6 项，创新团队奖 3 项，二等奖 98 项），占通用项目授奖总数 141 项的 76.6%（见图 6-1），尤其是高校获得的 1 项国家自然科学奖一等奖、1 项国家技术发明奖一等奖项目，充分展示出高校在技术创新方面的突出成绩和巨大潜力。

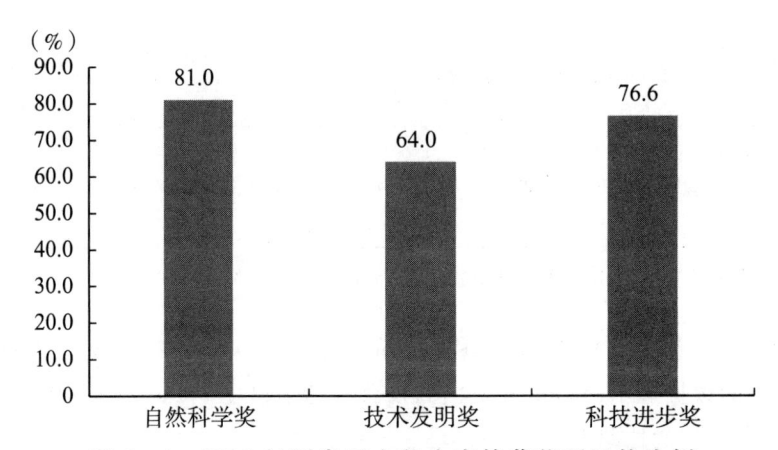

图 6-1　2015 年国家三大奖中高校获奖项目的比例

资料来源：http://www.moe.edu.cn/jyb_xwfb/gzdt_gzdt/moe_1485/201601/t20160108_227313.html。

我国高校在知识创新体系建设中充分发挥了知识应用功能，取得了多方面的成就，主要表现在创办高校科技型企业和大学科技园等方面。

创办高校科技型企业，在校办产业中占有主导地位。高校利用科技和人才优势创办科技企业，在加速科技成果转化和产业化方面取得了显著成绩，已成为我国区域发展高科技、实现产业化的重要力量。2012年，中国高校科技型企业总计988个，约占校办产业数量的28.41%，但收入总额约占到校办产业收入总额的65.71%。同年，全国高校校办产业实现利润总额108.44亿元，其中科技型企业实现利润总额56.52亿元，占实现利润总额的52.12%；实现净利润87.57亿元，其中科技型企业实现净利润40.59亿元，占实现净利润总额的46.35%；向国家缴纳税费161.19亿元，其中科技型企业向国家缴纳税费47.61亿元，占校办产业纳税总额的29.54%。接纳学生实习人数21.04万人次，累计工时843.61万小时；参与培养博士生564名，硕士生4 181名[①]。

大学科技园成为区域创新体系中的一个重要组成部分。截至2010年11月，科技部、教育部已认定国家大学科技园86家。这些科技园成为国家和区域创新体系中的一个重要组成部分，在我国全面建设小康社会，走新型工业化道路的过程中正在并将继续做出自己应有的贡献。经过多年的建设和发展，国家大学科技园孵化培育出一大批成长性较好的高新技术企业，成为各类创新要素与资源汇集、融合的新焦点，为高校科技成果转化、高新技术企业孵化、创新创业人才培养、服务区域经济发展及支撑行业技术进步提供了良好的平台。

第二节 高等学校在国家知识创新体系中的功能定位

从世界范围来看，以奖励基础研究成果著称的诺贝尔奖有3/4的获奖者来自各类高等教育机构；在权威的《自然》（Nature）和《科学》（Science）杂志发表论文的作者有2/3也同样来自高等教育机构（国家创新体系发展报告，2008）。正因为如此，各国都将高等教育系统作为国家创新体系和知识创新体系建设的核心组成部分。科学研究与高等教育深度融合、高校是知识创新体系的核心主体已经成为当今全球知识创新体系建设的普遍做法，借鉴并分析国外高校经验，对于明晰高等学校在国家知识创新体系中的功能定位具有重要意义。

---

① 中华人民共和国教育部科技发展中心、中国高校校办产业协会：《2012年度中国高等学校校办产业统计报告》，北京理工大学出版社2013年版。

一、科学研究功能

知识创新主要是指为得到事物基本原理而进行的研究工作，此工作一般从系统角度研究说明和检验各种假设、原理和定律，对事物的特性、结构以及相互之间关系进行分析论证，工作成果一般不直接商业化，通常见诸期刊杂志（OECD）。人类进步的文明史告诉人们，知识创新中的每一个重大突破，都将会对技术创新、高新技术产业的形成产生极大的推进作用。近200年以来，知识创新不断显示出其成为发明与创新源头的实力。当代低碳技术、信息化技术和绿色智能化生产等技术的迅速发展无一不是建立在知识创新的基础之上。知识创新就像冰山活水源头一样，使现代科学技术形成一条汹涌向前的长江。在各国知识创新促进国家创新体系发展和经济社会进步经验中，美国是最为典型的，美国科学基金会曾请美国经济学家对美国最近25年知识创新在经济增长方面所起作用进行研究，得到的结论是，美国经济增长的一半以上归功于以基础研究为动力的研究和开发。

高校作为以探寻、揭示自然和人类社会的未知规律为己任的组织，比赢利企业等其他组织更注重驱散盲目未知、探求真知真理、发展学科知识。在知识创新和创造方面，高校无疑是基础研究和高技术领域原始创新的主力军，是国家知识创新活动的核心。其中，研究型大学的表现尤为突出。研究型大学具有学科门类齐全、实验设施先进、学术氛围浓郁、文化思想自由，以及优秀人才集中等优势。另外，高校的学科结构细分，文、理、工、农、医等学科相互支持和渗透，特别适合于各学科的交互融合产生创新思想和科研成果，有利于产生新的研究方向，孕育新的学科成长。

在基础研究方面，以美国为例，高校多年以来一直是知识创新投入的主体。据 Science and Engineering Indicator 2014 报告显示，美国知识创新主要由高校、企业、政府和其他非营利机构来执行。1990~2011年间美国基础研究投入有高于一半的经费给予高校，其中2006年最高达到64.4%，最低的2010年也达到53.9%，其余三个机构的总和多年来仍然无法与高校抗衡。所以从R&D总投入角度来讲，美国高校也是除企业以外的投入主体（见图6-2、图6-3）。

在知识创新产出方面：高校在诺贝尔自然科学奖获奖成果的比例呈逐年上升趋势，并且高校获得全世界3/4的诺贝尔科学奖（见表6-8）；全世界2/3刊登在《自然》和《科学》的论文是高校发表的。以美国为例，从数量上看，高校是科技论文的主要产出者（占3/4强），并且这一比例在1997~2012年间不断增加（见图6-4）。从图表数据上可以看出，高校的知识创新活动已成为影响国家原始性知识创新的核心力量。

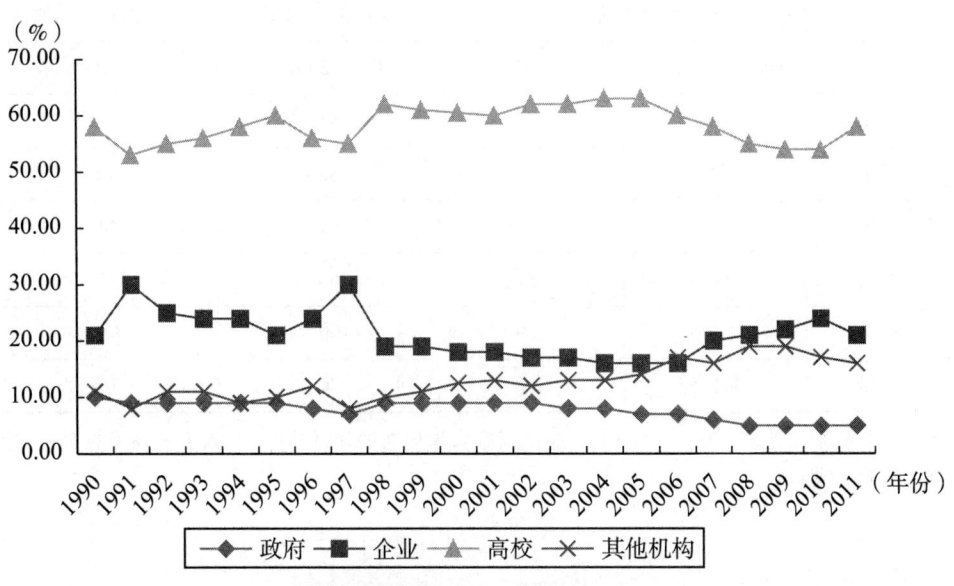

图 6-2　美国基础研究投入结构（1990~2011 年）

资料来源：NSF. Science and Engineering Indicator, 2014。

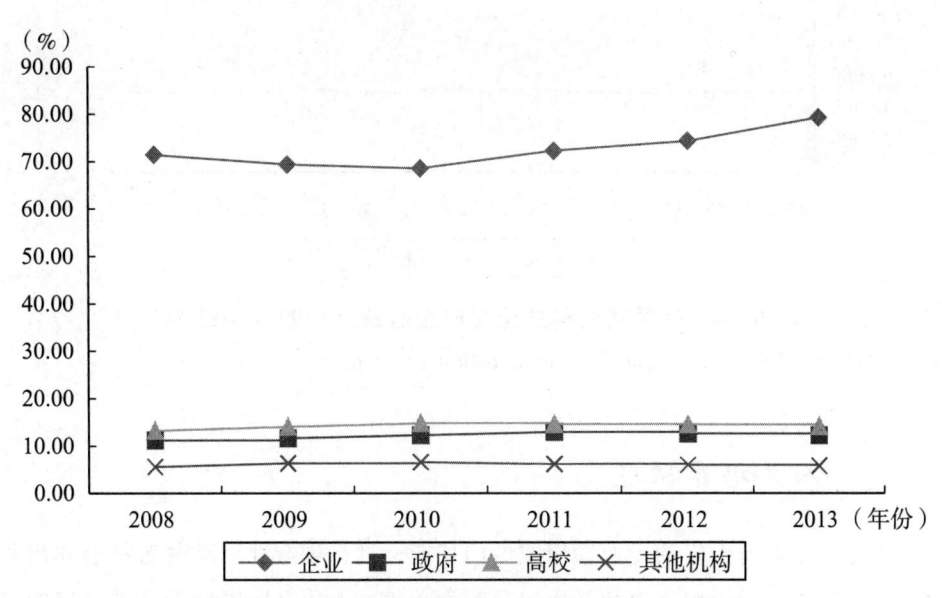

图 6-3　美国基础研究投入结构（2008~2013 年）

资料来源：NSF. Science and Engineering Indicator, 2016。

表 6-8　　高校获诺贝尔科学奖人次及占世界总数的比例

国家	高校获诺贝尔奖人次		高校获诺贝尔奖人次占总人次比例（%）	
	1901~2001 年	1951~2016 年	1901~2001 年	1951~2016 年
美国	207.5	272	81	84
英国	62.5	86	82	80
德国	40	32	67	44
法国	17.5	37	66	75
日本	4.5	29	100	95
世界	401.5	670	76	76

资料来源：刘念才等：《名牌大学应是国家知识创新的体系核心》，载于《高等教育研究》2002 年第 23 期。

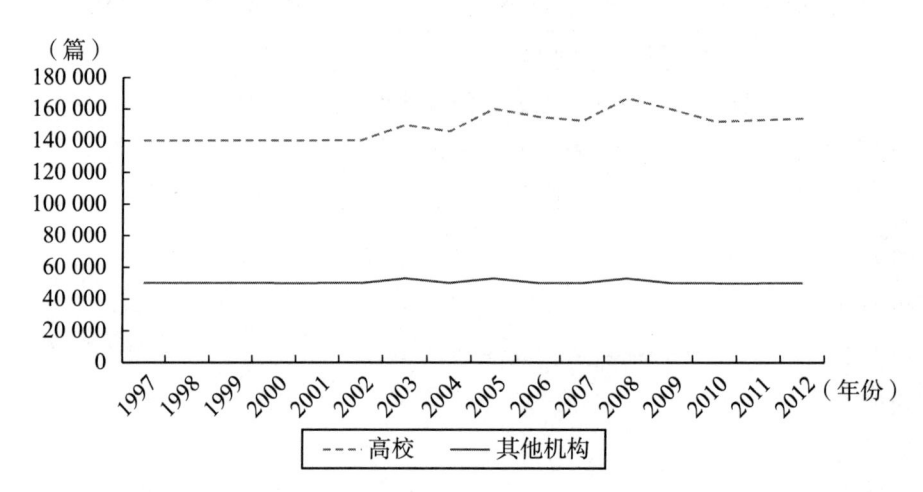

图 6-4　美国高校科技论文产出数量（1997~2012 年）

资料来源：NSF. Science and Engineering Indicator, 2016.

二、人才培养功能

人才是指具有一定的专业知识或专门技能，进行创造性劳动并对社会作出贡献的人，是人力资源中能力和素质较高的劳动者。人才是国家创新体系发展的核心力量，是创新过程中最为关键的资源，为知识创新、技术创新、国防科技创新和区域创新提供源源不断的高水平人力资源支撑。

高校是人才培养的首要场所，承担着为国家创新体系培养人才的重任，在任何时期，人才培养都是高校的本职工作和第一要务。各主要发达国家均通过法律赋予高校为唯一学位授予机构，充分肯定了高新在人才培养中的重要地位，明确高校是人才培养的主体，鼓励各种机构以各种形式委托高校培养人才。在国际竞争日趋激烈的新形势下，世界主要发达国家都对高校人才培养提出了更高要求：英国对高校人才培养提出了培养绅士型领袖和学者的目标；德国提出高校应该培养"全人"，追求"全人"前提下的创新。

人才成长离不开自身的天赋和勤奋，更加离不开大师的指点，大师云集的高校为此提供了优越的环境。高校尤其是研究型大学是大师云集的场所，因此也是人才培养的最佳场所。与一般高校相比，研究型大学更加注重以创新性的知识传播、生产和应用为中心，以产出高水平的科研成果和培养人才为目标，在社会发展、经济建设、科技进步、文化繁荣、国家安全中发挥重要作用，因此，大师更加倾向于在研究型大学集中。根据汤姆森科技集团公布的21个学科中最具学术声望专家的分布情况，对于研究型大学专家数超过50个的国家进行综合统计，在创新型国家（地区）中研究型大学成为这些专家集聚的场所，聚集了全国高达71%以上的专家（见表6－9）。大师云集的研究型大学亦是人才向往的圣地，在"名师出高徒"效应的作用下，人才可以加速成长，因此，高校尤其是研究型大学已然成为人才培养的高地。

表6－9　　创新型国家（地区）的顶尖专家分布情况

国家	知名研究型大学	高校合计	全国合计	国家中知名研究型大学分布比例（%）	国家中高校分布比例（%）	高校中知名研究型大学分布比例（%）
美国	2 523	2 563	3 452	73.09	74.25	98.44
英国	296	298	386	76.68	77.20	99.33
日本	129	157	206	62.62	76.21	82.17
加拿大	119	122	153	77.78	79.74	97.54
瑞士	55	56	86	63.95	65.12	98.21
荷兰	66	66	82	80.49	80.49	100.00
德国	101	108	211	47.87	51.18	93.52
澳大利亚	68	72	94	72.34	76.60	94.44
总和	3 357	3 442	4 670	71.88	73.70	97.53

资料来源：Thomson Scientific "Essential Science Indicators"，http://www.isinet.com/。

人才培养需要教学与科研的有机融合，高校为此提供了充分的条件。高校教师通过从事前沿领域的科研活动，不断地将最新的研究成果补充到教学的内容中来，鲜活的知识不断滋养着学生的头脑；在教师的指导下，来自不同地方、有不同生活经历而又精力充沛的学生通过互动学习科学研究的方法，锻炼探索新知识的技能，学会创造性地解决问题。高校营造了教学相长的良好氛围，对于人才成长大有裨益。纵观历史，19世纪、20世纪德国与美国科技实力的对比可以清楚地看到在高校里教学与科研的有机融合对于人才培养的重要作用。美国大部分的基础研究是由高校里从事教学特别是研究生教学的教师承担的，科研和研究生教育的融合促使美国发展了有效的知识传播体系和最好的研究生教育体系。美国高校研究生院的独特之处是研究生并不是单纯做研究，而是必须学习广泛的课程、完成要求严格的作业以及掌握各方面的技巧，为将来长期开展研究工作做好各方面的准备。相反，在20世纪的百年时间长河中，德国却加深了对高度专业化研究机构的依赖，同时替代了部分高校的研究，使得研发活动越来越多地转移到了高等教育体系之外，并且，在德国名列前茅的研究机构里许多有名的学者不参与教学。第二次世界大战期间，德国研究所和美国研究所不相上下，但德国高校和美国高校的创新表现却逐渐形成了鲜明的对比（见表6-10）。美德两国高校发展的历史经验表明，人才培养需要科研与教育的有机融合，进而服务于国家创新体系建设。

表6-10　美国与德国研究机构诺贝尔奖获得者数对比（1901~2016年）

研究机构	1901~1932年	1933~1956年	1957~2016年
德国高校	27	11	5
德国研究所	6	6	18
美国高校	4	34	226
美国研究所	2	8	50

资料来源：Lehrer, M., P. Nell and L. G. Rber, A National Systems View of University Entrepreneurialism: Inferences from Comparison of the German and US Experience. *Research Policy*, 2009, 38 (2): pp. 268-280.

人才培养需要跨学科联系和学科交叉，高校为此提供了广阔的空间。在各个学科门类不断专业化和精细化的背景下，创新需要各种层次的熟练技术专业人才，也需要大量具有大局意识、战略眼光和具备多种学科知识的复合型人才。高校的人才培养注重增强学生对多学科化的适应能力，推动研究方法在不同学科间迁移。高校在提高教育教学质量的同时，很好地实现了多学科的交叉融合，有利于人才进行学科交叉渗透和跨学科联系的研究，为人才的发展创造了条件，使人才犹如得高校之水的鱼一样"凭其飞天跃,助其跳龙门"。

三、社会服务功能

技术创新是指改进现有产品或创造新的产品、生产过程或服务方式的技术活动。技术创新在国家创新体系中发挥着核心的作用。它是将科学转化成生产力的关键,是改善企业生产效率的枢纽,提高产业竞争力的利器。

高校的创新活动对技术创新做出了巨大贡献。高校为企业的技术创新进行相应技术领域的基础应用研究,分担企业技术创新的部分工作,是企业技术创新网络中不可或缺的重要合作伙伴。高校也是许多技术设想、技术雏形的重要源头;高校的研究成果增加了社会中知识的积累;高校被许多国家的政府看作是支持创新的重要基础设施。在发达国家,高校开展的技术创新活动如产学合作、专利申请或设立衍生公司等得到相应政策的鼓励和法律的保护。高校开展的这些活动,加快了技术转移的速度,促进了企业技术进步和地方经济发展。20 世纪 80 年代以来,随着信息产业、生命科学产业等战略性新兴产业的兴起,经济发展更加依赖相应学科的基础研究和应用研究。同时,由于研究开发的复杂性提高,成本和风险上升。高校通过和企业开展合作研究和建立技术联盟,降低了企业创新的风险,承担了企业更多的技术研究。虽然高校对企业的技术创新发挥着重要的作用,但是,由于高校对企业的技术支持常常是以非正式的方式如业务咨询、讲座、对企业短期的培训等开展,现有的统计信息中还不能明显地看出高校对企业技术创新的直接影响。高校技术创新的重要产出形式是专利,发达国家的高校专利产出呈现出较快的增长趋势。美国研究型大学在全国专利比例从 1963 年的低于 0.3% 增长到 1999 年的将近 4%;2003~2013 年 11 年间,美国高校专利授权数量从 3 450 件增加到 5 220 件(见图 6-5)。

高校主要是通过校企合作来支持企业开展技术创新。通过校企合作,高校承接企业提出的生产经营中的课题并获得经费及相关的帮助;高校发挥自身对技术前沿、相关学科的信息、知识和社会关系方面的优势,带领相关的研究人员和研究生,有力地支持企业的技术创新和地方传统产业的升级;高校进行技术创新的同时也在培养未来的科学家、工程师和高素质的创业者。以美国为例,在自然科学基金会组织下,美国的 88 所高校设立了超过 50 个产学合作研究中心。这些研究中心目前和 700 多个企业建立了合作关系,有 750 名高校科研人员,750 名研究生和 200 名研究生开展相应的研究工作,吸引了来自企业、地方政府和国家实验室等机构 10~15 倍的新增研发投入。①

---

① NSF. Science and Engineering Indicator, 2016.

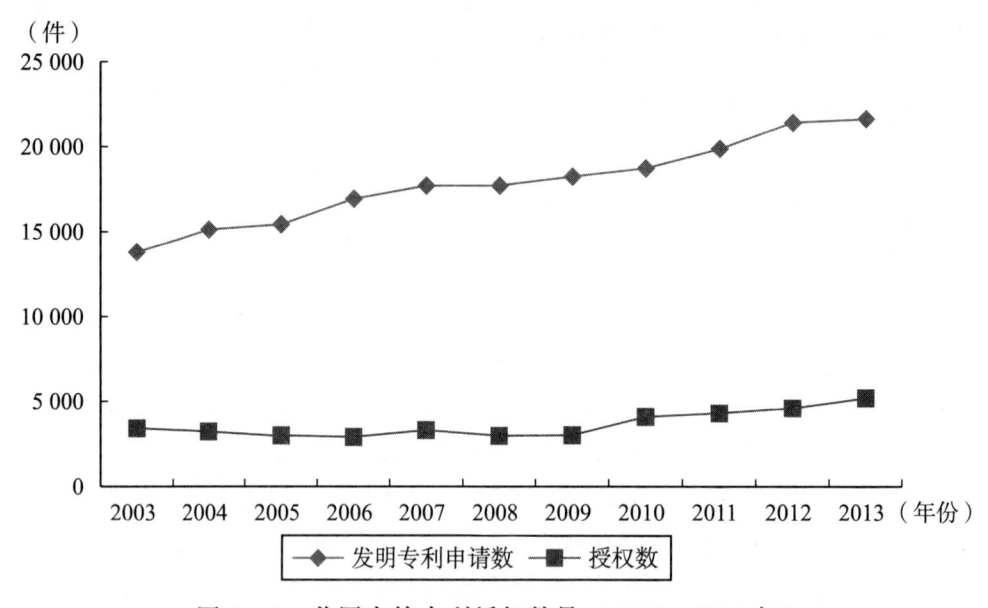

图 6-5　美国高校专利授权数量（2003~2013 年）

资料来源：NSF. Science and Engineering Indicator, 2016.

美国的硅谷地区是目前世界上最具创新能力的高技术产业集群，其所在地拥有世界上著名的斯坦福大学、加州大学伯克利分校等在内的 8 所高校、9 所专科学校和 33 所技工学校。斯坦福大学、加州大学伯克利分校是半导体、计算机和机电一体化等科学领域重要的研究中心，也是硅谷基础科学研究的主要承担者。然而在半个世纪前美国西部的该地区只是生产苹果、核桃、杏仁等作物的农牧业区，在斯坦福大学、加州理工学院、加州大学的帮助下，加州地区一跃而成为闻名全球的电子工业基地。高校与区域产业界互相依托，互相促进，科学技术的创新、传播、应用获得有机整合，产生巨大的经济效益。到 2008 年，硅谷产生的 GDP 达 37 000 亿美元，占美国总 GDP 的 5%，而人口不到全国的 1%，人均 GDP 达到 83 000 美元。①

高校通过与科研机构和企业的合作对区域的创新发展产生巨大的积极推动作用。被誉为"欧洲硅谷"的英国剑桥工业园区高新技术公司 70% 的员工来自剑桥大学，一半以上的高技术公司与剑桥大学保持着联系，涉及计算机、生物及生命科学、医药、材料科学、微电子等高技术领域。剑桥大学非常注意大学成果的转化，一是科研成果的商品化，二是教学和科研密切与产业界联系与合作。而剑桥工业园区的成立恰恰给剑桥大学各院系和科研院所创造的研究成果提供了实践

---

① BAIDU. https：//baike. baidu. com/item/% E7% A1% 85% E8% B0% B7/139194？fr = aladdin.

的平台。这些高科技产业以剑桥大学为依托，着力于科研成果的转化，大大推动了剑桥经济的增长和区域的创新发展。剑桥地区目前约有高科技企业 1 200 家，直接从业人员 27 000 人，这些高科技企业每年的贸易额高达 30 亿~40 亿英镑，使得剑桥市的国内生产总值保持了 20 年的持续增长。①

四、三大功能的耦合

高校主要是通过校企合作来支持企业开展技术创新。通过校企合作，高校承接企业提出的生产经营中的课题并获得经费及相关的帮助；高校发挥自身对技术前沿、相关学科的信息、知识和社会关系方面的优势，带领相关的研究人员和研究生，有力地支持企业的技术创新和地方传统产业的升级；高校进行技术创新的同时也在培养未来的科学家、工程师和高素质的创业者。

创新是经济发展的动力和源泉，区域是创新的空间载体，区域创新的目的在于提升地区经济社会的竞争力，高校是区域创新的推手。一所富有创新知识活力的高校往往是创新人才集聚的场所和新知识凝聚的载体，通过促进新技术、新企业甚至新产业的产生，孵化、培养高新科技型企业而成为区域经济增长的源动力。

高校培养的创新人才为区域的创新建设提供了人才保证和智力支持。区域创新效率最终依赖于人才素质及创新思维能力的提高，区域创新所需要的人才，尤其是高层次人才，特别需要基础研究的培养。高校是知识创新的产出核心，是技术创新活动的动力源，为区域经济的创新发展提供了所需的基础知识和技术支撑。知识创新中的原始性创新，是保持区域核心竞争力的基本条件，是区域创新建设的核心环节。

高校在促进区域高新技术产业集群的形成上具有不可替代的作用，能够促进新技术、新企业的产生并能够通过孵化、培养科技型企业而成为区域经济增长的动力。高校和科研机构在区域内的集聚非常有利于产学研之间形成密切的一体化联系，这将迅速地使创新知识转化为新技术、新产品，形成新产业。高校作为区域高新技术产业集群的孵化器的作用主要体现在：第一，通过建立自己的企业、产业集团孵化高新技术企业；第二，通过大学科技园建设促进高校技术迅速实现产业化；第三，发挥综合集聚作用促进高新技术产业的形成和发展。

---

① 王雁、孔寒冰、王沛民：《世界一流大学的现代学术职能——英国剑桥大学案例》，载于《清华大学教育研究》2002 年第 23 期。

第三节　提升高等学校在国家知识创新体系中的战略地位

高校对国家知识创新贡献的不断提高，离不开国家近年来通过"211工程""985工程"等重大项目对高等教育投入的加大，使高校科研经费逐年增长。2009年，"中央高校基本科研业务费专项资金"全面实施，涵盖92所中央高校。基本科研业务费这项机制创新，形成了高校内生性的资助渠道和经费来源，这是高校原始创新的重要动力源泉。这说明机制体制的创新，能带来高校科研能力的巨大飞跃。这也说明，要充分发挥和挖掘高校在国家知识创新建设上的优势和潜力以及进一步提高高校在国家知识创新体系中的战略地位，除了高校自身必须提高创新能力、加强创新文化和创新体制的建设外，需要从国家层面进一步深化知识创新资源配置机制体制的改革。

一、增强高校的科学研究能力

加强高校基础研究和优势学科建设。进一步加强高校的基础研究，大力支持高等学校在基础研究、前沿技术研究、社会公益研究等领域的原始创新，强化高校的基础研究主导地位和知识创新体系建设的核心作用。积极引导和支持高校开展学科前沿探索，促进以学科深入为主的科技创新，集成优势资源，培育形成若干优势学科领域。鼓励和支持高校以重点学科、优势学科为依托，积极参与和设立国际学术合作组织、国际科学计划，主动与境外高水平教育、科研机构建立联合研发基地，建设一批达到世界领先水平的基础研究基地和创新人才培养基地，带动高校基础研究、原始创新能力的大幅提升。

加强高校科研基地和创新平台建设。继续支持高校培育和建设国家实验室、国家重点实验室和国家工程技术研究中心。加大组织和支持高等学校承担国家重大科技专项和各类科技计划任务的力度，引导和鼓励高校面向世界科技前沿，建设一批具有原始创新能力、对相关产业有显著支撑和引领作用的高水平前沿技术研发基地。针对国家产业结构调整、发展方式转变、战略性新兴产业培育的重大需求，依托高校研发创新基地，组织实施一批基于高等学校原始创新成果、攻克关键核心共性技术和重大技术装备的大项目试点。面向国家重大战略需求的重点领域和优先方向，依托高校重点学科和创新基地，加快推进国家级科技创新平台建设，完善科技创新平台的运行机制和共享机制，推动一批高等学校科技创新平台成为高水平的国际化平台。

加快推进高校技术转移和成果转化。进一步完善和创新高校科技成果的转移转化机制。加大对高校科技成果转化与技术转移的支持力度，引导和支持高校建设和培育各类技术转移机构，加速推进高校科技成果的转化和产业化。建立健全高等学校技术转移体系，着力发挥大学科技园、各类技术转移机构等组织在促进高校技术成果转化和技术转移、培育发展战略性新兴产业中的作用，增强高校科技创新对区域经济社会发展和产业结构转型升级的支撑力度。支持高校与企业联合建立研发机构、工程实验室、产业技术联盟等技术创新组织和共性技术研究和工程化平台。支持研究型大学在高新技术产业开发区建立工业研究院、支持农林类大学在农村建立发展研究院等方面开展试点。进一步完善高校技术转让、技术转移机制，引导和鼓励高校结合地方经济发展需求，充分利用大学科技园等科技成果转化平台，推动技术转让与转移及产业化工作。

增强高校服务地方发展的能力。优化校地合作机制，引导和鼓励高校充分发挥科研和人才优势，积极参与区域创新体系建设，为地方科技、经济和社会发展服务。鼓励高校与地方企业建立产学研联盟，实现科技服务、科技成果转化和人才培养对接地方发展。支持高校大力发展校办科技企业和大学科技园区，鼓励地方科技企业向高校校区和大学科技园区集聚，发挥高校在地方科技产业发展中的引领和示范带动作用，促进高校知识和技术溢出，培育和壮大创新产业集群。鼓励和支持高校主动对接地方发展，因地制宜制定学科布局和科研规划，将高校发展融入地方科技发展规划。支持高校将校园建设纳入地方科技园区和社区发展规划，促进校区、园区和社区联动发展和一体化建设。支持高校按照地方相关政策规定，自主制订有关鼓励技术发明、转让的规定，调动师生从事科技创新的积极性。

二、提高高校教学质量和创新型人才培养能力

改革创新型人才培养模式。引导高校顺应国家科技发展战略和市场对创新人才的需求，牢固确立人才培养的中心地位，及时合理地设置一些交叉学科、新兴学科并调整专业结构，探索并推行创新型教育方式方法，着力培养品德优良、知识丰富、富有创新意识和创新能力的高素质专门人才和拔尖人才。以国家重大科研项目和重大工程、重点学科和重点科研基地、国际学术交流合作项目为依托带动人才培养，在国家科技计划项目评审、验收、国家重点实验室评审、科研基地建设综合绩效评估中，把培养、稳定优秀科技人才作为考核重要的考评指标。全面推行产学研合作教育模式，促进高等院校与科研院所、行业企业联合培养科技人才，鼓励高校与国内外企业、科研院所共建实验室、研究开发机构，推行产学

研联合培养研究生的"双导师制",建立以科学与工程技术研究为主导的导师责任制和导师项目资助制,继续实施"研究生教育创新计划",不断提高研究生特别是博士生培养质量,充分发挥研究生在科学研究中的作用。

加强领军型人才和战略科学家培养。坚持人才投入优先,重点培养和造就一批具有战略眼光、能够把握世界科技发展趋势和国家战略需求,具有卓越领导才能,善于组织大规模科技创新活动和承担国家重大科技任务,具有崇高道德风尚和人格魅力,能够团结大批科技人才共同奋斗的领军型人才和战略科学家。支持和鼓励高校以研究所、研究中心、创新基地、重点实验室或工作室为载体,搭建一批领军人才和战略科学家工作平台,以领军型人才和战略科学家为核心,建立一定规模和层次合理的专职科研队伍,为科技领军人才和战略科学家提供坚实的资金保障和人才支撑,逐步造就一批具有世界影响力的科技大师、科技领军人才和战略科学家,涌现一批掌握核心技术、具有自主知识产权或拥有高成长性项目的高层次创新创业型人才。积极为领军型人才和战略科学家的成长创造条件,在创新基地建设、重大科技项目组织、科技宏观决策、重要国际学术交流等实践中,不断地提高其国际学术地位、战略眼光、学术洞察力、领导和组织管理水平。

加强高校创新团队建设。积极推动以重点实验室和工程(技术)研究中心等创新基地为依托,以优秀学术带头人为核心,以科技创新群体建设为目标的高等学校科技创新团队计划,面向国内外吸引、汇集一批著名学者和专家,逐渐形成一批具有世界一流水平的创新团队,成为我国攀登科技高峰和解决重大科技问题的国家队。重点支持在优先发展的科技前沿领域和围绕经济社会发展的重大科技领域中组建的创新团队。鼓励和引导高校打破学科壁垒,建立面向国家重大战略需求、以问题为导向的跨学科研究机构,鼓励教师在基础研究和高技术前沿领域开展交叉学科研究和协同攻关。加大对优秀创新团队发展的引导和稳定资助,注重团队不同年龄层次的人才梯队均衡发展,注重改革和创新人才团队成员的聘用、选派和管理机制。

加强创新创业和就业教育。面向全体学生,以转变教育思想、更新教育观念为先导,以提升学生的社会责任感、创新精神、创业意识和创业能力为核心,以改革人才培养模式和课程体系为重点,大力推进高等学校创新创业和就业教育工作。把创新创业教育有效纳入专业教育和文化素质教育教学计划和学分体系,建立多层次、立体化的创新创业教育课程体系;积极从社会各界聘请企业家、创业成功人士、专家学者等作为兼职教师,建立一支专兼结合的高素质创新创业教育教师队伍;鼓励有条件的高校建立创新创业教育教研室或相应的研究机构;进一步落实和完善大学生自主创业扶持政策,加强创业指导和服务工作。鼓励高等院校与国家级高新区、大学生创业园等机构联合开展高校毕业生技能培训和创业培训，支持学生参与科学研究，强化实践教学环节，加快培育创业型人才。

三、促进高校内部科学研究与高等教育深度融合

明确我国高校科教融合主力军的职能定位。我国科研机构和高校在双方知识创新子系统演化过程中，不可避免地在职能分工中出现明显的交叉现象，科研经费和人才培养等方面存在着明显的竞争，两者的科研经费都是由国家统一发放，两者都培养研究生，招生时存在着竞争挤占的现象，呈现出部门利益驱动下的知识创新条块藩属、功能重叠下的知识创新消解效应以及资源配置不均下创新资源配置不当。因此，应当明确我国科研机构和高校的职能定位，并加强高等学校和科研院所分类指导政策制定与实施，使得科研机构与高校的主要工作分别围绕应用研究和基础研究来展开，特别是需要重视高校在基础研究过程中的科学研究与高等教育深度融合。我国应适当借鉴创新型国家的经验，充分发挥高校科教融合主力军作用，加大对高校基础研究的重视程度和投入力度，因地制宜地为高校科研制定多样化的资助方案，同时，通过改革科研项目的资助和管理制度、鼓励高校在校际竞争中进行自我升级等方式，提升高校科研经费等知识创新投入的配置效率及产出效率。

完善高校内部科教融合的评价机制。在强化高等教育和科学研究深度融合的大背景下，必须深入推动高校作为知识科技创新主体的评价机制改革，形成促进科教融合成果转化的激励机制和科学合理的分类评价体系，激发高校科教融合的活力和动力。我国应重新认识并大力推动高校科研评价体制改革，新的高校科研评价体制不能单纯追求高校科研成果数量，而应强调高校科研成果质量和科教融合程度的提升，重视高校科研成果的社会价值或理论突破，同时应鼓励高校科研的跨学科、跨团队协作，摒弃高校急功近利的科研风气，从而正确引导高校知识创新的未来发展方向。

完善科教融合人才培养过程。高校应充分利用科学研究与高等教育深度融合的科研人才培养独特优势，为研究生教育制定贴合实际的招生、分配及培养方案，重点突出研究生教育的科研导向，切实做到寓教于研、教研相促、教学与科研良性互动，从而提高科研人才的数量和水平，使高校真正成为我国基础研究的主力、应用研究的辅力，为国家知识创新体系储备和输送足够的创新型人才资源。形成科学研究与人才培养密切融合的有效机制，把科学研究作为创新人才培养的关键环节，创新人才培养作为增强创新能力的有效途径，充分发挥高等学校巨大的人才优势和创新潜力。以高水平的研究保证高质量的教育，以高质量的教育保证创新能力持续提高。

第七章

科学研究与高等教育融合的
人才培养体系构建

从政策演变来看，在我国高校教学与科研的结合经历了一个历史发展过程。通过对新中国成立以来不同时期教学和科研结合人才培养政策的回溯，可以发现教学与科研结合的人才培养经历了以下几个方面的变化：一是科教体制结合的多元化。从最初高校与科研院所两套系统，到高校逐步承担科研职能，再到高校与科研机构合作，一直到现在高校、科研机构、行业和企业的协同。二是科教组织结合的深化。由高校内部的科研机构与教学培养单位的结合，进一步拓展到高校外部科研机构与校内具体教学单位联合培养人才。三是教学与科研结合人才培养对象层次的提高。从起始对本科生的关注逐步扩展到研究生培养活动中。四是教学与科研结合人才培养目标内涵的丰富化。这在不同时段政策文本的相关表述中得到充分体现，早期教学与科研结合关注的主要是科学研究对教学内容的促进，体现在人才培养目标中，主要是学生知识构成的更新和提高。到20世纪90年代，尤其是1999年发布《关于深化教育改革全面推进素质教育的决定》后，教学与科研结合对人才的培养从知识层面延展到了能力层面，而且能力的内涵也从问题解决的实践能力扩展到更高层次的科研能力和创新能力。

教学与科研结合的人才培养，与其说是教师、学生的一种个体化自发实践，莫如说是制度规约下的理性行为。这种驱动，不仅来自院系和学校层面提供的组织平台和制定的制度规则，而且受到宏观管理中的科教政策、财政拨款制度和大学管理制度等的强势影响。外部组织环境、资源的供给只是为教学与科研活动提供了结合的可能性条件，如何操作、转换和实施最终都落脚到教师个体实践上。

而教师结合二者进行人才培养的活动除了固有的学术传统和道德坚守之外,很大程度上有赖于相关制度架构规制、诱导的行动路径。因此,科学研究与高等教育结合会受到宏观制度、大学内部制度和教师个人三个层次因素的综合影响。

第一节 科学研究与高等教育结合的宏观制度环境分析

教学与科研相结合人才培养的实现,依靠的不仅是对古典大学传承理念的信仰与坚守,还必须正视不同时境中的实际状况,并进行适时的调整与变革。这也是为什么洪堡原初的理想理念只有在接受经验性科学研究、李比希实验室教学实践模式之后,才促成柏林大学的迅速崛起,使教学与科研结合成为现实可能;以及为什么美国大学根据自身情况创建研究生院,从而在研究生层次上实现了教学与科研的有效结合。因此在新的时代背景和社会境遇下,教学与科研结合的人才培养必须审视大学所遭遇的制度环境,分析影响二者结合的各种"推""拉"因素,在此基础上建构二者的结合机制。

当前大学置身于一个知识分化、需求多样、市场介入和政府调控的时代背景中,教学与科研的分离已成为不争事实。莱西特等(Liudvika Leisyte et al.,2009)以英国和荷兰研究型大学八个研究机构的48位教师作为访谈对象,研究发现教师认为高等教育大众化、知识基础的快速扩张,公共开支的紧缩、市场化、国际化,新的资助与质量保障计划和逾益强势的制度领导是威胁教学与科研结合的重要变化[①]。在这样的情形下,促使二者结合的有利条件可能只剩下对传统"教学与科研结合"理念的信任,以及基于人才培养质量提升的外部政策调控。伯顿·克拉克在探究研究型大学科研、教学与学习联结体整合的条件时,指出在高等教育系统层面,三者的结合提供可能性的条件主要包括研究型大学的分化、大学部门内的竞争、统一的意识形态和一体化的拨款方式[②];约翰·泰勒(John Taylor)在2006年对英国和瑞典的四所大学的学术人员、管理人员,以及英国高等教育拨款委员会(HEFCE)和瑞典高教署(Hogskoleverket)与高等教育审计(Higher Education Audit Agency)等机构的67名人员进行质性研究发现,在现实情境中真正作用于大学人员处理教学与科研关系的因素可以分为意识形态

---

① Liudvika Leisyte, Jürgen Enders and Harry de Boer. The Balance between Teaching and Research in Dutch and English Universities in the Context of University Governance Reforms,2009(5):633.

② [美]伯顿·克拉克著,王承绪译:《探究的场所——现代大学的科研和研究生教育》,浙江教育出版社2001年版。

因素和环境因素两种①（见图7-1）。

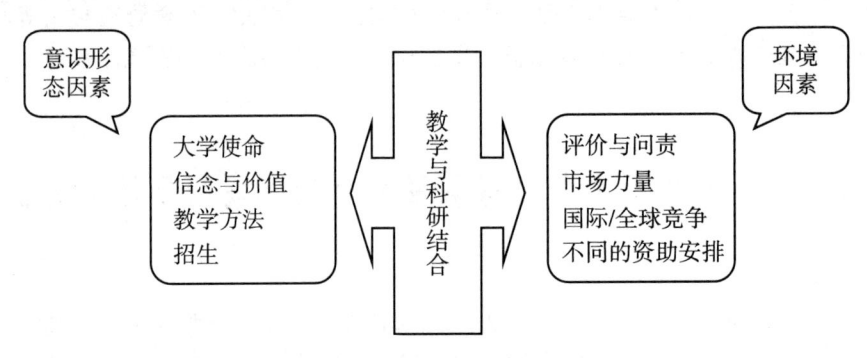

图7-1 影响教学与科研结合的因素

资料来源：根据 John Taylor. The Teaching：Research Nexus：A Model for Institutional Management. *Higher Education*. 整理。

从图7-1中可以看出，在构成教学与科研结合人才培养的宏观制度环境中，国外研究更多地从意识形态、财政资助、大学间竞争、市场作用等方面入手分析。由于发生情境的差异，古典大学理念在我国并不具有西方大学中的"神魅"色彩，因此在国内相关一些文献中，意识形态因素并没有引起足够重视。本书主要是从政府规制的视角切入，如国家的科教战略与政策，高等教育经费体制以及高等教育评估制度等②③。综合国内外分析，研究认为教学与科研的结合，虽然在我国政府主导作用不可忽视，但是政策制定者、学者和普通教师持有的教学与科研价值观以及日益兴盛的各类评价，对理解和分析我国教学与科研结合的整体制度环境也有着重要作用。因此结合本土实践，本书试图从观念层面的意识形态、顶层设计的政策导向、资源方面的财政资助体制、激励方面的官方与社会评价规则导向等四个方面全面分析我国教学与科研结合人才培养的宏观制度环境。

一、科学研究与高等教育宏观政策的价值导向与实际成效

在我国，政府是教学与科研相结合进行人才培养活动的主要推手，其作用的方式，主要是通过规划、计划和意见等政策调控手段来实现的。从政策制定角度

---

① John Taylor. The Teaching：Research Nexus：A Model for Institutional Management. *Higher Education*, 2007（6）：871-872，882.
② 付金会、宋学锋：《影响高等学校教学与科研平衡的因素分析》，载于《高等工程教育研究》2005年第6期。
③ 李泽彧、曹如军：《大众化时期大学教学与科研关系审视》，载于《高等教育研究》2008年第3期。

来看，二者相互结合主要取决于两个因素。一是高校人才培养与教学政策和科学研究政策，在国家宏观科教政策布局中的关系与位置；因为在实践层面，教学与科研两个系统的政策传导至具体操作者时，撬动行动者做出选择的并非是单一的某一类政策，而是二者之间的相对比较，类似于经济学中的"相对价格"，由于消耗同样成本得到收益的差异，导致了政策实施过程中差异化的选择。所以不同的政策倾向往往会体现、反映到个体行为中。二是在有关高校教学与科研的政策文件中，对教学与科研结合人才培养的重视程度。

基于此，研究假设有两点：其一是在宏观政策布局中，高校科学研究的重要性比人才培养高；其二是发挥科学研究优势，促进人才培养，教学与科研相结合的人才培养方式越来越受到重视。本书通过考察改革开放以来高校人才培养和科学研究的相关政策，利用政策文本分析法，从定量和定性两方面对教学与科研相结合人才培养的宏观政策环境进行了系统分析。

（一）概念鉴定与操作化定义

对于政策的定义，卡尔·弗雷德里奇曾指出，政策是"在某一特定的环境下，个人、团体或政府有计划的活动过程"[①]。这表明政策是由不同的主体来制定的，既包括官方的立法者、政府等组织，也包括非官方的公共机构和利益集团等。教育、科研政策作为一种公共政策主要指由官方制定的政策，从广义上来说，一般包括法律政策和非法律化的政策。本书采用的是狭义的教育、科研政策，主要指由官方部门即国务院和各部委制定的，有关高校人才培养、教学与科学研究的政策。

由于在不同层面，教学、科研以及教学与科研结合的所指并不相同，例如产学研在组织层面指的是产业、学校和研究机构，在教育层面则指的是生产、教学和科研。为了对教学与科研结合人才培养的宏观政策环境有更好的把握，本书在对相关政策文件进行概念提取和编码时，其中涉及的教学既指微观意义上的师生教学活动，也指高校层次中的人才培养活动。科学研究也包括两个方面：一是教师学术工作中开展的科学研究；二是高校面向社会、市场的科学研究职能。与此相对应，教学与科研结合就指的是科研与教学或人才培养的结合，以及产学研结合。

（二）政策文本来源与选择说明

本书运用中国知网中的北大法律信息网数据库，对1978～2013年间发布的

[①] Carl J. Friedrich. Man and His Government [M]. New York：Mcgraw - Hill, 1963. P79. 转引自刘复兴：《教育政策的边界与价值向度》，载于《清华大学教育研究》2002 年第 1 期。

相关教学、科研政策文件进行了全面搜集和梳理。法律法规的效力级别选取了国务院规范性文件和部门规范性文件两类。根据数据库已有的划分标准，有关高校教学、科研的法规类别主要有教育类和科技类两项。其中教育类的选择了三种，分别为教育综合规定、教育改革和高等教育；科技类选取了四种，分别是科技综合规定与体改、科技成果与鉴定奖励、科学研究与科技项目和科技人员。通过筛选，最后获得切合主题的政策文本共63项，其中教育类政策32项，科技类相关政策31项。需要说明的是教育类政策中既包括高校教学，也包括高校科研政策，而科技类政策主要是关于高校科学研究的政策（见表7-1）。

表7-1　　　有关高校教学、科研政策的类别、级别统计

		国务院规范性文件	部级规范性文件	合计
教育类	教育综合规定	4	2	32
	教育改革	6	5	
	高等教育	2	13	
	合计	12	20	
科技类	科技综合规定与体改	8	11	31
	科技成果与鉴定奖励	1		
	科学研究与科技项目		7	
	科技人员	3	1	
	合计	12	19	

资料来源：作者根据相关数据整理。

（三）统计分析

1. 关于高校教学、科研政策的发布数量与趋势

在宏观层次，影响高校开展教学、人才培养和科学研究活动的不只是与其直接相关的制度政策，更重要的还包括在国家整体科教战略中的定位与表述，反映到量上就表现为被提及的次数。从数量的统计来看，有关高校的教学与科研政策，教育类的共有32项，科技类的也有31项，二者并无差异。但是在教育类的政策文件中，根据统计显示包括高校科学研究的政策有13项之多，而科技类政策中则主要是与高校科研相关的，涉及具体教学和人才培养的则很少。因此从这个意义上说，有关高校科研的政策能达到44项，教学、人才培养类的政策为32项。国家制定的高校科学研究政策要远多于人才培养政策，一定程度上反映了高

校科学研究职能在整个高等教育乃至国家科技系统和创新战略中的重要地位，与高校的人才培养职能在短期比较来看，具有相对的优势地位（见图7-2）。

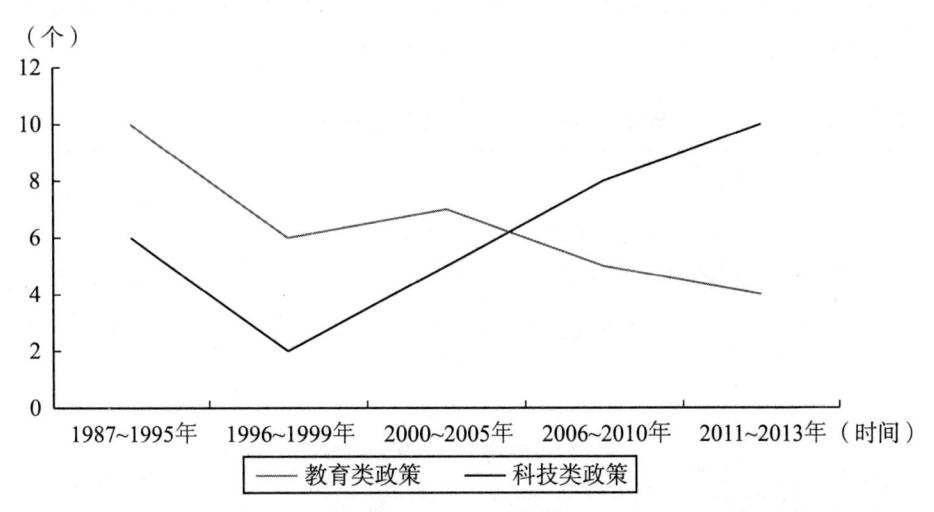

图7-2　关于高校的教育类、科技类政策数目的年度分布

高校科学研究职能的凸显，不仅反映在政策发布数量上，而且表现在政策数量的趋势中。从图7-2中可以看出，有关高校教学科研的教育类政策1987年后整体呈减少趋势，而科技类政策则在1996年后开始快速增长，在2011~2013年间，已经达到10项，是教育类政策的2.5倍，如果考虑教育类政策中包括的高校科研政策，这一比值会更高。这无疑再次说明了高校科学研究在现实中所具有的绝对地位和优势，高校人才培养虽然也得到强调与重视，但是政策的出台，以及媒体、舆论的批评或许正反映了高校人才培养在大学场域中的弱势地位，越强调越重视，反向说明了其越处于弱势地位。

2. 高校教学、科研在国家政策中重要程度的比较

考察一项政策的权威性和影响范围，发布单位的级别和数量是其中两个重要的衡量指标。关于高校教学、人才培养和科学研究的政策发布单位，统计发现，在中央层次，中共中央、国务院、中共中央办公厅和国务院办公厅都有参与，二者并无差异；在部级发文单位，各有六个部门参与，其中五个相同如发展改革委员会、教育部、科技部、财政部和中科院。高校教学、人才培养政策中还有国务院学位委员会，参与制定高校科学研究政策的另一个部门是人力资源社会保障部。所以，如果单从政策制定的参与部门的级别和数量来看，二者并无太大差异。

但是引入联合制定政策机构的指标，就会发现高校科学研究政策制定的联合单位要显著高于教学政策，尤其体现在部级层次上，前者达到了10次，是后者的2倍。其中，由两个部门联合发布政策的高校教学政策为7次，科学研究政策达到 10 次；三个部门联合发布的高校教学政策只有 1 次，而科学研究政策则达到了 3 次（见表 7-2）。这在某种程度上说明，高校科学研究涉及的领域更多、范围更广，受到多个部门的重视。同时也意味着，高校科学研究获得的资源和投入将更为充裕，开展科研的制度空间和支撑方式更为多元。

表 7-2　　　　　　　　政策发布机构的级别以及联发情况

		部门		联发
高校教学、人才培养政策	中央、国务院	中共中央、中共中央办公厅、国务院、国务院办公厅	3 次	两个联发 7 次，三个联发 1 次
	部门	国家发改委、教育部、科技部、财政部、中科院、国务院学位委员会	5 次	
高校科学研究政策	中央、国务院	中共中央、国务院、国务院办公厅	3 次	两个联发 10 次，三个联发 3 次
	部门	国家发改委、教育部、科技部、财政部、人社部、中科院	10 次	

资料来源：作者根据相关数据整理。

除了考察政策的发布机构层次及联合频次之外，单项政策中对于高校教学、科研政策的定位和叙述，同样也反映了政策制定者对于二者的重视程度。本书以关于高校教学与科研的国务院规范性文件为调查对象，将教学、科研的重视程度量化为二者在政策文本中出现的频次。统计发现经过编码处理后的"教学"在 17 项政策文件中共出现 140 次，"科研"出现 131 次，而提到"教学与科研结合"的词汇共有 47 次（见表 7-3）。如果仅以词频统计结果来看，教学在政策文本中的重要性要高于科研政策，这似乎与之前的分析情况不符。

表 7-3　　　　　　相关国务院政策文本中关键词词频分析

政策文件名称	发布年份	教学	科研	教学与科研结合
中共中央、国务院关于深化科技体制改革加快国家创新体系建设的意见	2012	8	27	5
国务院关于加强教师队伍建设的意见	2012	9		1
中共中央、国务院关于印发《国家中长期教育改革和发展规划纲要（2010~2020 年）》的通知	2010	22	17	3

续表

政策文件名称	发布年份	教学	科研	教学与科研结合
国务院办公厅关于开展国家教育体制改革试点的通知	2010	2	1	1
国务院批转教育部国家教育事业发展"十一五"规划纲要的通知	2007	13	9	3
国务院办公厅关于转发发展改革委等部门国家自主创新基础能力建设"十一五"规划的通知	2007	1	9	1
国务院关于印发实施《国家中长期科学和技术发展规划纲要（2006～2020年）》若干配套政策的通知	2006	1	3	5
国务院关于印发《国家中长期科学和技术发展规划纲要（2006～2020年）》的通知	2005	4	8	9
国务院批转教育部2003～2007年教育振兴行动计划的通知	2004	20	9	3
中共中央、国务院关于深化教育改革全面推进素质教育的决定	1999	1	3	2
国务院批转教育部面向21世纪教育振兴行动计划的通知	1999	12	9	2
国务院关于（"九五"）期间深化科技体制改革的决定	1996	1		4
国务院办公厅转发国家教委关于深化高等教育体制改革若干意见的通知	1995	3	1	1
国务院关于《中国教育改革和发展纲要》的实施意见	1994	5	5	1
国务院批转国家教委关于加快改革和积极发展普通高等教育意见的通知	1993	26	9	3

续表

政策文件名称	发布年份	教学	科研	教学与科研结合
中共中央办公厅、国务院办公厅关于转发中宣部、国家教委、共青团中央《关于广泛深入持久地开展高等学校学生社会实践活动的意见》的通知	1992	2	1	1
国务院批转国家教委、国家科委关于加强高等学校科学技术工作意见的通知	1991	10	20	2
总计		140	131	47

注：关键词"教学"包括教学、人才培养；"科研"包括科研、科学研究和科技研究；"教学与科研结合"包括教学（人才培养）与科研（科学研究）结合、产学研结（联）合等。

资料来源：作者根据相关数据整理。

考虑到词频统计的模糊性，研究做了进一步改进，缩小统计范围，以国务院规范性文件中教育类政策为统计对象，探究在相关政策文本中关于高校教学、科研政策各自的篇幅，以及所占全文的比例。经过统计发现，在9项政策文本中，有关高校教学政策的文字描述，累计4 727字，占到文本总共字数的4.06%；而关于高校科研政策的文字表述共计达到6 341字，占总数的5.45%。（见表7-4）（如果将科技类政策中高校科研政策纳入统计对象的话，这一比例会出现大幅提高）。因而，如果从政策文本中高校教学与科研各占篇幅、比例来看，高校科学研究在国家层面上的科教政策中，与高校教学、人才培养相比具有一定的相对优势。这在某种程度上说明，在高校教学与科研的宏观政策制定中，对高校科学研究的倾斜不仅反映在政策本身的数量和趋势上，而且体现在具体的政策文本当中。

表7-4 高校教学、科研在国务院教育类政策文本中的篇幅及占比分析

政策文件名称	发布年份	教学、人才培养		科学研究		文本字数
		字数	占比（%）	字数	占比（%）	
国务院关于加强教师队伍建设的意见	2012	273	4.97	241	4.39	5 492
中共中央、国务院关于印发《国家中长期教育改革和发展规划纲要（2010~2020年）》的通知	2010	912	3.05	508	1.70	29 870

续表

政策文件名称	发布年份	教学、人才培养		科学研究		文本字数
		字数	占比（%）	字数	占比（%）	
国务院批转教育部国家教育事业发展"十一五"规划纲要的通知	2007	619	3.53	961	5.48	17 522
国务院批转教育部2003~2007年教育振兴行动计划的通知	2004	678	4.95	1 279	9.34	13 689
国务院批转教育部面向21世纪教育振兴行动计划的通知	1999	269	2.10	2 410	18.84	12 790
中共中央、国务院关于深化教育改革全面推进素质教育的决定	1999	203	2.14	275	2.90	9 479
国务院办公厅转发国家教委关于深化高等教育体制改革若干意见的通知	1995	391	6.47	0	0.00	6 039
国务院关于《中国教育改革和发展纲要》的实施意见	1994	307	2.26	411	3.02	13 589
国务院批转国家教委关于加快改革和积极发展普通高等教育意见的通知	1993	1 075	13.65	497	6.31	7 873
总计		4 727	4.06	6 341	5.45	116 343

资料来源：作者根据相关数据整理。

对高校教学与科研在政策文本中的定量分析，虽然从量的角度上说明了一定问题，但要明确二者实际的重要性程度，还需要回到具体政策文本当中，透过相应的文辞表述对政策文本内容进行定性分析，来确定二者的定位、关系和位置。2001年教育部印发的《关于加强高等学校本科教学工作提高教学质量的若干意见》提出"高等学校的根本任务是培养人才，教学工作始终是学校的中心工作……本科教育是高等教育的主体和基础，抓好本科教学是提高整个高等教育质量的重点和关键"。此后分别在由教育部、财政部于2005年和2007年发布的三次加强高等学校本科教学工作（质量）、改革工程意见中，确定并加强了这一定位，即"人才培养是高校的根本任务，教学是学校的中心工作"。截至2010年，在中共中央、国务院印发的《国家中长期教育改革和发展规划纲要（2010~2020年）》政策文本中，提到要"牢固确立人才培养在高校工作中的中心地位"。随后2011年，教育部、财政部在出台的"十二五"期间实施"高等学校本科教学质量与教学改革工程"的意见中,延续了这一新的表述,"高等教育的根本任务是培养人才……牢固确立人才培养在学校各项工作中的中心地位和本科教学在大学教育中的基础地位"。总体说来,人才培养和教学在高校中的定位,除了修辞上的微调,基本维持不变。对二者的强调主要是在高等教育发展和质量建设的范畴下展开论述的,对社会需求和国家发展战略起的是一种间接作用。

与在高等教育范畴下阐述人才培养和教学定位的方式不同,对于高校科学研究,诸多的政策文件通常是将高校作为科学技术研究的主体,纳入整个国家科技战略发展体系中定位。早在20世纪90年代国家教委、国家科委发布的《关于加强高等学校技术工作的意见》就指出"高等学校……已经成为我国科技事业一个重要方面军……是基础性研究与高技术研究的一支主力",进入21世纪,高校的科学研究,一方面在基础研究、高技术前沿领域的重要作用得到进一步的凸显和重视。相应的定位表述有"重要来源"(《高等学校中长期科学和技术发展规划纲要》)、"主力军之一"(《国家中长期科学和技术发展规划纲要(2006~2020年)》)"原始创新的源头"(《高等学校"十二五"科学和技术发展规划》)。另一方面,高校的科学研究又被赋予了实现国家战略需求的重要地位,被视为"是解决国民经济重大科技问题、推动科技向现实生产力转化的生力军"(《国家中长期科学和技术发展规划纲要(2006~2020年)》《高等学校"十二五"科学和技术发展规划》等)。因此,从政策文本中相关的表述,可以看出高校的科学研究不仅是高等教育的一项基本任务,他更多地还承载着国家战略社会需求的供应站,是建设创新型国家中的"知识创新的主体和源头"(《高等学校中长期科学和技术发展规划纲要》),和"国家知识创新、技术创新、国防科技创新、区域创新的重要基地"(《国家教育事业发展第十二个五年规划》)。

通过分析政策文本中对于二者的修辞用语,可以明显地看出,人才培养和科学研究虽然都是高等教育的重要职能,但是在当下的时代、社会背景中,高校科学研究的作用无疑得到了突出和强化,它载负着,或者说与国家发展战略有着紧密联系。因此,在宏观层面,相较于人才培养,高校的科学研究具有无可比拟的战略优势和重要地位。

3. 关于高校教学与科研结合人才培养的政策制定

随着科学研究职能、功用的突出,人才培养在实践过程中受到了一定的冲击、影响。科学研究职责、任务的强化削弱、降低了对人才培养的投入与关注,对大学教学与科研分离的批评声音,常见诸于学术研究、媒体报端和公众评议中。面对这一困境,在一系列有关高校的科教政策中进行了调适和反应。这首先反映在近年来,有关高校教学与科研结合人才培养的政策文件发布数量上。研究通过对1978年以来,有关高校教学、科研的政策进行纵向整理,以教学与科研结合的人才培养作为关键词，词频（经过编码处理）统计发现，总体上说，对于二者结合的人才培养越来越受到关注，词频出现次数整体上呈增长态势。其中，在教育类政策中五个时间段中先后出现波动，并无规律可循。但是在科技类政策中，则鲜明地显示出对教学与科研结合人才培养的重视，从最初的不到1次，到2011~2013年间已经增加至4.3次（见图7-3）。

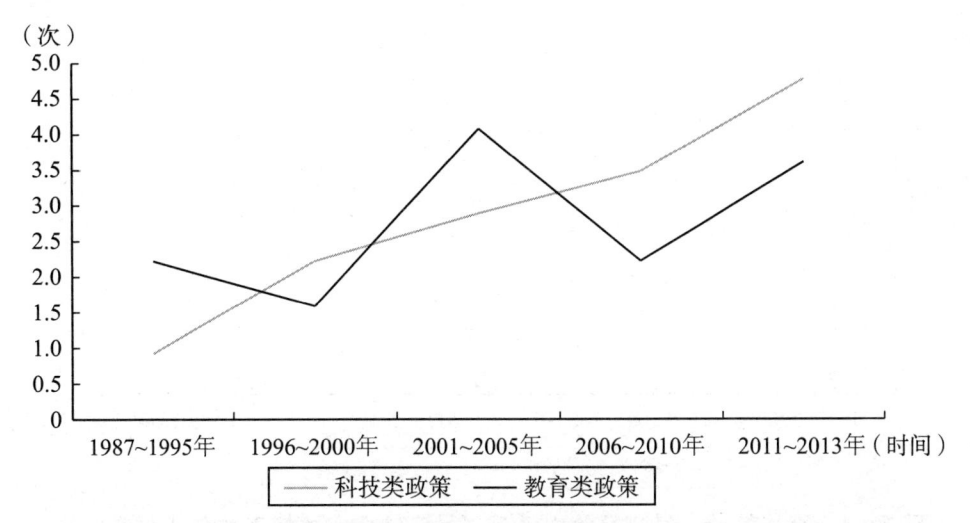

图7-3 教育、科技类政策中教学与科研结合人才培养的年段频次统计

注：图中数值均为该年段内所有政策中出现教学与科研结合人才培养的频次的平均值；教学与科研结合的人才培养，包括教学（人才培养）与科研（科学研究）结合、产学研结（联）合等。

这一差异同样显示在图7-4当中，通过将范围限制在高校教学、科研政策中，统计结果仍然表明，高校教学类政策中词频变化幅度较为稳定，而高校科研类政策中的词频则呈现上升态势，在2011~2013年骤增到6.3次。此外，在相关高校教学、人才培养政策中，教学与科研结合人才培养的词频平均值在同一时段内，均普遍低于高校科研类政策。出现的这种现象，据推测可能是在突出高校科学研究的同时，政策制定者竭力使科研转化为人才培养的一种有效手段，避免由于对科研的过分强调造成对人才培养的影响。因此在高校科研政策中，教学与科研结合人才培养的出现次数，反而要高于高校的教学政策。这在分析教学与科研结合人才培养的文件内容时，尤其是高校科学、技术发展的政策文件时，相关的表述也佐证了这一判断。例如，在1991年国务院批转的《关于加强高等学校科学技术工作意见》中指出，"培养人才是高等学校的根本任务，科技工作是培养高级专门人才的一个重要手段，……高水平的科研是高层次人才培养的基础"；在2004年出台的《高等学校中长期科学和技术发展规划纲要》中，也提到"高校科学研究与人才培养的互动是现代高等教育的一个重要特征……把科学研究作为创新人才培养的关键环节……以高水平的研究保证高质量的教育"；类似的表述，还出现在 2012 年教育部印发的《高等学校"十二五"科学和技术发展规划》中，其中指出要"坚持把科技创新与人才培养相结合作为本质要求。以高水平科学研究支撑高质量高等教育……形成科学研究与人才培养有机结合新机制"。

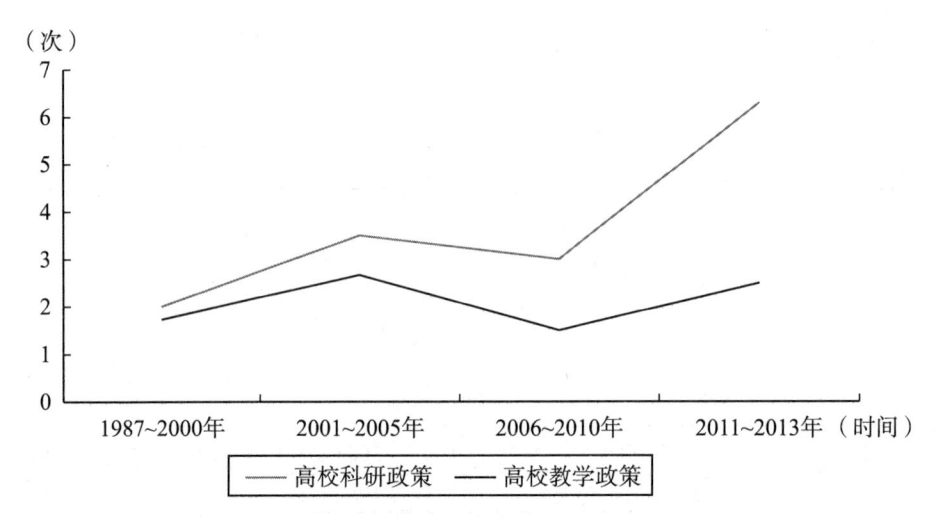

图 7-4　高校教学、科研政策中教学与科研结合人才培养的年段频次统计

注：图中数值均为该年段内所有政策中出现教学与科研结合人才培养的频次的平均值；教学与科研结合的人才培养，包括教学（人才培养）与科研（科学研究）结合、产学研结（联）合等。

在政策实际指向上，通过对相关一系列具体的政策文件进行分析，可以发现，教学与科研结合的人才培养其实分属于不同的层次，且各自暗含了不同的逻辑假设。

第一，在组织层面，目前教学与科研结合的人才培养通常是纳入"产学研""产学研用"等范畴下进行论述的，例如在 2010 年，国务院颁发的《国家中长期教育改革和发展规划纲要（2010~2020 年）》中，提出要"支持学生参与科学研究……创立高校与科研院所、行业、企业联合培养人才的新机制"；胡锦涛在第四次全国教育工作会议上曾指出"教学、科研、实践紧密结合……学校和科研机构之间合作以及中外合作等多种联合培养方式"。体现在培养体制上，就是要促进科研院所、高等学校和行业、企业之间的组织结合。从而为教学与科研相互结合的人才培养提供组织、机构与平台的保障和实施载体，但在此需要追问的是，组织上的联合必然能带来教学与科研这两种要素在人才培养上的结合吗？如果能，二者又是以什么方式达到的呢？这些问题政策并没有详述，在具体落实过程中还有许多问题需要解决。

第二，在学术职责方面，教学与科研结合的人才培养，主要基于二者在岗位中的责任规定。这点尤其明显地体现在，2001年、2005年和2007年，由教育部、财政部等制定的本科教学质量发展与改革意见的几个政策文件中，其中明确规定"高等学校要把教授、副教授为本科学生上课作为一项基本制度，教授、副教授每学年至少要为本科学生讲授一门课程，连续两年不讲授本科课程的，不再聘任其担任教授、副教授职务。要完善青年教师和研究生从事助教工作的制度。要把教师承担教学工作的业绩和成果作为聘任（晋升）教师职务、确定津贴的必要条件"；从教学与科研结合人才培养的意义上来说，政策背后的假设是科研能力高的教师必然有好的教学。通过强制规定高级职称教师投入教学来保障、提升教育教学质量，但从实际情况来看，实施过程中遇到巨大的阻力，效果并不佳。这除了整个评价系统导向性的诱致外，这种假设是否合理、合适、正确还需要进一步论证。

第三，在具体培养方式中，可以看出教学与科研结合的人才培养指向并不同。其中，一种是认知上的扩展，主要通过教学与科研在教学内容上的结合，凭借科学研究来更新、深化、拓展课程知识。上面提到的高级职称教师进行本科教学也隐含了这一目标，此外还有政策指出，"科技工作是培养高级专门人才的一个重要手段……学科内容的更新……都有赖于科技工作的开展"（1991年《加强高等学校技术工作的意见》）；"要鼓励和推进名师上讲台，积极聘请国内外著名专家承担讲课任务或开设讲座"（2005年《关于进一步加强高等学校本科教学工作的若干意见》）；"促进科研与教学互动，及时把科研成果转化为教学内容"（2012年《关于全面提高高等教育质量的若干意见》）。另一种教学与科研结合人才培养的目标主要是能力的培养与提高，如解决实际问题能力、创新能力等。因而，这种结合一方面要求教师更多地采用启发式、研究性教学方法，另一方面要求学生积极参与科研实验室、科研项目和团队当中。如"要根据科技进步的要求，注重更新实验教学内容，提倡实验教学与科研课题相结合，创造条件使学生较早地参与科学研究和创新活动"（2001年《关于加强高等学校本科教学工作提高教学质量的若干意见》）；"探索创新型人才的培养模式，倡导研究性学习和本科生科研活动，建立学生到企业和科研院所实习的长效机制"（2007年《国家教育事业发展"十一五"规划纲要》）；"支持本科生参与科研活动，早进课题、早进实验室、早进团队……学术学位研究生导师应通过科研任务，提高研究生的理论素养和实践能力"（2012年《关于全面提高高等教育质量的若干意见》）。然而即使在这些教学微观实践领域，这些政策多为倡导性质的，在具体实施中更多地依靠教师本人的个体实践，还缺乏制度性的组织与保障。

通过上述梳理可以看出，教学与科研结合的人才培养在政策制定过程中越来越受到关注和重视，不过从量的统计结果来看，这种认识主要来自高校科研发展的政策文件，政策的出发点或着眼点是发挥科学研究的优势，以此来推动高校教学、教育质量的提升。而通过对具体政策文本的分析，则发现教学与科研结合的人才培养体现在多个层面，在组织体制上强调大学、科研院所和企业的产学研结合，在评价考核中对高级职称教师本科教学任务的规定，在具体教学实施上关于课程内容、教学方法以及目标的建议。但从政策实际实施来看，无论是刚性的强制性政策，还是软性的倡导性政策都没有得到有效的落实，教学与科研结合的人才培养政策在现实中还需要进一步完善。

（四）结论与分析

政策的制定、实施是国家实现宏观调控的一种重要工具。在我国，目前大学仍是一种深度嵌入政府体系的准公共性组织，因此，政策在某种程度上构成了大学活动主要的外部宏观环境。本书通过对关于高校教学、科研政策文本的系统分析，发现教学与科研结合的人才培养在宏观政策文件中的数量、表述以及实施中存在以下几个特征。

首先，1987年以来，从政策发文数量来看，有关高校科研的政策共计达到44项，教学、人才培养类的政策为32项；从政策发文增长速度来看，有关高校教学科研的教育类政策在1987年后，整体呈减少趋势，而科技类政策则在1996年后开始快速增长，在2011~2013年间已经达到10项，是教育类政策的2.5倍，如果考虑教育类政策中包括的高校科研政策，这一比值则更高。因此，单从政策文件的数量来审视二者关系，相较于高校科学研究，教学处于弱势地位。

其次，高校教学在相关政策中的弱势地位，还反映在政策联合发布机构的数量上，高校科学研究政策的联合发布单位要远高于教学政策，尤其是在部级层次上，前者达到了10次，是后者的2倍。此外，在有关高校教学、科研的9项国务院政策文件中，对高校科研的文字描述达到6 341字，占总数的5.45%；有关高校教学政策的文字描述累计4 727字，占到文本总共字数的4.06%。这在一定程度上也说明了科学研究职能在大学活动中的重要地位。同样在分析关于二者作用的定性描述中也发现，高校科学研究一般是将其纳入整个国家战略发展的位置来凸显的，而高校教学、人才培养则是置于高等教育发展和质量建设的范畴中论述的。

最后，在相关政策文本中，有关教学与科研结合的人才培养越来越受到关注，词频出现次数整体上呈增长态势。不过对二者结合的强调主要来自高校科研类政策文件中，即在大力开展科学研究的同时，发挥科研对教学的正向作用。对于教学与科研相结合进行人才培养的方式，政策分别从组织体制、岗位职责和教学实施等几个层面作出部署和指导,但从政策实施的角度来衡量,教学与科研结合的人才培养在现实当中并没有得到有效落实。

综上分析,研究基本验证了之前的两个假设,即在宏观政策文件中,高校科学研究的重要性比人才培养高;以及教学与科研相结合的人才培养方式越来越受到重视。不过对教学与科研结合人才培养的重视主要来自高校科研政策。因而,从教学、科研共处的宏观政策环境来看,二者地位悬殊的差距,必然会传导至实际的人才培养场景中,进而影响实践者做出差异化的选择,例如,资源、关注、精力,以及时间的分配,进而制约二者在人才培养活动中有效的结合。此外,诸多政策文件中提供的有关教学与科研结合的人才培养方式,从现实状况来看并没有得到有效的实施,究其缘由,或许需要探究的是政策建议、意见背后的立论、依据,如教学与科研在组织上的联合能够实现二者在人才培养上结合,好的科研者能开展好的教学等,这些假设的事实性、正确性、合理性还缺乏实证性的支持,需要进一步的论证与研究。

二、科学研究与高等教育发展的高校策略选择

研究型大学在处理教学与科研关系时,不仅受约于大学自身传统理念、价值规范和政府科技、教育及财政政策的规制,而且更为重要的是由国内外大学间的声誉竞争所引发的同质化压力,这在快速发展的全球化时代日趋明显。竞争逐渐从传统地域性中隐性、不明确的暗自较量,转变为在由政府或第三方组织设计的一套评价标准下全球大学的"公开竞逐"。对于研究型大学来说,这种同行竞争集中体现为学术声誉的争逐评比,然而由此引发的是大学基于权威评价组织设立的指标,进行组织的自我调适,以期获得更高的分值与名次。王占军对100所"211工程"大学的调查中发现,89.47%的受访院校认为大学排名可以激励院校向更高层次的院校看齐①。因此考察著名、权威的大学排名榜中的指标设置,可以在另一个角度揭示大学处理教学与科研关系时,所面临的评价环境。

大学排名在世界各国,尤其是高等教育规模比较发达的国家,都比较常见。它不仅对学生、家长、企业和社会公众了解大学提供了有益讯息,而且对大学的发展战略规划和路径选择给予了参考指标,同时也为大学间的竞争带来了压力。哈兹库恩(Ellen Hazelkorn)对经合组织和国际大学联合会所属成员国的202所大学调查发现,大学排行榜对大学的发展目标制定、重点选择和同行竞争具有重

---

① 王占军:《大学排行对院校的组织决策、行为与文化的影响》,载于《中国高教研究》2012年第2期。

要影响①（见表7-5）。这种排名体系导致的是大学间的同质化发展压力，并由此加剧高校学术漂移的竞争，引发了许多大学明确将世界一流大学、提高大学排名位次作为发展的战略目标，如澳大利亚莫纳什大学提出要"成为全球最好的大学之一"（Monash University，2005），美国俄亥俄州立大学提出要"成为世界真正的顶尖大学"（The Ohio State University，2007），韩国首尔大学的目标是要成为"21世纪世界顶级大学之一"（Seoul National University，2006）②。

表7-5　　　　大学排行榜（LTRS）对高等院校的影响

题项	占比（%）	
	是	否
有利于老牌大学（favour established universities）	83	17
建立等级性的高等教育系统	81	19
容易扭曲师生观念以及造成错误	82	18
提供可比较的信息	74	26
强调研究优势	65	35
帮助院校制定战略规划目标	65	35
评估院校业绩、表现	52	48

资料来源：Marian Thakur. The Impact of Ranking Systems on Higher Education and its Stakeholder. *Journal of Institutional Research*，2006，13（1），91.

这种情况同样存在于我国研究型大学发展战略表述当中，不过与国外大学排名影响逻辑不同的是，我国研究型大学的战略目标，从时间起点来说首先是一种国家行为、目标，它是在政府规划主导下，专门设立"211""985"工程，选定100多所高校，以成为"世界一流、世界知名高水平大学"为发展目标。在此背景下，出于对国际一流、高水平大学的标杆设定需求，国际大学排名体系才进入大学发展的视野，如泰晤士高等教育（THE）、QS的世界大学排名，以及上海交通大学的世界大学学术排名。如此将国际顶级大学量化为具体可达致的分值与数字，构成研究型大学的发展战略和目标，因而世界大学排名反过来又引入并强化了大学间的竞争。但问题是出于对高水平大学表征指标可比性的考虑，各类排名

---

① Ellen Hazelkorn. Learning to Live with League Tables and Ranking: The Experience of Institutional Leaders [J]. *Higher Education Policy*，2008（21）：1.

② Marian Thakur. The Impact of Ranking Systems on Higher Education and its Stakeholder [J]. *Journal of Institutional Research*，2006，13（1）：91.

体系最后都偏重以科研业绩为测量值的硬指标比较，如上海交通大学的世界大学学术排名，就完全是以学术成就为衡量标准；英国泰晤士高等教育（THE）的世界大学排名，虽然综合了人才培养、学术声誉等指标，但是在其评价指标及权重中教学只占 30%，其余的一级指标、研究和论文引用各占 30%、国际化程度为 7.5%、企业经费为 2.5%①。这种科研导向的世界大学排名不仅对大学的规划目标的制定具有诱导作用，而且直接影响到具体的管理举措，如大学新组织部门的设立、管理方式的改变、发展项目的选择性②（见表 7-6）。

表 7-6　　　　　　　　　大学排行榜引发的行为

战略	排行榜所含指标成为校长与教师目标任务协议中明确的部分
	开展 SWOT 分析和标杆运动
组织	成立新部门，并安排专人负责指标提升和排名榜监测
	结构重组
	组织研究团队，重新重视数据收集的准确性和数量，并与第三方共享
管理	通过控制相关指标，以推动排名朝着更加严肃和精确的方向发展
发展	发展更好的管理工具
学术	提升教学与学习，新的学术项目，增加英语项目，聘任更多学术职员

资料来源：Hazelkorn（2006a）。

在全球性的大学排名评价之外，研究型大学面临的国内评价主要有两种。一种是由政府主导的评估，属于政府对大学办学水平、质量的监控，分为合格评估（鉴定）、办学水平评估和选优评估三种基本形式（普通高等学校教育评估暂行规定）。其中，合格评估如高校本科教学工作合格评估是对大学办学基本质量和条件的监控，对完善高校教学条件、提高教学质量和人才培养水平具有重要作用。但是对于大学发展，尤其是研究型大学来说，这种条件性评估的导向作用其实是比较微弱的。因此真正能够刺激高校"作为"是带有竞争、等级性质的水平评估和选优评估。以目前实施的一级学科水平评估为例，在 2012 年第三轮的学科评估指标体系中可以看出，包括师资队伍与资源、科学研究水平、人才培养质量和学科声誉四个一级指标。然而单从指标属性来看（无法获得各一级指标的权重系

---

① 世界大学排名 2013~2014 年方法［EB/OL］. http：//www.timeshighereducation.co.uk/world-university-rankings/2013-14/world-ranking/methodology.

② Ellen Hazelkorn. The Impact of League and Ranking Systems on Higher Education Decision Making［J］. *Higher Education Management and Policy*. 99.

数),除 A2 生师比、A3 专职教师和人才培养 C 外 (见表 7-7),其余指标实际上反映的都是学科的科研实力,这必然会推动高校在教学与科研投入中倾向性选择。

表 7-7　　2012 年学科评估指标体系

一级指标	二级指标
A 师资队伍与资源	A1. 专家团队情况
	A2. 生师比
	A3. 专职教师情况(设置上限)
	A4. 重点学科、重点实验室情况
B 科学研究水平	B1. 代表性学术论文质量(含国内和国外,定性和定量)
	B2. 科学研究获奖情况
	B3. 出版学术专著或转化成果专利情况(部分学科考察出版学术专著情况,部分学科考察成果专利转化情况)
	B4. 代表性科研项目情况(含人均情况)
	B5. 艺术创作水平(仅对艺术门类学科,不含艺术学理论)
	B6. 建筑设计水平(仅对建筑类学科)
C 人才培养质量	C1. 教学与教材质量
	C2. 学位论文质量
	C3. 学生国际交流情况
	C4. 学生体育比赛获奖(仅对体育学科)
	C5. 优秀在校生及毕业生情况
	C6. 授予学位数(设置上限)
D 学科声誉	D1. 学科声誉(含学术声誉、社会贡献、学术道德等)

资料来源:中国学位与研究生教育信息网 http://www.cdgdc.edu.cn/xwyyjsjyxx/xxsbdxz/277134.shtml。

另外一种大学评价,是由国内社会组织或研究机构开展的大学评价,与前两种评价相比,虽然缺乏全球大学排名的强大影响力和官方评估的强制性作用。但由于面向的群体主要是学生、家长和社会大众,因此对大学的招生质量和公众形象具有一定的社会舆论影响力。例如,有志愿填报的调查显示,绝大多数考生和家长都会把大学排行榜作为填报志愿的参考依据,甚至有 45.8% 的考生和

50.5%的家长会把它作为"重要的参考依据"①。目前比较权威性的大学排行榜主要有中国管理科学研究院武书连"中国大学评价"排行榜、网大"中国大学排行榜"、武汉大学中国科学评价研究中心"中国大学综合竞争力排行榜"以及中国校友会的"中国大学排行榜"。然而通过对比四个大学排行榜中关于教学（人才培养）和科学研究评价指标的设计和权重可以发现，武书连"中国大学评价"的指标权重中，人才培养达到57.95%；中国校友会对人才培养和科学研究的指标权重较为接近；而网大和中国科学评价研究中心的评价指标赋权中，科学研究高于人才培养将近20个百分点（见表7-8）。

表7-8 关于教学和科研的国内社会组织的大学排行评价比较

评价组织	一级指标	一级权重（%）	二级指标	二级指标权重（%）
武书连中国大学评价	人才培养	57.95	本科生培养	35.15
			研究生培养	22.8
	科学研究	42.05	自然科学研究	31.48
			社会科学研究	10.56
网大中国大学排行榜	学术资源	20	博士点数（对本科学位点比例）	4.4
			硕士点数（对本科学位点比例）	2.4
			国家重点学科（对本科学位点比例）	4.6
			国家级实验室级工程中心数（对本科学位点比例）	4.2
			国家人文社科重点研究基地数（对本科学位点比例）	4.4
	学术成果	22	科学引文索引SCI（总量和人均）	8.1
			工程索引EI（总量和人均）	5.5
			社会科学引文索引SSCI（总量和人均）	6.2
			中国社科引文索引CSSCI（总量和人均）	2.2

---

① 乐国林、张丽：《大学排名对高校影响的社会学分析——基于布迪厄场域、资本理论的探析》，载于《现代教育科学》2005年第3期。

续表

评价组织	一级指标	一级权重（%）	二级指标	二级指标权重（%）
网大中国大学排行榜	学生情况	12	录取新生质量（高考成绩）	5.9
			全校学生中研究生的比例	6.1
	教师资源	19	专任教师中副高以上人员的比例	8
			两院院士人数	5
			长江学者特聘教授人数	4
			师生比（专任教师人数/学生人数）	2
中国科学评价研究中心中国高校综合竞争力评价（重点大学）	教学水平	26.16	生源与毕业生	16.92
			研究生与留学生	38.74
			教学质量	44.34
	科学研究	45.31	科研队伍与基地	14.05
			科研产出	10.65
			成果质量	32.29
			科研项目与经费	24.47
			效率与效益	18.54
校友会中国大学排行榜	人才培养	42.37	杰出校友	20.65
			师资队伍	12.90
			培养基地	8.82
	科学研究	41.72	科研成果	20.43
			科研基地	9.46
			科研项目	11.83

注：指标来源于武书连等：《2010 中国大学评价》，载于《科学学与科学技术管理》2010 年第 4 期。

资料来源：2013 网大中国大学排行榜指标体系 http：//rank2013.netbig.com/article/44/；

中国高校综合竞争力评价重点大学 http：//rccse.whu.edu.cn/html/2004/10/20041010090444-1.htm；

中国校友会网 2013 中国大学排行榜评价指标体系 http：//www.cuaa.net/cur/2013/09.shtml。

大学排行评价的兴起与兴盛，使得大学进入一个具有共同标尺的竞技场，不断发展的生态环境发生了巨大变化。排名榜中的位次不仅与大学生存资源的获得建立起直接的联系，而且成为大学学术声誉的获得和提升的重要表征。通过对上述全球大学排行榜、官方大学评估和社会机构的大学评价的指标及权重分析，可以发现，除了个别侧重教学、人才培养的大学评价之外，大部分综合性大学排行榜都普遍地倾向于科学研究，二者指标的权重差别在 20 个百分点以上，在泰晤士高等教育（THE）的排名中差距甚至超过了 30%。这种显著性差别通过排名榜位次的竞争机制，必然会传导至以追逐学术声誉的大学发展之中，形成偏重科研的战略规划、发展目标、组织机构和管理制度，进而在具体实践中，致使资源分配、政策制定、项目设立都优先用于科学研究，这使得教学和人才培养的重要性虽然在各种政策或专业文件中不断被强调和呼吁，但是实际中却是不断边缘化，生存空间进一步受到压缩和恶化。

三、科学研究与高等教育人才培养的宏观制度构建

通过对教学与科研结合宏观制度环境影响因素的分析，可以得出以下几方面的结论。

首先，教学与科研相互结合的人才培养模式在我国高等教育政策制定者、学者和教师中，仍属于主流价值观念，影响着具体政策的制定和教学与科研关系的认识。不过这种观念也逐渐受到一些学者，尤其是一线从事科研教学工作教师的质疑和批判。古典意义上教学与科研结合的意识形态开始瓦解，对人才培养实践中二者相结合的统摄、黏合作用开始减弱和缩小。

其次，政府针对高校人才培养和科学研究职能制定的一系列政策中，明显对高校科学研究赋予了更高的地位和要求。这不仅体现在有关高校科研的政策数量要显著多于人才培养，而且在国务院教育类规范性政策文件中，关于高校科研的论述篇幅也要多于教学。此外，随着对高校科技作用的强调，基于科学研究而进行的科教结合人才培养也越来越受到重视。

最后，各类的大学排名评价，对研究型大学的发展形成同质化的制度压力。由于排名指标及权重中对科研的强调，致使许多大学在学校发展战略规划、目标设定、制度安排和管理方式中都赋予科研优先发展的地位，教学进一步边缘化，生存氛围环境有所恶化。

对科学研究与高等教育人才培养的宏观制度构建建议如下：

第一，创新高等教育财政资助形式，加强对人才培养的针对性投入与监控。教学与科研作为大学的两种职能，二者在广义上的结合更多的是一种平衡，甚至

是相互竞争的关系。因此，面对科学研究在高校中日益凸显的强势地位，教学需要的是确保自身的基本质量，守住人才培养质量的"红线"。从财政资助的角度来看，目前我国实施的财政拨款方式是2002年确立的"基本支出预算加项目支出预算"形式，其中基本支出预算是为保障其机构正常运转、完成日常工作任务而编制的年度基本支出计划，主要包括人员经费和日常公用经费两部分。拨款口径是按照机构运行需求来制定的，至于对大学具体学术活动如教学、科研、学生服务、行政费用等并没有做出详细规定，这就导致在具体经费支出和分配过程中，有了巨大的空间。这种一体化的资助方式导致的是伯顿·克拉克所指出的"交叉补助"现象发生，即"教学倾向于补助科研，本科生教育倾向于研究生阶段"[1]。因而拨款经费的增长并无法保障本科教学、人才培养经费实现的同比例增加。所以在20世纪80年代后，英美等国开始在大学固定拨款中对其用途如教学或科研进行了限定，如美国就采用会计术语"指定用途的/未指定用途的和限制性的/非限制性的"来对各种收入进行了限制，这为保障本科教学有效运作提供了经费上的制度保障。此外，在教育及一般支出统计中按照支出目的分列"教学、研究、公共服务、学术支持、图书馆、学生服务、院校支持、设备运转与维护、奖学金与研究金和强制性的转账"等条目[2]，从而使得对各校教学投入可以进行有效地监控和比较。因此通过细化、明确财政拨款用途，采用限制性/非限制性的拨款方式，并在财政拨款支出的统计口径上按目的单列的方式，对于保障我国研究型大学中教学的投入以及教学质量监控有重要作用，有助于实现二者在广义、职能上的平衡与结合。

第二，设立常态化的竞争性教学改革项目，加强对教学的投入和关注。资源依赖理论中的10%规则（rule of 10 percent）认为，如果资源不动摇教学科研人员的地位和声誉体制，相对少量的边际资金就能从实质上改变教学科研人员的活动。当前，高校中出现的"重科研、轻教学"现象，部分原因可以归结于财政资助拨款方式的差异性。如科研拨款的大部分是以竞争性项目支出形式获得的，而教学、人才培养则主要是固定性拨款。已有证据显示，旨在改进教学与学习的竞争性拨款对提高教学质量有重要作用，借鉴国家科学基金会（NSF）取得的成功经验，美国国会在1972年创立学历教育发展基金（FIPSE），有意识地设计为教学与学习提供帮助[3]。FIPSE的旗舰综合项目（CP）主要资助和传播的是能提高

---

[1] [美]伯顿·克拉克著，王承绪译：《探究的场所——现代大学的科研和研究生教育》，浙江教育出版社2001年版。

[2] [美]希拉·斯劳特，拉里·莱斯利著，梁骁，黎丽译：《学术资本主义政治、政策和创业型大学》，北京大学出版社2008年版。

[3] [美]弗兰克·纽曼等著，李沁译：《高等教育的未来/浮言、现实与市场风险》，北京大学出版社2012年版。

高等教育质量和有助学生学业成功的创新改革项目，项目具有以下四个特征：一是包容性，面向所有非营利机构和组织；二是行动导向，资助大量具有实际改革举措的方案；三是鼓励大胆设想和创新的计划；四是面向实际问题与需求①。此外，国家科学基金委（NSF）也成立了面向科学、技术、工程和数学的项目（STEM），这类项目都是通过开放性的竞争性拨款方式获得，对提高教学的关注和认识，以及创新教学实践、提升人才培养水准具有重要作用。我国虽然也设有本科教学质量与教学改革工程，自然基金委员会也设有国家基础科学人才培养基金，但是本科教学工程中如"特色专业建设、国家精品课程、国家级教学团队和双语教学示范课程"申报名额都是有限的，而且是以成果、工程建设为目标，并非自主探索性的教学改革。自然科学基金委员会的基础学科人才培养基金也同样，主要面向于国家基础科学人才培养基地，发挥的实效作用有限。因此通过借鉴自然科学基金委员会资助模式，以及美国 FIPSE 的成功实践，设立具有常态化、权威性和包容性的竞争式的教学改革项目，可以促进高校以及教师对教学的重视和投入。

第三，健全大学评价指标、权重，发展多元、多样的大学排名榜。大学排名评价榜的兴起与兴盛，某种程度上是为散落各处的大学构建了一个共同的声誉市场，各大学通过声誉竞争来获取优质的生源、师资、财政资源、市场机会和社会声望等发展要素。因此市场规则的设置对参与主体的行为就具有非常强的导向作用，然而目前国内外相关的大学排名榜设计显示，大学的声誉主要是通过科研能力和业绩来定义的。这对激发高校科研投入和发展的效应已经显现出来，但问题是声誉界定标准、来源的单一化，不仅导致了大学的同质化发展，更为重要的是诱导对教学和科研的差别化对待。所以构建不同取向的多元评价榜，对平衡教学与科研的紧张、冲突，促进大学多样发展具有重要作用。其中，政府由于是大学发展资源的主要供给者，所实施的评价对大学发展的行为选择具有更强、更直接的指导作用。因此政府自身在开展、制定相关高校评价时，也可以借鉴学科评估的模式，进行教学、人才培养的专业化水平评价，鼓励高校投入更多精力、资源注重提高教学质量，平衡教学与科研的紧张关系。

第四，调整高校科研的相关政策与制度，挖掘科研项目的人才培养潜力。研究型大学是基础研究和高新技术研究的重要基地，大学教师、研究者承担了大量的研究项目与计划。因此调整有关科研的制度与规定，充分挖掘科研项目、工程

---

① 学历教育发展基金（FIPSE）的综合项目说明［EB/OL］．http：//www2.ed.gov/programs/fipsecomp/index.html．

的人才培养潜力，对发挥科学研究对人才培养的溢出作用具有显著意义。

首先，对于研究型大学开展的科研工作教学功用进行有效监督，例如美国科学基金委员会（NSF）在项目申请中对研究价值的陈述中，要求包括对各层次科学、技术、工程和数学（STEM）教育和教育工作者的提升作用[①]。新西兰在对大学（奥克兰大学）的相关评价中，要求明确并公开：教师参与科研工作的责任；获得的科研经费有多少是与教学活动有关的；科研成果有多少是应用到教学方法和学习上的；有多少是与教学共用的设备、研究人员和共同开展的活动；在考虑科研申请项目时，是否要求说明其对教学的有利或不利影响；是否保证让最好的研究者能够参与各年级的教学等[②]。

其次，可以尝试在相关科研计划、工程和项目如"863""973"和国家自然科学基金委员会（NSFC）中设立专门针对本科生、研究生参与科研的基金和规定，扩大本科生和研究生参与科学研究的机会，建立通过科研项目培养人才的机制。如国家科学基金会（NSF）下设的本科生研究经验计划（Research Experiences for Undergraduates，REU）中设立了REU附属项目（Supplements），资助本科生参与正在进行的国家科学基金会项目[③]；美国国家卫生研究院（NIH）和疾病控制与预防中心（CDC）设立了促进健康相关研究多样化的研究附属项目（Research Supplements to Promote Diversity in Health‐Related Research）资助对健康相关研究有兴趣的学生在暑期或学年参与研究计划[④]。

再次，在科研经费管理规定中，从人才培养的角度出发，加强人员劳务经费的比重，提高参与科研项目的本科生、研究生的资金支持，为学生参与科研训练提供坚实的资金保障。其中，美国关于科研经费的管理规定可以提供有益借鉴，在科研经费规定上除了要求有工资收入的研究人员不多于2~3个月的通常工资规定外，其他人员的劳务费（如研究生）并无严格的比例规定，关于人员劳务费有较大的弹性，这为通过项目研究培养研究生提供了有效的经费支持[⑤]。

最后，国家出台了一系列的政策支持产学研结合创新体系的建立，如国家大学科技园、2011协同创新平台、合作中心等，但是这种产学研合作更多停留在

---

① NSF申请项目方案填写指导［EB/OL］. http：//www.nsf.gov/pubs/policydocs/pappguide/nsf13001/gpg_2.jSp#IIC2fiegrad.

② 刘博：《研究型大学本科教育：教学与研究之结合》，载于《中国高等教育评估》2004年第4期。

③ 美国国家科学基金会本科生研究经验计划（REU）［EB/OL］. http：//www.nsf.gov/nsf/nsfpubs/nsf96102/nsf96102.htm.

④ 美国国家卫生研究院（NIH），疾病控制与预防中心（CDC）促进健康相关研究多样化的研究附属项目［EB/OL］. http：//grants.nih.gov/grants/guide/pa-files/PA‐08‐190.html.

⑤ 阎光才：《精神的牧放与规训：学术活动的制度化与学术人的生态》，教育科学出版社2011年版。

高校、研究机构与企业层面①，对研究型大学内部学生的培养，其实并没有充分发挥出来。因此，可以通过政策规定和资金支持，利用现有的产学研合作基地与机构，建立本科生和研究生参与产学研合作机构的机制与渠道，将所进行的基础研究、应用研究和开发研究以及研究型大学的人才培养结合起来，充分发掘合作研究组织对人才培养的作用，提高人才培养的质量。建立以产学研合作基地、创新平台等为载体的教学与科研结合人才培养体系。

第五，健全本科生参与科研的管理体制，提高学生参与科研的支持力度。通过科学研究进行人才培养，对优化教学与科研关系、提高人才培养质量具有重要作用。美国作为第二次世界大战后最早开展本科生科研的国家，在本科生参与科学研究的组织、管理、制度和运行机制方面形成了较为成熟的模型。在组织管理方面，早在 1978 年就成立了本科生科研理事会（CUR）来确保本科生科研活动；1987 年在北卡罗来纳大学举行第一次关于本科生科研的国家会议（National Conference on Undergraduate Research，NCUR），并成立了 NCUR 加强本科生交叉学科科研活动的非营利性实体组织②。在科研项目资助体制方面，20 世纪 80 年代初，美国国家科学基金委员会创立了本科生研究经验项目（REU），其中包括 REU Sites 和 REU Supplements 两种项目，前者资助独立开展研究的本科生，后者支持参与正在进行的国家科学基金项目的本科生③；在 1995 年又设立了面向科学和工程专业 Ph. D. 的研究生教育和研究训练结合项目（IGERT），资助学生开展跨学科、跨机构和跨组织的科学研究，培养跨学科科学研究者④。20 世纪 90 年代初，像 Howard Hughes Medical Institute（HHMI）医学学会、美国宇航局和国家天文台等组织也开始加入本科生科研教学，使得本科生科研教学范围和规模得到很大发展，制度体系也不断地得到完善⑤。因此借鉴美国本科生科研经验，在宏观组织管理上，可以建立专门的大学生科研管理机构，开发、吸引相关科研单位和社会组织，参与对本科生以及研究生在资金和资源方面的科研资助。同时应继续完善本科生科研项目申请的程序和机制，以人才培养为出发点，降低准入门槛，加大对本科生科研项目的经费支持力度，增加本科生参与科学研究的机会和学习收益。

---

① 左健民：《产学研合作与高校创新型人才培养》，载于《教育发展研究》2013 年第 1 期。
② 刘宝存：《美国大学的创新人才培养与本科生科研》，载于《外国教育研究》2005 年第 12 期。
③ 美国国家科学基金会本科生研究经验计划（REU）[EB/OL]. http：//www. nsf. gov/nsf/nsfpubs/nsf96102/nsf96102. htm.
④ 美国研究生教育和研究训练结合项目（IGERT）[EB/OL]. http：//www. igert. org/public/about/history-and-mission.
⑤ 巴素英：《美国研究型大学本科生科研的教学及趋势》，载于《现代教育科学》2004 年第 2 期。

第二节 科学研究与高等教育结合的大学内部制度分析

通过对高校教学与科研宏观制度环境的考察，结果显示，教育科技政策、财政拨款制度和大学评价都明显倒向科学研究。但是外部制度、政策环境的变迁对高校的影响并不是自然推进发生的，首先外部环境发挥的是一种间接作用，只有高校认可、纳入关注视野，才会构成大学决策和行动的考量要素；其次大学作为实现教学与科研结合人才培养的中层组织，对来自外部及上层的诉求并不是无选择的全部接受，而是综合多方因素，通盘考虑，对组织外部要求进行转换或策略性的调适。因此，相形之下，在高校层次采取的政策举措、管理制度对教学与科研结合的人才培养建设作用更为直接和显著。据此，本节将从三个方面展开分析：一是通过对围绕教师行为构成的教师管理制度，尤其是职称晋升聘任评价、薪酬等制度的考察，来探究其对教学、人才培养的影响和作用机制；二是从教学管理制度的角度，分析制约、阻碍科研—教学—学习有机结合的制度因素；三是以教学与科研结合人才培养所依托的组织环境为切入点，明晰当前人才培养过程中所遇到的组织障碍。

一、教师评价制度导致教学与科研投入的失衡

在人才培养过程中，教学与科研的结合体现在教师的学术行为选择和实践行动当中，而行动背后除了教师个体的自主选择之外，外部制度环境的规制和导向无疑是最重要的影响因素。这种制度的规制不仅体现在表层行为，而且内化为学者的一种行为偏好与选择。吴薇对中荷研究型大学教师教学与科研关系观的研究发现，教师聘任与职称晋升的条件偏向，往往导致了教师对教学、科研的兴趣差异：认为晋升条件主要是科研产出的，工作兴趣主要是科研，或科研多于产出；认为晋升条件主要是教学表现的，则其工作兴趣主要是教学[①]。而对于研究型大学来说，科学研究无疑在教师岗位职责规定和评价条件上具有优先性。

本书收集了国内部分"985"高校的教授聘任考核标准，整理发现教学的要求一般体现为教学对象的层次、教学工作量和教学质量三个指标。考核标准主要

---

① 吴薇：《中荷研究型大学教师教学科研关系观之比较——基于莱顿大学与厦门大学的调查》，载于《高等教育研究》2010年第5期。

是合格性的，要求相对较低，且主要集中在教学工作量上，对于教师教学投入的力度、方法都无从知晓；而对于科研水平的考查则包括发表论文、专著的数量与层次，主持科研项目的级别，以及科研奖项的水准，评价指标不仅条目繁多，而且对科研业绩的量与质都进行了严格明确的数量化，指标更具有竞争选拔性特征，需要投入更多时间和精力去完成（见表 7-9）。余秀兰、龚放等教授在对国内 8 所顶尖大学教授承担本科教学的访谈中发现，受访者表示教师评价体系的"硬科研、软教学"特征，使得教师（包括教授）对本科教学的投入受到很大影响，"认真（教学）的教授和不认真（教学）的教授没有很大的区别"，对教学时间与精力的投入并不能在现有评价规则中得到显现和积极反馈。因此有教授发出这样的感慨，"教学是个良心活……这个东西你多花精力、少花精力都没关系，你多花精力那就是傻瓜"。乃至于有些院系管理者和老教授对年轻教师投入教学，采取这样一种无奈的现实态度，"他愿意这么干，我都劝他不要这么干，这么干没好处，……在这样的环境下面你得生存下去，你该怎么办"[①]。因此，教师尤其是年轻教师对教学与科研差别投入，很大程度上是现行评价制度规约下的现实选择。

表 7-9　　　　　部分"985"高校教授聘任条件要求

	教学	科研
北京大学	（1）系统讲授过本科生课程或研究生课程。申请晋升的前 5 年，平均每学年至少完成 8 学分的课堂教学工作，且不承担课堂教学任务的学期不超过 3 个。 （2）申请晋升前 5 年至少有三次课程评估，否则一般不予晋升职务。申请晋升前 3 年，若出现课程评估低于 3.0 分，一般不得晋升职务。 （3）全过程独立培养过获得学位的研究生	（1）作为主要作者在国内外重要学术刊物发表至少 10 篇学术论文，其中至少 7 篇为 SCI、EI 收录（SCI、EI 不涉及的学科除外，下同）；或者在国内外重要学术刊物发表至少 8 篇学术论文，其中至少 5 篇为 SCI、EI 收录，并独立（或为主）出版一部高水平学术专著（包括教材）。 （2）作为主持人或主要参加者承担至少一项国家重点科研项目或者至少两项省部级科研项目，本人可以支配的年均科研经费一般不少于 10 万元。 （3）有经鉴定确认为国内领先的教学、科研成果，或作为主要完成者获得过省部级二等（含）以上奖励

---

① 余秀兰等：《教授承担本科教学的困境与出路——来自全国八所一流大学的观点》，载于《高等教育研究》2008 年第 7 期。

续表

	教学	科研
南京大学	（1）至少每年为本科生独立开设一门课，周学时不少于2学时。 （2）在5分制的课堂教学质量测评中，测评得分都不能低于4分。 （3）参与本科生的实验、实习、学年论文、毕业论文等指导工作	基础类 （1）任现职以来，主持国家级科研项目（课题级）1项以上。 （2）任现职以来，年均到校基础研究经费10万元以上。 （3）任现职以来，至少发表4篇SCI论文（第一作者或通讯作者，其中至少有1篇为学校科学技术处公布的二级学科一流期刊及以上期刊）
上海交通大学	（1）系统教授过本科生基础课程或研究生学位课程。 （2）任现职以来，教学工作量应不低于本院教师平均教学工作量，平均每学年至少完整讲授2门课程，且教学效果优良，评教在本学院总体评教前30%	（1）任现职以来，以第一作者（SSCI通讯作者）发表B类及以上论文至少2篇，或A类论文1篇（包括与专业相关的SCI论文），或在CSSCI期刊发表C类论文5篇以上。 （2）任现职以来，社会科学学科教师，须主持国家社科基金项目，或国家自然科学基金项目，或教育部重点项目，或上海市重点项目1项。人文科学学科教师，须独立出版CSSCI他引20次个人学术专著一部，或主持国家社科基金项目1项。 （3）任现职以来，需满足以下条件之一： （ⅰ）在CSSCI期刊上发表学术论文5篇以上（不与前面论文重复）。 （ⅱ）以第一作者获得省部级及以上教学或科研成果奖1项，或获得高水平参展作品奖。 （ⅲ）发表过被政府采纳的高水平的决策咨询报告。 （ⅳ）发表过被SSCI引用频次较高的学术论文（包括国际会议论文），或在海外著名出版社出版过高水平的外文著作

续表

	教学	科研
西安交通大学	系统讲授过一门课程且教学效果良好，承担过 30 学时的本科生课程，年均授课时数不低于 60 学时，作为主要成员参与教改项目、教材建设或课程建设 1 项，已独立培养硕士研究生 2 名	（1）主持国家级科研项目 1 项，或主持省部级科研项目 2 项，或主持的科研项目累计到款 100 万元（经、管、文等学科主持的科研项目累计到款可为 10 万元）。 （2）作为第一作者（第一作者为其所指导的学生，第二作者可视同为第一作者）、通讯作者在学术刊物上发表一定数量的论文，其中 3 篇为 SCI、SSCI 论文（其中国际期刊论文 2 篇）（经、管、文等学科要求其中 1 篇为 SCI、SSCI 论文，或 3 篇为权威期刊论文），5 篇为重要期刊论文，重要期刊论文可由作为第一完成人撰写的正式出版的著作或教材代替
同济大学	（1）系统主讲过一门主干基础课或二门及以上专业课程，每学年不少于 68 个实际学时，其中近 5 年累计承担本科生课堂教学时数不少于 255 学时，并满足教学（本科生、研究生）考核的基本要求。 （2）指导过本科生的毕业论文或毕业设计，并全过程独立培养过获得学位的研究生（对于无硕士点学科，可以不要求培养过研究生）	需满足下列第（1）款，并同时满足第（2）款或第（3）款中的任一款条件： （1）作为主持人承担过至少一项国家级科研项目。 （2）作为第一作者或通讯作者（其中至少有 3 篇是第一作者）在国内外重要学术刊物发表至少 5 篇被 SCI 收录的学术论文；或作为第一作者或通讯作者在本领域一级学科影响因子排前 2 位的国际杂志至少发表 3 篇 SCI 收录论文；或作为第一作者（或通讯作者）在本学术领域发表被同行专家认可的具有重大突破意义的高水平 SCI 收录论文 1 篇。 （3）作为主要完成者获得过省部级二等及以上科研学术成果奖励（其中省部级奖要求前 3 名，国家级奖要求前 5 名），或者至少获得 2 项授权的国家（或国际）发明专利（第一发明人）；并且作为第一作者或通讯作者（其中至少有 1 篇是第一作者）在国内外重要学术刊物发表至少 2 篇被 SCI 收录的学术论文

资料来源：各校主页网站。

此外，在教师薪酬构成和增长中，大量研究证实教师工资主要与科研相关，詹姆斯·范尔威（James S. Fairweather）研究发现在研究型（以及博士授予大学、综合型大学）大学，课堂教学时间与工资是负相关的，课堂教学时间越多，教师基本工资越低。结果显示教学是工资中的消极因素，本科教学在实际中并没有得到应有的重视。同样在奖励体系中，迈耶和米勒（1969）发现教学对奖励影响很小，而科研则很明显。塔克曼和哈格曼（1976）关于薪水和二者的研究也佐证了这一点，这也在某种程度上解释或映照了教师对教学与科研时间和精力的区别投放[①]。在我国教学与科研在工资上的体现，其中一部分是通过职称级别区分的，然而如上所述，研究型大学中教师职称晋升的核心依据是科研业绩和能力，教学任务只是一项条件性要求，因此对薪资的追求进一步强化了晋升评价中对科研业绩的倚重与追求。而另外一部分很大程度上是基于科研成就获得的绩效奖励。所以在基本工资较低的情况下，凭借科学研究来提高绩效报酬以及获取项目经费，就成为增加收入的必然途径。

在职称晋升以及薪酬提高带来的巨大科研压力，以及各种名目繁多的科研奖项的刺激之下，使得教学工作的重要性和质量关注逐渐落入"有语无声"的境地，在教师工作职责任务中进一步边缘化。在此引发的并不简单是教师在教学与科研投入上的一个失衡问题，关键是这种失衡如果超出一定的临界值，必然会影响人才培养基本的效果和质量，造成大学教育质量的隐性下滑。2011年对全国56所研究生院高校教师的调查显示，教师对来自学校考核和职称晋升的压力感受值，已经达到5.15（分值为1~7，SD=1.4324），此外不同职称教师间的压力感受存在显著差异（$F=243.591$，$p=0.00$），职称越低压力越大（见表7-10）。吴薇、谢作栩和Nico Verloop对中荷研究型大学教学与科研关系的研究也显示，相比荷兰教师，中国教师强调科研压力和工作量增大已经给教学带来了负面影响[②]。所以如何在研究型大学中，避免形成科研对教学消极作用的现象，通过制度调整确保教师对教学的有效投入，保障人才培养的基本质量就成为一个重要的现实课题。

表7-10 不同职称教师对学校考核和晋升评价的压力感受平均值

	样本数	均值	标准差
教授（研究员）	2 193	4.7396	1.47768

[①] James S. Fairweather. Beyond the Rhetoric: Trends in the Relative Value of Teaching and Research in Faculty Salaries. *The Journal of Higher Education*, 2005(7): 417-418.

[②] 吴薇、谢作栩和Nico Verloop:《中荷研究型大学教师工作环境观对其教学科研关系观的影响》，载于《教育研究》2010年第12期。

续表

	样本数	均值	标准差
副教授（副研究员）	2 419	5.3481	1.39343
讲师（助理研究员）	1 509	5.4281	1.30786
总计	6 121	5.1498	1.43723

二、教学管理制度对教学与科研结合的监测与制约

从教育教学研究的视角来看，教学与科研结合的人才培养是指一种将科学研究融入教学活动，扩展学生知识视野，培养批判思维、问题解决能力、创新能力和激发研究意识、兴趣的培养方式。体现在教学活动中，可以有多种实现渠道，例如，教师将科研成果、学科前沿知识直接作为课程内容；把科研过程、方法作为教学内容进行展示和训练；或是运用研究性教学法，培养学生的研究意识、方法和能力；再或者学生通过独立设计或团队合作方式，运用相关专业知识，自己开展相关的科学研究。然而在现实人才培养活动中，这些教学方式只有通过一定的制度认可、支撑和资源保障，才能实现从理念到现实的转化。

首先，在日常教学活动中，教学与科研结合人才培养最普遍的做法，就是将知识前沿、研究成果融入课程内容，或者运用研究性教学方法。然而由于具体的教学实施过程属于教师教学自主自由的范围，对教学内容、方法以及效果无法进行全面的监测，而能反映二者结合情形的最有效的监管方法只有学生评教。可是如果单从其评教指标体系来看，关于教学内容、方法的指标相对简单，并未充分体现科研在课程内容中的运用，如某研究型大学的评教指标中衡量教学内容实施的指标为"备课充分，教学内容安排合理，重点突出""教学资源（含教材）丰富，有助于学习"[1]；另一研究型高校公布的学生评教指标[2]中（见表7-11），也只有一项涉及科研成果的运用"精选内容，更新知识"。此外，就学生评教实际发挥的效果及作用来看，很多高校并没有把评教结果反馈给教师，学校在教师晋升聘任时也不太看重学生的评教结果。因而，这种常见的教学与科研结合的教学方式，在实际人才培养过程中，更多的是依靠教师个体的自发行动，并没有得到制度的监测和资源支持。

---

[1] 浙江大学本科课堂教学质量评价标准 [EB/OL]. http：//ugrs.zju.edu.cn/redir.php？catalog_id = 715828&object_id = 715856.

[2] 暨南大学学生评教指标 [EB/OL]. http：//jpkc.jnu.edu.cn/zgctwh/html/effects/10.3xueshenpinggu/10_2.htm.

表 7-11　　　　　某 "985" 高校学生评教指标

一级指标	二级指标	权重	评价等级			
			优	良	中	差
教学内容 0.35	3. 观点明确，概念清楚	0.3				
	4. 精选内容，更新知识	0.3				
	5. 联系实际，例证恰当	0.2				
	6. 重点突出，条理分明	0.2				
教学方法 0.30	7. 因材施教，注重启发	0.35				
	8. 语言生动，深入浅出	0.35				
	9. 手段多样，板书有序	0.3				

资料来源：某 "985" 高校网站 http://jpkc.jnu.edu.cn/zgctwh/html/effects/10.3xueshenpinggu/10_2.htm。

其次，从教学与科研相结合的人才培养发展历史与特征来看，通过吸纳对学术有兴趣或有志于科研的学生，参与具体的科学研究过程是一种非常有效的人才培养方式，这已得到充分验证。20 世纪 50 年代后，世界主要发达国家先后经历了高等教育大众化，生源人口特征和质量结构的变化，对小规模的精英教育方法带来了冲击。相应的教学与科研结合人才培养方法也失去了精英教育的实施基础和条件，逐渐上移到研究生教育层次，或是集中面向少数优秀学生的荣誉教育（honors education）。同样在我国，进入高等教育大众化时代后，大学教学主要采取的是一种集体教学授课的方式，本科生离研究越来越远，这尽管有科研发展进程和高等教育大众化的客观现实原因。但是与学校僵化的课程、教学管理制度也有很大关联，对于本科生参与教师科学研究，在教学管理中并没有相应的规定，更没有提供资源支持，或是纳入正规的课程体系。在教学研究中，一般将其视作"第二课堂"，一种师生间的自发行为。因此由于制度上的空缺，使得研究型大学中大量的学术团队、研究小组、科研项目面向的群体主要局限于硕士和博士研究生。进而造成对科研有志趣的优秀本科生难以进入研究团队，而需要科研助手的科研项目也缺乏正规渠道来吸引合适的学生参与。所以根据教学与科研结合人才培养的特征，探究对现有课程、教学及学分管理制度进行创新改革，对激励教师、学生双方展开教学—科研—学习结合的学术活动，培养高质量创新性人才具有重要作用。

最后，随着科学研究在研究型大学中强势地位与日俱增，出于保障和增强本科教学质量的目的，1998 年，美国博耶委员会发表了《重建本科教育：美国研究型大学的蓝图》，提出教学与科研相结合、改进本科教育的十种方法。此后众多研究型大学纷纷推出一系列的本科生科研项目，例如，麻省理工学院（MIT）的"本科研究机会计划（UROP，1969年已设立）"，华盛顿大学的本科生科研项目（URP），加州大学伯克利分校设立的"本科生科研学徒计划"（URAP）等。一些大学如华盛顿大学（1992）、斯坦福大学（1994）和伯克利大学（1997）等还成立了相应的组织，如本科生科研办公室，来协调本科生参与科研计划[1]。我国研究型大学中有相似的本科生研究计划，但与国外相比，覆盖面比较小，学生参与率比较低。根据博耶教育委员会在2001年所作的《重建本科教育——博耶报告三年回顾》调查报告显示，在受调查的91所研究型大学中40%以上的高校，大部分本科生（50%以上）参与研究创新活动（通过参与本科生科研项目）[2]（见图7-5）。而在我国，以北京大学为例，到2011年（2009级本科生）获得各项科研资助的学生达到644名，占到总数2 761名（2009年录取人数）的23%[3]。此外，除个别高校外，大部分研究型大学并没有将这种科研活动纳入常规的课程和学分体系中，这也导致师生研究性教学与学习的积极性无法通过通畅的制度渠道发挥、实现，受到了规则性的抑制。

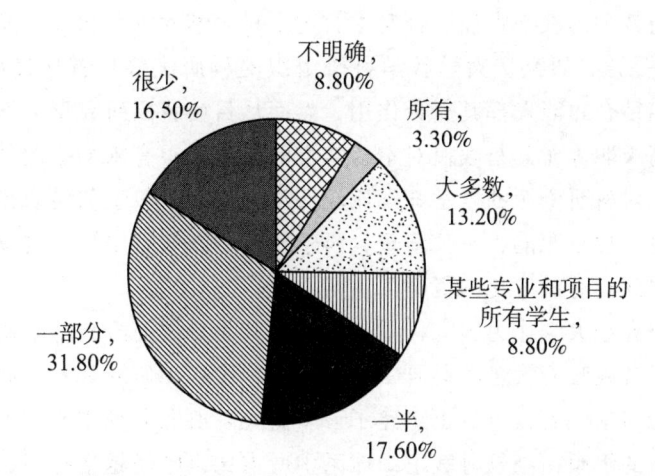

图7-5　美国部分研究型大学本科生参与科学研究和创新活动情况

资料来源：博耶教育委员会：《重建本科教育——博耶报告三年回顾》，2001年。

---

[1]　杨鑫利：《美国研究型大学本科生科研发展概述》，载于《高等教育研究》2004年第4期。

[2]　The Boyer Commission on Educating Undergraduate in the Research University, Reinventing Undergraduate Education: Three Years After the Boyer Report, http://www.sunysb.edu/press/021006-Boyer.

[3]　2009级本科生获科研资助数据来源于北大本科生科研网站http://dean.pku.edu.cn/urtpku/inform_show.php?id=1345431434&title=2009级北京大学"本科生科研训练"资助项目结题通知。2009级本科录取人数来自中国教育在线统计，http://gaozhong.eol.cn/bei_jing_9194/20121108/t20121108_867175.shtml。

三、科研组织人才培养功能发挥的制度阻碍

教师教学、科研活动的展开总是在特定的组织环境中展开的,组织的管理规则、运作机制、内部架构、外部边界以及环境氛围都构成了具体行动的作用条件。对于教学与科研结合的人才培养活动来说,研究资源的教学开发,面对的主要有院系对教学和科研活动的管理政策,科研基地、院所、团队和实验室等的人才培养规定,以及跨学科研究学习的组织界限。

首先,教学与科研相结合的人才培养,在院系层面主要表现为科学研究对教学的正向作用。诺依曼(Neumann,1992)研究发现,教学与科研的关系不仅在知识传授、批判思维和学习态度存在联系,而且在院系层次存在普遍联结,学系的研究活动为本科生和研究生提供了课程结构与方向,以及学生学习和研究训练所需的专门知识、技能和设备[1]。但是院系层面的研究优势并不会自然扩散到人才培养活动中,沃科威和卡布恩(J. Fredericks Volkwein and David A. Carbone)通过对学系教学氛围、科研氛围对学生发展和教学与研究关系的影响,研究发现科研氛围只有与教师的教学责任结合时才会对本科生学术结合和知识发展产生积极作用[2]。也就是说,研究型大学教学科研组织的科研优势只有通过制度化规定,与教学职责相结合才能发挥其充分作用,然而从目前我国研究型大学的教学管理实际来看,高级职称尤其是教授对本科教学的承担是很有限的。此外,在院系组织这一层次,对科研资源的教学开发比较淡漠、薄弱,教学和科研往往被视作组织的两项分离、独立职能,单独管理,科学研究的教学利用缺少制度规定和资源支持,两者之间没有制度化的贯通渠道与平台。

其次,研究型大学作为国家科学研究,尤其是科技前沿和基础研究方面的主力军,承担了各级政府大量的科研实验室、工程中心和研究基地,此外基于科研发展以及社会需求,高校自身也组建了许多研究院所和研究中心(见表7-12)。这些专司科研的组织在高校科教组织体系中所占比例已经越来越高,然而研究型大学这些丰富的研究组织资源,在人才承担方面,主要面向研究生层次,与本科生教学、培养几乎无甚关联。研究型高校的科研实验室拥有大量的优质仪器设施和智力资源,在科学研究方面发挥着重要作用,但这种优势并没有充分发挥到本

---

[1] Ruth Neumann. *Perceptions of the Teaching - Research Nexus: A Framework for Analysis. Higher Education*, 1992. Vol. 23, 169.

[2] J. Fredericks Volkwein and David A. Carbone. The Impact of Departmental Research and Teaching Climates on Undergraduate Growth and Satisfaction. *The Journal of Higher Education*, Vol. 65, No. 2 (Mar. - Apr. 1994), pp. 163.

科教学中,教学实验室与科研实验室之间存在功能壁垒,前沿科研成果未能及时融入实验教学[①]。此外科研机构在参与本科教学时,方式较为单一、机械,主要是通过传统集体式、认知传授式的教学法实现。这使得一方面,学生虽然进入科研实验室,但是并不能获得科学研究实际的过程、流程、方法以及团队合作等默识性、实践性科研知识;另一方面,同质化的教学演示与学习,忽视了学生的科研兴趣,抑制了本科生参与科研的积极性。

表7-12 国内部分研究型大学科研实验室与研究中心设置情况　　单位:家

学校	实验室与基地	研究中心
北京大学	68	182
清华大学	111	200
复旦大学	51	193
浙江大学	96	222
南京大学	65	227
上海交通大学	98	—
山东大学	132	45
中山大学	138	188
中南大学	15	86
厦门大学	71	96
北京师范大学	39	70(校级理科实体实验室)
北京理工大学	40	
北京航空航天大学	32	39
武汉大学	33	—
华中科技大学	85	—
南开大学	41	22(文科实体)
天津大学	81	—
湖南大学	23	237

---

① 杨凡、汤家骏:《研究型大学科研实验室参与本科人才培养的模式探析》,载于《实验室研究与探索》2012年第12期。

续表

学校	实验室与基地	研究中心
华南理工大学	87	—
西安交通大学	70	—
西北工业大学	58	—
重庆大学	75	130
同济大学	31	
哈尔滨工业大学	8	57
中国农业大学	71	
西北农林科技大学	60	51
华东师范大学	32	47

资料来源：各校学校简介或公布的科研机构信息。

最后，教学与科研结合的人才培养并不意味着在同一院系、学科专业内进行，这点对研究生来说尤为突出，由于论文研究关注的主题、现象，很多时候是跨学科的，因此单一学科的导师与学习并不能解决遇到的问题。在 2012 年对国内几所研究型高校教育博士的调查中，一些博士研究生就反映"在做论文的设想和课题考虑的时候，……需要得到社会学系、心理学系以及其他专业老师的指点，……能不能形成一个跨学科的导师组，这个确确实实能够解决我们的实际问题，因为我们面临的工作问题本身就是跨学科的，不仅仅是一个领域内的问题"[①]。对于这种跨学科的人才培养，虽然各校都规定了跨学科选修课程，但选修课程通常是有限定的，开放的范围和力度仍较有限。另外对跨学科、跨院系间的导师指导则没有相应的规定，使得跨学科的教学与科研结合人才培养受到了很大限制。

四、教学与科研结合人才培养的制度构建

充分利用、开发研究型大学中丰富的科学研究资源，发掘其所蕴含的教学功能，促进人才培养质量的提高，是高校层次实现教学与科研结合人才培养的现实路径。然而科研转换为教学资源的人才培养活动并非只是师生间的简单互动，其背后牵涉的是大学教师晋升聘任、评价考核制度，学生评教、课程教学及学分管

---

① 访谈内容来自 2012 年 7 月，"教育博士培养质量现状调研"课题组对国内试点高校的访谈调研。

理制度，科研教学资源分配方式，本科生科研规定，科研教学组织间的协调与合作等制度与人的复杂调适和支持。通过上述对教学与科研结合人才培养，所面临制度境遇的分析，研究认为从制度设计层面来说，应该在教师管理、教学管理和资源分配等多方面，来激励、促进和保障教学与科研相结合的人才培养活动。

第一，注重教师评价中对教学的考核，创新高级职称教师参与本科教学的方式。教师在教学与科研工作上投入的失衡，很大程度上是资源分配、制度规定驱动的结果。然而出现这种局面有其现实的必然性与合理性：首先，当前无论外部对大学的评价，还是政策资源的分配供给，或是大学同行间竞争评比，其依据的标准都是通过教师的科研业绩来体现的；其次，从教师个体专业发展来看，通过科研业绩获致学术共同体的认可，已然成为教师职业发展的主要途径；最后，大学行政权力的彰显僭越，使得量化评价指标超越工具本身的价值，成为外行控制内行，获取学术权力合法性的有效手段，而科研成果的评价又正好契合了这一特征与需求。因此，在这种现实形势之下，加强教师评价的教学考核，就成为保障教学和人才培养质量的基本措施，但是制度的规定和实施只有基于现实条件，才会避免制度失灵发挥应有的作用，对于教师承担教学任务的规定，同样必须从实际条件出发。

当前对于研究型大学中的教师来说，教师工作时间和任务都在不断加重和提高，这也成为一个不争的事实。相关统计显示1980年美国大学全职教师的工作时数大概为53小时，然而到了1998年，调查表明研究型大学中的教师平均周工作负担在55小时左右[1]。同样在我国研究型大学中，沈红教授在2007年的调查显示，教授、副教授周工作时数已经分别达到56.5、46.7小时[2]（见图7-6）。所以对于教师教学与科研结合人才培养的强调，不应是在职责和任务上继续做"加法"，而是要盘活教师现有的资源，发挥科研活动的教学作用，这就需要创新教师教学与科研结合的方法，例如教授参与本科教学并不一定非得是僵化的课堂教学方式，通过讲座、研讨课、组合课（几个教授合作授课）、团队教学（教授和副教授、讲师）、暑期研究课以及本科生参与教授科研课题、项目的方式[3]。然而这些正式和非正式的教学活动，很重要的一点是需要获得制度认可和资源支持的保障。也就是说将教授的学术活动如讲座、研讨课、课题的本科生参与和指导等纳入教学工作量范畴，并提供相应的资源支持和管理服务，鼓励教授将科研成果和知识转化为教学资源，开展教学和人才培养活动。

---

[1] 阎光才：《研究型大学中本科教学与科学研究间关系失衡的迷局》，载于《高等教育研究》2012年第7期。

[2] 沈红等：《大学教师工作时间影响因素的实证研究》，载于《高等教育研究》2011年第9期。

[3] 余秀兰：《研究型教学：教学与科研的双赢》，载于《江苏高教》2008年第5期。

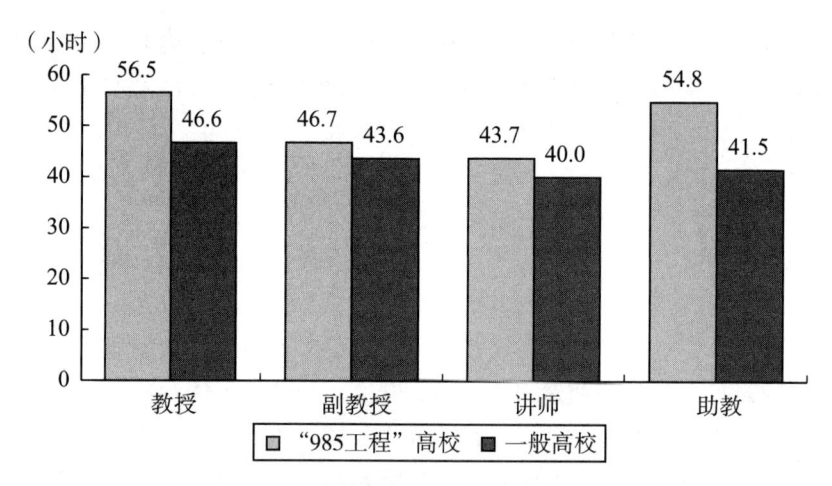

```
（小时）
60   56.5
50        46.6        46.7                                54.8
40              43.6        43.7  40.0              41.5
30
20
10
 0
      教授          副教授         讲师           助教
         □ "985工程" 高校    ■ 一般高校
```

图 7-6　我国不同类型高校教师周工作时数

资料来源：沈红等：《大学教师工作时间影响因素的实证研究》，载于《高等教育研究》。

第二，完善学生评教指标设计，加强评教结果对教师的反馈和运用。在现行的教学管理、教师管理制度中，学生评教是一种对教师教学内容、方法及效果的有效监测手段。它不仅能从具体评价指标中反映教师教学内容的时效性、翔实性，教学方法的合理性，以及师生互动和关系等具体教学过程；而且一定程度上间接折射了教师教学的投入情况，对教师教学工作形成了一定压力，从而能够反向促进其对教学精力与时间的投入。对 56 所研究生院高校教师的调查证实了这一点，结果显示，教授、副教授和讲师对学生评价的压力平均值分别达到了 4.2、4.5 和 4.5（分值为 1~7）。所以一方面应科学设计学生评教的指标体系和评测方式，指标中要反映教师教学过程中，对知识前沿和科研成果引介，以及研究性教学方法的采用情况。在评教方式上可以运用问卷、网络等手段，在不同时段进行，提高评教的效率和质量。另一方面应充分利用学生评教结果，通过恰当方式对教师进行反馈，并开展相应的沟通与指导，激励其不断改进教学方式，提高教学质量。此外应将学生评价结果纳入年度、聘期考核，以及晋升评价的指标当中，作为教师评价以及绩效考核的刚性要求，形成制度化的压力，使其在认识和行动上对教学工作产生应有的重视和有效的投入。

第三，完善本科生科研管理制度，扩大科研项目的支持范围。本科生科研是研究型大学人才培养的一个重要组成部分，也是教学与科研结合的具体体现。本科生通过参与科学研究能了解知识发展前沿，深化对专业知识概念的理解与掌握，培养问题解决能力、创新能力和团队合作能力。作为一种人才培养的重要形式，已经成为国外研究型大学的普遍做法。在管理、类型和支持服务等方面形成了一套成熟的实践系统，这对完善我国研究型大学本科生科研管理具有很好的借鉴意义。

首先，为加强以及统筹本科生参与科学研究，很多研究型大学都成立了本科生科研办公室等管理机构，如加州大学伯克利分校成立了本科生研究办公室（Undergraduate Research Office）；宾夕法尼亚大学设立了本科生科研&奖学金中心（CURF）；加州大学洛杉矶分校（UCLA）设有本科生艺术、人文和社会科学研究中心（Undergraduate Research Center for the Arts, Humanities and Social Sciences）和本科生科学研究中心（Undergraduate Research Center – Sciences）。

其次，在本科生科研项目类型上，既有参与教师研究的科研项目，也有以学生为主体的自主开展的科研项目。如为资助本科生参与教师科研伯克利成立了本科生科研学徒计划（URAP），MIT 的本科生研究机会计划（UROP）等；为资助本科生开展独立研究，加州大学伯克利分校设有哈斯学者奖励计划（Haas Scholars Program）、科学和生物工程领域的安进学者奖励计划（Amgen Scholars Program）等多项计划，宾夕法尼亚大学设有学院校友协会研究基金（CASE）专门资助本科生开展原创新研究。这些科研项目的申请门槛相对较低，如 UC 伯克利分校大部分本科生科研学徒计划（URAP）要求学生 GPA 只要达到 2.0 就可以申请①，项目面向所有的本科生，资助的范围也比较广。此外，针对学生科研需求建立了全面的资助体系，如斯坦福大学有针对学系（跨学科项目、研究中心）的资助基金，针对教师个体的资助基金及本科生咨询和研究（UAR）基金，全方位系统地资助学生参与科学研究②。

最后，学校为鼓励本科生参与科学研究，提供了详尽周密的服务。如为本科生了解教师科研项目的信息，学校规定参与本科生科研计划的教师，要将自己的研究领域、主题，学生需要完成的任务，学生工作的时间、修读的课程等详细信息进行公布，以便学生根据自己兴趣和资格进行合理选择③。另外，还为帮助学生进行科研发表，推荐了相关的本科生研究期刊以及指导服务（加州大学伯克利分校、洛杉矶分校和宾夕法尼亚大学等）。

第四，变革课程、教学及学分管理规定，充分发挥科研实验室和团队的教学功能。教学与科研结合的人才培养原型，是通过学生参与实际的科学研究过程来习得各种科研技能、方法和品质。这就要求师生间密切的互动、小规模的班级和真实的科研活动，然而目前高校众多科研实验室在人才培养活动中，多以集体教

---

① 加州大学伯克利分校，本科生科研学徒计划（URAP）[EB/OL]. http://research.berkeley.edu/urap/making_your_app.php.
② 斯坦福大学，本科生科研资助 [EB/OL]. https://undergrad.stanford.edu/opportunities/research/get-funded.
③ 加州大学洛杉矶分校，本科生科研项目 [EB/OL]. http://www.ugeducation.ucla.edu/urhass/default.htm.

学、技能训练的方式展开，这实际上已经背离了教学与科研结合的基本旨意。因此要发挥科研实验室和学术团队等研究组织的教学功能，应改变以前将学生视作整体的培养机制，并且基于每个学生个体的需求和兴趣，为学生自主选择、参与科研实验室和科研团队提供教学管理制度的渠道和便利，通过学生与科研机构之间自愿双向的选择，学生以"学徒""助手"的身份进入实验室和研究团队，开展实际的科学研究活动，从而扩大科研机构人才培养的方式，提高科教结合的人才培养质量。而这种教学与科研结合的人才培养方式的运行，需要在本科生课程、教学、学分以及科研管理上，进行相应的配套改革。一是应将本科生参与研究组织科研活动纳入正式的课程体系和学分制度中，设置研究性课程和科研学分，并对参与的条件、时间和要求等做出详细规定。如哥伦比亚大学规定参与本科生科研计划的学生，通过注册 C3908 独立研究课程，完成专业规定的要求，可以获得 4 个学分。如果想获得另外的学分，就需要确保投入足够的科研时间，整个学期每周保证在 12~16 小时左右[1]。二是要对承担本科生科研教学的研究实验室和学术团队提供一定的资源支持，对相应教师的指导活动予以制度认可，明确本科生科研指导折算转化为教学工作量的方式。以此通过对教师和学生科研活动的制度认可和保障，来激励教师结合科研进行人才培养活动，鼓励学生积极参与科学研究。

第五，打破教学科研组织间的界限，探索跨学科、跨机构间的人才培养模式。现代科学研究和知识生产的生长点已经越来越趋向跨学科领域，这不仅体现在重大科学发现中，如相关统计发现在 1901~1990 年间授予的 82 次诺贝尔化学奖中，高达 87% 属于学科交叉领域[2]。而且表现在研究型大学纷纷成立的各种跨学科科研机构上，如麻省理工学院先后成立了 58 个跨学科的研究中心、实验室和项目，以促进跨学科研究工作[3]。与此相应，在跨学科人才培养上，美国研究型大学中，通过一些项目、计划鼓励本科生修读跨学科课程、参与其他科研组织的研究项目，如 MIT 的本科研究机会计划（UROP）规定，本科生的科研探索可以在任何学系、跨学科实验室和研究中心中进行，并为有需要的学生或教师提供资金支持[4]；哈佛大学也为本科生参与私人公司和实验室或政府如国立卫生院（NIH）的科研实验室提供了机会[5]；斯坦福大学的本科生科研机会也同样允许学

---

[1] 哥伦比亚大学，本科生科研计划［EB/OL］. http：//www.columbia.edu/cu/chemistry/undergrad/undergraduate_reserch/#Research for Credit.
[2] 周叶中：《关于跨学科培养研究生的思考》，载于《学位与研究生教育》2007 年第 8 期。
[3] 麻省理工学院跨学科研究中心、实验室和项目数量［EB/OL］. http：//web.mit.edu/facts/research-centers.html.
[4] 麻省理工学院本科研究机会计划（UROP）［EB/OL］. http：//web.mit.edu/urop/options/index.html.
[5] 哈佛大学本科生研究［EB/OL］. http：//www.seas.harvard.edu/faculty-research/research-opportunities.

生根据自己的兴趣选择自己的指导教师,进入导师的实验室和工作室从事相关研究①。因此,借鉴国外研究型大学的成功实践,从学生发展实际需求着眼,转变科研院所参与本科教学的培养方式,通过项目资助的方式,打破科研机构之间的组织界限。此外在研究生培养中,除了跨学科、跨院系选修课程之外,可以探索跨学科的导师指导机制,制定导师指导其他院系研究生的工作管理规则,将导师的咨询、指导制度化为教学工作量,鼓励其对有需求的跨学科学生提供专业辅导,促进跨学科教学与科研结合的人才培养。

第三节 教师教学与科研微观结合的制约与可能

在不同层次中,教学与科研结合的人才培养,显现方式和作用机制都存在着显著差异。在具体的人才培养的实际活动上,教学与科研的结合主要表现为教师合理平衡教学与科研的投入,将科学研究转化为教学资源,运用研究性教学方法,引导学生开展探究性的学习活动。从而使学生能够了解知识前沿,掌握研究技能,培养创新性解决问题的能力与意识。这其中涉及的是教师对工作时间的分配与平衡、具体教学方法的运用、学科属性差异和学生层次等微观场景中的影响因素。因此,要达成教师开展教学与科研结合的人才培养活动,对这些相关要素运行现状、内在机制和作用方式的揭示就尤为关键。

一、教师教学与科研结合的现状及问题

首先,当前在教学、科研任务和竞争日益加剧的情况下,对于广大研究型大学教师来说,科学研究与教学活动相结合面对的首要困境或许是二者在时间分配以及精力投入上的抉择。从教师个体职业发展角度来看,教学任务具有"地方主义"的特征,只是对受聘高校工作职责的履行,教学工作质量的高低影响范围较小;而科学研究则超出了大学组织的边界,科研业绩和能力在学术共同体中有普适性的竞争和认可机制,具有"世界主义"的特性②。因此在教学活动和学术发表之间,后者就无疑成为竞逐学术阶梯的"硬通货"与优先选择。加之政府政

---

① 斯坦福大学本科生科研机会 [EB/OL]. https://undergrad.stanford.edu/opportunities/research.
② Martin, Thomas W., Berry, K. J. The Teaching-Research Dilemma: Its Sources in the University Setting. Higher Educ, 1970, 40 (9): 691-692.

策、市场需求和大学评价制度的科研导向，进一步强化了教师工作中科研发表的压力，并诱导其在时间与精力投入上对科研的倾斜。在 2011 年对中国 56 所研究生院高校教师的问卷调查中，67.5% 的教师表示自己投入时间精力最多的是研究及研究生指导，而选择的本科生教学的只有 21%（有效问卷数为 5 940 份）。在对不同事务具体时间投入的比例调查中，也佐证了这一事实。此外还发现，对于本科教学，教授的时间投入比例最小（22%），副教授和讲师相对较高；在科研上职称越高投放时间越多（见图 7-7）。这一方面与不同职称教师教学经验和能力有关，但另外不容否认的一个事实是，在研究型大学中讲师和副教授承担了主要的本科教学工作，而科研阅历和能力较高的教授则较少参与到本科教学当中。

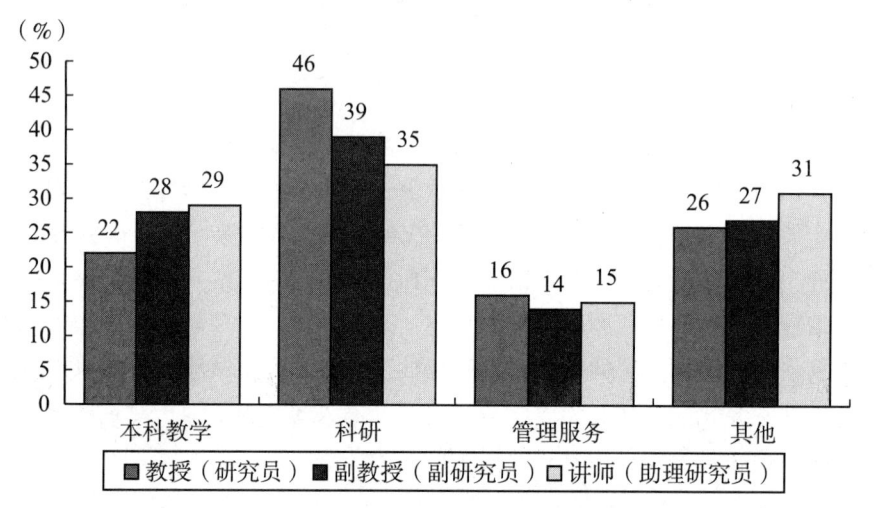

图 7-7　我国研究生院高校不同职称教师各项事务时间投入比例（均值）

注：科研指科研以及研究生指导和教学；其他事务包括两个选项"各种无关紧要的琐碎事务"和"其他"。

其次，在具体教学方法采用和课程类型上，仍主要是以课堂集体讲授为主，方法比较单一，研究性教学方法运用较少。姚利民对中南某省 6 所大学的教师（382 份有效问卷）和学生（450 份有效问卷）进行问卷调查，发现对研究性教学开展的情况满意度比较低。去掉中间值，不满意度超过了满意度的两倍（见表 7-13）[1]。此外，高达 85.3% 的大学生认为教师的教学方法主要为讲授法（"有时""经常""总是"）[2]。对研究性教学方法如参与式、启发式和讨论式教学法

---

[1] 姚利民、康雯：《大学研究性教学现状与原因分析》，载于《中国大学教学》2009 年第 1 期。
[2] 姚利民、成黎明：《期望与现实——大学教师教学现状调查分析》，载于《中国大学教学》2007 年第 3 期。

采用较少。在课程类型上研讨式、探究式课程还比较少，相比之下，美国研究型大学中，对研究性教学和研究性课程的开发都比较普遍，并形成了本科生研究性的教学课程体系。根据博耶教育委员会在 2001 年所作的《重建本科教育——博耶报告三年回顾》调查报告，在受调查的研究型大学中，大约 70% 的高校在专业课程中运用合作教学法，50% 的大学在导论性课程中运用合作教学法。超过 80% 的大学提供了面向大一新生的学术导向性的研讨课程（Seminar），而且超过半数的大学是由全职教师来教学的。此外 3/4 的研究型大学要求设立高级研讨课（Senior Seminar）和顶点课程（Capstone Course），其中超过 71% 的大学的学生参加了专业/项目的研讨课或顶点课程[①]。

表 7-13　　　　　　　　研究性教学开展情况百分数分布

类型	好（很好+好）	差（差+根本没开展）	比值（差/好）
教师	14.4%	31.1%	2.16
学生	15.6%	41.8%	2.68
全体	15%	36.9%	2.46

资料来源：姚利民等：《大学研究性教学现状与原因分析》，载于《中国大学教学》2009 年。

最后，随着高等教育大众化的推进，不可避免的一个事实是，研究生教育规模也在不断壮大。研究型大学中研究生与本科生的比例都在逐渐缩小，研究生培养已经成为人才培养中的重要部分。此外，从德国教学与科研统一制度的扩散轨迹来看，研究生教育是这一理念在当下的最佳体现。通过参与导师课题、项目研究，在研究实践中进行学术训练，培养学生的科研能力和创新能力。然而对我国教育部直属高校研究生参与研究的相关统计却表明，在校研究生中，参与科学研究与发展课题（基础研究、应用研究、试验发展）的研究生只占总数的 20% 左右，而参与科技服务课题（研究与发展成果应用、其他科技服务）研究生的比例则更低，不到总数的 10%[②]。这表明当前我国研究型大学研究生培养中，通过教师科研项目、课题对学生进行学术训练的培养机制尚不健全，学生参与教师研究课题的机会和人数都比较少。此外，研究生作为学术人才队伍的储备力量，将来要充实到高校教师队伍当中。科研能力只是其基本资质的一个方面，教学能力也

---

① The Boyer Commission on Educating Undergraduate in the Research University, Reinventing Undergraduate Education: Three Years after the Boyer Report, http://www.sunysb.edu/press/021006-Boyer.

② 印杰：《提高博士研究生培养质量：要着眼于理念、机制》，载于《中国教育报》2008 年 10 月 30 日。

同样不可或缺，这也是教学与科研在研究生培养中结合的现实要求。然而在当前的研究生培养方式中，虽然也有"助教"制度，但其发挥的实际作用与效果较为有限，助教研究生主要承担的是批改作业、指导实验和辅导答疑等工作。学生与主讲教师之间交流并不频繁（经常交流占44%），且交流的主要内容集中在教学内容安排工作（82%）方面，教学技能交流较少（28%）[①]。

二、教学与科研结合影响因素的作用机制分析

（一）教师教学与科研的时间、精力分配关系

对于教师学术工作的时间和精力分配，一般认为时间和精力是稀缺性资源，因而二者是相互竞争的关系。这在一些政府性文件中也有体现，例如1987年，国家教育委员会在《关于改革高等学校科学技术工作的意见》曾指出"教师的科学研究时间，应根据学校的教学、科学研究任务和教师本人实际情况统筹安排，一般可占全校教师工作时间的10%～30%左右"[②]。同样在美国，关于教师对教学与科研时间的分配，也是高等教育政策制定者和管理者提高教师产出的争论焦点（Jacobson, 1992；Mingle, 1993）。许多州要求教师汇报他们完成教学、研究与其他目标的时间，一些州甚至出台了相关措施来改变教师分配时间的方式（Hines & Higham, 1996）[③]。教学与科研时间的冲突俨然成为一种基本常识，甚至是共识性的公共政策。然而在具体情景中，教学与科研的时间投入是否泾渭分明呢，教师对教学与科研在时间上的分配是否就是此消彼长的关系呢，科研时间的投入是否必然会对教学产生消极影响呢，这还需要进一步的考证。

对于教师在学术工作时间上的分配关系，国外学者已有大量的实证研究。哈蒂和马什（John Hattie and H. W. Marsh, 1996）对58项关于教学和科研关系研究的元分析中发现，第一，科研时间投入与论文发表相关；第二，教学时间投入与教学质量不相关；第三，科研时间投入与教学质量无关；第四，教学时间投入与论文产出是负相关的（见表7-14）；第五，教学时间与科研时间之间是负相关关系。在14项相关研究分析中，二者的总体相关值为-0.17，其中只有两项研

---

① 卢丽琼：《我国高校研究生助教现状及管理制度浅议——以上海交通大学为例》，华东师范大学2005年第4期。

② 国家教育委员会：《国家教育委员会关于改革高等学校科学技术工作的见》[EB/OL]. http://china.findlaw.cn/fagui/p_1/88567.html.

③ Carol L. Colbeck. Merging in a Seamless Blend: How Faculty Integrate Teaching and Research. *The Journal of Higher Education*, Vol. 69, No. 6 (Nov. -Dec., 1998), P. 649.

究得出正相关结论，其余负相关研究的平均相关系数达到 -0.25[①]。因此从大量相关系数的研究来看，教学与科研在时间投入上处于竞争关系。

表7-14 国外教学与科研时间相关关系研究的元分析

类别	作者、年份	相关系数
科研时间投入与论文发表	McCullagh & Roy, 1975 Harry & Goldner, 1972 Jauch, 1976	r = 0.46 r = 0.19 r = 0.40（著作与论文）；0.18（同行评议论文）；0.24（指导博士论文）；0.21（被引指数）；0.46（总体发表业绩）
教学时间投入与教学质量	Bausell & Magoon, 1972 M. J. Clark, 1974 Delaney, 1976 Harry & Goldner, 1972 Hoffman, 1984a McDaniel & Feldhusen, 1970 Pezzullo & Brittingham, 1979； P. Wood, 1978	r = 0.00 r = -0.25 r = 0.08 r = -0.18 r = -0.12 r = 0.04 r = 0.05 r = 0.04
科研时间投入与教学质量	Bausell & Magoon, 1972 Harry & Goldner, 1972 McCullagh & Roy, 1975	r = -0.11 r = -0.04 r = -0.05
教学时间投入与论文产出	Fox, 1992； Harry & Goldner, 1972 Volkwein & Carbone, 1991 Jauch, 1976	r = -0.37 r = -0.10 r = 0.04 r = -0.14（同行评议期刊论文）；-0.03（指导博士论文）；-0.07（被引指数）；-0.38（著作和论文）；-0.27（总体发表业绩）

资料来源：根据 John Hattie and H. W. Marsh. The Relationship between Research and Teaching: A Meta - Analysis 整理而成。

[①] John Hattie and H. W. Marsh. *The Relationship between Research and Teaching: A Meta - Analysis Review of Educational Research*, Vol. 66, No. 4 (Winter, 1996), pp. 528 - 529.

然而教学和科研在时间上的这种紧张关系，或许更多的是缘于测量工具所致，在现实学术工作时间分配中，可能并非是此消彼长的零和关系，科研时间的增加并不是来自教学时间。费尔德曼（Feldman，1987）[1]、哈利和戈德纳（Joseph Harry and Norman S. Goldner，1972）研究发现科研时间每增加 1 小时，教学时间只减少 20 分钟。科研时间的增加更多来自休闲和家庭时间[2]。格尔特利和布鲁斯（Gottlieb，Esther；Keith，Bruce）发现教师在近 3 年论文发表中每增加 5 篇，科研用时仅会增加 1 小时，科研倾向的教师要比教学倾向多用 1/3～2/3 时间[3]。此外，威特和罗格等人（Kristof De Witte，Nicky Rogge，Laurens Cherchye，Tom Van Puyenbroeck）的研究显示，全职研究者的教授在教学中投入小部分时间（小于 20%，超过 20% 则会产生负效应），对于提高学术业绩是有助益的[4]。另外，更为重要的是实际工作中，教学与科研活动并不是可以截然分开的，徐岚和卢乃桂运用质性研究法发现，超过 2/3 的教师表示无法对教学与科研时间进行清楚区分[5]。通过以上分析，可以明确的是：首先，教学和科研在时间分配上，确实存在紧张关系；其次，科研对教学的时间挤占并不是等量的，而是通过其他渠道来抵消科研用时增加的压力；再次，教授对于教学少量时间的投入会对科学研究产生积极作用；最后，有些学术活动同属于教学和科研，并不能清晰的分开。

（二）教师个体资质、偏好对教学与科研结合的影响

职业、工作的专业化对于从事相关活动的人来说，往往意味着在观念形态、价值倾向、知识结构和能力素质等方面的规训与型塑。科研与教学作为教师学术工作的两种不同活动，在智识、能力、专长和个性方面有着相异的特质。虽然有一些学者指出教学与科研在教师的个性、能力方面有共通性，如伍德伯里（Woodbure，1952）指出好的教学与科研都要求具有高度责任感（毅力、奉献和勤奋）、创造性（想象力、独创性和创造力）、探究和批判分析能力[6]。莱希、罗

---

[1] John Hattie and H. W. Marsh. The Relationship between Research and Teaching: A Meta – Analysis Review of Educational Research, Vol. 66, No. 4 (Winter, 1996), pp. 528 – 529.

[2] Joseph Harry and Norman S. Goldner. The Null Relationship between Teaching and Research. *Sociology of Education*, 1972, 55.

[3] Gottlieb, Esther, Keith, Bruce. The Academic Research – Teaching Nexus in Eight Advanced – Industrialized Countries. *Higher Education*, 1997 (34): 411 – 412.

[4] Kristof De Witte, Nicky Rogge, Laurens Cherchye. Tom Van Puyenbroeck. Economies of Scope in Research and Teaching: A Non-parametric Investigation. K. De Witte et al. Omega, 2012 (4): 312.

[5] 徐岚、卢乃桂：《从教学与研究之关系看研究型大学本科教学的特点》，载于《高等教育研究》2009 年第 6 期。

[6] Woodbume, L S. The Qualifications of Superior Faculty Members. *Journal of Higher Education*, 1952 (23): 377 – 382.

什和卡塔尼亚（Reich，Rosch and Catania，1988）指出二者的共同点都是传播知识，只不过教学更侧重于整合和应用知识，而科研侧重于发现知识[①]。

但是更多的研究则指出二者存在的差异。安鲍（Eble，1976）和拉斯顿等人（Rushton，Murray and Paunone，1983）从教师从事教学与科研时所要求的个性品质出发，进行了分析。安鲍认为这两种活动所要求的个性取向是矛盾的，研究者喜欢单独工作，善于处理有关学科的各种观念、事实和材料等问题，而不是学生和学习；相反教师则寻求合作，更愿意与学生合作解决有关材料和观念方面的问题[②]。拉斯顿和莫雷等人认为教师和研究者分属两种不同的类型，没有共同的特征，二者无关。研究者通常具备追求构建认知秩序、独立、有支配欲和成就导向的个性，而教师一般是平易近人、知识渊博、聪明睿智[③]。这种差异在相关的教师访谈调查中也得到了某种程度的佐证，例如吴洪富在访谈中发现有些教师指出，"教学与科研需要不同的素质，同时具备这样两种素质的人太少了。我们为什么要求教师是全能型的呢？"[④]。因此从教师个体角度出发，在开展教学与科研工作时，是存在一个个体特质与工作需求的匹配问题。例如有的教师适合、擅长并爱好教学但科研能力较弱；有的教师擅长并沉潜于科学研究，教学能力则是其短项。所以由于教师个性、能力以及偏好的差异，在教学与科研结合的具体方式上是有差异的，并不能通过"一刀切"的同质化方式做出简单统一的规定。

（三）学科属性对教师教学与科研结合机制的制约

在开展具体的教学活动时，由于学科专业属性的差异，导致教学与科研结合的程度产生显著差异。自然科学研究在学科理论、知识体系、研究方法、研究假设及问题领域有较高的一致性，具有库恩范式理论中"常规科学"的特性，学科内国内外同行间的交往有统一的规范和标准。因而在学科人才培养过程中很少受地方情境性的影响，形成了巴兹尔·伯恩斯坦（Basil Bernstein）意义上的集合课程（collection course）（各项内容处于一种封闭的联系中，内容边界清晰、独立）[⑤]。课程内容具有高度的稳定性，变化性很小，教学的主题相对确定，且主

[①] Reich, J. N., Rosch J. A., & Catania, F. J. The Scholar: Integrating Teaching and Research in Higher Education. Paper Presented at the Meeting of the Association for the Study of Higher Education, St. Louis, MO, 1988（11）：21.

[②] Eble, K. The Craft of Teaching. New York: Jossey – Bass. (1976).

[③] Rushton, J. P., Murray, H. G., & Paunonen, S. V. Personality, Research Creativity, and Teaching Effectiveness in University Professors. Scientometrics. (1983). 5, 93 – 116.

[④] 吴洪富：《大学场域变迁中教学与科研关系》，华中科技大学 2011 年。

[⑤] Jens – Jørgen Jensen. Research and Teaching in the Universities of Denmark: Does Such an Interplay Really Exist? *Higher Education*, 1988（1）：21 – 22.

题及内容先后展开的顺序有较严格的逻辑连贯性。另外由于常规学科知识往往具有高度累积性和等级性特征，因此对于本科教学，尤其是低年级学生来说，课程展开的形式更多是以基本概念、原理等学习为主的讲授式教学。所以在本科讲授型课程教学中，基础、工程类学科的教学与科研结合程度一般是比较低的。但是在科研训练的课程活动，如实验教学、科研学徒助手和课题研究参与等形式中，得益于学科高度的规范性和一致性，此时自然和工程等基础性学科则显现出较高的教学与科研结合度。

与之相反，在社会、人文类学科当中，学科研究中具有高度共识性的专业准则相对较小，学科理论处于不断生成和建构之中，学科边界不断重组、突破。更类似于库恩所言"科学革命"阶段的特征，国际、国内专业共同体并没有形成学科统一的规范和标准，学科具有较强的本土性、地方性特征，受外部环境影响较大。在学科专业人才培养上，设置的课程属于"整合课程"类型（integration course，伯恩斯坦），课程内容高度开放，稳定性较低。教师在处理相关教学内容时有很强的灵活性和自主性，可以结合学科前沿研究的最新进展进行教学，同时在教学方法和组织形式上，学科知识传授适合于运用探究式、研讨式、合作教学等研究性教学方法，培养学生的批判思维、研究能力和创新能力。因此在本科教学中，社会、人文类学科的教学与科研结合程度较高。然而在学术研究训练中，由于独立研究更为常见，这点在人文类学科研究中更为突出，如文学、历史、哲学研究等，团队合作研究比较少。而社会科学研究介于人文学科和自然科学之间，故而在人文、社会类的教学与科研结合人才培养中，结合程度反而较低。

（四）学生层次对教师教学与科研结合方式的差异要求

在不同的学生层次上，教学与科研关系并不相同，这点已经得到大量实证研究的证明（Jens‑Jørgen Jensen；Horta, Hugo；Dautel, Vincent；Veloso, Francisco M.）。在本科教学中，主要是科学研究对人才培养的正向作用，在研究生教学中，教学与科研相互促进，二者实现了真正的内在结合①。因此，教师在具体教学过程中，探索教学与科研结合的人才培养方式时，应充分考虑学生年级和层次所引发的差异。

在本科人才培养层次，科学研究对教学的积极作用，首先应考虑学生的专业学习阶段和发展特征，对于刚进入大学的大一新生来说，对高深专业学习并无全

---

① Horta, Hugo, Dautel, Vincent, Veloso, Francisco M. An Output Perspective on the Teaching-research Nexus: an Analysis Focusing on the United States Higher Education System. *Studies in Higher Education*, 2011 (37): 183.

面、深入的了解。因此这一阶段需要提供的教育是，引介学生知晓学科专业基本知识框架和前沿进展，拓宽学生视野，激发学生学习兴趣。而提供这种学习的课程形式主要为导论课程、公共课程（相当于通识课程），这就注定教学班级规模一般比较大（68~87人），课程的教学方法通常是讲授式的[1]，承担此类课程的教师应该对学科知识具有较高的驾驭和掌握，能将科学研究前沿成果和进展融合到课程内容中。这也是为什么博耶在《重建本科教育——美国研究型大学蓝图》报告中，提倡导论课程（introductory courses）应该由高级教师来教授的原因[2]；对于低年级本科生（大一、大二）而言，处于专业基本知识框架和能力训练的形成期，这一阶段的学习以通识、基础（专业基础）教育为主。因此一方面在课程内容设计上可以适当融入科研成果，在教学方法上能够采用问题式、启发性教学方式，来激发学生的研究兴趣和意识；另一方面通过实验教学、研讨课和探究课等形式促进教学与科研相互结合。而高年级本科生（大三、大四）在专业学习上已经有了一定的积累，形成了初步的学科知识"图式"，对专业领域内的一些问题也具备了一定的探究资质和能力，所以这一阶段的教学更适合进行专题性探究式的教学，如研讨课（seminar）和合作研究教学等；另外一部分有志趣和能力的学生甚至可以直接通过参与科学研究过程进行学习；最后在研究生层次，人才培养具有高级学习和初级研究者学术训练的特征，更为侧重的是学生的批判思维、问题解决能力、研究能力和创新能力的培养与训练。因此教学与科研的结合，实质上正如伯顿·克拉克（Burton R. Clark, 1997）所指出的，是一种以研究为基础的教学与学习活动，它包含了研究活动、教学活动和学习活动三个方面的联结[3]。这就要求教师对学生的教学和科研训练应基于科研研究活动，通过参与研究计划、承担科研任务、进行研讨探究，在与导师和同学合作的团队研究过程中，学习研究设计、方法和写作等具体科研能力。在课程教学中，除了要强调知识内容的更新和科研成果的融入，更为重要的是在教学设计中，注重学生基于研究的学习，将其纳入课程实施中，更多地通过习明纳师生研讨式的教学方法，提高教学的有效性和质量。

三、教师教学与科研结合具体方法的建议

在当下研究型大学中，不可否认的一个事实是教师职业评价和发展提升，基

---

[1] Gottlieb, Esther, Keith, Bruce. The Academic Research – Teaching Nexus in Eight Advanced-Industrialized Countries. *Higher Education*, 1997 (34): 409.

[2] The Boyer Commission on Educating Undergraduate in the Research University, Reinventing Undergraduate Education: A Blueprint for America. *Research Universities*, http: Mwww.sunysb.edu/press/021006 – Boyer.

[3] Clark, Burton R. The Modern Integration of Research Activities with Teaching and Learning, *Journal of Higher Education*, 1997 (3): 243 – 244.

本上是依靠科研能力与业绩来获取的，科研绩效提高以及随之工作量的增加使学术工作的压力不断加码，为教师合理协调教学与科研关系造成了一系列的困惑和困境。因此教学与科研的结合，并非是要完全平衡教学和科研在时间和精力上的分配，在现实境遇中，这是不切实际也不可能的。相反，首先需要的是正视、承认二者实际存在的差异，在此基础上，一方面，寻求教师个体合理处理教学与科研工作的关系，以及不同类型教师承担教学、科研工作的关系；另一方面发挥教师科研对人才培养的溢出和正向作用，针对不同年级学生和学科专业，探究教学与科研结合的有效方式。

第一，对于研究型大学教师而言，科研评价和工作量的增加确实为学术工作带来巨大压力，但这并不能成为忽视、敷衍教学工作的推托之词。教师和研究者作为学术工作的两种角色，并不像传统角色理论认为的那样，角色之间是独立的，始终处于一种紧张、冲突的关系。有些学术活动本身兼具多种属性，一种工作的完成可以实现多种身份角色的要求（Marks, S. R., 1977；Turner, R. N., 1962）[1]。科尔贝克（Carol L. Colbeck, 1998）通过对12名教授（共60天，442.5小时）的观察研究，发现教师教学与研究结合活动的平均时间是所有工作时间（教学、科研、管理和服务等）的1/5，研究证实了Marks'（1977）的扩展理论[2]。即教师可以通过有效利用时间和精力同时满足教学与科研活动的要求，实现两种角色的融合。因此教师在结合教学与科研工作时，可以扩展二者的重叠部分，也就是说，一方面在选择研究方向、领域和具体问题时，尽量与学科教学相结合；另一方面教学内容的设计和安排可以适当结合自己的研究领域。开发科学研究所蕴含的教学资源，如阅读相关的文献、材料，开展与研究相关的专题性研讨教学，吸纳学生参与项目科研活动等方式，在实现同一活动的多目的性、协调缓解科学研究与人才培养的时间冲突之余，也有效促进了教学与科研的实质融合。

另外，现实中教师的个性、兴趣和能力往往是多样化的，不同教师在教学和科研上都有自己的相对优势。有的擅长教学但科研水平较弱，有的科研能力强但缺乏教学技艺，历史上许多卓有成就的科学研究者却不善交流表达，并不是一个合格的演讲者，但是他们通过自己对科学展示出的热情和献身精神，鼓舞感化了一批追随学习者，同样起到了人才培养的作用。例如历史学家兰克，化学家李比希、亚历山大·洪堡以及罗马史学者尼布尔等[3]。因此这一方面启示在教师、教

---

[1] Marks, S. R. Multiple Roles and Role Strain: Some Notes on Human Energy, Time, and Commitment. *American Sociological Review*, 1977 (42): 27-42.

[2] Carol L. Colbeck. Merging in a Seamless Blend: How Faculty Integrate Teaching and Research [J]. *Journal of Higher Education*, 1998 (12): 652.

[3] 贺国庆：《德国和美国大学发达史》，人民教育出版社1998年版。

学管理等制度设计时，可以探索教师分类管理的方法，避免出于管理的经济性考虑而采取同一性规定，抑制教学科研的需求与教师的专长和志趣之间的优化配置。另一方面也启发教师在开展具体教学活动时，要基于自身的特长，采取不同的教学方法，如习明纳、问题式、研讨式等来实现教学与科研的有效结合。

第二，在大学四年的系统学习中，不同年级的本科生接受专业知识的层次、特征存在显著差异，另外学生在各个阶段对课程教学的需求与兴趣也会发生变化。所以教师在开展教学与科研结合的培养活动时，应注重在不同时期的实际特征，有针对性地设计课程类型，选择教学方法，创建教学与科研结合活动。对于低年级的本科生来说，专业教育的重点是对学科基础概念、理论等知识的传授与引入，教师在此时开展教学活动时，教学组织形式以班级集体教授为主，课程内容除了专业共识和基础性知识外，要适当介绍科研新进展的信息，在教学方法上可以采用启发式、问题式等带有研究性的方式，激发学生对专业的兴趣和热情。对于高年级的本科生，专业学习逐渐进入专深阶段，知识结构已具一定雏形，对专业领域内的相关议题能进行初步的探究。故而在这一时段，教师可以通过灵活设计课程类型，采用多样化的教学组织形式与教学方法，例如专题研讨课、探究式课程、合作教学（师生、学生间的团队学习与研究）、与研究相结合的实验教学、讲授与研讨相结合教学法等，或是吸收对科研有兴趣、能力的学生参与项目科研。另外教师可以结合自身的课题研究，使学生的科研实习和论文研究相结合，提高学生的科研能力和学习收获。

第三，在研究生培养层次，课程教学与科研训练是两个主要途径，二者都具有很强的研究性。在课程教学方面，教师科研对教学的作用一方面是通过将科研成果融入教学内容来实现的；另一方面是运用习明纳、专题研讨、合作教学等方法，师生共同探究、讨论相关的专业问题，来训练学生的批判思维、问题意识、表达能力和研究能力等研究素养。而与正式的课程学习相比，科研训练在研究生培养中发挥着不可替代的重要作用，这也是洪堡教学与科研统一的人才培养原型。其中学生在参与科学研究的方式上，一种是通过师生合作的方式，直接参与导师的研究项目，在导师的直接指导下，开展相应的科学研究活动，学习科研实践知识与技能；还有一种是参加以教师主导的项目团队、科研实验室或研究小组，负责教师通过确定研究主题，分配任务，研究生以初级研究者的身份与其他成员相互合作，在此过程中训练科研团队合作能力、沟通表达技能、科研写作能力和研究能力等。此外对于参与助教制度的研究生，主管的教师应注重对学生教学能力的教育和训练，提高研究生的教学能力，为将来的职业生涯奠定扎实基础。

第四，不同学科专业的教师在进行教学时，应基于学科特性，采取合理的方法实现教学与科研结合的人才培养方式。首先，对于科学和工程学科来说，在早期本科生教学中,由于有大量的学科基础知识需要传授,学科的尖端研究成果知识以及开展探究性学习都无法实施,二者的联系不紧密。但是这种联系在高年级本科生参与课题研究或展开论文研究时会变得很紧密,因此科学、工程以及基础理科的教师在结合科研与教学时,可以通过实验研究教学、吸纳学生参与团队项目研究等方式,向高年级本科生和研究生进行教学和科研训练。其次,对于人文学科和社会科学,无论是本科生还是研究生,教学内容与科研的联系都比较紧密,教师可以在课程内容中结合学科前沿的研究成果。在课程实施中,也能灵活运用习明纳、合作教学和研讨教学等方式,对学生进行研究性教学。在科研训练方面,人文学科由于多为独立研究,学生参与的机会相对较小外,社会科学类的教师可以结合自己的科研,通过吸引学生参与学术小组(学生合作或师生合作)、项目团队等组织进行学术训练。最后,在许多专业学科中(如法学、医学和健康专业)教学与科研结合的范围受制于专业机构的学习条件,教师在这种学科中除了结合前沿研究成果外,可以运用问题式、探究式以及案例研讨式教学法,提高学生的研究意识和问题解决能力(John Taylor,2007)[1]。

---

[1] John Taylor. The Teaching：Research Nexus：A Model for Institutional Management. *Higher Education*, 2007 (6)：871 - 872, 882.

第八章

促进科教深度融合的知识创新体系建设的战略举措与政策建议

全面推进中国特色国家创新体系建设，是我国科技体制改革的根本目的，也是我国提升自主创新能力、建设创新型国家的必然要求。科学研究与高等教育有机结合的知识创新体系，是中国特色国家创新体系的有机组成部分。建设科学研究与高等教育有机结合的知识创新体系，必须明确不同类型的高校和科研院所在知识创新体系中的职责和功能定位，充分发挥高等学校特别是世界一流大学在我国科技事业和创新创业人才培养中的骨干和引领作用。要以优化科教创新资源配置机制为牵引，实施基于体制改革的制度创新和基于系统优化的机制保障等战略举措，通过建立科教结合的机构内部管理体制、优化科教融合的长期收益项目评审评价机制、推动人才培养基地建设、增强教师科教结合的责任和意识、健全部门和区域统筹协调工作机制等具体政策为抓手，大幅度提升高校在国家知识创新体系中的战略地位，加快建立以知识创新为核心的国家创新体系。

第一节 我国知识创新体系的制度建设和体制改革

一、建立以知识创新为核心的国家创新体系

进一步明晰国家创新体系的建设重点及知识创新体系的功能定位。国家创新

体系建设的重点包括：一是建设以企业为主体、产学研结合的技术创新体系，并将其作为全面推进国家创新体系建设的突破口；二是建设科学研究与高等教育有机结合的知识创新体系；三是建设军民结合、寓军于民的国防科技创新体系；四是建设各具特色和优势的区域创新体系；五是建设社会化、网络化的科技中介服务体系①。知识创新体系在国家创新体系中应该发挥以下主要功能：一是创造知识，特别是重大原创性的基础研究，这是后续市场化的技术研究的源头；二是培养和聚集创新人才，人才是科技发展的基石；三是提供创新文化；四是以知识创造为纽带，通过各种方式加强与其他创新体系的联系，特别是与技术创新体系的联系，促进协同创新，推动知识的流动、传播和应用，真正发挥知识创新系统的效力②。

知识创新体系的重要功能是基础理论研究原创性科研成果和行业企业技术基础理论③，生产前沿性、原创性科技成果。知识创新是技术创新的源头，科学的每一次重大突破，往往都会对技术的创新、高新技术产业的形成和发展产生巨大的作用。科学研究的重大发现和理论突破往往孕育着新的知识革命，知识革命意味着知识体系、知识结构的大变革、大调整，必然引发技术和生产力方面的发展。当代生物技术、信息技术和纳米技术的迅速发展等无一不是建立在科学理论的突破之上。

创新人才的培养是知识创新体系的重要功能之一。建设创新型国家，教育是源头，人才是关键。国家创新能力归根结底取决于人才的创新能力，而且人力资本对经济的贡献率正在不断上升。高等学校和科研院所作为知识创新体系的主体，有丰富的教学资源和科研资源，是培养创新型人才的摇篮。人才的培养是漫长和艰难的过程，需要耐心的教育和培训。以利益为导向的技术创新体系、主要起桥梁作用的社会中介体系、以促进区域发展为目标的区域创新体系和以军民结合为核心的国防科技创新体系应该在培养创新人才方面发挥积极的作用。高等学校和科研院所能够提供的跨学科、综合交叉的自由宽松、竞争合作、兼容并包的创新学术环境中，易于萌生新的学科或新的学科增长点，其研究成果也更具有创新性和前瞻性，因此也更有利于创新人才的培养。

文化传承和创新是知识创新体系的重要内容④。创新是人们发现或产生新事物、新思想、新方法的活动，意味着观念创新、制度创新、技术创新和管理创

---

① 国家创新体系建设战略研究组：《国家创新体系发展报告》，知识产权出版社 2008 年版。
② 路甬祥：《国家创新体系建设呼唤知识创新工程》，载于《中国科技信息》1998 年第 3 期。
③ 路甬祥：《知识创新是推动技术创新和高技术产业化的不竭源泉与动力——中科院知识创新工程试点工作的总结回顾》，载于《求是》1999 年第 17 期。
④ 路甬祥：《创新与未来：面向知识经济时代的国家创新体系》，科学出版社 1998 年版。

新。文化是创新的灵魂，开展创新活动首先要依赖于价值观和制度的变革，依赖于文化的变革。文化一方面为创新提供了知识和智力的基础，另一方面为创新提供了思想背景和支撑体系，文化还为创新提供了确定其发展方向和发展趋势的价值观及意识形态。高等学校和科研院所是文化传承和创新的主要场所，因此，知识创新体系的这一功能也是其他创新体系无法取代的。

知识创新体系可以有效地通过"人才""知识"这两个创新关键要素，将知识创新活动、技术创新活动和经济创新活动联系起来[①]。知识流动是国家创新体系的关键，知识的容量和分布、知识流动的规模和效率、知识收集与处理能力都直接影响着国家创新体系的结构与效率。知识创新体系作为国家创新网络的"节点"和"纽带"，发挥着集结与辐射作用，通过将知识生产、知识传播与知识应用衔接起来，有效地将各种创新力量集结在一起，形成合力，共同促进国家创新能力的提升。

二、整合政策资源、完善决策机制

党和国家多次提出政府要加快对政府管理机构的改革步伐，要简政放权，加强发展战略、政策研究，深入基层调查研究，总结经验，进行宏观指导和管理。党的十八大又明确提出了要推进大部门制改革。对于高等教育与科技研究的机构改革，在国外为适应科技、教育发展形势的需要，德国、英国、日本、韩国及美国等国家已于近10年内做了不少的改革，对科技、教育部门进行了合并和调整，其实践经验值得我们借鉴。

从我国的实际情况出发，建议对我国教育部、科技部和中科院合并重组成新的教育及科学技术部（委）。教育部除了基础教育部分仍保持独立运行外，教育部的高等教育部分与科技部、中国科学院进行重新组合、调整。调整重组的基本原则及重点为：（1）调整政府的行政管理职能，简政放权，从具体业务管理转变为着重规划、政策、监督等方面的宏观管理和服务，原则上不具体管理学校及研究机构，或只直接管理极少数（10所以内）的高等学校和5所以内的科研机构；（2）建立新的高等学校和科研机构的管理体制及运行机制，强化高等学校及科研院所自身的责任意识及制度规范，减少对政府机构的依赖；（3）明确部（委）、省（市）及高等学校、科研机构（科研院所）的各级分工及责任。

为了避免部门内部可能存在协调的难题，根据国际经验，更为有效的方式是建立统一协调的决策机制，从源头上保障政策资源的一致性和相互衔接。首先要

---

① 白春礼：《中国科学院知识创新工程的实践与再认识》，载于《中国信息导报》2003年版。

进一步发挥国家科教领导小组的宏观协调作用，参考中央经济工作会议的模式，组织科技、教育相关部门和专家，每年召开一次会议，讨论并确定科技计划等科教政策资源的总体配置。同时还应研究建立完善的部际协调机制，增进部际政策信息的沟通，强化决策过程的协商。

三、适当调整省级教育主管部门职责

适当调整省（市、自治区）科技及教育主管部门的职能，加强省、市、自治区高等教育系统的管理，提高协调、服务及管理能力，推动省（市、自治区）各类高等教育机构及科研机构的健康发展，重点为本地经济、社会发展服务，同时为全国的发展做出更大的贡献。

省（市、自治区）级政府从本省教育、科技实际发展情况出发，调整组建科技、教育管理机构，既可以组建教育及科技厅（局或委），亦可以将省教育厅中高等教育部分与科技厅合并成立高等教育及科学技术厅（局），基础教育部分组建教育厅或教育局（分管本省学前教育、初等教育和中等教育）。

新建教育及科技主管部门应加强对本省高等教育的管理、服务能力，对省内综合性大学及行业型大学中具备研究型大学水平和条件的，原则上应自主办学、自主管理、直接向国家（地方政府）承担办学责任；对于其中未具备研究型大学条件的综合性大学或高校和行业型大学或高校，也要逐步引导，使之能在一定时期内自主办学。对于四年制文理学院和理工学院，省内应制定方案，下放办学自主权，加强协调、管理，严格按照省里的规划及规定（在办学层次、招生规模等方面）办好学校，提高办学质量及从实际出发开展研究、技术开发活动。对于省内职业学院应加强管理，重点支持其办好学校，使教学与实际紧密（行业、企业等）联系，提高基础及应用课程的教学质量，为学生就业创造良好的条件，同时也为学生毕业后在工作岗位上进一步学习、提高打下一定的基础。

对省内科研机构应从实际出发，根据省内的实际需要，自主办好科研院所，同时鼓励其与省内高校加强联系，以多种形式合作办科研院所和办学；具备适当条件的高校及独立研究机构，在能做到互利互惠，不增加国家负担，又有利于人才培养和科技研究发展的情况下，经主管部门批准可以进行合并。

推动省内不同类型高校及科研机构组成协会，研究同类高校及同类研究院所发展中的共性问题；探讨解决问题推动发展的办法；向有关政府部门提出意见和建议；采取措施提高本类高校及研究院所的办学、办院所的质量，提高本类高校及院所的社会地位及社会影响力。

四、对高等学校和科研院所进行分类指导

对高等学校和科研院所进行科学分类，分类指导、分类管理，对不同类型的高校设置不同的评估标准，建立不同的考核激励机制。

高等学校原则上应自主办学、自主管理，使各类高校能充分发挥自己的比较优势，改变办学目标趋同的现象，使不同高校培养不同类型的人才，以满足社会对人才的需求。目前我国有2 000多所普通高等学校，根据学校的特点、履行教学、科研、社会服务和文化传承职责，对每一所高校应有明确的定位和要求。从我国现有高校的实际情况出发，综合分析了现有多种分类方法的优缺点，我们认为：将高校分为下列四种类型较为适宜。

（1）综合性大学或高校，包括目前教育部所属部分高校及各省（市、自治区）所属的部分高校。其中有一部分为研究型综合大学，另一部分为一般综合大学。

（2）行业型大学或高校，包括目前教育部所属部分高校及各省（市、自治区）所属部分行业型大学或高校。其中有一部分为研究型、行业型大学，另一部分为一般行业型大学。

（3）文理学院和理工学院，包括大学本科四年制的院校，含部分独立学院。

（4）职业学院，包括高等职业院校及大学专科院校。各级高等教育主管部门应对上述高等学校分别提出明确的任务及办学要求，包括办学层次、招生规模及学校发展目标等，各高校应按主管部门的要求制定学校的办学和发展规划及本校的大学章程，按照经过主管部门批准的大学章程办学及发展规划自主办学，各级政府进行指导和监督，根据各校的不同情况，加强协调、服务和管理。

对目前我国的独立研究机构，可以分为公益类科研院所，非公益类科研院所和民办研究院所三类，对每一研究院所应由主管部门（政府支持的研究机构）或审核注册部门（民办研究机构）明确其任务及相应的要求。各研究院所应从本身的实际情况出发，制定发展规划及相应的制度，在完成科研任务的同时重视人才的培养，加强科学研究与人才培养紧密结合。鼓励科研机构与高等院校加强联系，开展实际合作。对于具备条件的高校和科研院所，根据科研机构合作办学、办院所的协议书也可以正式合并，做到优势互补，互利互惠，在科学研究及人才培养方面做出更大的成绩。

五、建立平衡合理的教学与科研的评价机制

目前在我国现有体制下，科研机构排名与资金来源、机构发展等紧密相连，

而职称等与个人待遇、工资等生活、工作条件存在密切联系。因此，国家科技计划项目本身成为关系科研机构和科研人员自身发展的重要因素。最大限度地争取科技计划项目成为许多高校、科研机构、科研人员的重要目标。从而使得国家目标的研究方向成为影响研究人员研究方向的"指挥棒"。如 2003 年"非典"期间，全国同时开展早期诊断试剂研制的单位有 20 多家，开展疫苗研制的有 30 多家，启动 P3 实验室建设的有 35 家，彼此之间缺乏有效的共享和协作。

由于教学的效果具有明显的滞后效应，效果难以衡量，一名教师可能在教学上付出了巨大努力，结果却收益甚微；与科研相比，虽然其研究过程也是极其复杂的，但其研究成果却比较容易衡量，而且会得到其他人对其能力的认可与尊重，随之而来的是社会地位和待遇的提升。尤其在研究型大学，科研水平是教师升职和发展的关键因素。因此，要改革和创新对教师教学和科研的评价体系，从内部激发教师推进科教结合的动力。要建立质量和贡献为导向的评价机制，大力倡导创新文化，使科研评价真正体现科研工作的内涵，将人才培养作为重要的评估、评价指标。要根据科研与教学的特点，建立公正合理的教学与科研的评价机制。在评价教学质量高低的指标体系中引入学术活动要素，在评价科研活动中引入教学性因素。从完善科研管理机制的角度入手，完善现有科研项目和科技平台建设中对人才培养的评价体系。

要在强化高等教育和科学研究紧密结合的大背景下，深入推动科技创新主体内部的管理机制改革，形成促进科技成果转化的激励机制和科学合理的分类评价体系，激发科技创新主体的创新活力和动力，促进创新型科技人才的培养与成长。

第二节 我国知识创新主体的分工与定位

高等学校和科研院所是我国知识创新体系的两大核心主体，使之保持良性关系，对于建设和完善我国科教结合的知识创新体系意义重大。

一、高等学校的职能与定位

《国家中长期科学和技术发展规划纲要（2006~2020 年）》对高等学校职能定位有着明确的表述，提出高等学校是"我国培养高层次创新人才的重要基地""我国基础研究和高技术领域原始创新的主力军之一""解决国民经济重大科技问题、实现技术转移、成果转化的生力军"，在国家创新体系中发挥着基础作用和生力军作用。概括来说，高等学校主要集中在人才培养、科学研究和社会服务等三个方面。

高等学校是人才培养的基地。高等学校对国家经济发展和创新型国家建设的最根本贡献是培养了创新人才，高等学校高层次人才密集，具有较强的科研实力，它不仅拥有一支高素质的教学和研究队伍，而且许多高等学校还拥有从学士—硕士—博士—博士后的完整人才培养体系，教学与科研的有机结合使高等学校成为培养创新型人才的摇篮[1]。

高等学校是知识创新的源泉。知识创新是技术创新的基础，是新技术和新发明的源泉，是促进科学技术进步和经济增长的革命性力量。我国高等学校是知识创新的主力军，是研究国家、地区和人类重大问题的智囊团；它的社会服务也十分重要，不仅为学校创造了财富，也从中得到了社会对科学研究、人才培养的新需求，这样就使得大学能够融合知识的创造、加工、传播、应用于一体并互相渗透促进，产生强大的聚合效应，成为发展知识经济的动力源。

高等学校是区域创新的核心。高等学校集学科、人才、科研于一体，拥有丰富的科研资源和大量的研究成果，是区域创新不可或缺的推动力量，是区域创新体系建设的生力军[2]。大学科技园是一种新型的经济组织模式和创新机制。大学科技园是发展知识经济的载体，是以研究型大学或大学群体为依托，利用大学的人才、技术、信息、实验设备、文化氛围等综合资源优势，通过包括风险投资在内的多元化投资渠道，在政府政策的引导和支持下，在大学附近区域建立的从事技术创新和企业孵化活动的高科技园。美国的"硅谷"科学工业园区就是一个典型的例子。从1983年开始，我国东南大学、华中理工大学、东北大学等一批大学先后以不同形式创办大学科技园。现如今的"北京中关村""复旦科技园"等几大科技园区在我国经济建设和创新型国家建设中所起到的作用逐渐得到了社会各界支持。这些富有时代感的大学科技园区充分体现了大学在信息经济时代的发展功能。

二、科研院所的职能与定位

《国家中长期科学和技术发展规划纲要（2006~2020年）》对科研院所的职能定位有着明确的表述，"从事基础研究、前沿技术研究和社会公益研究"的科

---

[1] 王锐兰、王鲁捷：《基于国家创新体系的高校研究生创新能力研究》，载于《中国高教研究》2002年第10期。

[2] Cooke P. Regional Innovation Systems, Clusters, and the Knowledge Economy [J]. Industrial and Corporate Change, 2001, 10 (4): 945.

研院所是"我国科技创新的重要力量",在国家创新体系中发挥着骨干作用和引领作用。即科研院所重点履行科学研究和技术开发的职能。

1. 科研院所是战略高技术及国家重大专项的重要支撑

中科院、各大中央企业(包括航天、核工业、兵器、电子等多领域)下属研究院所及国资委直属转制科研院所等国家级研究院所,在实现"自主创新、重点跨越、支撑发展、引领未来"的发展历程中,肩负着不可推卸的历史责任;在迈向创新型国家的征途上,科研院所承担着排头兵作用。长期以来,这类科研院所在我国战略高技术研究、国家重大专项的实施等方面提供了重要的支撑作用。

2. 科研院所是社会基础类和公益类技术的重要提供者和服务者

随着现代科学的发展,从事基础研究,如进行生物、化学、物理、数学以及工程技术学科中的理论基础等方面研究,其越来越依靠投资巨大的科学设施和装置,如高能物理领域需要加速器和对撞机,天文领域需要大的望远镜等[①]。以这些大型设备和装置为基础组建的研究所依靠的手段和提供服务具有完全非竞争的性质,是国家的一种重要战略资源。基础和社会公益性研究工作不直接面向市场,也不应直接面向市场,因此,以营利为主要目标的企业对此类投入高而回报率甚低的研究既没有力量也没有热情。此类科研院所是我国公共基础性科技研究和服务的中心,利用现有资源和资质从事公共技术咨询服务和社会事务的监测与评价等业务,对区域农林牧副渔业及生态环境领域的基础性、突发性科学研究与技术支持服务。

3. 科研院所是行业共性技术、重大关键前沿技术的创新基地,是行业标准服务体系的制订者

科研院所是技术创新的主体,是行业技术进步的引领者和推动者。技术开发类科研院所建立的初衷是为行业科技发展提供支撑,因此有大量的科研资产,有国家级、部级质量检测中心、标准研究机构、国家工程研究中心、部级和院级研究中心以及优秀的人才队伍和科研成果。因此,技术开发类科研院所一直从事产业关键性、共性技术研究,为行业科技进步提供支撑,同时还肩负着提供质量检测、标准制定服务的任务。

4. 科研院所是多品种、小批量军工产品的研发与生产基地

我国科研院所多年来承担了大量的新产品、新材料、新技术的研制开发任务,为国防军工建设和国民经济建设做出了突出的历史贡献。随着我国经济实力和科学技术的进步,武器装备的升级换代、新技术改造和新型装备研发所涉及的

---

① Tornatzky L. G., Waugaman P. G., Gray D. O., et al. *Innovation U.: New University Roles in a Knowledge Economy* [M]. Southern Technology Council, 2002.

领域越来越广，提出的要求越来越高，工作环境越来越恶劣。但是军工产品的批量需求又不是特别大，工业化大生产不能满足结构复杂、精密规格、高技术标准的产品的要求，同时多品种、小批量产品对企业大型连续化的生产是一个巨大的成本考验。高等院校拥有扎实的基础研究和一定的中试场所，但是其生产能力和工程应用技术与科研院所相比存在一定的差距和限制，因此，科研院所在这个间隙领域有着不可替代的优势和作用。

三、不同类型高等学校的分工与定位

根据办学层次的不同，我国普通高等学校主要可分为本科院校和高职（专科）院校。其中高职（专科）院校以教学为主，普遍属于以人才培养为中心的单中心职能大学，主要承担的是大众化教育使命，这些学校科研基础薄弱，科研条件一般，科研活动较少。因此，在普通高等院校中，本科院校才是国家创新体系建设的主要力量。

我国本科院校类型多样，既有研究型大学又有教学型大学；既有重点建设大学又有非重点建设大学，既有综合性大学，又有多科大学和单科大学。尽管本科院校都有人才培养、科学研究和社会服务的职能，但受制于办学理念、办学传统、办学条件、社会需求和内部多元化利益诉求等因素的影响，不同类型的本科院校在国家创新体系中的职能侧重点有所不同。在教学上，我国本科院校多是精英教育与大众化教育并存，既有注重精英人才培养的本科院校，也有侧重大众化人才培养的本科院校；在科学研究上，我国本科院校多从事科学研究，既有整体研究能力特别是基础研究能力突出的本科院校，也有侧重于应用研究的本科院校，还有较少参与科学研究的本科院校；在社会服务上，我国既有向多领域多区域提供多层次服务的本科院校，也有向所在地区所长领域提供特定服务的本科院校，还有较少参与社会服务的本科院校。由于不同类型本科院校在国家创新体系中所处的地位与所发挥的作用差异较大，需要进一步分析对建设创新型国家有着较大影响的特定类型高等院校在国家创新体系中的职能定位。

根据办学条件、研究水平和服务层次的不同，我国普通高等院校可分为研究型大学和教学型大学。与教学型大学一样，研究型大学肩负着人才培养、科学研究和社会服务三大职能，但每项职能都较教学型大学有大幅提升：从职能定位来看，与教学型大学以人才培养为中心的单中心职能不同，研究型大学是以人才培养和科学研究为中心的双中心职能大学，其根本特征是突出高层次人才培养和高水平科学研究；从办学实力来看，与教学型大学教学能力强于科研能力相比，研究型大学的教学条件和科研条件都比较优越，教学能力和科研能力都比较高；从人才培养来看，与教学型大学比较重视本科生培养不同，研究型大学担负着从本科生到硕士、博士生全程培养的任务，但在培养结构上以研究生培养为主，更注重精英人才的培养，既是高层次人才的培养基地，又是创新拔尖人才的聚集地；从科学研究来看，与教学型大学重应用、轻基础的科研特点相比，研究型大学是国家知识创新和技术创新的中心，是科学技术的重要发源地，在基础研究方面具有较强实力，是能够产生重大原创性研究成果，具有赶超世界先进学术水平的大学；从社会服务来看，与教学型大学社会服务领域与区域比较狭窄相比，研究型大学是国家和地区经济发展的加速器，是国家和地区社会发展与繁荣的推动器，是国家和省级两级政府决策咨询的思想库，通过其培养的众多精英人才和创造的重大科研成果在社会发展、经济建设、科教进步、文化繁荣、国家安全中发挥着非常重要的作用。而加快建设世界水平、中国特色的研究型大学，既是我国加速科技创新、建设创新型国家的迫切需要，也是我国优秀高等院校顺应科教结合趋势、谋求长期持续发展的主流选择。

根据办学水平差异与政府扶持力度的不同，我国本科院校可分为重点建设大学与非重点建设大学。从办学实力来看，相对于非重点建设大学，重点建设大学的教学科研条件都较优越，教学能力与科研能力都较强；从职能定位来看，与非重点建设大学多是以人才培养为中心的单中心职能大学相比，重点建设大学多是人才培养和科学研究并重、兼顾社会服务的双中心职能大学，"985"工程大学更将办学方向定位于高层次人才培养和高水平科学研究；从人才培养来看，与非重点建设大学偏重于大众化教育相比，重点建设大学在精英教育与大众化教育并存的基础上，更侧重于精英人才的培养，部分"985"工程大学在读研究生人数已超过在读本科生人数；从科学研究来看，与非重点建设大学侧重应用的研究体系和相对较弱的研究能力相比，重点建设大学的科研活动多覆盖基础研究、应用研究与试验发展等整个研发链条，有的在基础研究领域实力出众，有的在应用研究方面成绩突出，特别是"985工程"大学更是我国基础研究和高技术原始创新的主力，在国家创新体系建设中发挥着核心作用；从社会服务来看，与非重点建设大学主要通过人才培养向本地企业与本地政府提供社会服务相比，重点建设大学不仅向本地企业与本地政府提供多层次创新服务，部分高水平大学还跨区域提供多领域多层次的创新服务。

与清华大学、北京大学等传统综合性、研究型大学相比，行业特色型大学特别是高水平行业特色型大学在相关行业具有传统优势，在专业设置、课程体系、实验条件、培养模式等方面有着较强的行业特征；从职能定位来看，与传统综合性、研究型大学一样，高水平行业特色型大学多是"人才培养与科学研究并重，兼顾社会服务"的双中心职能大学，只是更强调立足行业，更重视相关行业人才培养、相关行业科学研究和相关行业社会服务,在教学科研方面素有突出实践、强调应用、注重服务的传统;从办学特点来看,与传统综合性、研究型大学往往同时注重多学科多领域发展不同,高水平行业特色型大学在多学科、多领域拓展的同时,特别重视相关行业的教学、科研和社会服务工作,强调巩固学校在相关行业的固有优势,提高学校在相关行业可持续发展能力;从人才培养来看,与传统综合性、研究型大学注重培养多领域精英人才相比,高水平行业特色型大学更重视相关行业精英人才与应用人才的培养,学生的动手能力和职业素养一般都比较强;从科学研究来看,与传统综合性、研究型大学开展多领域研究、注重基础研究和高技术原始创新相比,高水平行业特色型大学拥有一批针对性和应用性都很强的高水平学科平台和人才队伍,能够及时地跟踪和解决行业发展中的重大关键战略和技术问题,在面向相关行业需求的应用研究方面具有相当的优势,是行业共性、前沿性、公益性技术的主要研究者;从社会服务来看,与传统综合性、研究型大学提供多领域社会服务相比,行业特色大学多秉承"以服务为宗旨,以贡献求发展"的宗旨,注重面向相关行业的科技服务,与相关行业发展有很强的联动性,特别有利于形成牢固的产学研联盟,为社会做出直接的贡献。行业特色型大学是我国高等教育办学体制的一个重要特色,是高等教育走向多样化和特色化的中坚力量,是培养行业高层次创新人才与实践应用人才,从事行业共性、前沿性、公益性技术研究的重要力量,在国家创新体系中有着重要的影响。

四、不同类型科研院所的分工与定位

根据科研院所研究活动的特点,可将其分为基础研究类、技术开发类和社会公益类。

(一)基础研究类科研院所

基础研究类科研院所指为获得关于现象和可观察的事实的基本原理和规律而进行的实验性或理论基础工作的科研院所。这类院所专门从事基础研究,如进行生物、化学、物理、数学以及工程技术学科中的理论基础等方面研究的科研机构,有些基础研究需要依靠投资巨大的大型设施和装置,如高能物理领域需要加速器和对撞机、天文领域需要大的望远镜等,以这些大型设备和装置为基础组建的研究所依靠的手段和提供服务具有完全非竞争的性质。基础研究类科研院所的主要职能是探索新规律、创立新学说、创造新方法、积累新知识,为国家提供战略技术储备、为原始创新奠定能力基础。基础研究的研究效率的高低直接影响基础研究的产出率,直接影响到我国创新型国家的建设。

（二）技术开发类科研院所

技术开发类科研院所是指可面向市场开展技术开发或服务、能获得相应经济回报的科研院所。这类院所直接面向市场进行科研开发、成果转化等活动，其科技产品是面向市场的高科技产品和专利。技术开发类科研院所的主要职能是高端人才支撑、行业共性技术服务与咨询、成果转化、新产品开发等，它与高等院校、企业紧密联系，促进科学技术创新，实现科技成果转化为现实生产力。技术开发类科研院所大多依托行业建立和发展，多年来深深植根于行业，其行业共性与前沿技术的开发效率直接影响到行业的技术进步与发展，影响到企业的核心竞争力和国民经济的可持续发展。

（三）公益类科研院所

公益类科研院所指面向社会提供公益研究或服务、一般难以获得经济回报的科研院所。这类院所主要从事医药卫生、农业、劳动保护、灾害防治、环境评估等领域研究工作。这些机构的科研成果直接关系到公民健康、社会安全、经济稳定等，具有很强的公益性、寡断性和持续性。公益性科研院所的职能定位取决于科研活动的服务对象，即主要服务于社会效益显著而经济效益不明显的行业或产业。因此，其主要职能是研究和探索公共卫生与健康保障、社会资源环境与农业、公共安全与防灾减灾等领域的新技术，制修订或参与制修订公益各领域相关技术标准，为人民生命财产、健康和可持续发展提供技术支撑和保障。

第三节 我国知识创新资源的科学配置

科技教育资源配置是科技教育人力、财力、物力、信息等资源按照一定的模式和机制在不同部门、不同区域之间的有效配置。科技教育资源配置水平的高低直接关系着一个国家科技与经济发展的动力和方向，也关系着创新型国家目标的实现。

科技和教育有着天然和密切的联系，如何统筹科技教育资源，推进科技与教育紧密结合，提出优化资源配置、加强资源统筹的政策措施，对提高我国自主创新能力和国家竞争力发挥着关键作用。

一、国家全面统筹科教资源配置

科技资源配置与一个国家科教体系的治理结构有着紧密联系。各国科教体系的治理结构是一个非常复杂的系统，它的形成有其特殊的历史与文化背景，并受到国家特有因素的制约。OECD 对不同国家科技治理结构进行分析，并提出三治理结构的类型[①]：第一种是所谓的集中体系，其主要特征是，有着自上而下的有力管理手段、对科研活动高比例的稳定支持、独立于大学的公共研究机构在科研体系中占有重要地位；第二种是所谓的二元体系，自上而下与自下而上相结合的优先领域选择过程、竞争性支持和稳定性支持相结合、维持独立研究机构和大学的均衡；第三种是所谓的分散型体系，自上而下的控制很弱，除了以目标为导向的经费支持外，较少有稳定性支持，大学是科学活动的主体和基础。实际上，很难把主要国家的科技治理结构归入这三个类别中，每个国家的科技体系都很复杂，具有上述三种形态中任何一种的某些特征，是这三种基本形态的混合体。

尽管世界各国公共科研体系的结构有很大差异，但在其结构变化及政策导向方面仍有一些共同趋势[②]。国家科学技术研究活动的一个重要特点是，其与很多政府部门和相关机构职能相关。因此，科技治理体系中科技资源的多头配置已在世界范围内成为常态[③]。

另外，创新面临的新形势和呈现的新特点又让跨部门的统筹协调成为提高创新效率、优化资源配置的必然要求。科研活动非常复杂，需要形成各方面的有效协作。从本质上看，传统的科技资源配置机制忽略了部门间统筹协调的重要性，始终局限于特定的科学技术政策领域，科技政策、产业政策、经济政策没有在横向层面形成统筹协调的创新政策，没有形成由科技部门主导、经济部门、产业部门、地方政府等多元主体参与的创新治理格局。

为了解决科技治理体系中资源多头配置的现状与统筹协调的需求之间的矛盾，世界主要国家都在进行越来越多且越来越全面的改革，以消除各种体制性障碍。这些政府部门的改革主要体现在以下两个方面。

一是将科研活动预算由一个政府部门负责。目前，大约半数 OECD 国家都有一个单独的政府部门负责科研费用和预算，包括对公共科研机构进行资助，其所

---

① Organisation F. E. C. A. *Governance of Innovation Systems* [M]. OECD, 2005.
② Malerba F. Sectoral Systems of Innovation [J]. *Cambridge Books*. 2004.
③ Etzkowitz H., Leydesdorff L. The Dynamics of Innovation: from National Systems [J]. *Research Policy*, 2000, 29 (2): 109-123.

掌握的资金大多超过国内财政研发投入的50%。由一个单独的政府机构负责研究投入的好处在于可以实现更好的内部协调。

二是形成不同政府部门间的协调机制。在大多数国家，都有协调不同政府部门关系的正式政府组织或机构，通常在总理和内阁一级设立。在科技政策方面，有些国家正式指派某个政府的部门负责各部门间的政策协调，通常是建立协调委员会或理事会，这些委员会或理事会由部长和公务员组成，或由首席科学家发挥作用。

二、部门之间建立统筹协调的工作机制

目前，中央各部门掌握科技经费预算的单位有40多个部门和机构。政府科技经费归口管理部门自成体系，科技经费多头配置，缺乏统筹协调，原本相互密切联系的技术领域和创新环节被分散在不同部门管理。各部门的科技拨款载体大多是科技计划、科技项目的形式，且计划类型日益繁多。

因此，需要强化科技部门与教育部门的科技资源统筹协调机制，打破当前科技创新资源的条块分割、相互封闭、重复分散的格局，推动科技创新资源社会化，提高科技创新资源的利用率和加速科技成果的转移和扩散。

首先，加强决策协调。进一步扩大国家科技教育领导小组成员范围，增加相关产业部门代表，突出科技教育领导小组在深化科技体制改革、加强整体制度设计过程中的指导作用。

其次，加强规划协调。围绕科学研究重点领域和方向，由科技部门与教育部门联合制定科学发展规划，加强学科布局，促进科学自身长远发展，大力扶持支撑经济社会重大需求的科学研究。

最后，加强预算协调。强化科技与教育等各部门的工作协调机制，打破科教资源管理体制分割的制约。对重点计划、重大基地和重要人才事宜，进行预算前的相互协调，从根本上突破原有科教资源运行的部门内"小循环模式"，使其融入"大循环模式"，促进全社会科技资源高效配置和综合利用。

三、区域之间建立效率优先、兼顾公平的资源配置格局

在国家层面，加强科技资源在全国各区域的空间布局。

一方面，中央财政在科技发展基础差的地区加大直接科技投入；另一方面，中央在经济发展较好而科技需求得不到满足的地区适当加大对科技的政策支持。因此，科教资源配置应在效率优先前提下兼顾公平，引导科教资源向中西部欠发

达地区倾斜。一是设立中西部区域科技专项。中央财政配置科技教育资源一定比例通过设立专项用于西部地区，稳定支持区域范围内的高等学校、科研院所和企业围绕区域特色产业和主导产业进行科技创新，提高区域创新能力。二是通过设立中西部区域人才专项和其他政策倾斜措施，鼓励创新团队、领军人才向中西部地区流动，带动地方产业和经济发展。三是以人为本配置相关资源，在人才向中西部流动时允许创新团队和创新人才与配套设施同时转移。

在完善现有国家实验室、国家重点实验室、国家工程中心等的基础上，在科技基础强、科技需求大的地区适当新建一定数目的拥有先进仪器设施、专业化管理队伍和研究团队的科研中心。

通过市场方式对科技创新资源的整合提供助力。政府主要通过市场环境和各类平台的建设，提供优质的市场服务，使科技创新资源的供需各方通过市场寻找信息、在市场中寻找机会、在市场中实现成果的转化和科研人员的自身价值，通过市场机制对科教资源的各要素进行集聚、重组和整合，实现资源利用和效益的最大化、最优化。

四、机构、项目之间建立鼓励竞争、稳步发展的资源配置原则

从科研主体的微观角度来看，高等院校、科研院所依然是以政府为主导的科技资源来源模式，科技经费来源以竞争性项目经费为主，机构性支持相对不足。

随着我国经济和科技实力的显著提升，我国科技发展已经具备了从以支撑为主转向支撑和引领并重的需求和基础。因此，要在一定程度上改变科技资源大部分以竞争性项目的支持方式，对不同类型的研究采用分类支持，加大机构支持力度。

机构支持主要针对长期的、自主的、探索的科学研究，而项目支持主要是体现国家目标需求的、应急的应用研究：一是适度加大对科学家自由探索的稳定支持力度，增加机构的基本科研经费投入。从目前对机构的支持来看，稳定性支持还主要是运行经费，即机构日常运转需求、人员费用开支等，而对自主选题和人才培养的基本科研业务费增加相对较少。稳定增加基本科研经费，既保证了基本的科技创新活动经费，又基本保证了科技人员的个人收入，提高了科技人员的积极性，保障了科研院所的正常运行。特别有重大意义的是，稳定的科研支持经费不仅能支持一批有原创性的交叉学科，而且对那些研究周期长、需要大量积累才能出大成果的课题，更具有决定性的作用。二是增加机构性稳定经费支配的自主权。从世界范围来看，对公共部门研究的稳定性资

助是政府或经费资助机构按年度将经费一揽子分配给研究执行机构，机构可以根据其按照自己认为合适的任何方式、不带附加条件的自由支配这些经费。三是在现有科技计划体系中试点中长期的科技项目实施机制。对重点领域、重点方向、重点团队，可采取以五年以上年限一次性整体预算的方式给予相对长期的支持。

五、科教资源在高校和科研机构间开放共享

加强国家创新体系建设，要建立开放、流动、竞争、协作的运行机制为中心，高效利用科研机构和高等院校的科技资源，稳定支持，集中力量形成若干优势学科领域、研究基地和人才队伍，打造强大的科技创新交流平台，共享各创新主体的科技信息和科技资源。

建立科技公共基础设施和技术创新平台，应整合科技基地设施资源，建立科学、合理的管理模式和运行机制，形成适当集中与适度分布相结合的资源配置格局，运用共享机制推动科技资源社会化，形成协调一致和分工合作的良性机制，统筹规划。

高等院校与科研院所可通过互聘导师、学生交换、联合培养等方式提高研究生培养水平；通过联合设立科研基地、实验基地，组建公用服务平台等方式，实现教育科技资源的有效利用；通过共同参与的产业关键共性技术平台或国家重大科技工程，增进知识的积累与经验的交流。

探索科技资源统筹协调机制，打破当前科技创新资源的条块分割、相互封闭、重复分散的格局，推动科技创新资源社会化，提高科技创新资源的利用率和加速科技成果的转移和扩散。从根本上突破原有科技资源运行的部门内"小循环模式"，使其融入"大循环模式"，促进全社会科技资源高效配置和综合利用。在科学数据方面，对不同来源的资源实行不同的运行机制，对政府资助产出的国有科学数据采取"完全与开放"的数据共享政策和公益性共享机制，科学研究人员以及社会各个阶层人员均可以不高于工本费的费用，以最方便的方式、无歧视地得到数据，政府为促进他们使用数据提供技术培训资助。而对私有科学数据采取自由竞争政策和市场化共享机制。在科学仪器方面，继续提升完善大型仪器装备协作共用网，提高大型科学仪器的使用效率，加强科研设备的动态管理，探索科学仪器资源共享的市场良性运行机制。

第四节 相关配套措施与政策建议

一、切实提升高校在国家知识创新体系中的战略地位

高校对国家知识创新贡献的不断提高,离不开国家近年来通过"211 工程""985 工程"等重大项目对高等教育投入的加大,使高校科研经费逐年增长。2009 年,"中央高校基本科研业务费专项资金"全面实施,涵盖 92 所中央高校。基本科研业务费这项创新机制,形成了高校内生性的资助渠道和经费来源,这是高校原始创新的重要动力源泉。这说明机制体制的创新能带来高校科研能力的巨大飞跃。这也说明,要充分发挥和挖掘高校在国家知识创新建设上的优势和潜力以及进一步提高高校在国家知识创新体系中的战略地位,除了高校自身必须加强创新能力、创新文化和创新体制的建设外,需要从国家层面进一步深化知识创新资源配置机制体制的改革。

(一)增强高校的科学研究能力

1. 加强高校基础研究和优势学科建设

进一步加强高校的基础研究,大力支持高等学校在基础研究、前沿技术研究、社会公益研究等领域的原始创新,强化高校的基础研究主导地位和知识创新体系建设的核心作用。积极引导和支持高校开展学科前沿探索,促进以学科深入为主的科技创新,集成资源,培育形成若干优势学科领域。鼓励和支持高校以重点学科、优势学科为依托,积极参与和设立国际学术合作组织、国际科学计划,主动与境外高水平教育、科研机构建立联合研发基地[1],建设一批冲击世界领先水平的基础研究基地和创新人才培养基地,带动高校基础研究、原始创新能力的大幅提升。

2. 加强高校科研基地和创新平台建设

继续支持高校培育和建设国家实验室、国家重点实验室和国家工程技术研究中心。加大组织和支持高等学校承担国家重大科技专项和各类科技计划任务的力度,引导和鼓励高校面向世界科技前沿,建设一批具有原始创新能力,对

---

[1] 薛澜、龚绪:《欧洲的学科政策及学科交叉研究》,载于《科学学与科学技术管理》1998 年第 8 期。

相关产业有显著支撑和引领作用的高水平前沿技术研发基地。针对国家产业结构调整、发展方式转变、战略性新兴产业培育的重大需求，依托高校研发创新基地，组织实施一批基于高等学校原始创新成果、攻克关键核心共性技术和重大技术装备的大项目试点。面向国家重大战略需求的重点领域和优先方向，依托高校重点学科和创新基地，加快推进国家级科技创新平台建设，完善科技创新平台的运行机制和共享机制，推动一批高等学校科技创新平台成为高水平的国际化平台。

3. 加快推进高校技术转移和成果转化

进一步完善和创新高校科技成果的转移转化机制。加大对高校科技成果转化与技术转移的支持力度，引导和支持高校建设和培育各类技术转移机构，加速推进高校科技成果的转化和产业化。建立健全高等学校技术转移体系，着力发挥大学科技园、各类技术转移机构等组织在促进高校技术成果转化和技术转移、培育发展战略性新兴产业中的作用，增强高校科技创新对区域经济社会发展和产业结构转型升级的支撑力度。支持高校与企业联合建立研发机构、工程实验室、产业技术联盟等技术创新组织和共性技术研发以及工程化平台。支持研究型大学在高新技术产业开发区建立工业研究院、支持农林类大学在农村建立发展研究院等方面开展试点。进一步完善高校技术转让、技术转移机制，引导和鼓励高校结合地方经济发展需求，充分利用大学科技园等科技成果转化平台，推动技术转让与转移及产业化工作。

4. 增强高校服务地方发展的能力

优化校地合作机制，引导和鼓励高校充分发挥科研和人才优势，积极参与区域创新体系建设，为地方科技、经济和社会发展服务。鼓励高校与地方企业建立产学研联盟，实现科技服务、科技成果转化和人才培养对接地方发展。支持高校大力发展校办科技企业和大学科技园区，鼓励地方科技企业向高校校区和大学科技园区集聚，发挥高校在地方科技产业发展中的引领和示范带动作用，促进高校知识和技术溢出，培育和壮大创新产业集群。鼓励和支持高校主动对接地方发展，因地制宜制定学科布局和科研规划，将高校发展融入地方科技发展规划。支持高校将校园建设纳入地方科技园区和社区发展规划，促进校区、园区和社区联动发展和一体化建设。支持高校按照地方相关政策规定，自主制订有关鼓励技术发明、转让的规定，调动师生从事科技创新的积极性。

（二）提高高校教学质量，加快培育创新型人才

1. 改革创新型人才培养模式

引导高校顺应国家科技发展战略和市场对创新人才的需求，牢固确立人才培

养的中心地位，及时合理地设置一些交叉学科、新兴学科并调整专业结构，探索并推行创新型教育方式方法，着力培养品德优良、知识丰富、富有创新意识和创新能力的高素质专门人才和拔尖人才。以国家重大科研项目和重大工程、重点学科和重点科研基地、国际学术交流合作项目为依托带动人才培养，在国家科技计划项目评审、验收、国家重点实验室评审、科研基地建设综合绩效评估中，把培养、稳定优秀科技人才作为重要的考评指标。全面推行产学研合作教育模式，促进高等院校与科研院所、行业企业联合培养科技人才，鼓励高校与国内外企业、科研院所共建实验室、研究开发机构，推行产学研联合培养研究生的"双导师制"，建立以科学与工程技术研究为主导的导师责任制和导师项目资助制，继续实施"研究生教育创新计划"，不断提高研究生特别是博士生培养质量，充分发挥研究生在科学研究中的作用①。

2. 加强领军型人才和战略科学家培养

坚持人才投入优先，重点培养和造就一批具有战略眼光、能够把握世界科技发展趋势和国家战略需求，具有卓越领导才能，善于组织大规模科技创新活动和承担国家重大科技任务，具有崇高道德风尚和人格魅力，能够团结大批科技人才共同奋斗的领军型人才和战略科学家。支持和鼓励高校以研究所、研究中心、创新基地、重点实验室或工作室为载体，搭建一批领军人才和战略科学家工作平台，以领军型人才和战略科学家为核心，建立一定规模和层次合理的专职科研队伍，为科技领军人才和战略科学家提供坚实的资金保障和人才支撑，逐步造就一批具有世界影响力的科技大师、科技领军人才和战略科学家，涌现一批掌握核心技术、具有自主知识产权或拥有高成长性项目的高层次创新创业型人才。积极为领军型人才和战略科学家的成长创造条件，在创新基地建设、重大科技项目组织、科技宏观决策、重要国际学术交流等实践中，不断地提高其国际学术地位、战略眼光、学术洞察力、领导和组织管理水平。

3. 加强高校创新团队建设

积极推动以重点实验室和工程（技术）研究中心等创新基地为依托，以优秀学术带头人为核心，以科技创新群体建设为目标的高等学校科技创新团队计划，面向国内外吸引、汇集一批著名学者和专家，逐渐形成一批具有世界一流水平的创新团队，成为我国攀登科技高峰和解决重大科技问题的国家队。重点支持在优先发展的科技前沿领域和围绕经济社会发展的重大科技领域中组建创新团队。鼓

---

① 翁史烈：《转变人才观，教育观与深化高等教育改革》，载于《高等教育研究（武昌）》2001年第22期。

励和引导高校打破学科壁垒，建立面向国家重大战略需求、以问题为导向的跨学科研究机构；鼓励教师在基础研究和高技术前沿领域开展交叉学科研究和协同攻关[①]。加大对优秀创新团队发展的引导和稳定资助，注重团队不同年龄层次的人才梯队均衡发展，注重改革和创新人才团队成员的聘用、选派和管理机制。

4. 加强创新创业和就业教育

面向全体学生，以转变教育思想、更新教育观念为先导，以提升学生的社会责任感、创新精神、创业意识和创业能力为核心，以改革人才培养模式和课程体系为重点，大力推进高等学校创新创业和就业教育工作。把创新创业教育有效纳入专业教育和文化素质教育教学计划和学分体系，建立多层次、立体化的创新创业教育课程体系；积极从社会各界聘请企业家、创业成功人士、专家学者等作为兼职教师，建立一支专兼结合的高素质创新创业教育教师队伍；鼓励有条件的高校建立创新创业教育教研室或相应的研究机构；进一步落实和完善大学生自主创业扶持政策，加强创业指导和服务工作。鼓励高等院校与国家级高新区、大学生创业园等机构联合开展高校毕业生技能培训和创业培训，支持学生参与科学研究，强化实践教学环节，加快培育创业型人才。

二、建立科教结合的机构内部管理体制

加强科教结合，动力来源于改革完善科技创新管理，建立科教结合新机制。科技创新管理机制指高等学校和科研院所为推动科学研究和技术创新而建立的内部管理机制，主要包括科技创新活动的评价机制、科技成果转化的激励机制、科技创新人才的培养机制等。在强化高等教育和科学研究紧密结合的大背景下，大力推进高等教育和科技创新紧密融合，形成科学研究与人才培养密切融合的有效机制，把科学研究作为创新人才培养的关键环节，把创新人才培养作为增强创新能力的有效途径，充分发挥高等学校巨大的人才优势和创新潜力。以高水平的研究保证高质量的教育，以高质量的教育保证创新能力持续提高。必须深入推动科技创新主体内部的管理机制改革，形成促进科技成果转化的激励机制和科学合理的分类评价体系，激发科技创新主体的创新活力和动力，促进创新型科技人才的培养与成长。

针对科研评价体系存在重科研轻教学、重数量轻质量、重硬指标轻软指标的问题，有必要深化科研评价体制的改革，重点是推动从单一数量评价逐步发展为

---

① 翁史烈：《转变人才观，教育观与深化高等教育改革》，载于《高等教育研究（武昌）》2001年第22期。

综合评价和分类评价。首先，开展面向机构使命的评价。高等学校和科研院所有权制订适合自身特点和使命要求的评价体系。其次，明确不同类型机构的评价导向。鼓励高等学校和科研院所在评价考核中综合考虑教学成果和科研成果比重，加强对教学成果考核，引导教师重视教学工作，加大在教学方面的投入。科研院所在对科研成果考核的同时应加强对科研成果转化业绩的考核。最后，改革完善评价方法。建立针对不同领域、不同类型人才的多元化考核评价体系，明确评价的指标和要素。针对科研成果，特别要加强国际同行评价，突出评价成果的科学价值。针对科技成果转化业绩的考核，除了学术同行专家外，加强用户专家、产业专家以及管理专家等评议环节，并建立评价专家责任制度和信息。

鼓励高校结合学科建设和人才培养的使命申报和执行项目。高校申报计划项目，应结合项目特点、任务要求和学科建设、人才培养的需要，提出人才培养的基本目标和实施计划。

第一，在项目申报和立项时，要充分考虑计划项目与学科发展方向和高校学科建设的结合点。

第二，在执行项目的过程中不断发现和跟进新的学术前沿，使研究工作和学科建设、人才培养都保持必要的连续性。

第三，利用项目促进跨学科研究和学科交叉，这不仅对学科建设有好处，也对人才培养有重要作用。

第四，由于在项目申请和立项时充分考虑到与学科建设的结合，因此科研工作与学科建设、课程教学保持较高的一致性，有可能把参与国家科技计划的研究成果及时地引入课堂教学之中。

第五，引导学生进入国际一流的学术交流网络，用高标准要求学生发表高质量的学术论文。

三、建立二元的科教资源配置制度（竞争与稳定支持）

鼓励竞争是国家科技计划实施的基本原则。而高等院校、科研机构依然是以政府为主导的科技资金来源模式。因此，高等院校、科研机构等科技活动组织的科技经费来源以竞争性经费为主。

从世界范围来看，对公共部门研究的资助方式主要有两种，即"稳定性"资助和"竞争性"资助。稳定性资助是政府或经费资助机构按年度将经费一揽子分配给研究执行机构，机构可以根据其按照自己认为合适的任何方式、不带附加条件的自由支配这些经费。这种资助方式在基础研究领域内使用较为普遍。竞争性资助方式一般是研究执行者通过申请公开研究资助机构的竞争性项目来取得研究经费。

稳定性支持既包括运行经费，即机构日常运转需求、人员费开支等，解决科研人员的后顾之忧；也包括基地、设施等研究基础平台建设经费投入；还包括持续性、长期性的公益性科研活动；也包括基本科研业务费用于自主选题和人才培养。在现有财政科技投入中应该稳定增加基本科研经费。既保证了基本的科技创新活动经费，又基本保证了科技人员的个人收入，提高了科技人员的积极性，保障了科研机构的正常运行。特别有重大意义的是，稳定的科研支持经费不仅挽救了一批小的学科和有潜力的学科，而且对那些研究周期长，需要大量积累才能出大成果的课题，更具有决定性的作用。

结合推进科研机构体制机制改革和创新绩效评价，中央财政进一步优化和完善财政科技投入结构，较大幅度地提高科研院所、高等学校等科研机构的人均事业费水平，新增基本科研业务费等经费渠道，加大稳定支持力度。逐步提高科研院所、高等学校运行经费的保障水平，基本满足人员费、日常运行等基本开支的需求。充分发挥科研院所、高等学校基本科研业务费在自主选题和人才培养等方面的重要作用。加大科研条件建设经费投入，不断改善科研条件，提升科研能力。并结合科研机构的改革与发展情况，通过科技计划、专项基金等方式实现稳定支持其承担长期性的重大科研任务。

形成适度的稳定支持和滚动资助的机制，在一定范围内稳定和持续支持优秀研究团队和研究方向。建议国家科技计划中拿出10%~20%的经费，对优秀项目和团队予以持续支持和滚动资助，以在特定方向上形成优势不断积累、国际竞争力越来越强的研究团队和研究方向。

四、建立科教融合的长期收益项目评审、评价机制

国家科研计划实施课题制管理以来，在推进科技管理体制改革、提高科技资源分配效率、激发科研人员积极性、增强科技体系活力等方面发挥了重要作用。就如何处理竞争性的项目投入、任务导向的课题研究与学科建设稳定发展、人才培养优势持续积累之间的关系，需要注意以下三个方面的问题：第一，在申请立项和执行计划项目的过程中，高校教师需要利用计划项目指南提供的自主空间，选择性地设计项目方案，避免"唯项目主义"，争取把参与国家科技计划项目与学科发展结合起来。第二，通过必要的制度设计，使竞争性资助与稳定支持相结合。目前而言，科技计划资源分配竞争过度，稳定支持相对来说不足。第三，要考虑国家科技计划项目不同执行主体的使命及特点，在科技计划评审、立项过程中，在坚持必要的、共性的评审标准的同时，应有针对性地提出针对不同执行主

体的分类标准，以使不同类型的执行主体把完成国家科技计划任务和履行自身使命更好地结合起来，有效地避免不同类型的执行主体在定位上的混乱和在功能上的趋同。对高校承担国家科技计划，要就人才培养等方面提出明确要求并设计具体的评价指标。

理念层面上，应考虑如何处理国家科技计划项目的短期收益和长期收益的关系。从短期收益着眼，我们可能更关注在论文、专利和产品等方面的直接产出；从长期收益着眼，可能更关注论文等直接产出对未来的影响，在培养人才方面的作用，以及培养出来的人才质量。不同类型的科技计划可能侧重点有差异，但作为政府投资，把短期收益与长期收益结合起来，把培养合格人才与卓越人才结合起来是应该坚持的原则。

在对象层面，比如，对高校承担国家科技计划，有必要就人才培养等方面设计具体的评价指标，以使不同类型的执行主体把完成国家科技计划任务和履行自身使命更好地结合起来。把这种有针对性的标准设计作为评审和评估的必要内容和依据，既是必要的，也是可行的。

在操作层面，目前对培养人这类指标的看法是太虚，过于形式化，且不便监督和评估。这一方面导致科技计划的评审专家和管理人员对这类指标难以认真对待和高度重视；另一方面也导致高校的申请者不愿意在申请过程中突出在这个方面的功能和优势，而宁愿用更直接、更可见的任务指标与科研院所、企业去竞争。

五、推动人才培养基地建设

科教融合的最终目标就是为了培养高素质、创新型人才，因此，在实现教学与科研互动融合的基础上，还要进一步重视人才培养基地建设工作，推动科教融合的常态化和制度化。一是加强与高水平科研机构的联系。科教融合并不意味着高校的科研工作就仅仅局限于高校之内，需要看到的是，由于种种原因，高校的科研水平还是有一定局限性的。因此，科教融合过程中一定要善于借助外部力量，借鉴高水平研究机构的硬件设施和专业平台，构建相互交流、合作的长效机制。二是加强与高新技术企业的联系。要想真正促进学生综合素质和创新能力的提高，就必须将科研和教学成果转化，并在实践中去检验和验证，不断对科研和教学工作进行反哺，从而促进科教融合的进一步优化。综上所述，科教融合是促进高校可持续发展的重要途径，对于高素质、创新型人才培养和经济发展方式转变都具有十分重要的现实意义。同时，科教融合需要紧密结合学生特点和学校实际，在发展中不断革新与重构，从而紧密结合时代步伐使其不断完善。

六、增强教师承担科教结合的责任和意识

教授树立以育人为导向的大学科研观,坚持科研的教育性和教学的科研性。与日常教学活动注重"教"相比,科研的教育性更体现在学生的"学",科研的教育过程就是个体在研究实践中不断自我构建的过程。学生通过参与科研实践,将知识从书本转换到具体情境中,进行深层次的理解、应用、综合、分析,并为了解决未知的问题,不断否定、重新组织形成新的知识。科研的教育性还体现在学生科学精神和品格的自我构建上。只有当学生在研究中发现问题,想解决问题而未得时,才会对已有成果进行怀疑,提出大胆的假设,为了寻求答案,他们必须不断假设、推翻、重新假设,直至问题解决。一次成功的创新,基本建立在无数失败的经验之上,只有通过不断自我否定之否定的实践考验和磨炼,才能形成创新人才应具备的坚韧品格。同时,在科研团队协作解决问题的过程中,成员往往会受到相异甚至完全相反观念的冲击,或受到团队中权威意识和外界各种因素的影响,教师可以通过引导他们勇于表达自己的观点或想法,鼓励他们坚持自我,不为任何外界利益所左右,相信自己对未知事物穷尽探索的能力[1]。

以育人为导向的科研观还需要将教学研究纳入到科研范围中去,加强教学的科研性,实现科研反哺教学。培养人才离不开教学活动,凡是有利于促进教学效果的研究都应该纳入到科研的范畴中去,具体包括发现的学术研究、综合的学术研究、应用的学术研究和教学的学术研究。为了不断提升人才培养的质量,大学中的每一位教师都有义务进行教学研究,将科学研究的方法、成果应用到教学中去,在教学过程中的任何一个环节都可能实现创新、实现科研反哺教学,以高水平的学术研究推动创新人才培养。

---

[1] 薛澜:《关于学科交叉问题的一些理论探讨》,载于《中国科学基金》1997年第1期。

参考文献

[1] 巴素英：《美国研究型大学本科生科研的教学及趋势》，载于《现代教育科学》2004年第2期。

[2] 白春礼：《中国科学院知识创新工程的实践与再认识》，载于《中国信息导报》2003年版。

[3] 别敦荣、蒋馨岚：《牛津大学的发展历程、教育理念及其启示》，载于《复旦教育论坛》2011年第2期。

[4] 布鲁贝克：《高等教育哲学》，浙江教育出版社1987年版。

[5] 曹晟、田大山：《美国科技评估立法实践及其对中国的借鉴意义》，载于《自然辩证法通讯》2004年第6期。

[6] 常文磊：《20世纪以来牛津大学的学科演变》，载于《大学（研究与评价）》2009年第5期。

[7] 陈洪捷：《德国古典大学观及其对中国的影响》，北京大学出版社2006年版。

[8] 陈永明：《大学教师任期制的国际比较》载于，《比较教育研究》1999年第2期。

[9] 崔丽丽：《近代德国大学习明纳的产生发展及其影响》，河北大学2007年博士学位论文。

[10] 大卫·古斯顿著，龚旭译：《在政治与科学之间：确保科学研究的诚信和产出率》，科学出版社2010年版。

[11] [德] 彼得·贝格拉著、袁杰译：《威廉·冯·洪堡传》，商务印书馆1994年版。

[12] [德] 费希特著，梁志学、沈真译：《论学者的使命人的使命》，商务印书馆1984年版。

[13] [德] 弗·鲍尔生著，腾大春、腾大生译：《德国教育史》，人民教育出版社1986年版。

[14] 杜智萍:《今日牛津大学本科导师制的特点及启示》,载于《现代大学教育》2006年第6期。

[15] 段永瑞、霍佳震:《基于数据包络分析的高校科研绩效评价》,载于《上海交通大学学报》2007年第7期。

[16] 方勇、李志仁:《高等教育与国家创新体系》,西南师范大学出版社2006年版。

[17] 冯之俊、罗伟:《国家创新系统的理论与政策文献汇编》,群言出版社1999年版。

[18] 付八军:《论大学教师的社会职责》,载于《黑龙江高教研究》2011年第1期。

[19] 付金会、宋学锋:《影响高等学校教学与科研平衡的因素分析》,载于《高等工程教育研究》2005年第6期。

[20] 付瑶瑶:《从斯坦福大学看美国研究型大学中独立科研机构的发展》,载于《清华大学教育研究》2005年第3期。

[21] 高义峰:《剑桥现象——英国高等教育双向参与机制的成功范式研究》,东北师范大学2007年硕士学位论文。

[22] 葛新斌、姜英敏:《日本大学教师评估制度改革动向分析》,载于《比较教育研究》2004年第9期。

[23] 耿益群:《美国高校终身教授制度的困境与出路》,载于《比较教育研究》2006年第2期。

[24] 顾海兵、李讯:《日本科技成果评价制度及借鉴》,载于《上饶师范学院学报》2006年第1期。

[25] 顾海兵、齐心:《美国科技评估制度的研究与借鉴》,载于《科学中国人》2004年第6期。

[26] 顾建民:《自由与责任:西方大学终身教职制度研究》,浙江教育出版社2007年版。

[27] 郭丽君:《大学教师聘任制》,经济管理出版社2007年版。

[28] 国家创新体系建设战略研究组:《国家创新体系发展报告》,知识产权出版社2008年版。

[29] 何晋秋、苏竣、柏杰等:《提高创新能力加速建设研究型大学》,载于《清华大学学报(哲学社会科学版)》2002年第2期。

[30] 贺国庆:《德国和美国大学发达史》,人民教育出版社1998年版。

[31] 亨利·罗索夫斯基:《美国校园文化——学生、教授、管理》,山东人民出版社1996年版。

［32］侯启娉：《基于 DEA 的研究型高校科研绩效评价应用研究》，载于《研究与发展管理》2005 年第 1 期。

［33］胡建华：《日本大学教师任期制改革述评》，载于《比较教育研究》2001 年第 7 期。

［34］黄琳：《科研机构与高等学校在国家知识创新体系中的关系研究》，华东师范大学 2013 年硕士学位论文。

［35］贾永堂：《坚守还是弱化终身教职制度》，载于《高等教育研究》2008 年第 12 期。

［36］蒋日富、霍国庆、谭红军等：《科研团队知识创新绩效影响要素研究——基于我国国立科研机构的调查分析》，载于《科学学研究》2007 年第 2 期。

［37］经济合作与发展组织：《以知识为基础的经济》，机械工业出版社 1997 年版。

［38］科技统计报告第 19 期［R］．中华人民共和国科学技术部发展计划司，2012.12.

［39］郎永杰、贾锁堂、吴文清：《地方大学科研绩效评价实证研究》，载于《科学技术哲学研究》2009 年第 6 期。

［40］乐国林、张丽：《大学排名对高校影响的社会学分析——基于布迪厄场域、资本理论的探析》，载于《现代教育科学》2005 年第 3 期。

［41］雷静、贾学卿：《浅析英国大学博士研究生的培养模式及特点》，载于《高等教育研究学报》2012 年第 3 期。

［42］李虹：《区域创新体系的构成及其动力机制分析》，载于《科学学与科学技术管理》2004 年第 2 期。

［43］李剑：《美国大学科研制度对我国的启示——斯坦福大学科研政策手册解读》，载于《科技创业（月刊）》2007 年第 10 期。

［44］李其龙：《德国教育》，吉林教育出版社 2000 年版。

［45］李强等：《美国科技评估的构建与实施》，载于《科学管理研究》2007 年第 3 期。

［46］李晓轩：《德国科研机构的评价实践与启示》，载于《中国科学院院刊》2004 年第 4 期。

［47］李泽彧、曹如军：《大众化时期大学教学与科研关系审视》，载于《高等教育研究》2008 年第 3 期。

［48］李志宏、赖文娣：《创新气氛对高校科研团队知识创新绩效的影响研究》，载于《高等教育研究》2010 年第 3 期。

［49］李忠云：《科教融合　学术育人》，载于《中国高校科技》2012 年第

Z1 期。

[50] 李祖超：《美英高校评估指标体系的比较分析及启示》，载于《评价与管理》2010 年第 3 期。

[51] 林辉、张磊：《创新型大学发展模式研究——以英国沃里克大学为例》，载于《辽宁教育研究》2004 年第 6 期。

[52] 刘宝存：《美国大学的创新人才培养与本科生科研》，载于《外国教育研究》2005 年第 12 期。

[53] 刘博：《研究型大学本科教育：教学与研究之结合》，载于《中国高等教育评估》2004 年第 4 期。

[54] 刘惠琴、张德：《高校学科团队创新绩效决定因素研究》，载于《科学学与科学技术管理》2005 年第 11 期。

[55] 刘敬连：《美国哈佛大学教授招聘制度评析》，载于《世界教育信息》2012 年第 12A 期。

[56] 刘莉：《欧洲大学科研评价与拨款的相关度》，载于《复旦教育论坛》2004 年第 3 期。

[57] 刘念才、赵文华主编：《面向创新型国家的高校科技创新能力建设研究》，中国人民大学出版社 2006 年版。

[58] 刘耀彬、李仁东、张守忠：《城市化与生态环境协调标准及其评价模型研究》，载于《中国软科学》2005 年第 5 期。

[59] 刘莹等：《美国联邦科研机构的绩效评估制度及其启示》，载于《中国科技论坛》2007 年第 9 期。

[60] 柳御林、胡志坚：《中国区域创新能力的分布与成因》，载于《科学学研究》2002 年第 5 期。

[61] 卢丽琼：《我国高校研究生助教现状及管理制度浅议——以上海交通大学为例》，华东师范大学 2005 年博士学位论文。

[62] 路甬祥：《创新与未来：面向知识经济时代的国家创新体系》，科学出版社 1998 年版。

[63] 路甬祥：《国家创新体系建设呼唤知识创新工程》，载于《中国科技信息》1998 年版。

[64] 路甬祥：《知识创新是推动技术创新和高技术产业化的不竭源泉与动力——中科院知识创新工程试点工作的总结回顾》，载于《求是》1999 年第 17 期。

[65] 马海泉、陈礼达：《科教融合协同发展》，载于《中国高校科技》2012 年第 Z1 期。

[66] 马陆亭：《多样化地探索科教融合的人才培养模式》，载于《中国高校

科技》2012年第Z1期。

［67］［美］伯顿·克拉克著，王承绪译：《探究的场所——现代大学的科研和研究生教育》，浙江教育出版社2001年版。

［68］［美］弗兰克·纽曼等著，李沁译：《高等教育的未来/浮言、现实与市场风险》，北京大学出版社2012年版。

［69］［美］希拉·斯劳特、拉里·莱斯利著，梁骁、黎丽译：《学术资本主义政治、政策和创业型大学》，北京大学出版社2008年版。

［70］［美］约瑟夫·本·戴维著，赵佳苓译：《科学家在社会中的角色》，四川人民出版社1988年版。

［71］欧阳进良等：《英国双重科研资助体系下的科技评估及其经验借鉴》，载于《科学学研究》2009年第7期。

［72］乔标、方创琳：《城市化与生态环境协调发展的动态耦合模型及其在干旱区的应用》，载于《生态学报》2005年第11期。

［73］屈琼斐：《美国大学终身聘任后评审制》，载于《比较教育研究》2006年第2期。

［74］沈红等：《大学教师工作时间影响因素的实证研究》，载于《高等教育研究》2011年第9期。

［75］世界银行：《1998~1999年世界发展报告：知识与发展》，财政经济出版社1999年版。

［76］斯托夫·弗里曼：《技术和经济运行——来自日本的经验》，经济科学出版社1992年版。

［77］汤进：《高科技时代的科教融合研究》，武汉理工大学2012年博士学位论文。

［78］涂成林：《国外区域创新体系不同模式的比较与借鉴》，载于《科技管理研究》2005年第11期。

［79］王超、刘志杰：《哈佛大学人才培养组织模式及对我国的启示》，载于《文教资料》2013年第1期。

［80］王笛：《学术环境与学术发展——再谈中国问题与西方经验》，载于《开放时代》2002年第2期。

［81］王凤玉：《"习明纳"：高等学校的成功教学组织形式》，载于《辽宁教育研究》2006年第8期。

［82］王光彦：《美、加高校教师评价制度研究》，载于《教育发展研究》2007年第10B期。

［83］王汇、熊富标：《浅论高校科研经费管理的绩效》，载于《教育财会研

究》2010 年第 6 期。

［84］王锐兰、王鲁捷：《基于国家创新体系的高校研究生创新能力研究》，载于《中国高教研究》2002 年版。

［85］王晓宇、周常明：《牛津大学导师制若干问题探析》，载于《教育评论》2011 年第 3 期。

［86］王占军：《大学排行对院校的组织决策、行为与文化的影响》，载于《中国高教研究》2012 年第 2 期。

［87］王志强、赵中建：《英国教育系统变革的背景、现状与趋势——兼论教育在英国国家创新系统中的作用》，载于《全球教育展望》2010 年第 6 期。

［88］翁史烈：《转变人才观，教育观与深化高等教育改革》，载于《高等教育研究（武昌）》2001 年第 1 期。

［89］吴光辉、赵叶珠：《试论日本大学教师任期制》，载于《复旦教育评论》2004 年第 6 期。

［90］吴洪富：《大学场域变迁中教学与科研关系》，华中科技大学 2011 年博士学位论文。

［91］吴薇：《中荷研究型大学教师教学科研关系观之比较——基于莱顿大学与厦门大学的调查》，载于《高等教育研究》2010 年第 5 期。

［92］吴薇、谢作栩、Nico Verloop：《中荷研究型大学教师工作环境观对其教学科研关系观的影响》，载于《教育研究》2010 年第 12 期。

［93］夏代云、何泌章、李炳昌：《高校创新性基础科学研究团队特征研究：以卢瑟福·盖格·马斯顿团队为例》，载于《科技管理研究》2011 年第 6 期。

［94］夏代云、何泌章、李炳昌：《卢瑟福科研团队与高校拔尖创新人才培养》，载于《重庆与世界》2011 年第 8 期。

［95］解瑞红、周春燕：《美国高校教师绩效评价中的问题及启示》，载于《高校教育管理》2008 年第 6 期。

［96］徐继宁：《国家创新体系：英国产学研制度创新》，载于《高等工程教育研究》2007 年第 2 期。

［97］徐岚、卢乃桂：《从教学与研究之关系看研究型大学本科教学的特点》，载于《高等教育研究》2009 年第 6 期。

［98］薛澜：《关于学科交叉问题的一些理论探讨》，载于《中国科学基金》1997 年第 1 期。

［99］薛澜、龚绪：《欧洲的学科政策及学科交叉研究》，载于《科学学与科学技术管理》1998 年第 8 期。

［100］薛玉香、黄文浩：《以投入产出比重新审视高校重点学科建设绩效评

估》，载于《中国高教研究》2010年第4期。

[101] 阎光才：《精神的牧放与规训：学术活动的制度化与学术人的生态》，教育科学出版社2011年版。

[102] 阎光才：《研究型大学中本科教学与科学研究间关系失衡的迷局》，载于《高等教育研究》2012年第7期。

[103] 杨凡、汤家骏：《研究型大学科研实验室参与本科人才培养的模式探析》，载于《实验室研究与探索》2012年第12期。

[104] 杨宏进、刘立群：《基于三阶段DEA的高校科技创新绩效研究》，载于《科技管理研究》2011年第9期。

[105] 杨鑫利：《美国研究型大学本科生科研发展概述》，载于《高等教育研究》2004年第4期。

[106] 姚建建、程骄杰：《美国大学专职科研队伍建设研究——以斯坦福大学为例的个案研究》，载于《中国高校科技与产业化》2010年第9期。

[107] 姚利民、成黎明：《期望与现实——大学教师教学现状调查分析》，载于《中国大学教学》2007年第3期。

[108] 姚利民、康雯：《大学研究性教学现状与原因分析》，载于《中国大学教学》2009年第1期。

[109] 印杰：《提高博士研究生培养质量：要着眼于理念、机制》，载于《中国教育报》2008年第10期。

[110] [英] 罗纳德·巴尼特著，蓝劲松主译：《高等教育理念》，北京大学出版社2012年版。

[111] 余秀兰：《研究型教学：教学与科研的双赢》，载于《江苏高教》2008年第5期。

[112] 余秀兰等：《教授承担本科教学的困境与出路——来自全国八所一流大学的观点》，载于《高等教育研究》2008年第7期。

[113] 张俊超：《从教授会自治到大学法人化》，载于《高等教育研究》2009年第2期。

[114] 张丽琨：《基于熵权TOPSIS模型的高校科研绩效评价》，载于《黑龙江高教研究》2013年第11期。

[115] 张凌云：《主动与渐进：德国高校教师聘任制度的特点与改革动向》，载于《高等教育研究》2009年第5期。

[116] 张晓东、池天河：《90年代中国省级区域经济与环境协调度分析》，载于《地理研究》2001年第4期。

[117] 张怡真：《美国研究型大学的教师聘任及启示》，载于《世界教育信

息》2008 年第 4 期。

［118］赵叶珠：《日本的大学教师聘任制》，载于《集美大学学报》2003 年第 3 期。

［119］中华人民共和国教育部科技发展中心、中国高校校办产业协会：《2012 年度中国高等学校校办产业统计报告》，北京理工大学出版社 2013 年版。

［120］周光礼：《高校人才培养模式创新的深层次探索》，载于《成才之路》，2015 年第 9 期。

［121］周光礼、马海泉：《科教融合：高等教育理念的变革与创新》，载于《中国高教研究》2012 年第 8 期。

［122］周家伦：《德国科研体制与科技队伍的建设》，载于《德国研究》2001 年第 1 期。

［123］周少南：《斯坦福大学》，湖南教育出版社 1991 年版。

［124］周叶中：《关于跨学科培养研究生的思考》，载于《学位与研究生教育》2007 年第 8 期。

［125］邹晓东：《科学与工程教育创新战略、模式与对策》，科学出版社 2010 年版。

［126］左健民：《产学研合作与高校创新型人才培养》，载于《教育发展研究》2013 年第 1 期。

［127］Aan Jenkins. *A Guide to the Research Evidence on Teaching – Research Relations*. The Higher Education Academy – December, 2004.

［128］Amidon D. M. *Innovation Strategy in the Knowledge Economy*［M］. the Ken Awakening. Boston：Burrweworth-heinemann, 1997.

［129］Asheim B., Hansen H K. Knowledge Bases, Talents, and Contexts：On the Usefulness of the Creative Class Approach in Sweden［J］. *Economic Geography*, 2009, 85 (4)：425 –442.

［130］Asheim B. T., Boschma R., Cooke P. Constructing Regional Advantage：Platform Policies Based on Related Variety and Differentiated Knowledge Bases［J］. *Regional Studies*, 2011, 45 (7)：893 –904.

［131］Asheim B. T., Coenen L. Contextualising Regional Innovation Systems in a Globalising learning Economy：On Knowledge Bases and Institutional Frameworks［J］. *The Journal of Technology Transfer*, 2006, 31 (1)：163 –173.

［132］Asheim B. T., Isaksen A. Regional Innovation Systems：the Integration of Local 'sticky' and Global 'ubiquitous' Knowledge［J］. *The Journal of Technology Transfer*, 2002, 27 (1)：77 –86.

[133] Balzat M., Hanusch H. Recent Trends in the Research on National Innovation Systems [J]. *Journal of Evolutionary Economics*, 2004, 14 (2): 197 – 210.

[134] Carl J. Friedrich. *Man and His Government* [M]. New York: Mcgraw – Hill, 1963. P. 79.

[135] Carol L. Colbeck. Merging in a Seamless Blend: How Faculty Integrate Teaching and Research [J]. *The Journal of Higher Education*, Vol. 69, No. 6 (Nov. – Dec., 1998).

[136] Carol L. *Colbeck Merging in a Seaml The Impact of Departmental Research and Teaching Climates on Undergraduate Growth and Satisfess Blend: How Faculty Integrate Teaching and Research*, 1998 (12): 647 – 712.

[137] Chatenier E., Verstegen J. A. A. M., Biemans H J A, et al. Identification of Competencies for Professionals in Open Innovation Teams [J]. *R&D Management*, 2010, 40 (3): 271 – 280.

[138] Christopherson S. Project Work in Context: Regulatory Change and the New Geography of Media [J]. *Environment and Planning A*, 2002, 34 (11): 2003 – 2015.

[139] Clark, Burton R. *The Modern Integration of Research Activities with Teaching and Learning Journal of Higher Education*, 1997 (3): 243 – 244.

[140] Clark B. R. The Entrepreneurial University: Demand and response 1 [J]. *Tertiary Education & Management*, 1998, 4 (1): 5 – 16.

[141] Cooke P., Boekholt P., Tödtling F. The Governance of Innovation in Europe [J]. Pinter, London, 2000.

[142] Cooke P., Heidenreich M., Braczyk H. J. Regional Innovation Systems: The Role of Governance in a Globalized World [M]. Psychology Press, 2004.

[143] Cooke P. Regional Innovation Systems, Clusters, and the Knowledge Economy [J]. Industrial and Corporate Change, 2001, 10 (4).

[144] Cooke P. Regional Innovation Systems: an Evolutionary Approach [J]. *Regional Innovation Systems: the Role of Governance in a Globalized World*, 2004: 1 – 20.

[145] Cooke P. Regional Innovation Systems: Competitive Regulation in the New Europe [J]. *Geoforum*, 1992, 23 (3): 365 – 382.

[146] Cooke P. Regional System of Innovation: an Evolutional Perspective [J]. *Environment & Planning*, 1998, 30 (9): 1563 – 1584.

[147] Cooke P. The New Wave of Regional Innovation Networks: Analysis, Characteristics and Strategy [J]. *Small Business Economics*, 1996, 8 (2): 159 – 171.

[148] Cooke P. To Construct Regional Advantage from Innovation Systems First

Build Policy Platforms [J]. *European Planning Studies*, 2007, 15 (2): 179 – 194.

[149] Cooper Robert G. Product Third – Generation New Product Processes [J]. *Journal of Product Innovation Management*, 1994, 11: 3 – 14.

[150] Eble, K. The Craft of Teaching. New York: Jossey – Bass. (1976).

[151] Ellen Hazelkorn. Learning to Live with League Tables and Ranking: The Experience of Institutional Leaders [J]. *Higher Education Policy*, 2008 (21): 1.

[152] Ellen Hazelkorn. The Impact of League Tables and Ranking Systems on Higher Education Decision Making [J]. *Higher Education Management and Policy*. 99.

[153] F. D. E. Schleiermacher. Gelegentliche Gedanken uber Universitaten in deutschem Sinn, Nebst einem Anhang uber eine neue zu erichtende《德国特色之大学断想录》Berlin 1808, pp. 22 – 30. 转引自陈洪捷. 德国古典大学观及其对中国的影响, 北京大学出版社2006年版, 第37~38页。

[154] Friedrich, R., & Michalak, S. Why doesn't Rresearch Improve Teaching? Some Answers from a Small Liberal Arts College. *Journal of Higher Education*, 1983, 54: 145 – 163.

[155] F. Ringer, Die Gelehrten. Der Niedergang der deutschen Mandarine 1890 – 1933 (《学者们》, 1969), Stuttgart1983, p. 97. 转引自陈洪捷:《德国古典大学观及其对中国的影响》, 北京大学出版社2006年版。

[156] Gottlieb, Esther; Keith, Bruce. The Academic Research – Teaching Nexus in Eight Advanced-Industrialized Countries [J]. *Higher Education*, 1997 (34): 411 – 412.

[157] Hagedoorn J., Duysters G. External Sources of Innovative Capabilities: the Preferences for Strategic Alliances or Mergers and Acquisitions [J]. *Journal of Management Studies*, 2002, 39 (2): 167 – 188.

[158] Hattie, John, Marsh, H. W. The Relationship between Research and Teaching: A Meta – Analysis [J]. *Review of Educational Research* 1996 (4): 518 – 529.

[159] Horta, Hugo, Dautel, Vincent, Veloso, Francisco M. An Output Perspective on the Teaching-research Nexus: an Analysis Focusing on the United States Higher Education System [J]. *Studies in Higher Education*, 2011 (37): 183.

[160] Humbolt, W. *On the Spirit and the Organizational Framework of Intellectual Institutions in Berlin. Minerva*, 8: 242 – 267.

[161] James S. Fairweather. Beyond the Rhetoric: Trends in the Relative Value of Teaching and Research in Faculty Salaries [J]. *The Journal of Higher Education*,

2005 (7): 417-418.

［162］Jens-Jorgen Jensen. Research and Teaching in the Universities of Denmark: Does Such an Interplay Really Exist? [J]. *Higher Education*, 1988 (1): 21-22.

［163］J. Fredericks Volkwein and David A. Carbone. The Impact of Departmental Research and Teaching Climates on Undergraduate Growth and Satisfaction [J]. *The Journal of Higher Education*, Vol. 65, No. 2 (Mar. -Apr. 1994), pp. 163.

［164］John Hattie and H. W. Marsh The Relationship between Research and Teaching: A Meta-Analysis Review of Educational Research, Vol. 66, No. 4 (Winter, 1996), pp. 528-529.

［165］John Taylor. The Teaching: Research Nexus: A Model for Institutional Management [J]. *Higher Education*, 2007 (6): 871-872, 882.

［166］Joseph Ben-David, Science and the University System International Review of Education/Internationale Zeitschrift fürErziehungswissenschaft/Revue Internationale de l'Education, Vol. 18, No. 1: 45-50.

［167］Joseph Harry and Norman S. Goldner. The Null Relationship Between Teaching and Research [J]. *Sociology of Education*, 1972: 55.

［168］Kristof De Witte, Nicky Rogge, Laurens Cherchye, Tom Van Puyenbroeck. Economies of Scope in Research and Teaching: A Non-parametric Investigation. K. De Witte et al. Omega, 2012 (4): 312.

［169］Kyvik, Sven, Smeby, Jens-Christian. Teaching and Research. The Relationship between the Supervision of Graduate Students and Faculty Research Performance, 1994 (9): 227-238.

［170］Lawson C., Lorenz E. Collective Learning, Tacit Knowledge and Regional Innovative Capacity [J]. *Regional Studies*, 1999, 33 (4): 305-317.

［171］Liudvika Leisyte, Jürgen Enders and Harry de Boer. The Balance between Teaching and Research in Dutch and English Universities in the Context of University Governance Reforms, 2009 (5): 633.

［172］Lundvall B. Å. *Innovation as an Interactive Process* [M]. Technical Change and Economic Theory, 1988.

［173］Lynn, Leonard H., N. Mohan Reddy, and John D. Aram. Linking Technology and Institutions: The Innovation Community Framework [J]. *Research Policy*, 1996 (25): 91-106.

［174］Malerba F. Sectoral Systems of Innovation [J]. *Cambridge Books*. 2004.

［175］Marian Thakur. The Impact of Ranking Systems on Higher Education and its Stakeholder [J]. *Journal of Institutional Research*, 13 (1): 91.

[176] Marks, S. R. Multiple Roles and Role Strain: Some Notes on Human Energy, Time, and Commitment [J]. *American Sociological Review*, 1977 (42): 27 – 42.

[177] Martin, Thomas W., Berry, K. J. The Teaching – Research Dilemma: Its Sources in the University Setting [J]. *Higher Educatin*, 1970, 40 (9): 691 – 692.

[178] McCaughey, R. A. (1994). Scholars and Teachers: The Faculties of Select Liberal arts Colleges and their Place in American Higher Learning. New York: Conceptual Litho Reproductions.

[179] Morgan K., Cooke P. The Associational Economy: Firms, Regions, and Innovation [J]. University of Illinois at Urbana – Champaign's Academy for Entrepreneurial Leadership Historical Research Reference in Entrepreneurship, 1998.

[180] National Innovation Systems: *a Comparative Analysis* [M]. Oxford university press, 1993.

[181] National Science Foundation, Natioanl Center for Science and Engineering Statistics, Survey of Research and Development Expenditures at Universities and Colleges. *Science and Engineering Indicators*, 2012.

[182] Nonaka I., Takeuchi H. *The Knowledge-creating Company*: How Japanese Companies Create the Dynamics of Innovation [M]. Oxford University Press, 1995.

[183] Nonaka I., Toyama R., Konno N. SECI, Ba and Leadership: a Unified Model of Dynamic Knowledge Creation [J]. *Long Range Planning*, 2000, 33 (1): 5 – 34.

[184] OECD. The National Innovation System [R]. Paris, 1997.

[185] Organisation F. E. C. A. *Governance of Innovation Systems* [M]. OECD, 2005.

[186] Patel P., Pavitt K. National Innovation Systems: Why They Are Important, and How They Might be Measured and Compared [J]. *Economics of Innovation and New Technology*, 1994, 3 (1): 77 – 95.

[187] Pseldln. Changing Practices in Faculty Evaluation: A Critical Asessment and Recommendations for Improvement. San Francisco: Jossey – Bass Publisher, 1984.

[188] Ramsden, Paul, Moses. Associations between Research and Teaching in Australian [J]. *Higher Education*, 1992 (4): 277.

[189] Reich, J. N., Rosch J. A., & Catania, F. J. The scholar: Integrating

Teaching and Research in Higher Education. Paper Presented at the Meeting of the Association for the Study of Higher Education, St. Louis, MO. 1988 (11): 21.

[190] Rich Ardp. Chait (ed.). The Questions of Tenure. Cambridge: Harvard University Press, 2002: 131.

[191] Rushton, J. P., Murray, H. G., & Paunonen, S. V. Personality, Research Creativity, and Teaching Effectiveness in University Professors. Scientometrics, 1983 (5): 93 – 116.

[192] Ruth Neumann. Perceptions of the Teaching – Research Nexus: A Framework for Analysis [J]. *Higher Education*, 1992. Vol. 23, 169.

[193] Scott A. Capitalism and Urbanization in a New Key? The Cognitive-cultural Dimension [J]. *Social Forces*, 2007, 85 (4): 1465 – 1482.

[194] Tang, Thomas Li – Ping, Chamberlain, Mitchell. Attitudes Toward Research and Teaching: Differences Between Administrators and Faculty Members [J]. *Journal of Higher Education*, 1997 (5): 212 – 217.

[195] Tornatzky L. G., Waugaman P. G., Gray D. O., et al. Innovation U.: *New University Roles in a Knowledge Economy* [M]. Southern Technology Council, 2002.

[196] Volkwein, J. Fredericks, Carbone, David A. Action [J]. *Journal of Higher Education*, 1994: 149 – 160.

[197] William Gtierney (ed.). The Responsive University: Restrcturing for High Performance. Baltimo re: The Johns Hopkins University Press, 1998: 52.

[198] Woodbume, L. S. The Qualifications of Superior Faculty Members [J]. *Journal of Higher Education*, 1952, 23: 377 – 382.

教育部哲学社会科学研究重大课题攻关项目成果出版列表

序号	书名	首席专家
1	《马克思主义基础理论若干重大问题研究》	陈先达
2	《马克思主义理论学科体系建构与建设研究》	张雷声
3	《马克思主义整体性研究》	逄锦聚
4	《改革开放以来马克思主义在中国的发展》	顾钰民
5	《新时期 新探索 新征程——当代资本主义国家共产党的理论与实践研究》	聂运麟
6	《坚持马克思主义在意识形态领域指导地位研究》	陈先达
7	《当代资本主义新变化的批判性解读》	唐正东
8	《当代中国人精神生活研究》	童世骏
9	《弘扬与培育民族精神研究》	杨叔子
10	《当代科学哲学的发展趋势》	郭贵春
11	《服务型政府建设规律研究》	朱光磊
12	《地方政府改革与深化行政管理体制改革研究》	沈荣华
13	《面向知识表示与推理的自然语言逻辑》	鞠实儿
14	《当代宗教冲突与对话研究》	张志刚
15	《马克思主义文艺理论中国化研究》	朱立元
16	《历史题材文学创作重大问题研究》	童庆炳
17	《现代中西高校公共艺术教育比较研究》	曾繁仁
18	《西方文论中国化与中国文论建设》	王一川
19	《中华民族音乐文化的国际传播与推广》	王耀华
20	《楚地出土戰國簡册［十四種］》	陈伟
21	《近代中国的知识与制度转型》	桑兵
22	《中国抗战在世界反法西斯战争中的历史地位》	胡德坤
23	《近代以来日本对华认识及其行动选择研究》	杨栋梁
24	《京津冀都市圈的崛起与中国经济发展》	周立群
25	《金融市场全球化下的中国监管体系研究》	曹凤岐
26	《中国市场经济发展研究》	刘伟
27	《全球经济调整中的中国经济增长与宏观调控体系研究》	黄达
28	《中国特大都市圈与世界制造业中心研究》	李廉水

序号	书　名	首席专家
29	《中国产业竞争力研究》	赵彦云
30	《东北老工业基地资源型城市发展可持续产业问题研究》	宋冬林
31	《转型时期消费需求升级与产业发展研究》	臧旭恒
32	《中国金融国际化中的风险防范与金融安全研究》	刘锡良
33	《全球新型金融危机与中国的外汇储备战略》	陈雨露
34	《全球金融危机与新常态下的中国产业发展》	段文斌
35	《中国民营经济制度创新与发展》	李维安
36	《中国现代服务经济理论与发展战略研究》	陈　宪
37	《中国转型期的社会风险及公共危机管理研究》	丁烈云
38	《人文社会科学研究成果评价体系研究》	刘大椿
39	《中国工业化、城镇化进程中的农村土地问题研究》	曲福田
40	《中国农村社区建设研究》	项继权
41	《东北老工业基地改造与振兴研究》	程　伟
42	《全面建设小康社会进程中的我国就业发展战略研究》	曾湘泉
43	《自主创新战略与国际竞争力研究》	吴贵生
44	《转轨经济中的反行政性垄断与促进竞争政策研究》	于良春
45	《面向公共服务的电子政务管理体系研究》	孙宝文
46	《产权理论比较与中国产权制度变革》	黄少安
47	《中国企业集团成长与重组研究》	蓝海林
48	《我国资源、环境、人口与经济承载能力研究》	邱　东
49	《"病有所医"——目标、路径与战略选择》	高建民
50	《税收对国民收入分配调控作用研究》	郭庆旺
51	《多党合作与中国共产党执政能力建设研究》	周淑真
52	《规范收入分配秩序研究》	杨灿明
53	《中国社会转型中的政府治理模式研究》	娄成武
54	《中国加入区域经济一体化研究》	黄卫平
55	《金融体制改革和货币问题研究》	王广谦
56	《人民币均衡汇率问题研究》	姜波克
57	《我国土地制度与社会经济协调发展研究》	黄祖辉
58	《南水北调工程与中部地区经济社会可持续发展研究》	杨云彦
59	《产业集聚与区域经济协调发展研究》	王　珺

序号	书　名	首席专家
60	《我国货币政策体系与传导机制研究》	刘　伟
61	《我国民法典体系问题研究》	王利明
62	《中国司法制度的基础理论问题研究》	陈光中
63	《多元化纠纷解决机制与和谐社会的构建》	范　愉
64	《中国和平发展的重大前沿国际法律问题研究》	曾令良
65	《中国法制现代化的理论与实践》	徐显明
66	《农村土地问题立法研究》	陈小君
67	《知识产权制度变革与发展研究》	吴汉东
68	《中国能源安全若干法律与政策问题研究》	黄　进
69	《城乡统筹视角下我国城乡双向商贸流通体系研究》	任保平
70	《产权强度、土地流转与农民权益保护》	罗必良
71	《我国建设用地总量控制与差别化管理政策研究》	欧名豪
72	《矿产资源有偿使用制度与生态补偿机制》	李国平
73	《巨灾风险管理制度创新研究》	卓　志
74	《国有资产法律保护机制研究》	李曙光
75	《中国与全球油气资源重点区域合作研究》	王　震
76	《可持续发展的中国新型农村社会养老保险制度研究》	邓大松
77	《农民工权益保护理论与实践研究》	刘林平
78	《大学生就业创业教育研究》	杨晓慧
79	《新能源与可再生能源法律与政策研究》	李艳芳
80	《中国海外投资的风险防范与管控体系研究》	陈菲琼
81	《生活质量的指标构建与现状评价》	周长城
82	《中国公民人文素质研究》	石亚军
83	《城市化进程中的重大社会问题及其对策研究》	李　强
84	《中国农村与农民问题前沿研究》	徐　勇
85	《西部开发中的人口流动与族际交往研究》	马　戎
86	《现代农业发展战略研究》	周应恒
87	《综合交通运输体系研究——认知与建构》	荣朝和
88	《中国独生子女问题研究》	风笑天
89	《我国粮食安全保障体系研究》	胡小平
90	《我国食品安全风险防控研究》	王　硕

序号	书 名	首席专家
91	《城市新移民问题及其对策研究》	周大鸣
92	《新农村建设与城镇化推进中农村教育布局调整研究》	史宁中
93	《农村公共产品供给与农村和谐社会建设》	王国华
94	《中国大城市户籍制度改革研究》	彭希哲
95	《国家惠农政策的成效评价与完善研究》	邓大才
96	《以民主促进和谐——和谐社会构建中的基层民主政治建设研究》	徐 勇
97	《城市文化与国家治理——当代中国城市建设理论内涵与发展模式建构》	皇甫晓涛
98	《中国边疆治理研究》	周 平
99	《边疆多民族地区构建社会主义和谐社会研究》	张先亮
100	《新疆民族文化、民族心理与社会长治久安》	高静文
101	《中国大众媒介的传播效果与公信力研究》	喻国明
102	《媒介素养：理念、认知、参与》	陆 晔
103	《创新型国家的知识信息服务体系研究》	胡昌平
104	《数字信息资源规划、管理与利用研究》	马费成
105	《新闻传媒发展与建构和谐社会关系研究》	罗以澄
106	《数字传播技术与媒体产业发展研究》	黄升民
107	《互联网等新媒体对社会舆论影响与利用研究》	谢新洲
108	《网络舆论监测与安全研究》	黄永林
109	《中国文化产业发展战略论》	胡惠林
110	《20世纪中国古代文化经典在域外的传播与影响研究》	张西平
111	《国际传播的理论、现状和发展趋势研究》	吴 飞
112	《教育投入、资源配置与人力资本收益》	闵维方
113	《创新人才与教育创新研究》	林崇德
114	《中国农村教育发展指标体系研究》	袁桂林
115	《高校思想政治理论课程建设研究》	顾海良
116	《网络思想政治教育研究》	张再兴
117	《高校招生考试制度改革研究》	刘海峰
118	《基础教育改革与中国教育学理论重建研究》	叶 澜
119	《我国研究生教育结构调整问题研究》	袁本涛 王传毅
120	《公共财政框架下公共教育财政制度研究》	王善迈

序号	书　名	首席专家
121	《农民工子女问题研究》	袁振国
122	《当代大学生诚信制度建设及加强大学生思想政治工作研究》	黄蓉生
123	《从失衡走向平衡：素质教育课程评价体系研究》	钟启泉 崔允漷
124	《构建城乡一体化的教育体制机制研究》	李　玲
125	《高校思想政治理论课教育教学质量监测体系研究》	张耀灿
126	《处境不利儿童的心理发展现状与教育对策研究》	申继亮
127	《学习过程与机制研究》	莫　雷
128	《青少年心理健康素质调查研究》	沈德立
129	《灾后中小学生心理疏导研究》	林崇德
130	《民族地区教育优先发展研究》	张诗亚
131	《WTO主要成员贸易政策体系与对策研究》	张汉林
132	《中国和平发展的国际环境分析》	叶自成
133	《冷战时期美国重大外交政策案例研究》	沈志华
134	《新时期中非合作关系研究》	刘鸿武
135	《我国的地缘政治及其战略研究》	倪世雄
136	《中国海洋发展战略研究》	徐祥民
137	《深化医药卫生体制改革研究》	孟庆跃
138	《华侨华人在中国软实力建设中的作用研究》	黄　平
139	《我国地方法制建设理论与实践研究》	葛洪义
140	《城市化理论重构与城市化战略研究》	张鸿雁
141	《境外宗教渗透论》	段德智
142	《中部崛起过程中的新型工业化研究》	陈晓红
143	《农村社会保障制度研究》	赵　曼
144	《中国艺术学学科体系建设研究》	黄会林
145	《人工耳蜗术后儿童康复教育的原理与方法》	黄昭鸣
146	《我国少数民族音乐资源的保护与开发研究》	樊祖荫
147	《中国道德文化的传统理念与现代践行研究》	李建华
148	《低碳经济转型下的中国排放权交易体系》	齐绍洲
149	《中国东北亚战略与政策研究》	刘清才
150	《促进经济发展方式转变的地方财税体制改革研究》	钟晓敏
151	《中国—东盟区域经济一体化》	范祚军

序号	书　名	首席专家
152	《非传统安全合作与中俄关系》	冯绍雷
153	《外资并购与我国产业安全研究》	李善民
154	《近代汉字术语的生成演变与中西日文化互动研究》	冯天瑜
155	《新时期加强社会组织建设研究》	李友梅
156	《民办学校分类管理政策研究》	周海涛
157	《我国城市住房制度改革研究》	高　波
158	《新媒体环境下的危机传播及舆论引导研究》	喻国明
159	《法治国家建设中的司法判例制度研究》	何家弘
160	《中国女性高层次人才发展规律及发展对策研究》	佟　新
161	《国际金融中心法制环境研究》	周仲飞
162	《居民收入占国民收入比重统计指标体系研究》	刘　扬
163	《中国历代边疆治理研究》	程妮娜
164	《性别视角下的中国文学与文化》	乔以钢
165	《我国公共财政风险评估及其防范对策研究》	吴俊培
166	《中国历代民歌史论》	陈书录
167	《大学生村官成长成才机制研究》	马抗美
168	《完善学校突发事件应急管理机制研究》	马怀德
169	《秦简牍整理与研究》	陈　伟
170	《出土简帛与古史再建》	李学勤
171	《民间借贷与非法集资风险防范的法律机制研究》	岳彩申
172	《新时期社会治安防控体系建设研究》	宫志刚
173	《加快发展我国生产服务业研究》	李江帆
174	《基本公共服务均等化研究》	张贤明
175	《职业教育质量评价体系研究》	周志刚
176	《中国大学校长管理专业化研究》	宣　勇
177	《"两型社会"建设标准及指标体系研究》	陈晓红
178	《中国与中亚地区国家关系研究》	潘志平
179	《保障我国海上通道安全研究》	吕　靖
180	《世界主要国家安全体制机制研究》	刘胜湘
181	《中国流动人口的城市逐梦》	杨菊华
182	《建设人口均衡型社会研究》	刘渝琳
183	《农产品流通体系建设的机制创新与政策体系研究》	夏春玉

序号	书名	首席专家
184	《区域经济一体化中府际合作的法律问题研究》	石佑启
185	《城乡劳动力平等就业研究》	姚先国
186	《20世纪朱子学研究精华集成——从学术思想史的视角》	乐爱国
187	《拔尖创新人才成长规律与培养模式研究》	林崇德
188	《生态文明制度建设研究》	陈晓红
189	《我国城镇住房保障体系及运行机制研究》	虞晓芬
190	《中国战略性新兴产业国际化战略研究》	汪 涛
191	《证据科学论纲》	张保生
192	《要素成本上升背景下我国外贸中长期发展趋势研究》	黄建忠
193	《中国历代长城研究》	段清波
194	《当代技术哲学的发展趋势研究》	吴国林
195	《20世纪中国社会思潮研究》	高瑞泉
196	《中国社会保障制度整合与体系完善重大问题研究》	丁建定
197	《民族地区特殊类型贫困与反贫困研究》	李俊杰
198	《扩大消费需求的长效机制研究》	臧旭恒
199	《我国土地出让制度改革及收益共享机制研究》	石晓平
200	《高等学校分类体系及其设置标准研究》	史秋衡
201	《全面加强学校德育体系建设研究》	杜时忠
202	《生态环境公益诉讼机制研究》	颜运秋
203	《科学研究与高等教育深度融合的知识创新体系建设研究》	杜德斌
	……	